KB134798

기본서 반영
최신 개정판

합격으로 가는 하이패스

토마토패스

보험심사역

기업전문부문

FINAL 핵심정리+실전모의고사

경영학박사 신현철 편저

예문에듀
EDU

머리말

보험심사역 자격시험은 보험업계에서 가장 폭넓은 내용을 다루는 수준 높은 자격증으로 알려져 있습니다. 아마도 본 시험을 준비하는 수험생들은 보험업계에 관심이 있거나 아니면 이미 업계에 종사하고 있는 분들일 수도 있습니다. 작금의 세상은 인공지능, 빅데이터 등 4차 산업혁명이 시작되면서 금융산업 또한 디지털 기술과 결합하여 패러다임이 전환됨에 따라 많은 사람들이 혼돈과 불확실성의 시대를 맞이하고 있습니다. 이러한 가운데 금융업 중에 보험이라는 화두에 관심을 가지게 된 수험생 여러분의 혜안을 높이 평가합니다.

아무리 패러다임이 변한다 하더라도 위험이란 다른 종류의 위험으로 대체되며 존재할 수 밖에 없고 과거의 위험이 사라지면 새로운 위험이 나타나게 되는 바 보험업의 미래는 어둡지 않을 것으로 생각됩니다. 더욱이 보험업의 특성상 한 번 종사하게 되면 전문성이 쌓이게 되어 독립적인 보험전문가, 기업위험컨설턴트 등 다양한 미래설계가 가능 하다는 점은 은행, 증권 등의 타 업종과 다른 장점이 될 것입니다.

더욱 중요한 것은 수험생 여러분들이 보험관련 직무 속에서 어떠한 커리어 패스(career path)를 밟아가야 하는지에 대한 구체적인 액션플랜입니다. 필자는 그 첫 단계가 보험심사역 자격의 취득이라 생각합니다. 본 자격시험은 보험의 전반적인 이론과 실무를 다루고 있을 뿐만 아니라 보험계리사, 손해사정사, 보험중개사 등의 타 자격시험 합격의 기초가 될 수 있어 자신의 미래설계에도 도움이 될 수 있다는 특징이 있습니다.

수험생들의 시험합격 및 커리어관리를 위하여 다음과 같은 관점에서 본서를 집필하였습니다.

첫째, 방대한 내용을 숙지하기 위해서는 정확한 개념적 구조가 필요하므로 이를 만들기 위하여 이론요약, 핵심지문, 출제예상문제, 모의고사의 순서로 본서를 구성하였습니다.

둘째, 보험심사역 자격시험 합격은 물론이고 타 자격증 취득에 도전을 위한 디딤돌이 되어야 하기 때문에, 보험 설계사, 손해사정사, 보험중개사, 보험심사역의 기출문제를 풍부하게 반영하였습니다.

셋째, 보험심사역의 명칭에 걸맞게 언더라이터 관점에서의 이론 및 실무를 담았을 뿐만 아니라 보험산업 전반에 어떠한 역할도 감당할 수 있도록 내용을 구성하였습니다.

최종적으로 시험을 합격하기 위해서는 우선 본서의 이론 및 문제를 반복 학습함으로써 보험의 전반적인 개념적 구조를 확실하게 습득하고, 실전모의고사를 통하여 실전대응능력을 키운다면 합격의 고지는 그리 멀지 않을 것으로 생각됩니다.

모든 일이 그러하듯 본서가 세상에 나오는 데 도움을 주신 고마운 분들이 있습니다. 본서를 집필하는 데 도움을 주신 예문에듀 관계자분들, 어려움 속에서도 묵묵히 응원해주는 가족, 그리고 늘 정신적으로 도움을 주는 친구들, 모두에게 진심으로 감사를 드립니다.

마지막으로 수험생 여러분의 합격을 진심으로 기원합니다!

편저자 신현철

시험안내

보험심사역 소개

손해보험을 개인보험과 기업보험으로 구분해 분야별 전문 언더라이터 자격을 인증 · 부여하는 자격제도

보험심사역 시험제도

■ 시험 자격 및 시험 방법

- 응시자격 : 응시자격에는 특별한 제한을 두지 않음
  ※ 관련 업무 분야 : 보험회사, 유관기관, 공제기관, 재보험사, 보험중개회사, 손해사정법인 등 손해보험업무 및 영업관련 종사자, 기타 응시 희망자
- 시행주기 : 시험 상반기 및 하반기 / 연 2회 시행
- 시험 시행 지역 : 서울, 부산, 대구, 대전, 광주(전국 5개 지역)
- 시험 방법 : 필기시험, 선택형(4자 선다형)

■ 시험 자격 및 시험 방법

- 응시원서 접수 : 응시원서 접수는 별도 공지하는 응시원서 접수기간에만 가능하며, 보험연수원 홈페이지(www.in.or.kr)를 통해 개별 온라인 접수
- 응시수수료 납부 및 환불
  - 응시수수료 납부 : 공통 및 전문부문 동시 응시 : 60,000원 / 공통부문과 전문부문 중 1부문 개별 응시 : 40,000원
  - 응시수수료 환불 : 접수기간 중 취소 시 수수료 전액 환불 / 접수기간 이후~시험 전일까지 취소 시 반액 환불함
    [시험일 전일까지만 취소 가능, 시험 실시 이후(시험실시일 포함)에는 환불하지 않음]
- 합격자 결정 방법
  - 시험은 부문별로 구분하여 채점

부분합격	공통부문 합격, 전문부문 합격
최종합격	공통부문과 전문부문을 모두 합격

  - 각 부문(공통/전문)합격자는 시험과목별 과락(40점 미만)과목 없이 각 부문별 평균 60점 이상
    부분합격의 유효기간은 부분 합격 후 연속되는 1회의 시험 응시까지임
  - 각 자격(개인/기업보험심사역)별 최종합격자가 다른 자격시험에 응시할 경우 공통과목은 면제

보험심사역 시험과목

• 개인보험심사역(APIU)

구분	시험과목	문항수	배점	시험시간
공통부문 (5개 과목)	1. 손해보험 이론 및 약관해설	20	100	1교시 : 120분 (09:00~11:00)
	2. 보험법	20	100	
	3. 손해보험 언더라이팅	20	100	
	4. 손해보험 손해사정	20	100	
	5. 손해보험 회계 및 자산운용	20	100	
	소계	100	500	
휴식시간(11:00~11:30)				
전문부문 (4개 과목)	1. 장기 · 연금보험	25	100	2교시 : 120분 (11:30~13:30)
	2. 제3보험	25	100	
	3. 자동차보험	25	100	
	4. 개인재무설계	25	100	
	소계	100	400	
합계		200	900	

• 기업보험심사역(ACIU)

구분	시험과목	문항수	배점	시험시간
공통부문 (5개 과목)	1. 손해보험 이론 및 약관해설	20	100	1교시 : 120분 (09:00~11:00)
	2. 보험법	20	100	
	3. 손해보험 언더라이팅	20	100	
	4. 손해보험 손해사정	20	100	
	5. 손해보험 회계 및 자산운용	20	100	
	소계	100	500	
휴식시간(11:00~11:30)				
전문부문 (4개 과목)	1. 재산보험	25	100	2교시 : 120분 (11:30~13:30)
	2. 특종보험	25	100	
	3. 배상책임보험	25	100	
	4. 해상보험	25	100	
	소계	100	400	
합계		200	900	

합격후기

제25회 보험심사역 합격후기 - 강*기

1. 취득 동기

저는 보험회사에 취업하기 위해 보험을 공부하면서 신체손해사정사 2차 불합격 후 다른 보험과 관련된 자격증을 취득하기 위해 보험심사역이라는 시험을 알게 되었고 응시하기로 마음먹었습니다.

2. 토마토패스 인터넷 강의를 선택한 이유

개인보험심사역의 과목을 알지도 못한 상태에서 어떤 강의로 공부할지 고민하였습니다. 그중 네이버 카페에서 토마토패스에 대한 추천글을 보게 되었습니다. 토마토패스 환급반을 신청하면 돈이 아까워서라도 공부를 더 많이 하게 될 것 같아 선택하였습니다.

3. 공부 방법

신체손해사정사 발표 후 강의를 결제하였는데 공부시간이 시험날까지 촉박했습니다. 하루에 강의를 최대한 들으면서 개념을 정립하고 강의에서 키워드를 기억하려고 노력하였고 그 뒤 개념서와 예상문제를 다시 한 번 보면서 부족하였던 부분을 정리하였습니다. 시험 전날에는 모르는 내용을 적고 무조건 기억해야 하는 부분을 한 번에 볼 수 있게 정리하였습니다.

4. 합격 팁

회계 공부를 처음 하다 보니 새로운 지식을 습득하는 것이 많이 어려웠습니다. 그래도 다른 과목은 보험과 관련돼서 이해가 가긴 했는데 시험을 볼 때까지 완전히 이해하지 못하였지만 그냥 **강사님께서 외우라고 하는 것만 외우고 계속 반속해서 읽었습니다.** 기대도 안 한 상태에서 합격 결과를 확인하였고 결국 합격하였습니다. 책만 사서 공부를 할까 강의를 들을까 고민하였지만 **결국 강의를 통해 배운 내용이 지식에 남아 합격하였다고 생각합니다.** 강의를 신청해서 강사님이 중요하다는 내용을 체크하고 모르거나 중요한 내용을 반복해서 보다 보면 시험에 합격하실 것입니다.

보험심사역 합격후기 - 황★빈

1. 취득 동기

저는 보험관련 전공도, 경력이 있는 것도 아니지만 손해사정사라는 직업에 매력을 느껴 보험업에 종사하기를 희망하는 취준생입니다. 보험 전공 학생들과 관련 실무자가 많이 취득하는 자격증이 무엇이 있을지 찾아보았습니다. 그 결과 개인 보험심사역을 뒤늦게 알게 되었고 10월 시험까지 한 달 반이라는 길지 않은 시간이 남아있어 부랴부랴 정보를 서치하기 시작했습니다.

2. 토마토패스 인터넷 강의를 선택한 이유

각종 카페와 블로그의 정보들을 취합한 결과 토마토패스의 강의를 듣고 합격했다는 후기가 많았습니다 손해사정사 1차를 합격한 베이스가 있다면 보험심사역 취득도 그리 어렵지 않을 거란 얘기가 많아서 호기롭게 환급반 신청을 하고 강의를 듣기 시작했습니다.

3. 공부기간 및 방법, 토마토패스 장점

공통부문 5과목, 전문부문 4과목의 방대한 양을 공부해야 했습니다. 하루에 인강 4~5개는 들으려고 노력했던 것 같습니다. 강사님들이 초심자 수준에서도 무난히 수강할 수 있을 만큼 설명해주셨고 교재도 깔끔하고 괜찮아 안심할 수 있었습니다. 이 글을 보시는 여러분들은 하루에 복습까지 철저히 하시면 한 달 안에 무난하게 합격하실 수 있지 않을까 생각합니다. 그리고 모의고사는 되도록 꼭 풀어보시길 바랍니다. 비록 실제 시험과는 차이가 있으나 개념 되짚기에는 상당히 좋다고 느꼈습니다.

4. 합격 팁

보험심사역은 다른 자격시험과는 달리 기출문제가 제공되지 않습니다. 교재에 수록된 모의고사는 결국 예상문제에 불과한 것이죠. 하지만 이 시험은 100점을 맞아야 하는 시험이 아닙니다. 과목당 40점, 평균 60점만 맞으면 붙는 시험입니다. 도저히 이해가 되지 않는 부분은 과감하게 버리시길 권합니다. 공통, 개인부문 각각 한 과목에서 과락점수를 간신히 넘었지만 타 과목에서 만회했기에 좋은 결과를 얻을 수 있었습니다. 총 9과목이라는 엄청난 양을 훑어보아야 했기에 인강없이 독학을 했더라면 스스로 중도 하차하지 않았을까 생각이 듭니다. 토마토패스 강의를 수강하시길 추천드립니다.

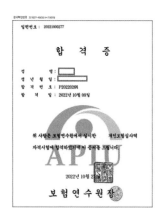

※ 해당 합격 후기는 모두 합격증이 웹상에 인증되어 있으며, 토마토패스 홈페이지 수강 후기에서 더 많은 후기들을 확인하실 수 있습니다.

이 책의 구성

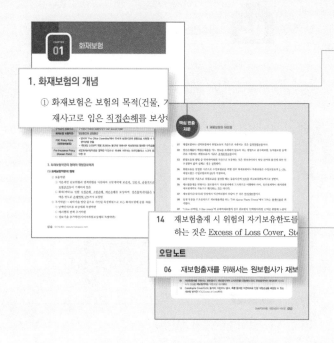

단 한 권으로 준비하는 보험심사역

방대한 이론을 압축·요약하여 시험에 꼭 나오는 핵심 이론을 담아 효율적인 학습이 가능하도록 구성하였습니다.

핵심 빈출 지문

시험 출제 가능성이 높은 핵심이론의 주요 지문을 선출하였으며, 틀린 지문은 오답노트로 정리하여 더욱 빠르고 확실한 시험 대비가 가능합니다.

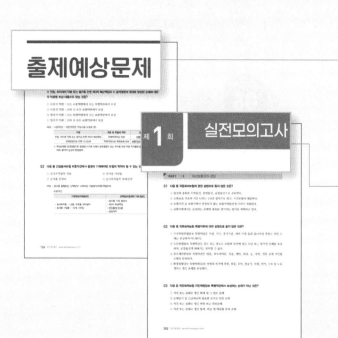

과목별 출제예상문제

단원별 핵심이론 학습 후 출제예상문제를 통해 빠른 개념 정리와 실전 대비가 가능하도록 구성하였습니다.

실전모의고사 3회분

핵심이론을 충실히 반영하고 확인할 수 있도록 다양한 문제의 실전모의고사 3회분을 구성하였으며 저자의 꼼꼼한 해설을 수록하였습니다.

CONTENTS
목차

PART 01 재산보험

CHAPTER 01 화재보험   10
CHAPTER 02 동산종합보험   26
CHAPTER 03 패키지보험   31
CHAPTER 04 기업휴지보험   44
CHAPTER 05 재물보험의 재보험   49
▌출제예상문제   54

PART 02 특종보험

CHAPTER 01 특종보험 개요   76
CHAPTER 02 기술보험   77
CHAPTER 03 범죄보험   91
CHAPTER 04 종합보험   103
CHAPTER 05 기타 특종보험   106
▌출제예상문제   124

PART 03 배상책임보험

CHAPTER 01 배상책임보험의 개요   144
CHAPTER 02 시설소유관리자 배상책임   151
CHAPTER 03 보관자 배상책임   159
CHAPTER 04 도급업자 배상책임   166
CHAPTER 05 생산물 배상책임   170
CHAPTER 06 전문직업 배상책임   178
CHAPTER 07 임원 배상책임   186
CHAPTER 08 기타 주요 약관   193
▌출제예상문제   206

PART 04 해상보험

CHAPTER 01 해상보험의 기초   226
CHAPTER 02 해상보험의 보험조건과 보상범위   236
CHAPTER 03 해상보험 계약의 체결과 보험료의 결정   264
CHAPTER 04 해상보험의 사고처리와 손해사정   269
▌출제예상문제   281

PART 05 실전모의고사

▌제1회 실전모의고사   302
▌제2회 실전모의고사   331
▌제3회 실전모의고사   360

PART 06 실전모의고사 정답 및 해설

▌제1회 실전모의고사 정답 및 해설   390
▌제2회 실전모의고사 정답 및 해설   399
▌제3회 실전모의고사 정답 및 해설   408

PART 01

재산보험

합격으로 가는 하이패스

토마토패스

CHAPTER 01   화재보험

CHAPTER 02   동산종합보험

CHAPTER 03   패키지보험

CHAPTER 04   기업휴지보험

CHAPTER 05   재물보험의 재보험

CHAPTER 01 화재보험

---

1. 화재보험의 개념

① 화재보험은 보험의 목적(건물, 기계, 시설, 공기구, 집기비품, 재고자산 가재도구 등)이 <u>우연한</u> 화재사고로 입은 <u>직접손해</u>를 보상하는 보험이다.
② 보험의 목적에 관한 우연한 사고 중 화재(벼락 포함)로 인한 물적손해를 <u>보통약관</u>으로 보상하고, <u>특별약관</u>으로는 휴업손실, 폭발사고, 풍수재사고, 지진사고, 도난사고, 전기사고 등 화재사고 이외의 사고를 담보할 수 있다(→ 사실상의 종합보험 성격임).

2. 화재보험약관의 종류

주택화재 보통약관	주택물건(위험과 요율체계가 다른 물건과 다름)
화재보험 보통약관	일반물건과 공장물건
FOC Policy Form (영문화재보험)	• 영국의 'Fire Office Committee'에서 전세계 보험시장에 공통으로 사용할 수 있는 화재보험약관을 만듦 • 1증권당 2,000억 원을 초과하는 물건에 대해서만 재보험자와 협의한 구득요율 사용 가능
Fire Insurance Policy (Korean Form)	국문화재보험약관을 영역한 약관으로 국내에 거주하는 외국인들이나 소규모 외국기업들을 위한 것

3. 화재보험약관의 형태와 위험담보체계

(1) 화재보험약관의 형태

① 보통약관
  ㉠ 기본적인 담보위험과 면책위험을 비롯하여 보험계약에 <u>보편적, 일반적, 공통적으로 적용되는</u> 보험조건들이 기재되어 있음
  ㉡ 화재(벼락)로 인한 <u>직접손해, 소방손해, 피난손해</u>를 보상하며, <u>잔존물처리비용</u>은 보험가입금액을 한도로 손해액의 10%까지 보장함
② 추가약관(→ 과학기술 발달 등으로 기인된 특정위험으로 모든 화재보험에 공통 적용)
  ㉠ 날짜인식오류 보상제외 특별약관
  ㉡ 테러행위 면책 추가약관
  ㉢ 정보기술 추가약관(사이버위험보상제외 특별약관)

③ 특별약관(보통약관의 보험조건을 변경하는 약관)

전기위험담보 특별약관	악의적인 파괴행위 특별약관
구내폭발위험담보 특별약관	실손보상 특별약관
도난위험담보 특별약관	재조달가액담보 특별약관
풍수재위험담보 특별약관	재고가액통지 특별약관
지진위험담보 특별약관	기업휴지손해담보 특별약관
냉동(냉장)위험 특별약관	리스(임대)회사 임대물건 특별약관
소요, 노동쟁의, 항공기 및 차량위험 특별약관	신체손해배상책임 특별약관
확장(Ⅰ) 특별약관	실화(대물)배상책임 특별약관
확장(Ⅱ) 특별약관	보세화물 화재보험 특별약관

PART
01

PART
02

PART
03

PART
04

PART
05

PART
06

④ 추가 특별약관(→ 특별약관의 보험조건 중 일부 조건을 변경하는 약관)
  ㉠ 건물소유자의 종업원배상책임제외 추가특별약관(신체손해배상책임 특별약관에 추가)
  ㉡ 일부위험보상제외 추가특별약관(소요, 노동쟁의, 항공기 및 차량위험 특별약관에 추가)
  ㉢ 작업위험 추가특별약관 등 8개 추가약관(산림화재보험 특별약관에 추가)

(2) 화재보험약관의 담보체계(보통약관+특별약관)

① 보통약관 : 화재사고만을 담보
② 특별약관 : 화재 이외의 사고 및 보통약관에서 보상하지 않는 손해

4. 화재보험 주요 특별약관의 내용

(1) 전기위험담보 특별약관

① 특약을 첨부할 수 있는 보험목적물은 '발전기, 여자기, 정류기, 변압기, 배전반 등'의 전자기기 또는 장치로 제한된다.
② 전기사고에 의한 화재손해는 화재보험 보통약관에서 담보하고, 전기적 손해 자체를 담보하기 위해서는 전기위험담보 특별약관을 첨부한다.
③ 어떠한 일이 있어도 안전장치의 기능상 당연히 발생할 수 있는 손해(휴즈의 끊어짐 등)나 변압기 내의 절연유의 열화와 같은 자연열화손해는 보상하지 않는다.
④ 소손해 면책을 위해 1사고당 10만원의 자기부담금을 두고 있다.

(2) 구내폭발위험담보 특별약관

① 폭발 또는 파열이란 급격한 산화반응을 포함하는 파괴 현상을 말한다(화학적 폭발).
② 주택화재보험에서는 폭발 또는 파열로 인한 재물손해도 담보하므로 구내폭발위험특약에 가입할 필요가 없다.

(3) 도난위험담보 특별약관

① 강도, 절도로 생긴 도난, 훼손 또는 망가짐 손해 외에도 도난품을 도로 찾는 데 소요된 정당한 비용을 보상한다.
② 소손해 면책을 위해 <u>1사고당 10만원</u>의 자기부담금을 두고 있다.

(4) 풍수재위험담보 특별약관

① 보상하는 손해와 자기부담금 : 태풍, 회오리바람, 폭풍, 폭풍우, 홍수, 해일, 범람, 이와 비슷한 풍재 또는 수재로 생긴 손해를 보상한다. 1사고당 50만원의 자기부담금이 있다.
② 보험인수의 제한 : 태풍손해가 빈발하는 7, 8, 9월에 대해서만 이 특약을 첨부하는 계약자에 대한 인수를 엄격히 금지하고 있다(→ 위험의 역선택문제 발생).
③ 면책손해
  ㉠ 보험의 목적에 생긴 분실 또는 도난 손해/지진 또는 분화로 생긴 손해
  ㉡ 원인의 직간접에 관계없이 풍재 또는 수재로 생긴 파열 또는 폭발손해
  ㉢ 풍재 또는 수재와 관계없이 댐이나 제방이 터지거나 무너져 생긴 손해
  ㉣ 바람, 비, 눈, 우박 또는 모래먼지가 들어옴으로써 생긴 손해
  ㉤ 추위, 서리, 얼음, 눈으로 생긴 손해
  ㉥ 풍재의 직간접에 관계없이 네온싸인 장치에 전기적 사고로 생긴 손해

(5) 지진위험담보 특별약관

① 보상하는 손해 : 보험의 목적에 지진 또는 분화로 생긴 다음의 손해를 보상한다. 1사고당 <u>자기부담금 100만원, 72시간</u> 내의 사고는 동일사고로 본다.
  ㉠ 화재 및 연소로 인한 손해
  ㉡ 붕괴, 파손 및 파묻힘 손해
  ㉢ 손해방지 및 긴급피난에 필요한 조치로 인한 손해
② 면책사유
  ㉠ 도난 또는 분실손해
  ㉡ 지진 또는 분화로 생긴 폭발 및 파열손해
  ㉢ 지진 또는 분화로 생긴 해일, 홍수 그 밖의 수재손해

(6) 냉동(냉장)위험 특별약관

<u>반드시</u> 화재사고로 냉동(냉장)장치의 파괴 및 변조가 일어난 후에 보험목적인 냉동냉장물의 손해를 보상한다.

(7) 소요, 노동쟁의, 항공기 및 차량위험 특별약관

① 보상하는 손해

노동쟁의, 항공기, 차량이 원인이 되어 발생한 화재손해	화재보험 보통약관에서 담보
소요가 원인이 되어 발생한 화재손해	화재보험 보통약관에서 면책
소요, 노동쟁의, 항공기, 차량에 의한 화재 이외의 손해	소요, 노동쟁의, 항공기 및 차량위험 특별약관으로 담보

② 본 특약은 소요로 인한 화재손해 뿐만 아니라 이로 인한 <u>파괴손해까지</u> 확장담보한다.

③ 노동쟁의에 있어서 국가 및 공공기관의 압수, 몰수로 인한 손해는 보상하지 않는다.

④ 소손해 면책을 위해 <u>1사고당 50만원</u>의 자기부담금을 두고 있다.

(8) 확장(Ⅰ) 특별약관 [알기] 폭풍우항차연

<u>폭발, 폭풍, 우박, 항공기, 차량, 연기</u>에 의한 손해를 담보한다(→ 수재손해는 담보 안 함).

(9) 확장(Ⅱ) 특별약관

확장(Ⅰ) 특별약관에 '<u>소요, 노동쟁의, 항공기 및 차량위험 특별약관</u>'을 추가한다.

(10) 악의적인 파괴행위 특별약관

① 소요, 노동쟁의 특별약관이나 확장(Ⅱ) 특별약관이 첨부되는 계약에 한해 적용한다.

② 계약자, 피보험자, 그 대리인이 아닌 자의 고의나 악의행위에 대해 보상(과실은 보상 않음)한다.

③ 건물의 일부를 구성하는 유리손해/도난, 절도, 강도에 의한 손해/건물을 30일 이상 계속 비워두었을 경우에 생긴 손해/기계의 물리적 폭발손해 등은 면책이다.

④ 소손해 면책을 위해 <u>1사고당 10만원</u>의 자기부담금을 두고 있다.

(11) 실손보상 특별약관

① 일부보험의 비례보상의 원칙은 전손이 생기지 않는 내화구조물에는 적절치 않다.

② 본 특약은 전손 가능성이 낮은 1, 2급 건물 및 1, 2급 건물 내 수용한 설비 등에 대해서만 적용되며, 약정부보비율은 <u>일반건물은 50~80%</u>, 공장건물은 50~100%로 운영되고 있다.

③ 실무적으로 물가변동으로 인한 비례보상위험을 피하기 위해 본 특약을 첨부해도 보험가입금액은 전액 부보하는 방법을 사용한다.

(12) 재조달가액담보 특별약관

① 시가기준의 보상은 실제 피해물을 복귀하기 위하여 소요되는 재조달비용과 보험금과의 차액을 피보험자가 부담해야 하므로, 보험금을 <u>재조달가액으로 보상</u>할 목적의 특약이다.

② 건물, 시설, 기계장치, 집기비품, 공기구에 적용하며, 재고자산이나 명기물건은 제외한다.

③ 본 특약은 도덕적 위험의 방지를 위해 <u>감가상각률이 낮은</u> 물건에 한정하여 적용한다.

PART 01
PART 02
PART 03
PART 04
PART 05
PART 06

(13) 재고가액통지 특별약관

① 재고자산가격이 1년 내내 일정하지 않은 경우 보험기간 중의 <u>예상 최대재고가액</u>을 보험가입금액으로 하여 보험료의 100%를 납부하고 만기 후 <u>연간평균치로 정산</u>하는 특약이다.

② 계절별 재고자산가액의 변동이 심한 <u>수영복이나 스키복 제조사</u>에 유용한 특약이다.

(14) 기업휴지손해담보 특별약관

① 개요 : 재물손해가 발생하면 기업활동이 중지되어 <u>매출액, 이익의 감소</u>가 발생하며 이와 더불어 <u>고정적으로 지출되는 경상비</u>도 피보험자에게는 부담으로 작용한다. 이와 같이 기업이 휴지상태에서 발생하는 손실을 보존해주는 것이 '기업휴지보험'이다.

② 보상하는 손해 : 화재보험 증권에서 담보하는 사고의 원인으로 피보험자의 구내에서 사업상으로 운용되는 재물에 손해가 발생하고 그로 인하여 불가피하게 발생하는 피보험자의 기업휴지손해, 즉 <u>영업이익과 계속 지출되는 경상비(고정비용)</u>를 보상한다.

③ 보상하지 않는 손해

    ㉠ 보통약관 및 특별약관에 의해 보상되지 않는 손해

    ㉡ 사용, 건축, 수리 또는 철거를 규제하는 국가 또는 지자체의 법령 또는 이에 준하는 명령

    ㉢ 리스, 허가, 계약, 주문 또는 발주 등의 중지, 소멸, 취소

    ㉣ 보험의 목적의 복구 또는 사업의 계속에 대한 방해

    ㉤ 보험에 가입하지 않은 재산의 손해

    ㉥ 관계당국에 의해 구내 출입금지시간이 14일을 초과하는 경우(단, 14일까지는 보상한다)

(15) 리스(임대)회사 임대물건 특별약관

① 보험의 목적 : 리스회사가 계약자 또는 피보험자이며, 리스계약에 따라 임차인에게 인도되는 물건을 보험의 목적으로 한다.

② 책임의 시기 및 종기 : 시운전을 마치고 인도된 때~리스기간 종료일

③ 보험가액 및 보험가입금액

    ㉠ 보험가입금액을 '규정손실금액'으로 한 경우

      • 리스계약 연도 초 : 규정손실금액 전액

      • 리스계약 연도 중 : 규정손실금액－매년경과액

    ㉡ 보험가입금액을 실제가액(시가)으로 보험에 가입한 경우 : <u>손해가 발생한 때와 곳의 가액</u>으로 계산

④ 수선 또는 보수로 인한 보험목적의 가치하락에 대하여는 보상하지 않는다.

⑤ 보험회사는 임차인 등의 경과실(중과실 제외)로 생긴 손해에 대한 보험자 대위권에 따른 손해배상청구권을 포기한다.

(16) 신체손해배상책임 특별약관

① 개요 : 특수건물의 소유자가 화재로 타인(특수건물소유주, 직계가족, 피고용인 제외)이 사망하거나 부상함으로 인하여 지는 배상책임손해(무과실책임)에 따라 피보험자가 부담할 손해를 보상한다.

② 특수건물

16층 이상의 아파트, 11층 이상의 건물, 실내사격장	
바닥면적 3,000m² 이상	숙박업, 대규모점포, 도시철도역사 **알기** 숙대역
연면적 3,000m² 이상	공장, 병원, 학교, 방송국, 공연장, 농수산물도매시장, 관광숙박업
바닥면적 2,000m² 이상	학원, 게임제공업, 음식점, 노래연습장, 유흥주점, 목욕장, 영화상영관
연면적 1,000m² 이상	국유건물, 공유건물

③ 지급보험금 : 사망 1억 5천만원(최저 2천만원), 부상 3,000만원, 후유장해 1억 5천만원

(17) 실화(대물)배상책임 특별약관

① 보험증권에 기재된 보험의 목적의 <u>화재사고</u>로 인해 <u>타인의 재물을 망가뜨려</u> 지게 된 손해배상책임과 관련 비용을 보상한도 내에서 보상한다.

② 화재보험을 의무적으로 가입해야 하는 특수건물의 경우 의무보험에서 보상하는 금액을 <u>초과하는 손해</u>만을 보상한다.

(18) 보세화물 화재보험 특별약관

① 수출입 통관을 위해 <u>보세구역 내 보세창고에 보관</u>하고 있는 화물의 화재사고로 인한 손해를 보상하기 위한 특약이며 의무보험은 아니지만 <u>손해보험협회(KNIA)</u>가 취급하고 있다.

② 특약 Ⅰ은 <u>보세창고나 지정장치</u>에 보관 중인 화물에 적용되고, 특약 Ⅱ는 <u>보세판매장</u>의 화물에 적용된다.

③ 책임의 시기와 종기는 <u>보험료의 납입과 무관</u>하며 보세화물이 계약자의 창고에 반입되는 때에 개시하고, 반출되는 때에 종료한다.

④ 보험가입금액은 <u>수출품은 FOB 가격기준</u>, 수입품은 <u>CIF 가격기준</u>이다.

⑤ 보험계약자(창고업자)가 화주를 위해 가입하므로 화주의 동의가 필요 없다.

⑥ 보험료의 7.5%에 해당하는 금액을 보험계약자의 업무수행비용으로 지급한다.

참고 자기부담금 요약 **알기** 전파도풍요지	
10만원인 경우	• <u>전</u>기위험담보 특별약관 • 악의적인 <u>파</u>괴행위 특별약관 • <u>도</u>난위험담보 특별약관
50만원인 경우	• <u>풍</u>수재위험담보 특별약관 • <u>소요</u>, 노동쟁의, 항공기 및 차량위험 특별약관
100만원인 경우	<u>지</u>진위험담보 특별약관

PART 01

PART 02

PART 03

PART 04

PART 05

PART 06

5. 화재보험 계약 인수 시 유의사항

① 과거 손해이력(과거손해사항 및 과거 손해율), 동일사고 발생 여부

② 해당계약자의 다른 계약실적(타 소재지/타 종목/그룹 전체 실적)

③ 갱신계약의 경우 전년도 계약과의 가입금액비교(재고자산의 증가 등)

④ 각 목적물별 가입금액 중 재고자산의 가입금액이 차지하는 비율

⑤ 해당계약이 최근 1년 이내에 인수심사 기처리되었던 계약인지 여부

⑥ 갱신계약의 경우 전년도 및 전전년도 인수심사 여부(조건부승인이었다면 관련 내용)

⑦ 신규계약의 경우 전년도에 어느 보험회사에서 부보했었는지 고려

⑧ 해당계약자와의 거래 연수

⑨ 인수승인 시 보험자의 보유부담은 얼마인지 고려

TOPIC 02 | 화재보험의 주요 조건

1. 보험의 목적과 보험목적의 범위

(1) 보험의 목적

주로 건물, 시설, 공기구, 비품, 가재도구, 기계, 동산 등으로 이루어진다.

(2) 보험목적의 범위

당연가입물건		명기물건	제외물건
건물	가재도구		
• 부속물 : 칸막이, 대문, 담 등 • 부속설비 : 전기, 가스, 난방 등 • 부착물 : 간판, 선전탑 등 → 모두 <u>피보험자 소유</u>	피보험자 또는 같은 세대원의 소유물	• 통화유가증권, 인지 등 • 귀금속, 귀중품(점당 300만원 이상) • 글, 그림, 골동품 등 • 원고, 설계서, 도안 • 실외, 옥외에 쌓아둔 동산	• 동식물 • 교통승용구 • 토지 • 교량 등

※ <u>명기물건</u>은 객관적 가치산정이 어렵고 도덕적 위험이 높아 인수심사를 매우 엄격하게 한다.

2. 보상하는 사고

(1) 보상하는 사고의 범위

보통약관의 종류	사고의 원인 및 손해				
	화재(+벼락)	폭발	파열	소방손해	피난손해
주택화재보험	○	○	○	○	○
일반화재보험	○	×	×	○	○
특수건물화재보험	○	×	×	○	○
FOC영문약관	○	×	×	−	−

(2) 보상하는 사고의 내용

화재손해	화재로 인한 직접손해 ※ 화재손해의 요건 • 불자리가 아닌 장소에서 발생하거나 불자리를 벗어나서 발생하는 우발적인 것 • 불이 자력으로 확대될 수 있는 상태인 화재일 것 • 연소에 의해 보험의 목적에 경제적 손해를 초래할 것
벼락손해	공중에서 초고압 전기가 땅으로 떨어지는 현상으로 인한 직접손해
소방손해	화재의 소방으로 인한 수침손이나 파괴손
피난손해	보험목적물을 피난시키면서 발생한 손해를 말하며, 피난처에서 옮긴 날로부터 5일 동안 생긴 직접손해와 소방손해를 보상

PART 01

PART 02

PART 03

PART 04

PART 05

PART 06

3. 보상하는 손해의 범위와 보상한도

(1) 보상하는 손해의 범위

보상항목	보상내용	보상한도
보험금	보험목적이 보험사고로 입은 손해	• 일부보험 시 보험금과 잔존물 제거비용은 비례보상 • 보험금+잔존물제거비용은 보험가입금액 한도 내에서 보상 • 잔존물제거비용은 손해액의 10%
사고처리 비용	<u>잔존물제거비용</u> 잔존물제거에 필요 또는 유익한 비용 (해체, 청소, 상차비용 보상 ○, 하차비용 보상 ×)	• 일부보험 시 보험금과 잔존물 제거비용은 비례보상 • 보험금+잔존물제거비용은 보험가입금액 한도 내에서 보상 • 잔존물제거비용은 손해액의 10%
	<u>손해방지비용</u> 손해방지 및 경감을 위하여 지출한 필요 또는 유익한 비용	• 일부보험 시 비례보상 • 보험금과 이 비용의 합계액이 보험가입금액을 <u>초과해도 보상</u>
	<u>대위권보전비용</u> 제3자로부터 손해의 배상을 받기 위한 권리의 보전, 행사를 위하여 지출한 필요 또는 유익한 비용	• 일부보험 시 비례보상 • 보험금과 이 비용의 합계액이 보험가입금액을 <u>초과해도 보상</u>
	<u>잔존물보전비용</u> 회사가 잔존물을 취득한 경우 잔존물의 보전을 위하여 지출한 필요 또는 유익한 비용	• 일부보험 시 비례보상 • 보험금과 이 비용의 합계액이 보험가입금액을 <u>초과해도 보상</u>
	<u>기타 협력비용</u> 회사의 요구에 따르기 위하여 지출한 필요 또는 유익한 비용	• 실손보상 • 보험금과 이 비용의 합계액이 보험가입금액을 <u>초과해도 보상</u>

(2) 특수건물 화재보험의 신체배상책임 담보특약의 보험금 지급한도

① 지급한도

대인손해		
사망	**부상**	**후유장해**
최고 <u>1억 5천만원</u> (최저 <u>2천만원</u> 보장)	최고 <u>3천만원</u>~최저 50만원 (상해 1급~14급)	최고 <u>1억 5천만원</u>~최저 1천만원 (장해 1급~14급)

② 사망, 부상 및 후유장해의 중첩

ㄱ 부상치료 중 사망 : 부상보험금+사망보험금

ㄴ 부상치료 후 후유장해 : 부상보험금+후유장해 보험금

ㄷ 후유장해보험금 지급 후 사망 : 사망보험금−후유장해 보험금

4. 보험기간

국문약관은 보험료를 <u>입금한 때부터</u> 시작하나, FOC 영문약관은 첫날 <u>정오부터</u> 시작한다.

5. 보상하지 않는 손해

① 계약자, 피보험자 또는 이들의 법정대리인의 <u>고의</u> 또는 <u>중대한 과실</u>

② 화재발생 시의 도난 또는 분실손해

③ 보험의 목적의 발효, 자연발열, 자연발화(→ 단, 다른 보험목적에 대한 화재는 보상)

④ 화재로 생긴 것이든 아니든 파열 또는 폭발손해(→ 그 결과로 생긴 화재손해는 보상)

⑤ 화재에 기인되지 않는 수도관, 수관 또는 수압기 등의 파열로 인한 손해

⑥ 발전기, 여자기, 변압기 등의 전기적 사고로 인한 손해(→ 그 결과로 생긴 화재손해는 보상)

⑦ 지진, 분화 또는 전쟁, 혁명, 내란, 노동쟁의 등의 손해

⑧ 핵연료물질관련 사고로 인한 손해

⑨ 방사선, 방사능오염으로 인한 손해

⑩ 국가 및 지자체의 명령에 의한 재산소각 및 이와 유사한 손해

6. 보험가액과 보험가입금액

미평가보험(원칙)		기평가보험(예외)
시가	재조달가액	
보험가액 = 재조달가액−감가상각	보험가액 = 재조달가액	보험계약 당시의 '협정보험가액'
건물, 기계, 집기비품, 가재 등	상품, 제품, 재공품, 원재료 등	글, 그림, 골동품, 원고 등

7. 보험가입의 형태

(1) 초과보험(보험금액＞보험가액)

① 초과보험의 의의

ㄱ 초과보험이란 보험금액이 보험가액을 초과하는 경우를 말함

ㄴ 이는 보험계약체결 당시에 발생할 수도 있고 <u>계약 후 물가의 하락으로</u> 발생할 수도 있음

② 초과보험의 요건

ㄱ 보험금액이 보험가액을 <u>현저하게</u> 초과해야 함

ㄴ 초과보험 여부를 결정하는 보험가액의 산정시기는 <u>평가가 필요한 때임</u>

③ 초과보험의 효과

선의	• 보험금액이 보험가액을 현저하게 초과하는 경우 보험자 또는 보험계약자는 보험료와 보험금액의 감액을 청구할 수 있음 • 보험금의 감액은 소급할 수 있으나 보험료의 감액은 <u>장래에 대해서만 가능함</u>
악의	• 초과보험계약이 보험계약자의 <u>사기</u>로 체결된 때에는 그 <u>계약 전체가 무효</u>임 • 보험자는 <u>그 사실을 안 날까지의 보험료를 청구할 수 있음</u>(악의의 계약자 응징)

(2) 전부보험과 일부보험

① 전부보험(보험금액=보험가액) : Coinsurance Ⅱ의 적용(<u>주택물건, 일반물건</u>)으로 보험가입금액(TSI)이 보험가액의 80% 이상이면 전부보험이 된다.

② 일부보험(보험금액＜보험가액)

   ㉠ 비례부담의 원칙 : 보험자는 보험금액의 보험가액에 대한 비율에 따라 보상할 책임을 짐 → 이득금지원칙의 실현목적이 아닌 피보험자 간의 형평성 유지 목적

   ㉡ 문제점 : 손해가 발생하면 손해액 전액을 보상받고 싶어 하는 보험계약자와 비례보상할 수밖에 없는 보험자 간의 갈등이 존재함

(3) 중복보험(다수의 보험가입금액의 합계액＞보험가액)

① 중복보험의 의의 : 동일한 피보험이익과 동일한 사고에 대하여 수인과 수 개의 보험계약이 체결된 경우, 보험금액의 총액이 보험가액을 초과한 보험계약을 <u>중복보험</u>이라 한다.

② 중복보험의 요건 **암기** 피보기초보

> • 동일한 <u>피</u>보험이익 : 동일한 보험목적이라도 피보험이익이 다르면 별개의 보험
> • 동일한 <u>보</u>험사고
> • 보험<u>기</u>간의 중복 : 부분적으로나마 보험기간이 중복되어야 함
> • 보험금액의 합이 보험가액을 <u>초</u>과
> • 수인의 <u>보</u>험자 존재 : 수 개의 보험계약이 수인의 보험자와 체결

8. 지급보험금의 계산

(1) 주택물건, 일반물건(재고자산제외), 특수건물

① 보험가입금액이 보험가액의 80%보다 같거나 클 때 : 보험가입금액을 한도로 손해액 전액. 단, 보험가입금액이 보험가액보다 클 때에는 <u>보험가액</u>을 한도로 한다.

② 보험가입금액이 보험가액의 80%보다 작을 때 : 지급보험금=손해액×(보험가입금액/보험가액의 80%) → 보험가입금액을 한도

※ 예시 : 일반물건의 화재보험

   보험가액 4억, 보험가입금액 2억, 손해액 8천만, 잔존물제거비용 1천만원일 경우 지급보험금

   • 8천만×(2억/4억의 80%)+1천만×(2억/4억의 80%)=5천만원+625만원=5,625만원

   • 잔존물제거비용은 손해액의 10%(800만원)보다 작고, 보험금과 잔존물제거비용의 합은 보험가입금액보다 작으므로 5,625만원이 지급보험금이 된다.

PART 01

PART 02

PART 03

PART 04

PART 05

PART 06

(2) 공장건물 및 재고자산

① 보험가입금액이 보험가액보다 같거나 클 때 : 보험가입금액을 한도로 손해액 전액. 단, 보험가입 금액이 보험가액보다 클 때에는 <u>보험가액</u>을 한도로 한다.

② 보험가입금액이 보험가액보다 작을 때 : 지급보험금=손해액×(보험가입금액/보험가액) → 보험 가입금액을 한도

※ 예시 : 재고자산의 화재보험계약 및 풍수재위험담보 특약

보험가액 1억, 보험가입금액 6천만원, 호우로 인한 손해액 4백만원인 경우 지급보험금
- 4백만×(6천만/1억)=240만원(재고자산은 80% 부보비율을 적용하지 않음)
- 자기부담금 50만원을 공제하면 240만원−50만원=<u>190만원(지급보험금)</u>

9. 보험금의 분담

(1) 분담방법

① 보험가입금액 안분방식 → 중복보험계약의 지급보험금 계산방식이 <u>동일한</u> 경우에 적용한다.

㉠ 타보험 약관조항에서 <u>비례책임조항</u>이라고 함

㉡ 각 보험자가 분담할 손해액은 '각 보험금액의 총보험금액에 대한 비율'에 따라 안분함

② 독립책임액방식 → 중복보험계약의 지급보험금 계산방식이 <u>다른</u> 경우에 적용한다.

㉠ 타보험 약관조항에서 <u>책임한도분담조항</u>이라고 함

㉡ 먼저 각각의 계약에 대하여 다른 계약이 없는 것으로 가정하여 각 보험자의 보상액을 계산 → 독립책임액

㉢ 독립책임액의 합이 보험가액을 초과할 때에는 각 보험자는 '각 독립책임액의 비율'로 손해액을 안분함

(2) 보험자 1인에 대한 권리포기

피보험자가 보험자 중 1인에 대하여 권리를 포기하더라도 각 보험자가 부담해야 할 보험금은 변하지 않는다(→ 보험자의 통모방지를 위해서).

10. 화재보험의 보험요율

(1) 보험요율의 구성

① 영업보험요율=<u>순보험요율+사업비율+이윤</u>

② <u>순보험요율</u>은 보험금 지급에 충당되는 부분 즉, 보험원가를 말한다.

③ 부가보험요율은 보험회사의 제경비와 이윤에 해당하는 부분을 말한다.

(2) 화재보험요율의 종류와 산출방법(→ 화재보험요율이 복잡하므로 재산종합보험의 시장성이 커짐)

① 종류 : 주택물건, 일반물건, 공장물건으로 구분한다.

② 일반형태 건물의 급수판정기준(→ 급수에 따라 기본요율이 다름)

구분	기둥/보/바닥	지붕(틀)	외벽
1급	내화구조	내화구조	내화구조
2급	내화구조	불연재료	내화구조
3급	불연재료	불연재료	불연재료
4급	상기 이외의 것		

③ 화재보험료=보험가입금액×<u>최종요율</u>+<u>특약보험료</u>

    ㉠ 최종요율=기본요율×각종 할인·할증율

        ={기본요율×고증할증×공지할인×소화할인×내장재할인+<u>동산할증</u>}×특건할인×방산할인×
우량할인×범위요율×장단기율×고액할인

    ㉡ 특약보험료=특약가입금액×특약기본요율×특약별 할인할증×범위요율×장단기율×고액할인

(3) 할인·할증요율의 내용

고층할증	11층 이상의 건물에 적용
공지할인	대면 건물 간의 거리에 따라 적용(공장물건 적용 불가)
특건할인	특수건물의 건물, 기계설비에 적용
우량할인	화재보험 점검결과에 따라 공장물건에만 적용
장단기율	2년 장기계약 175%, 3년 장기계약 250%를 납입
고액할인	가입금액 20억원 이상인 물건에 적용

※ 화재보험협회 점검후 결과통보에 따라 적용 가능한 할인 : 소화설비할인, 우량할인, 특건할인, 불연내장재할인
※ 특약담보에도 적용하는 할인·할증 : 계속계약할인, 장단기율, 고액할인

(4) 최저 보험료

주택화재보험 20,000원, 일반화재보험 30,000원, 공장화재보험 70,000원

(5) 재보험자로부터의 구득요율(재보험자 협의요율)

① 국문요율 외에도 보험계약자가 일정한 여건을 갖춘 경우에 한하여 원보험사를 경유하여 <u>재보험회사부터 요율을 구득하여 사용할 수 있는데</u> 이를 '구득요율(재보험자 협의요율)'이라 한다.

② 구득요율을 사용할 수 있는 경우는 1증권당 보험가입금액이 2,000억원 이상인 영문화재보험계약(FOC Firm)으로 제한되나, 재산종합보험의 개발로 영문화재보험의 효용성이 줄어들고 있다.

PART 01
PART 02
PART 03
PART 04
PART 05
PART 06

핵심 빈출 지문 | 화재보험

01 화재보험은 보험의 목적에 관한 우연한 사고 중 화재(벼락 포함)로 인한 물적손해를 보통약관으로 보상하고, 특별약관으로는 휴업손실, 폭발사고, 풍수재사고, 지진사고, 도난사고, 전기사고 등 화재사고 이외의 사고를 담보할 수 있기 때문에 사실상의 종합보험 성격이라고 볼 수 있다.

02 FOC Policy Form(영문화재보험)은 영국의 'Fire Office Committee'에서 전세계보험시장에 공통으로 사용할 수 있는 화재보험약관을 만든 것이고, Fire Insurance Policy는 국문화재보험약관을 영역한 약관으로 국내 거주하는 외국인들이나 소규모 외국기업들을 위한 것이다.

03 화재보험은 화재(벼락)로 인한 직접손해, 소방손해, 피난손해를 보상하며, 잔존물처리비용은 보험가입금액을 한도로 손해액의 10%까지 보장한다.

04 전기사고에 의한 화재손해는 화재보험 보통약관에서 담보하고, 전기적 손해 자체를 담보하기 위해서는 전기위험담보 특별약관을 첨부한다. 이 특약에서는 어떠한 일이 있어도 안전장치의 기능상 당연히 발생할 수 있는 손해(휴즈의 끊어짐 등)나 변압기 내의 절연유의 열화와 같은 자연열화손해는 보상하지 않는다.

05 구내폭발위험담보 특별약관에서 폭발 또는 파열이란 급격한 산화반응을 포함하는 파괴 현상을 말한다(화학적 폭발). 단, 주택화재보험에서는 폭발 또는 파열로 인한 재물손해도 담보하므로 구내폭발위험 특약에 가입할 필요가 없다.

06 풍수재위험담보 특별약관에서는 태풍, 회오리바람, 폭풍, 폭풍우, 홍수, 해일, 범람, 이와 비슷한 풍재 또는 수재로 생긴 손해를 보상하는데, 태풍손해가 빈발하는 7, 8, 9월에 대해서만 이 특약을 첨부하는 계약자에 대한 인수를 엄격히 금지하고 있다.

07 지진위험담보 특별약관에서는 화재 및 연소로 인한 손해, 붕괴, 파손 및 파묻힘 손해, 손해방지 및 긴급피난에 필요한 조치로 인한 손해를 보상하며, 48시간 내의 사고는 동일사고로 본다.

08 지진위험담보 특별약관은 도난 또는 분실손해, 폭발 및 파열손해, 해일, 홍수 그 밖의 수재손해를 면책사유로 한다.

09 냉동(냉장)위험 특별약관은 반드시 화재사고로 냉동(냉장)장치의 파괴 및 변조가 일어난 후에 보험목적인 냉동냉장물의 손해를 보상한다.

10 소요, 노동쟁의, 항공기 및 차량위험 특별약관에서는 소요가 원인이 되어 발생한 화재손해 및 소요, 노동쟁의, 항공기, 차량에 의한 화재 이외의 손해를 보상한다.

11 소요, 노동쟁의, 항공기 및 차량위험 특별약관은 소요로 인한 화재손해뿐만 아니라 이로 인한 파괴손해까지 확장담보하지만, 노동쟁의에 있어서 국가 및 공공기관의 압수, 몰수로 인한 손해는 보상하지 않는다.

12 확장(Ⅰ) 특별약관에서는 폭발, 폭풍, 우박, 항공기, 차량, 연기에 의한 손해를 담보하지만, 수재손해는 담보하지 않는다.

13 확장(Ⅱ) 특별약관은 확장(Ⅰ) 특별약관에 '소요, 노동쟁의, 항공기 및 차량위험 특별약관'을 추가한 것이다.

14 악의적인 파괴행위 특별약관은 소요, 노동쟁의 특별약관이나 확장(Ⅱ) 특별약관이 첨부되는 계약에 한해 적용되는데 계약자, 피보험자, 그 대리인이 아닌 자의 고의나 악의행위에 대해 보상(과실은 보상하지 않음)한다.

15 재조달가액담보 특별약관은 시가기준의 보상은 실제 피해물을 복귀하기 위하여 소요되는 재조달비용과 보험금과의 차액을 피보험자가 부담해야 하므로, 보험금을 재조달가액으로 보상할 목적의 특약이며, 도덕적 위험의 방지를 위해 감가상각률이 낮은 물건에 한정하여 적용한다.

16 재고가액통지 특별약관은 재고자산가격이 1년 내내 일정하지 않은 경우 보험기간 중의 예상 최대재고가액을 보험가입금액으로 하여 보험료의 100%를 납부하고 만기 후 연간평균치로 정산하는 특약이며, 계절별 재고자산가액의 변동이 심한 수영복이나 스키복 제조사에 유용한 특약이다.

17 실손보상 특별약관은 전손 가능성이 낮은 1, 2급 건물 및 1, 2급 건물 내 수용한 설비 등에 대해서만 적용되며, 약정부보비율은 일반건물은 50~80%, 공장건물은 50~100%로 운영되고 있다.

18 기업휴지손해담보 특별약관은 재물에 손해가 발생하고 그로 인하여 불가피하게 발생하는 피보험자의 기업휴지손해, 즉 영업이익과 계속 지출되는 경상비(고정비용)를 보상한다.

19 기업휴지손해담보 특별약관에서 관계당국에 의해 구내 출입금지시간이 7일을 초과하는 경우는 초과일에 대하여 보상하지 않는다.

20 리스(임대)회사 임대물건 특별약관은 보험가입금액을 '규정손실금액'으로 한 경우 규정손실금액을 한도로 보상하지만, 수선 또는 보수로 인하여 보험목적의 가치하락에 대하여는 보상하지 않는다.

21 신체손해배상책임 특별약관상의 특수건물에서 16층 이상의 아파트, 11층 이상의 건물, 실내사격장은 면적에 관계없이 특수건물에 해당한다.

22 신체손해배상책임 특별약관상의 지급보험금은 사망 1억 5천만원(최저 2천만원), 부상 3,000만원, 후유장해 1억 5천만원이다.

23 실화(대물)배상책임 특별약관은 보험증권에 기재된 보험의 목적의 화재사고로 인해 타인의 재물을 망가뜨려 지게 된 손해배상책임과 관련 비용을 보상한도 내에서 보상하는데, 화재보험을 의무적으로 가입해야 하는 특수건물의 경우 의무보험에서 보상하는 금액을 초과하는 손해만을 보상한다.

24 보세화물 화재보험특별약관은 수출입 통관을 위해 보세구역 내 보세창고에 보관하고 있는 화물의 화재사고로 인한 손해를 보상하기 위한 특약이며, 보험가입금액은 수출품은 FOB 가격기준, 수입품은 CIF 가격기준이다.

25 칸막이, 대문, 전기, 가스, 선전탑 등은 피보험자의 소유여야 하며, 가재도구는 피보험자가 아니라도 같은 세대원의 소유물이라면 화재보험의 당연가입물건이 된다.

26 화재보험에서 보험목적의 범위에서 제외되는 물건은 <u>동식물, 교통승용구, 토지, 교량</u> 등이다.

27 화재보험에서 보상하는 손해는 화재(벼락)로 인한 <u>직접손해, 소방손해, 피난손해</u>인데, 피난손해는 보험목적물을 피난시키면서 발생한 손해를 말하며, 피난처에서 <u>옮긴 날로부터 5일</u> 동안 생긴 <u>직접손해와 소방손해를 보상한다.</u>

28 잔존물제거비용은 잔존물제거에 필요 또는 유익한 비용으로 <u>해체비용, 청소비용, 상차비용, 하차비용</u>을 보상한다.

29 잔존물제거비용은 일부보험 시 보험금과 잔존물 제거비용은 <u>비례보상</u>하며, 보험금+잔존물제거비용은 <u>보험가입금액 한도 내</u>에서 보상한다.

30 주택물건의 보험가액 1억원, 보험가입금액 8천만원, 손해액 8천만원, 잔존물제거비용 2천만원, 손해방지비용 4천만원일 경우 지급보험금은 손해액 8천만원+잔존물제거비용은 800만원까지 인정하나 <u>보험가입금액을 초과할 수 없으므로 0원</u>+손해방지비용(보험가입금액을 초과하더라도 보상) 4천만원 =1억 2천만원이다.

31 주택물건의 보험가액 2억원, 보험가입금액 1억 6천만원, 손해액 8천만원, 손해방지비용 4천만원일 경우 지급보험금은 전부보험이므로 손해액 8천만원과 손해방지비용 4천만원의 합계액인 <u>1억 2천만원</u>이다.

32 기타 협력비용은 회사의 요구에 따르기 위하여 지출한 필요 또는 유익한 비용으로 <u>실손보상</u>하며, 보험금과 이 비용의 합계액이 보험가입금액을 <u>초과해도 보상한다.</u>

33 화재보험의 보험기간은 국문약관은 보험료를 <u>입금한 때부터</u> 시작하나, FOC영문약관은 첫날 정오부터 시작한다.

34 석탄을 야적한 곳에서 <u>자연적</u>으로 발생한 화재손해는 보상하지 않지만, 그 석탄의 발화로 인근주택에 화재가 발생했다면 그 주택화재는 <u>보상</u>한다.

35 화재로 인한 폭발 시에는 화재로 입은 <u>직접손해</u>만 보상한다. 단, 주택은 <u>폭발(화학적 폭발)</u>로 인한 직접손해를 보상한다.

36 화재보험에서 건물, 기계, 집기비품, 가재 등은 <u>시가(재조달가액−감가상각)</u>로 평가하고, 상품, 제품, 재공품, 원재료 등은 <u>재조달가액</u>으로 평가하며, 글, 그림, 골동품, 원고 등은 보험계약 당시의 '<u>협정보험가액</u>'으로 평가한다.

37 화재보험에서 80% Coinsurance Ⅱ가 적용되는 물건은 <u>일반물건과 공장건물</u>이며, 보험가액의 80% 이상이면 전부보험이 된다.

38 고층할인은 <u>11층 이상</u>의 건물에 적용되고, 우량할인은 <u>공장물건</u>에 한정되어 적용된다.

39 일반적으로 보험기간은 1년이지만, <u>2년 장기계약은 175%, 3년 장기계약은 250%</u>를 일시납한다.

40 화재보험협회 점검 후 결과통보에 따라 적용 가능한 할인은 <u>소화설비할인, 우량할인, 특건할인, 불연내장재할인</u>이다.

41 특약담보에도 적용하는 할인·할증은 <u>계속계약할인, 장단기율, 고액할인</u>이다.

42 화재보험의 최저 보험료는 <u>주택화재보험 20,000원, 일반화재보험 30,000원, 공장화재보험 70,000원</u>이다.

오답노트

07 지진위험담보 특별약관에서는 화재 및 연소로 인한 손해, 붕괴, 파손 및 파묻힘 손해, 손해방지 및 긴급피난에 필요한 조치로 인한 손해를 보상하며, <u>72시간</u> 내의 사고는 동일사고로 본다.

19 기업휴지손해담보 특별약관에서 관계당국에 의해 구내 출입금지시간이 <u>14일</u>을 초과하는 경우는 초과일에 대하여 보상하지 않는다.

28 잔존물제거비용은 잔존물제거에 필요 또는 유익한 비용으로 해체비용, 청소비용, 상차비용을 보상하지만, <u>하차비용은 보상하지 않는다.</u>

37 화재보험에서 80% Coinsurance Ⅱ가 적용되는 물건은 <u>주택물건과 일반물건</u>이며, 보험가액의 80% 이상이면 전부보험이 된다.

CHAPTER
02

동산종합보험

TOPIC 01 | 개요

1. 개념

화재보험이 주로 고정자산을 담보하는 데 비하여 동산종합보험은 <u>피보험자의 재산 중 '동산'이 우연한 사고로 입은 손해를 보상</u>하는 보험이다.

2. 보험약관의 종류와 약관의 담보체계

(1) 보험약관의 종류

Inland Floater Policy	국문약관
구체적 위험을 담보하기 위해서, <u>특별약관을 반드시 첨부</u>해야 한다.	<u>보통약관상으로, 보상하는 손해와 보상하지 않는 손해를</u> 규정한다.
All Risks Cover	All Risks Cover

(2) 보통약관의 담보체계

담보위험 `암기` 화도폭파잡					면책위험
화재	도난	폭발	파열 · 파손	잡위험	
필수담보				선택담보	면책
기본요율로 담보(→ 잡위험을 포함하지 않을 경우 '잡위험 부담보 특약' 첨부)					

3. 국문특별약관의 형태

(1) 추가약관

① 날짜인식 오류 보상 제외 추가약관
② 정보기술 추가약관(사이버위험 보상 제외 특별약관)
③ 테러행위면책 추가약관

(2) 특별약관

① 위험의 <u>제한</u> 또는 확장담보에 관한 특별약관

잡위험 보상제외 특별약관	전기적 사고보상 특별약관
도난위험 부담보 특별약관	기계적 사고보상 특별약관
중복위험 보상제외 특별약관	풍수재위험 보상 특별약관
수리위험 보상 특별약관	지진위험 보상 특별약관

② <u>특정물건의 보상</u>에만 적용되는 특별약관

리스위험 임대물건 특별약관	악기 특별약관
할부금융회사 할부물건 특별약관	중장비 특별약관
전시품 포괄 특별약관	전자기기 특별약관

③ <u>보험가액</u> 관련 특별약관 : 협정보험가액 특별약관/재조달가액 담보 특별약관/재고가액 통지 특별약관

PART 01

PART 02

PART 03

PART 04

PART 05

PART 06

TOPIC 02   동산종합보험의 주요 요건

1. 보험의 목적(→ All Risks Cover, 포괄주의)

보험의 목적	제외물건
① 개인용 가재도구 ② 사무실 집기비품 ③ 공장 내 재고자산 ④ 리스물건(임대회사의 리스기계 등) ⑤ 중장비 건설기계 ⑥ 전시품 및 전시상품 등 제외물건을 제외한 <u>모든 유체동산</u>	① 수용장소가 특정되어 있는 상품 ② 차량, 선박, 항공기 ③ 공장 내에 장치된 기계(리스업자의 물건 제외) ④ 특정구간 수송 중의 위험만을 대상으로 하는 동산 ⑤ 특정장소 내의 가재포괄계약 ⑥ 동물, 식물 ⑦ 하나의 공장 내에만 소재하는 동산 포괄계약

2. 보상하는 손해와 보상하지 않는 손해

보상하는 손해 **알기** 화도폭파항건비연	보상하지 않는 손해
① 화재, 벼락 ② 도난 ③ 파손, 폭발, 파열 ④ 항공기와의 추락, 접촉/차량과의 충돌, 접촉 ⑤ 건물의 붕괴, 누손 ⑥ 비, 눈, 담수 등의 수해(태풍, 홍수, 범람 ×) ⑦ 연기손해	① 보험목적의 수리, 청소 등 작업 중 과실 또는 기술의 졸렬로 생긴 손해 ② 보험목적의 전기적 사고 또는 기계적 사고로 생긴 손해 → ①, ②로 인한 화재손해는 보상 ③ 원인의 직간접을 묻지 않고 <u>지진</u> 또는 분화로 생긴 손해 ④ 원인의 직간접을 묻지 않고 태풍, 홍수, 해일, 범람, 폭풍우, 회오리바람 등 <u>풍수재</u>로 생긴 손해

※ ⑤ 건물의 붕괴, 누손/⑥ 비, 눈, 담수 등의 수해(태풍, 홍수, 범람 ×)/⑦ 연기손해는 '잡위험'에 해당한다.

3. 보험기간

① 기간보험은 <u>보험자 주소지</u> 표준시 <u>16:00 기준</u>을 적용한다(실무상 <u>보험료납입시간</u> 기준 적용).
② 구간보험은 보험목적의 반입부터 반출까지로 결정한다.

4. 보험가액과 보험가입금액

① 보험가액 : 보험사고가 <u>발생한 때와 곳의 시가</u>로 평가하는 것이 원칙이며, 예외적으로 보험계약
당시의 가액으로 정할 수 있다.
② 보험가입금액 : 보험계약상 보험자의 최고보상한도액을 보험가액을 기준으로 하여 <u>보험가입금액
으로 결정</u>하지만, 일부 특약의 경우 보험가입금액 대신에 <u>보상한도액(LOL)</u>으로 정하기도 한다.

5. 보상하는 손해의 범위와 보상한도

① 보상하는 손해의 범위 : 화재보험에서 보장하는 범위와 동일하다(→ 단, <u>잔존물제거비용 보상</u>에
관한 규정은 없음).
② 보상한도 : 화재보험에서의 보상한도와 동일하다.

6. 주요 특별약관

① 상품포괄 특별약관[운송 중 1사고당 보상한도액(LOL)을 설정함]
② 전시품포괄 특별약관(전시품의 포장 중 손해, 진열 중 손해 등은 보상하지 않음)
③ 잡위험 보상제외 특별약관(건물의 붕괴, 수해, 연기손해 등을 보상에서 제외)
④ 할부금융회사 할부물건 특별약관
⑤ 보세구역−항양본선 간 보상 특별약관
⑥ 중장비 추가약관

7. 보험금의 지급

① 손해액 : 다음의 두 가지 경우를 제외하고 화재보험과 동일하다.
　㉠ <u>잔존물제거비용</u>을 보상하지 않음
　㉡ 현실전손은 아니지만 수리비가 잔존물 가치를 초과하거나 보험목적을 적재한 수송용구가 <u>60일
이상</u> 행방불명된 경우 추정전손으로 처리
② 지급보험금의 계산 : 화재보험과 동일하다.

8. 잔존보험가입금액

① 보험사고로 보험금이 지급된 경우 나머지 보험기간에 대한 보험가입금액은 보험가입금액에서 사
고로 지급된 보험금을 공제한 '<u>잔존보험가입금액</u>'이다.

② '상품포괄 특별약관'과 같이 보험자의 책임한도를 <u>보상한도액</u>으로 한 경우 그 보상한도액은 1사고당의 한도액이기 때문에 나머지 기간에 발생하는 사고에 대한 보험자의 <u>보상한도액은 감액되지 않는다.</u>

9. 보험요율

기본요율	화재, 도난, 폭발, 파손, 잡위험의 5가지 요율로 구성되어 있으며 화재, 도난, 폭발, 파손은 필<u>수담보</u>로, 잡위험은 <u>선택담보</u>로 결정 가능
할증요율	항공기탑재위험담보 할증요율(→ 항공사진촬영 카메라 등 탑재물건에 적용)
특약요율	상대적 면책위험을 확장하거나 배제할 때 적용 → 수리위험보장, 전기사고보장, 보세구역 −향양본선 간 보장 등의 특약요율
최종적용요율	=기본요율+할증요율+특약요율
최저보험료	영문요율 → 재보험자로부터 구득, 국문요율 → 30,000원

PART 01

PART 02

PART 03

PART 04

PART 05

PART 06

┃ 동산종합보험

01 동산종합보험의 약관에서 Inland Floater Policy는 구체적 위험을 담보하기 위해서 특별약관을 반드시 첨부해야 하지만, 국문약관은 보통약관상으로 보상하는 손해와 보상하지 않는 손해를 규정한다.

02 동산종합보험은 모든 우연한 사고를 화재, 도난, 폭발, 파열, 잡위험으로 분류하고 화재, 도난, 폭발, 파열을 필수담보라 하고, 잡위험을 선택담보라고 한다.

03 동산종합보험의 보험의 목적에서 제외되는 자동차는 자배법상의 자동차를 말한다. 즉, 자동차관리법상의 자동차와 9종 건설기계가 아닌 것은 보험의 목적이 된다.

04 임대회사의 리스기계는 보험의 목적이 되지만, 공장 내에 장치된 기계는 보험의 목적이 되지 않는다.

05 도난, 폭발, 항공기와의 접촉 및 추락, 비, 눈, 담수 등의 수해, 태풍, 홍수, 해일 등의 풍수재를 보상한다.

06 보험목적의 수리, 청소 등 작업 중 과실 또는 기술의 졸렬로 생긴 손해 및 보험목적의 전기적 사고 또는 기계적 사고로 생긴 손해는 보상하지 않지만, 이로 인한 화재손해는 보상한다.

07 보험기간의 경우 기간보험은 보험자 주소지 표준시 16:00 기준을 적용하나 실무상 보험료납입시간 기준을 적용한다.

08 보상하는 손해의 범위는 화재보험에서 보장하는 범위와 동일하지만, 예외적으로 잔존물제거비용 보상에 관한 규정은 없다.

09 운송 중 1사고당 보상한도액(LOL)을 설정하는 동산종합보험의 특별약관은 상품포괄특별약관이다.

10 보험사고로 보험금이 지급된 경우 나머지 보험기간에 대한 보험가입금액은 보험가입금액에서 사고로 지급된 보험금을 공제한 '잔존보험가입금액'이다. 단, 상품포괄특약은 보상한도액으로 보상한다.

11 기본요율은 화재, 도난, 폭발, 파손, 잡위험의 5가지 요율로 구성되어 있으며 화재, 도난, 폭발, 파손는 필수담보로, 잡위험은 선택담보로 결정할 수 있다.

12 동산종합보험의 요율은 재보험자 협의 요율과 국문약관요율로 이원화되는데, 국문약관요율의 최저보험료는 20,000원이다.

오답노트

05 도난, 폭발, 항공기와의 접촉 및 추락, 비, 눈, 담수 등의 수해는 보상하지만, 태풍, 홍수, 해일 등 풍수재는 보상하지 않는다.

12 동산종합보험의 요율은 재보험자 협의 요율과 국문약관요율로 이원화되는데, 국문약관요율의 최저보험료는 30,000원이다.

패키지보험

PART 01
PART 02
PART 03
PART 04
PART 05
PART 06

CHAPTER 03

TOPIC 01   개요

1. 개념

(1) 의의

① 피보험자의 일부 재산에 대한 위험을 담보하는 보험에서 산업경제의 고도화에 따라 재산에 대한 계약자의 위험관리 합리화를 위해 모든 재산에 대하여 모든 위험을 '일괄담보'하는 <u>패키지보험</u>으로 변모하였다.

② 재산보험의 상품은 '화재보험 → FOC Policy Form → 패키지보험'으로 발전해 왔다.

③ 동일 또는 관련업종의 자회사 및 계열사의 위험을 통합 부보할 수 있고, 보험이론상 담보가능한 위험을 모두 포함하는 All Risks Policy이다(→ 화재보험은 열거주의).

(2) 특징(→ 모기업이 동종위험을 통합 부보하여 얻는 장점)

① 거대규모로 일시에 보험시장에 접근함으로써 구매력의 집중/결합을 통해 <u>보험료를 인하</u>할 수 있고,

② 자산규모가 작은 자회사/계열사의 경우 <u>실질적인 보상한도액 증액효과</u>를 얻을 수 있는 동시에 광범위한 담보조건의 설정이 가능해지며,

③ 해외 재보험시장이 악화되는 경우에는 영향을 최소화하여 안정적인 보험관리가 가능하고,

④ 보험사고 시에도 <u>강력한 협상력</u>으로 계열사/자회사 이익보호가 가능해지며,

⑤ 위험조사 및 이에 따른 보험관리를 체계화하여 동 <u>업무수행을 위한 인적/물적 부담을 경감함과 동시에 업무의 효율성</u>을 제고할 수 있게 된다.

2. 담보별 보험가입의무

Section Ⅰ : PAR는 <u>필수 가입</u>해야 하고 다른 담보는 <u>선택 가입</u>할 수 있다.

3. Korea Package Insurance Policy

Section	Cover	Coverage
Section Ⅰ : PAR	재산종합위험담보 (Property All Risks Cover)	Physical Damage on All Property

Section	Cover	Coverage
Section Ⅱ : MB	기계위험담보 (Machinery Breakdown Cover)	Mechanical damage on Machinery
Section Ⅲ : BI	기업휴지손해담보 (Business Interruption Cover)	PDBI(BI by PAR Loss)/MLOP(BI by MB Loss)
Section Ⅳ : GL	배상책임위험담보 (General Liability Cover)	신체장해 및 재물손해에 대한 법률상 배상책임 및 비용

TOPIC 02　Section Ⅰ : PAR Cover(재산종합위험담보)

1. 보험의 목적(범위)

당연가입물건	제외물건	
• 피보험자 소유의 물건 → 부동산과 동산 • 피보험자가 책임을 부담하는 타인의 물건 　→ 부동산과 동산	• 동식물 • 토지 • 조립공사, 철거공사, 시운전위험 • 해상물건 • 촉매 및 소모성 물건 ※ 통상적인 유지정비에 필요한 시운전기계장치는 가입 가능	• 교통승용구 • 통화, 유가증권, 귀중품 • 지하물건 • 운송물건

2. 보상하는 손해와 보상하지 않는 손해

(1) 보상하는 손해(→ 포괄주의이므로 담보범위가 화재보험보다 더 큼)

화재보험 보통약관 담보	특별약관으로 확장담보할 수 있는 위험	
화재, 벼락	• 화학적 폭발 • 바람, 우박 등의 기상현상 • 항공기 · 차량에 의한 손해 • 연기에 의한 손해 • 동맹파업 • 자동살수장치의 누출 손해	• 지진, 화산분화 • 홍수, 범람, 조수, 해일 • 폭음에 의한 손해 • 파괴행위, 악의적행위 • 절도 또는 강도

(2) 보상하지 않는 손해

① 재산종합보험의 공통면책사항 : 전쟁위험, 원자력위험, 고의

② 오염사고부터 누출까지

③ 원인을 불문하고 누출 및 오염과 관련된 손해

④ 고의적으로 설계허용치 및 안전한도를 초과하여 운전

⑤ 작업철회, 태업 또는 조업중단

⑥ 침하, 사태, 토양의 수축이나 팽창 또는 침식

⑦ 소모, 마모, 점진적 악화, 부식, 침식, 피로현상, 산화, 습기, 온도나 습도의 변화, 공기 또는 빛의 작용, 자연발열 또는 건조

⑧ 발효, 증발, 중량의 감소, 오염이나 품질 변화

⑨ 기계, 전자 또는 전기장치, 장비 또는 기기의 고장, 장애, 전복 및 파열, 단락, 자체발열, 누전, 과전류, 과부하 또는 과전압

⑩ 결함있는 부품 또는 자재, 작업하자, 설계상의 결함 또는 누락 또는 잠재된 결함의 대체, 수리 또는 교정비용

⑪ 잔존물제거 및 청소비 확장담보조항에서 담보하지 않는 청소비용

⑫ 저장용 용기 내 내용물의 누출 및 넘침, 제품의 소각

3. 보험기간

① 패키지보험은 <u>기간보험</u>이며, <u>손해사고 기준</u> 증권이다.

② 보험기간 산정은 <u>보험계약자의 주소지</u>를 표준시를 기준으로 하고, 개시시각 및 종료시각은 <u>00:01AM</u>이다.

4. 보험가액과 보험가입금액

(1) 보험가액 결정

미평가보험(원칙)		기평가보험(예외)
시가	재조달가액	
보험가액=재조달가액 – 감가상각	보험가액=재조달가액	공인가액평가특약(certified valuation) → 비용이 크기 때문에 국내 사례가 많지 않음
–	패키지보험의 원칙	패키지보험의 예외

(2) 최고보상한도

당사자 간의 협의로 다음 중 하나를 최고보상한도로 한다.

① 보험가액을 기초로 한 보험가입금액(TSI)이 최고보상한도

② PML을 기초로 설정한 LOL이 보상한도액

5. 보상의 기준 및 지급보험금의 계산과 보험금 분담

(1) 보상의 기준(→ 재조달가액이 원칙)

① 시설물(건물, 기계 등)

전손 (total loss)	• 건물은 재축, 다른 자산은 유사한 목적물로 대체함 • 신품보다 개선되거나 우수하지 않아야 함
분손 (partial loss)	• 손상된 수리나 복구비용을 보상하되, 목적물 전체를 재조달하는 가액을 초과할 수 없음 • 피보험자가 재축 또는 복구를 하지 않은 경우에는 <u>시가</u>로 보상함 • 재조달작업은 손해를 입은 날로부터 <u>12개월 이내</u>에 개시되어야 함 → 의도적인 복구지연 등에 대해서는 보상하지 않음

PART 01

PART 02

PART 03

PART 04

PART 05

PART 06

② 재고/동산

    ㉠ 재조달시점의 동종, 동질품의 시가로 하되, 최종보관 또는 가공까지의 제비용과 세금을 포함함

    ㉡ 보험가액은 손해가 발생한 시점에서의 때와 곳에 있어서의 재조달가액으로 하므로 미실현이익은 포함하지 않음(어떠한 경우도 판매이익이 포함되지 않음)

    ㉢ 재조달가액 평가방법

상품	재매입가액
제품(반제품, 재공품 포함)	재생산원가재료비에 노무비, 제조간접비를 가산한 금액
원·부재료 및 저장품	• 외부매입재매입가액 • 자가생산제조원가

(2) 지급보험금의 계산

① 초과보험 : 재조달가액과 보험가입금액의 비교에 의해 초과보험일 때는 <u>신품재조달가액을 한도로 보상</u>한다.

② 전부보험 : 전부보험일 때는 <u>손해액 전액</u>을 보상한다.

③ 일부보험 : 지급보험금(일부보험의 경우)=손해액×[보험가입금액/(신품)재조달가액]

(3) 보험금분담(중복보험)

다른 보험이 시가보험이라면 패키지보험의 분담보험금은 <u>시가보험인 것으로 간주</u>하여 계산한다. 즉, 재산종합보험의 재조달가액을 시가보험으로 변경한 후 타보험과 비례분담방식으로 분담보험금을 산정한다.

6. 확장담보조항

(1) 잔존물제거 및 청소비용(debris removal and cost of clean-up)

① 보험의 목적에 직접적인 재물손해가 발생할 경우 손해액의 일정비율(10%, 20% 등)을 설정하여 보상한다(→ 화재보험은 보통약관에서 보장함).

② 손해를 입은 부보자산의 잔존물을 구내로부터 제거하는 데 합리적으로 소요된 비용을 보상한다.

③ 사고현장에서의 잔존물해체비용, 수집, 분류, 상차비용 등 실제로 발생된 비용을 담보하는데, 피보험자의 과실로 증가된 비용은 보상하지 않는다.

④ 잔존물(고철 등)이 가치가 있는 물건으로 매각함에 따라 수익이 발생한 경우, 해당 수익은 전액 보험자에게 반환해야 한다.

(2) 소방비용(fire fighting expenses)

소화용수, 소화약제 등 자재비, 장비동원에 소요된 비용 등 일체의 소방비용을 <u>합의된 금액을 한도로</u> 보상한다.

(3) 특별비용담보조항(expediting expenses)

보험목적의 임시적 수리나 긴급한 수리 또는 대체에 합리적으로 소요된 추가비용을 보상한다. 그 비용은 연장, 심야, 휴일근로를 함에 따른 시간외수당, 야근수당, 휴일수당 등을 포함한다.

(4) 손해방지비용(sue and labour)

① 손해를 방지하기 위해 즉각적 합리적 조치로 발생한 비용이나 손해를 보상한다.
② '손해방지비용조항'과 '일시적철거담보조항'만 추가비용을 보상하며 나머지는 처음 합의된 금액 내에서 보상한다.

(5) 소규모 공사조항(minor works clause)

① 구내의 소규모공사는 미리 합의된 총공사 도급계약금액 이내에서 담보한다.
② 통상적인 운전과정에서의 변경, 유지보수, 수정은 당연히 담보되는 것으로서, 동 확장담보조항에 의해 추가담보되는 것이 아니라 보통약관으로 담보한다.
③ 담보의 의미는 물적피해에 국한된 것이며, 예정이익손실까지 보상하지 않는다.
④ 중복보험이 될 경우, 본 보험은 후순위로 적용되어 타보험의 초과액만을 담보한다. → 상적보험 (excess policy)

(6) 추가재산 담보조항(capital additions clause)

보험기간 중 담보하는 구내에서 별도로 부보되어 있지 않은 신규건물, 기계장치 및 공장설비의 변경, 추가, 개량이 발생한 경우 미리 합의된 금액을 한도로 보상하며, 피보험자는 각각의 추가재산에 대한 명세를 2개월 이내에 보험회사에 제출해야 한다.

(7) 공공기관 조항(→ 공공기관의 조치로 인해 증가한 비용담보)

재산종합보험에서 담보하는 사고로 손해를 입은 재산을 복구할 때, 법령을 따르기 위한 제반 조치를 함으로써 발생한 추가비용을 보상한다.

(8) 건축가, 조사자, 자문기술자 용역비용 담보조항

손해발생 이후 부보자산의 복구에 필요하여 소요된 건축가, 조사자, 자문기술자 등 전문가의 용역비를 전액 보상한다.

(9) 일시적 철거비용 담보조항

보험의 목적(재고자산 제외)이 청소, 개량, 수리 등의 목적으로 일시적으로 철거되어 구내 또는 다른 장소로 일시적으로 이동하는 도중에 발생하는 손해를 보상한다.

PART 01

PART 02

PART 03

PART 04

PART 05

PART 06

7. 특별약관

(1) 신체손해배상책임담보 특별약관

특수건물화재로 타인이 사망하거나 부상할 경우 건물소유자의 손해배상책임에 따라 피보험자가 보상할 손해를 보상한다.

(2) 공동보험 특별약관

2개 이상의 보험회사가 1개의 계약을 공동으로 일정비율에 따라 인수할 경우에 첨부한다.

(3) 공동보험 특별약관 Ⅱ(→ 부보비율 조건부 실손보상 특약)

지급보험금 = 손해액 × [보험가입금액/재조달가액(시가) × 80%]

9. 보험요율의 구득

(1) 패키지보험 요율구득(Rate Quotation)의 의의와 특징

① 실무에서는 보험가입금액기준 200억원까지는 보험개발원 제공 참조위험율을 사용하고, 200억원 초과부분은 여전히 재보험자 협의 요율을 구득하여 사용하고 있다.

② 패키지보험의 요율은 원보험계약의 갱신 때마다 국내 및 해외 재보험자로부터 요율이 구득되기 때문에 별도의 요율서가 없으며 다분히 해외재보험시장의 '수요와 공급의 원칙'이 충실히 반영된다고 할 수 있다.

(2) 패키지보험 요율구득의 과정

① Risk Survey by Surveyors

단독 survey	보험회사의 신뢰를 받는 제3의 surveyors나 보험회사에 속한 엔지니어에 의한 survey가 이루어지는 것으로 비용이 적게 들고 간편한 방법이나 다양한 surveyors의 전문적 의견을 접할 기회를 상실하게 됨
Joint survey	2, 3개사의 surveyors가 팀을 이루어 동시에 또는 각각 survey를 하는 것으로 실무요원들을 번거롭게 하는 단점이 있으나 다양한 surveyors의 전문적 의견을 접할 수 있다는 장점이 존재
초청 survey	해외전문가에 Risk survey를 의뢰하는 방식으로 새로운 형태의 위험관리 시각이나 철학을 제공할 수 있으나 해외전문가를 수배하기 어렵고 비용이 많이 드는 단점이 존재

② 보험계약자의 보험자에 대한 Rate Quotation 요청

    ㉠ Risk survey가 끝나고 보험계약자는 보험전문가들의 협조를 받아 보험조건(T&C ; Terms & Conditions)을 확정하고 보험사에 Rate Quotation을 요청

    ㉡ 대개 입찰공고형식으로 추진되며 2개 이상의 복수의 보험사를 선정

    ㉢ 요율구득 후에 양질의 재보험처리를 위해 재보험자의 신용등급을 사전에 지정

③ 보험자의 재보험중개사에 대한 Rate Quotation Order : 보험계약자로부터 요청을 받은 보험자는 해외시장정보에 밝은 재보험중개사에 요율구득을 지시한다.

④ 보험중개사의 재보험자에 대한 Rate Quotation : 요율구득을 지시받은 재보험중개사는 지정된 재보험자들을 접촉하여 정해진 보험조건과 입찰조건에 부합하는 최선의 요율을 구득하여 보험자에게 제출한다.

(3) 재산종합보험 요율구득 시 필요한 자료

① 일반적 고지사항 : 계약자 및 피보험자의 국 · 영문명칭/영업직종 및 생산품목/소재지 및 설립연월일/종업원 수 등
② 업체주위사항 : 사방 근접지역 지형, 도로, 건물 등 현황/진입도로의 상태 및 넓이 등
③ Utility 현황 : 변압기 및 발전기 용량/냉난방시설/급수시설/보일러, 콤프레셔 사용현황 등
④ 사고방지 및 소화시설 현황 : 자체소방활동기구 편성현황/인근소방서 현황/소화설비 현황 등
⑤ 구내건물 : 건물명, 용도, 구조, 층수, 평수, 등을 상세히 기재
⑥ 위험품 취급현황(폭발성, 인화성물질) : 위험품의 종류, 용량, 위치, 보관상태와 방법 등
⑦ 도면(구내건물 배치도) : 구내 모든 건물의 평면도를 축척에 의해 간략하게 작성
⑧ 과거 10년간의 손해이력 : 원인, 손해금액, 자기부담금 및 유사사고 재발방지책
⑨ Surveyor가 평가한 PML data 등

PART 01

PART 02

PART 03

PART 04

PART 05

PART 06

TOPIC 03 | Section Ⅱ : MB Cover(기계위험담보)

1. 기계위험담보의 개요

① 사업장 내에서 설치 · 가동 중인 모든 기계, 기계설비 및 장치의 기계적 사고로 인한 물적손해를 담보한다.
② 화재보험과 패키지보험은 기계적 사고는 담보하지 않으므로 패키지보험과 기계보험(특종보험)을 모두 가입하는 것이 일반적이다.

2. 가입대상 및 가입금액

① 개별기계 단위로 부보할 수도 있고, 사업장 일괄로 포괄하여 부보할 수도 있다.
② 보험가입금액은 재조달하는 비용과 동일해야 한다. 동종, 동능력의 새로운 기계로 재조달하는 비용을 말하며, 운송비, 관세, 제세공과금, 조립비용 등을 포함한다.
③ 항상 신품재조달가액으로 부보한다(시가는 불가).

3. 담보위험

① 부보된 기계장치가 작동 중이거나 휴지 시 또는 청소 등으로 철거되거나 이동되는 동안 발생한 손해 및 담보하는 구내의 다른 장소에서 재조립하는 기간 중에 발생한 손해를 보상

② 보상하는 손해는 기계적 사고로 인한 물적 피해액

　　　⑩ 콤프레셔가 파열되어 잇달아 가연성 물질의 유출로 화재가 발생했을 경우 : 기계적 사고(파열 등) → 가연성 물질 유출 → 화재사고 → 주변 재산에 '물적피해' 초래

③ 기계적 사고가 발생하는 원인에 대한 보험증권상의 규정

　　⊙ 재질, 설계, 건설, 조립상의 결함

　　ⓛ 진동, 조절불량, 부품의 느슨함, 윤활기능결함, 수충현상, 안전장치의 고장, 기계장치의 오작동

　　ⓒ 과·부전압, 전열체의 하자, 단락, 누전, 방전 등

　　ⓔ 종업원 또는 제3자의 능력부족, 기술부족, 부주의

　　ⓜ 추락, 충격, 충돌, 이물질의 유입 또는 방해

　　ⓗ 기타 면책으로 하지 않는 원인

4. 면책위험

① PAR Cover에서 보상하는 손해

② 자재의 소모, 일상적 사용으로 인한 기계부품의 소모나 마모, 녹, 보일러스케일, 광택표면의 긁힘, 화학적 부식 또는 악화

③ 서서히 진행된 변형, 뒤틀림, 균열, 금, 결함있는 튜브 이음매 등

④ 시운전 기간 중의 사고에 직접 또는 간접적으로 관련된 손해(→ 통상적인 보수나 정비를 위한 시운전과 관련된 손해는 보상함)

⑤ 여하한 성질의 기계의 사용손실 또는 결과적 손해

⑥ 지진, 분화, 태풍, 홍수, 범람, 누수, 침하, 사태 등

⑦ 피보험자나 대리인의 고의적 행위 또는 고의적 태만

⑧ 누출이나 오염, 오탁물질의 제거, 중화 또는 청소비용

⑨ 냉각제, 윤활유 및 필터 등 대체가능한 품목에 대한 손해

5. 확장담보조항

① 일시적 철거 확장담보 : 재산종합보험과 동일

② 긴급추가비용 담보 : 재산종합보험과 동일

③ 건축가, 조사자, 자문 기술자 용역비용담보 : 재산종합보험과 동일

6. 보상의 기준

① 손해가 발생할 경우 손해사정의 기초는 신품재조달가액이다.

② 재조달가액 : 유사한 종류 및 품질의 신품으로 대체하거나 수리하는 데 소요되는 일체의 비용을 말하며, 수리를 효과적으로 하기 위하여 소요된 해체 및 재조립비용을 포함한다.

③ 사고가 난 부보자산의 <u>수리 또는 대체가 되지 않을 경우</u> 손해사정의 기초는 그 자산의 <u>현재가액</u>이다 (시가보상).

④ 보험가입금액이 부보되어야 할 금액보다 적을 경우 보험자는 부보되어야 할 금액에 대한 보험가입 금액의 비율로 비례보상한다(복수의 기계장치는 기계장치 별로 비례보상).

TOPIC 04 | Section III : BI Cover(기업휴지손해담보)

1. 기업휴지보험의 개요

① 재산종합위험(PAR)사고 또는 기계위험(MB)사고로 인한 물적피해의 복구, 성공적인 재가동 및 사고전과 동일한 수준의 매출확보까지 생긴 간접손실, 즉 가동중단에 따른 수익의 감소는 별도의 '기업휴지손해담보(BI)'를 가입해야 보상이 가능하다.

② 기업휴지의 원인이 되는 재물보험과 동시에 인수하고 있으며, 모체가 되는 재물보험의 종류에 따라 <u>화재기업휴지보험</u>, <u>재산종합기업휴지보험</u>, <u>기계기업휴지보험</u>을 구분한다.

2. 담보위험

(1) 보상요건

① 담보위험에 의해 보험의 목적에 <u>물적손해</u>가 발생해야 한다.

② 그 물적손해에 직접 기인하여, 판매활동이나 생산활동 등의 <u>기업활동이 전면적 또는 부분적으로 중단</u>되어야 한다.

③ 기업활동이 중단된 결과 <u>매출액이 감소</u>해야 한다.

④ 매출액 감소로 인한 <u>총이익(Gross Profit)의 손실</u>이 발생해야 한다.

(2) 담보위험

① 기업휴지기간 동안에 매출액의 감소로 인한 총이익상실액이다.

② 지고직전의 재고보유가 많았거나 가동율이 저하되는 상황이었거나 제품이 공급과잉상태에 있었거나 생산하더라도 100% 판매가 되지 않을 상황임이 인정되는 경우 등은 모두 보험금 감액사유가 될 수 있다.

③ 조업이 중단 또는 감소됨으로써 보상기간 중 지출이 중단되거나 감소된 변동비 또는 절약비용은 손해액에서 보상되지 않는다.

3. 확장담보조항(1사고당 보상한도액을 별도로 설정함)

① <u>구외동력시설 파손</u>으로 인한 기업휴지확장담보(Off-Premises Power Clause)

② <u>고객업체의 사고</u>로 인한 기업휴지확장담보(Customers Extension Clause)

PART 01
PART 02
PART 03
PART 04
PART 05
PART 06

1. 배상책임보험의 개요

① 패키지 보험 제4부문은 일반영업배상책임을 포괄담보한다(전문직업배상책임은 담보 ×).

② 시설소유관리자위험, 생산물위험 등 시설 및 영업활동에 관련된 모든 형태의 제3자 배상책임을 포괄하되, 위험의 특수성을 감안하여 북미지역수출품은 별도 담보한다.

2. 담보위험

① 시설물의 소유관리자로서의 배상책임 : 피보험자가 소유 또는 관리하는 시설물의 하자 또는 운영상의 부주의로 인해 제3자가 인적, 물적피해를 입은 손해에 대한 배상책임

② 유류 기타 오염물질의 유출로 인한 배상책임 : 급작스럽고 예기치 못한 오염, 오탁사고로 인한 배상책임손해(점진적이고 누적적 오염은 담보하지 않음)

③ 생산물배상책임 : 생산물자체손해는 면책이며, 생산물을 사용하는 제3자에 대한 배상책임손해

④ 사용자 배상책임 : 피보험자의 임직원이 업무수행 도중 회사측의 과실로 사망 또는 신체상해를 입은 경우 고용주로서의 법적 배상책임 → 산재보험에서 1차적인 보상이 있는 경우 산재보험의 보상한도액을 초과하는 부분만이 사용자배상책임담보대상이 됨

⑤ 피보험자 상호 간의 배상책임(교차배상책임) : 배상책임보험의 피보험자가 2인 이상인 경우 상호 간 책임을 보상하지 않지만, 동 특약을 통해서 피보험자 상호 간의 책임을 담보

3. 면책위험

① 피보험자가 예기하였거나 피보험자의 고의로 발생한 신체장해 또는 재물손해

② 계약에 의하여 가중된 신체장해나 재물손해에 대한 배상책임

③ 근로자의 재해보상, 실업에 관한 법률 등에 의해 피보험자가 부담하는 책임

④ 피보험자의 근로자가 업무 수행 중 그 업무에 기인하여 입은 신체장해 및 그 결과로 가족에게 생긴 손해

⑤ 공해물질의 배출, 확산, 방출 또는 유출에 따른 신체장해나 재물손해

⑥ 자동차, 항공기, 선박으로 인한 배상책임

⑦ 피보험자의 소유, 사용, 임차보관, 관리, 통제하에 있는 재물손해

⑧ 피보험자의 생산물에 기인하여 피보험자의 생산물에 끼친 재물손해

⑨ 생산물 또는 손상재물의 사용 불능, 회수 및 공사, 수리 및 교환, 제거비용

⑩ 전문직업위험 배상책임

⑪ 벌금, 과태료 등 징벌적 손해

⑫ 정박과실로 인한 배상책임

⑬ 구외선박배상책임과 관련하여 P&I에서 담보 가능한 해상배상책임보험

⑭ 항공기 급유 관련 배상책임 등

Ⅰ 패키지보험

01 화재보험은 <u>열거주의</u>인 반면, 패키지보험은 포괄주의이며 <u>PAR Cover, MB Cover, BI Cover, GL Cover</u>의 4개의 섹션으로 구성되어 있다.

02 <u>통상적인</u> 유지정비에 필요한 시운전기계장치는 PAR Cover(재산종합위험담보)의 보험의 목적이 될 수 있다.

03 PAR Cover(재산종합위험담보)에서 <u>피보험자소유의 물건, 피보험자가 책임을 부담하는 타인의 물건</u>이 보험의 목적이 된다.

04 PAR Cover(재산종합위험담보)에서는 '소방비용, 잔존물제거비용 및 청소비용, 복구를 위한 전문가 용역비'를 <u>확장담보조항</u>으로 두고 담보하고 있다.

05 폭발위험은 화재보험 보통약관에서 담보하지 않지만(주택은 제외), PAR Cover(재산종합위험담보)에 서는 <u>물리적 폭발</u>, MB Cover에서는 <u>화학적 폭발</u>을 담보한다.

06 <u>PAR Cover</u>에서는 작업철회, 태업 또는 조업중단, 기계, 전자 또는 전기장치 등의 고장, 과부하 또는 과전압, 결함있는 부품 또는 자재로 인한 손해 등을 보상하지 않는다.

07 보험기간 산정은 <u>보험계약자의 주소지</u>를 표준시를 기준으로 하고, 개시시각 및 종료시각은 <u>00:01 AM</u> 이다.

08 보험가액 결정은 미평가보험이 원칙이지만, <u>공인가액평가특약</u>(certified valuation)의 경우 예외적으로 기평가보험이 적용된다.

09 당사자 간의 <u>협의</u>로 보험가액을 기초로 한 보험가입금액(TSI)이 최고보상한도인 경우 또는 PML을 기초로 설정한 LOL이 보상한도액인 경우 중 하나를 최고보상한도로 한다.

10 시설물(건물, 기계 등)에서 전손의 경우 건물은 재축, 다른 자산은 <u>유사한 목적물</u>로 대체하는데 신품 보다 개선되거나 우수하지 않아야 한다.

11 시설물(건물, 기계 등)에서 재조달작업은 손해를 입은 날로부터 <u>12개월 이내에 개시</u>되어야 하며, 피 보험자가 재축 또는 복구를 하지 않은 경우에는 <u>시가</u>로 보상한다.

12 재고자산의 경우는 재조달시점의 동종, 동질품의 시가로 보상하되, 최종보관 또는 가공까지의 <u>제비용</u> 과 세금을 포함하며, 상품은 <u>재매입가액</u>, 제품 등은 <u>재생산원가</u>, 원재료나 저장품은 <u>재매입가액</u>(자가 생산 시는 <u>제조원가</u>)으로 평가하여 보상한다.

13 다른 보험이 시가보험이라면 패키지보험의 분담보험금은 <u>시가보험인 것으로 간주</u>하여 계산한다. 즉, 재산종합보험의 재조달가액을 시가보험으로 변경한 후 타보험과 비례분담방식으로 분담보험금을 산 정한다.

14 PAR Cover의 확장담보조항 중 소방비용은 소화용수, 소화약제 등 자재비, 장비동원에 소요된 비용 등 일체의 소방비용을 <u>합의된 금액</u>을 한도로 보상한다.

핵심 빈출 지문

15 PAR Cover의 특별비용담보조항에서는 보험목적의 임시적 수리나 긴급한 수리 또는 대체에 합리적으로 소요된 추가비용을 보상한다. 그 비용은 연장, 심야, 휴일근로를 함에 따른 시간외수당, 야근수당, 휴일수당 등을 포함한다.

16 PAR Cover의 확장담보조항 중에서 '손해방지비용조항'과 '일시적철거담보조항'만 추가비용을 보상하며 나머지는 처음 합의된 금액 내에서 보상한다.

17 PAR Cover의 소규모 공사조항에 따르면 구내의 소규모공사는 미리 합의된 총공사 도급계약금액 이내에서 담보하는데, 담보의 의미는 물적피해에 국한된 것이며 예정이익손실까지 보상하지 않는다. 만약, 중복보험이 될 경우 본 보험은 후순위로 적용되어 타보험의 초과액만을 담보한다.

18 PAR Cover의 추가재산 담보조항에 따르면, 보험기간 중 담보하는 구내에서 별도로 부보되어 있지 않은 신규건물, 기계장치 및 공장설비의 변경, 추가, 개량이 발생한 경우 미리 합의된 금액을 한도로 보상하며, 피보험자는 각각의 추가재산에 대한 명세를 3개월 이내에 보험회사에 제출해야 한다.

19 패키지보험의 요율은 원보험계약의 갱신 때마다 국내 및 해외 재보험자로부터 요율이 구득되기 때문에 별도의 요율서가 없으며 다분히 해외재보험시장의 '수요와 공급의 원칙'이 충실히 반영된다고 할 수 있다.

20 MB Cover(기계위험담보)는 사업장 내에서 설치 가동 중인 모든 기계, 기계설비 및 장치의 기계적 사고로 인한 물적손해를 담보한다.

21 MB Cover(기계위험담보)는 개별기계 단위로 부보할 수도 있고, 사업장 일괄로 포괄하여 부보할 수도 있으며, 항상 신품재조달가액으로 부보한다.

22 MB Cover(기계위험담보)는 부보된 기계장치가 작동 중이거나 휴지 시 또는 청소 등으로 철거되거나 이동되는 동안 발생한 손해 및 담보하는 구내의 다른 장소에서 재조립하는 기간 중에 발생한 손해를 보상한다.

23 MB Cover(기계위험담보)는 시운전 기간 중의 사고에 직접 또는 간접적으로 관련된 손해는 보상하지 않지만, 통상적인 보수나 정비를 위한 시운전과 관련된 손해는 보상한다.

24 MB Cover(기계위험담보)는 일시적 철거 확장담보, 긴급추가비용 담보, 건축가, 조사자, 자문 기술자 용역비용담보의 3가지 확장담보조항을 가지고 있다.

25 패키지보험의 PAR Cover와 MB Cover는 기계보험(특종보험)과 달리 전손, 분손 구분없이 재조달가액으로 보상한다.

26 BI Cover(기업휴지손해담보)의 보상요건 충족을 위해 '보험의 목적에 물적손해 → 기업활동이 전면적 또는 부분적으로 중단 → 매출액이 감소 → 총이익(Gross Profit)의 손실'의 과정이 있어야 한다.

27 BI Cover(기업휴지손해담보)는 화재사고에 따른 기업휴지손해를 담보하지만, 공사지연에 따른 기업 유지손해는 담보하지 않는다.

28 GL Cover(배상책임위험담보)에서는 일반영업배상책임을 포괄담보하지만, <u>전문직업배상책임</u>은 담보하지 않는다.

29 GL Cover(배상책임위험담보)에서는 점진적, 누진적인 오염은 담보하지만 <u>급격한</u> 오염사고는 담보하지 않는다.

30 GL Cover(배상책임위험담보)에서는 산재보험에서 1차적인 보상이 있는 경우 산재보험의 보상한도액을 <u>초과하는 부분만</u>이 사용자배상책임담보대상이 된다.

오답노트

05 폭발위험은 화재보험 보통약관에서 담보하지 않지만(주택은 제외), PAR Cover(재산종합위험담보)에서는 <u>화학적 폭발</u>, MB Cover에서는 <u>물리적 폭발</u>을 담보한다.

18 PAR Cover의 추가재산 담보조항에 따르면, 보험기간 중 담보하는 구내에서 별도로 부보되어 있지 않은 신규 건물, 기계장치 및 공장설비의 변경, 추가, 개량이 발생한 경우 미리 합의된 금액을 한도로 보상하며, 피보험자는 각각의 추가재산에 대한 명세를 <u>2개월 이내</u>에 보험회사에 제출해야 한다.

29 GL Cover(배상책임위험담보)에서는 점진적 누진적인 오염은 담보하지 않으나 <u>급격한</u> 오염사고는 담보한다.

CHAPTER 04 기업휴지보험

1. 개념

① 기업의 물적설비인 건물이나 기계장치 등의 각종 시설이 화재, 폭발, 전기적·기계적 사고 등 각종 우연한 사고로 물적손해를 입고 그 결과 일정 기간동안 영업을 중단하게 됨으로써 입게 되는 영업손실을 보상하는 보험이다.

② 화재보험은 재무상태표(직접손실보상 : 건물, 기계 등)상의 보험이며, 휴업보험은 손익계산서(간접손실보상 : 보험의 목적에 대한 손실발생을 전제)상의 보험이다.

2. 의의

기업휴지보험은 사고 후 복구완료 시점까지의 영업손실을 보상하여 줌으로써 기업활동을 차질 없이 수행하는 데 기여하기 위한 보험제도이다.

3. 기업휴지손해의 보상조건

① 담보위험에 의하여 보험의 목적에 물적손해가 발생해야 한다.

② 그 물적손해에 직접 기인하여, 판매활동이나 생산활동 등의 기업활동이 전면적 또는 부분적으로 중단되어야 한다.

③ 기업활동이 중단된 결과 매출액이 감소해야 한다.

④ 매출액 감소로 인한 총이익(Gross Profit)의 손실이 발생해야 한다.

4. 기업휴지손해의 담보 형태

(1) 기업휴지손해 담보

미국식 BI Insurance	영국식 LOP Insurance
계정과목에 대해 피보험자의 선택부보 인정 ×	계정과목에 대해 피보험자의 선택부보 인정
Indemnity Period : 사고발생일~물적복구 종료 시	Indemnity Period : 사고발생일~매출액 회복 시
통상 약정보상기간(Indemnity Period) 없음	약정보상기간(Indemnity Period) 설정
특별비용에 대한 손실보상액도 비례보상 ×	특별비용에 대한 손실보상액도 비례보상

(2) 추가비용보험(Extra Expense Insurance)

물적손해로 조업이 중단된 경우에도 대체설비로 지속적인 영업활동이 가능한 경우 해당비용을 담보하는 보험을 말한다. 영국의 LOP 보험에서는 추가비용담보(Additional Expenditure)라고 한다.

(3) 간접휴업보험(CBI ; Contingent Business Interruption Insurance)

① 직·간접적인 거래관계(원자재의 조달 및 완제품의 납품 등)에 있는 타기업의 재산손실로 기업휴지손해를 입을 수 있는데 간접휴업보험(CBI)은 이런 위험을 담보하기 위한 것이다.
② 간접휴업보험은 공급업체 CBI와 고객업체 CBI가 있다.
③ 태국에서 부품공장을 운용하던 TOYOTA는 태국 전역의 침수로 부품조달이 중단되어 도쿄에 있는 완성차 조립공장이 조업 중단이 되자 CBI로 보장을 받았다.

TOPIC 02 | 기업휴지보험의 주요 요건

1. 용어의 개념

기업의 휴지(휴업)	재산보험의 보험의 목적에 사고가 발생하여 영업의 전부 또는 일부가 불가피하게 중단되는 것
기업의 휴지손해	• 영업이 중단되어 발생한 손실 중 보험가입경상비와 담보위험에 의한 손해가 발생하지 않았다면 예상되는 영업이익을 말함 • 기업휴지손해=보험가입경상비+영업이익
영업이익	영업이익=매출액−영업비용(매출원가, 판매비&일반관리비)
경상비와 보험가입경상비	• 경상비 : 영업을 계속하기 위해 지출하는 비용 • 보험가입경상비 : 기업휴지 이후에도 계속 지출해야 하는 경상비
보험가입 금액	연간총수익(Annual Gross Profit)을 기준으로 하며, 순이익에 경상비 중 계속 지출되지 않는 변동비를 제외한 고정비만을 합한 금액(확장담보의 보험료정산조항은 75%의 예치보험료를 먼저 납입하고 보험기간종료 후 손해율에 따라 정산하는 조항임)
표준매출액과 매출감소액	매출감소액=손해발생 직전 12개월 중 복구기간과 동기에 해당하는 기간의 매출액(표준매출액)−복구기간 내의 실제 매출액
복구기간	보험금 지급의 대상이 되는 기간으로 보험의 목적이 손해를 입은 때로부터 그 손해의 영업에 대한 영향이 소멸되어 매출액이 복구되는 때까지 필요한 기간이 약정되지 않은 경우 12개월을 한도로 함
이익률	• 영업이익 발생 시 $$이익률 = \frac{영업이익+보험가입경상비}{매출액}$$ • 영업손실 발생 시 $$이익률 = \frac{보험가입경상비 - \left[영업손실 \times \left(\frac{보험가입경상비}{경상비}\right)\right]}{매출액}$$
보험가액	손해발생 직전 12개월(약정복구기간이 12개월을 초과하는 경우는 손해발생 직전 해당약정 복구기간의 매출액)×이익률

2. 기업휴지보험의 보험금 산출 예시

① 총수익(Gross Profit) 손해산출
   ㉠ 표준매출액 산출 : 사고 직전 12개월 중 실제보상기간에 대응하는 기간의 매출액 산출
   ㉡ 표준매출액 조정 : 금기의 매출액 증가율을 감안하여 표준매출액 조정
   ㉢ 매출액 감소분=조정된 표준매출액−실제보상기간 동안 실제 매출액
   ㉣ 총수익률 산출 : 사고 직전 회계연도의 매출액에 대한 총수익의 비율에 금기실적 감안 조정
   ㉤ 총수익 손해산출 : 매출액감소분×조정된 총수익률
② 특별비용 산출 : 매출감소를 면하기 위해 다른 장소에서 생산활동을 하는 등 손해절감을 위한 제반 조치를 취하는 데 소요된 비용(그로 인해 감소를 면한 총이익 상실액을 초과하지 않는 범위)이다.
③ 지출이 경감된 경상비 산출 : 사고로 인해 지출을 면하게 된 고정경상비를 공제한다.
④ 총손해액 산출 : 총손해액=총수익손해(1)+특별비용(2)−지출이 경감된 경상비(3)
⑤ 공제기간 공제 : 총손해액 중 공제기간에 해당하는 기간만큼의 금액을 공제한다.
⑥ 보험가액의 산출 : 보험가액=조정된 연간매출액×조정된 총수익률
⑦ 총보상액 산출 : 총보상액=(총손해액−공제기간 해당액)×(보험가입금액/보험가액)

3. 보상하는 손해의 범위와 보상한도

(1) 보상하는 손해의 범위

영업수익 **(매출액)**	영업비용 → 비경상비(변동비)
	영업비용 → 보험가입 안 된 경상비(고정비)
	영업비용 → 보험가입 경상비(고정비)
	영업이익

→ 보험가입 경상비와 영업이익을 보상대상으로 한다.

(2) 영업비용의 분류

① 변동비(비례비) : 영업의 중단, 축소에 따라 비례적으로 지출되지 않게 된 비용 → 원재료비, 동력비, 운임 등
② 경상비(고정비) : 영업의 중단, 축소와 관계없이 일정한 지출을 요하는 비용 → 인건비, 여비, 복리후생비, 감가상각비 등

4. 손해액 계산

① 휴업손실 : 매출감소액×이익률−지출되지 않은 보험가입 경상비

> **참고** **지출되지 않은 보험가입 경상비**
>
> • 사고 후 휴업한 결과 종업원이 퇴직함으로써 인건비가 절약된 경우
> • 건물이 전소되었기 때문에 감가상각비의 계상이 필요 없게 된 경우
> • 임차건물의 소실로 임차계약이 해약됨으로써 임차료를 계상하지 않게 된 경우

② 손해방지비용 : 비용의 지출로 인하여 감소되지 않은 영업이익보다는 작아야 하며 일부보험 가입 시에는 비례보상한다.

5. 지급보험금

① 면책기간(자기부담금) : 복구기간에서 뺀다.
② 지급보험금의 계산 : 화재보험 보통약관의 지급보험금 계산방식과 같다.

6. 잔존보험가입금액

1사고로 보험금이 지급된다고 하더라도 미경과기간에 대한 보험가입금액은 감액되지 않고 자동복원된다.

7. 보험요율

① 국문약관은 대체적으로 보험개발원이 통계에 근거하여 제시한 요율을 참조요율로하여 할인·할증하여 적용한다.
② FOC Policy Form과 영문 동산종합보험(Inland Floater Policy)의 BI Cover 특약 및 재산종합보험의 Section Ⅲ : BI Cover(기업휴지손해담보) → 재보험자로부터 구득한 요율

PART 01

PART 02

PART 03

PART 04

PART 05

PART 06

01 화재보험은 <u>재무상태표(직접손실보상 : 건물, 기계 등)</u>상의 보험이며, 휴업보험은 <u>손익계산서(간접손실보상 : 보험의 목적에 대한 손실발생을 전제)</u>상의 보험이다.

02 직 · 간접적인 거래관계(원자재의 조달 및 완제품의 납품 등)에 있는 타 기업의 재산손실로 기업휴지손해를 입을 수 있는데 <u>간접휴업보험(CBI)</u>은 이런 위험을 담보하기 위한 것이다.

03 기업휴지손해를 부보하는 두 가지 방식은 <u>화재보험보통약관에 기업휴지보험특약을 첨부</u>하는 방식과 <u>패키지보험의 BI cover에 가입</u>하는 방식이다.

04 기업휴지손해의 보상조건은 우선 담보위험에 의하여 보험의 목적에 <u>물적손해</u>가 발생해야 한다.

05 <u>복구기간</u>이란 보험금 지급의 대상이 되는 기간으로 보험의 목적이 손해를 입은 때로부터 그 손해의 영업에 대한 영향이 소멸되어 매출액이 복구되는 때까지 필요한 기간을 말하며, 약정되지 않은 경우 <u>12개월</u>을 한도로 한다.

06 임직원급여, 임차료, 전력 및 수도비, 원재료비 중에서 보험가입경상비에 해당하지 않는 것은 <u>변동비 성격의 임직원급여</u>이다.

07 보험가입금액은 '영업이익+보험가입경상비'이다.

08 보험가액은 '손해발생 직전 12개월(약정복구기간이 12개월을 초과하는 경우는 손해발생 직전 해당 약정복구기간의 매출액)×이익률'이다.

09 <u>표준매출액</u>이란 사고 직전 12개월 중 실제보상기간에 대응하는 기간의 매출액을 말한다.

10 휴업손실은 '매출감소액×이익률−지출되지 않은 보험가입 경상비'이다.

11 기업휴지보험 확장담보의 보험료정산조항은 <u>70%</u>의 예치보험료를 먼저 납입하고 보험기간 종료 후 손해율에 따라 정산하는 조항이다.

12 기업휴지보험에서는 1사고로 보험금이 지급된다고 하더라도 미경과기간에 대한 보험가입금액은 감액되지 않고 <u>자동복원</u>된다.

오답노트

06 임직원급, 임차료, 전력 및 수도비, 원재료비 중에서 보험가입경상비에 해당하지 않는 것은 <u>변동비 성격의 원재료비</u>이다.

11 기업휴지보험 확장담보의 보험료정산조항은 <u>75%</u>의 예치보험료를 먼저 납입하고 보험기간 종료 후 손해율에 따라 정산하는 조항이다.

재물보험의 재보험

PART
01

PART
02

PART
03

PART
04

PART
05

PART
06

▶ **T O P I C 0 1 | 재산보험의 보유**

1. 위험보유

(1) 위험보유의 개념

① 보유 : 보험자가 자기의 계산에 의거하여 위험의 전부 또는 일부를 자기책임부담으로 하는 것(보험
계약자 입장에서 위험전가는 보험자의 입장에서는 위험보유)이다.

② 보험자가 개별위험에 대해서 자기계산으로 보유하는 위험액의 크기를 <u>자기보유한도액</u>이라 하는데,
보험회사의 영속성에 영향이 없을 정도이어야 한다.

③ 위험보유는 통상적으로 개별위험을 기준으로 결정한다.

④ 위험보유는 보험가입금액을 기준으로 정해지나 특정 위험을 기준으로 전손 가능성이 낮은 경우에
는 추정최대손실액(PML), 최대가능손실액(MPL)을 기준으로 정한다.

(2) 위험보유의 종류

개별위험보유	하나의 위험으로부터 손해액이 발생할 경우
집적위험보유	• 다수의 위험으로부터 손해액이 발생할 경우 • 해상보험이나 선박보험에서 주로 사용
총계위험보유	• 연간손해율이 예정손해율을 어느 한도를 초과하지 않도록 하는 방법 • 풍수해보험, 농작물보험 등에 주로 활용

2. 위험보유의 방법

언더라이터 직관의 방법	해당 분야의 물건에 대한 인수경험이 많아 실제로 매우 정확	
일정기준에 의한 방법	수입보험료 기준	화재, 특종보험은 1~3%, 해상보험은 5% 보유
	자기자본 기준	자기자본의 0.5~1.5%를 최고보유액으로 함
	유동자산 기준	유동자산의 약 10%를 최고보유액으로 함

1. 재보험의 의의

① 위험이 거대화, 집적화, 복잡화 경향으로 변해가는 추세 속에서 보험회사는 인수에 있어서 재보험 없이는 원수보험계약의 체결이 어려우므로, 이에 적응성을 확보하기 위해 재보험제도가 필요하다.

② 재보험의 목적은 <u>위험의 분산과 평균화</u>를 꾀함과 동시에 <u>보험회사의 경영상의 안정</u>을 이루는 데 있다.

2. 재보험의 일반원칙

① 피보험이익의 존재 : 원보험계약이 해지되면 원보험자의 피보험이익이 없어지므로 재보험계약도 <u>자동으로 해지</u>된다.

> **참고** Cut-through endorsement
>
> • 원보험자가 파산하여 보험금 지급이 불가능할 경우 피보험자는 직접적으로 재보험자에게 보험금을 청구할 수 없다.
> • 재보험계약상 별도의 계약 조건인 Cut-through endorsement를 첨부할 경우 보험계약자의 재보험자에 대한 직접청구권이 <u>예외적으로 인정</u>되고 있다.

② 최대선의의 원칙 : 원보험계약에서 피보험자에게 고지의무를 부과하는 것과 마찬가지로, 재보험 계약에서도 <u>원보험사에게 고지의무</u>가 부과된다.

③ 손해보상의 원칙 : 모든 재보험계약은 손해보상 계약인 바, 재보험자의 책임은 <u>원보험사가 입은 손실에 한정</u>되며, 원보험사는 보험계약자에게 지는 책임에 대해 입증해야 한다.

④ 대위 및 분담 : 만일 원보험사가 대위권 행사를 통해 손해액이 감소되었다면 그 감소액만큼 <u>재보험사도 혜택</u>을 받게 된다(이득금지의 원칙).

3. 재보험의 기능

> • 원보험사의 보험계약 인수능력의 증대 → 재보험사를 통해 담보력 강화
> • 대형이재손실로부터의 실적 보호 → 거대위험의 부보를 통해 대규모 손실 방지
> • 보험경영의 안정성 도모 → 위험분산을 통한 영업실적의 급변동 방지
> • 보험회사의 재무구조 개선 → 재보험출재는 재보험자산의 증가가 됨

1. 절차상의 차이에 따른 분류(→ 임의재보험&특약재보험)

(1) 임의재보험	(2) 특약재보험	
	비례적재보험 (출재·수재에 비례성 ○)	비비례적재보험 (출재·수재에 비례성 ×)
• 사전에 정해진 특약 없이 출재 시마다 <u>임의로 결정하는 방식</u>	Quota Share Treaty	XOL(Excess of Loss cover)
• 장점 : 출재가 곤란한 계약을 상호 간 합의로 임의로 설정 가능	Surplus Treaty	Stop Loss cover
• 단점 : 사무량이 많아지고, 재보험자 입장에서는 역선택 감수	Com. Q&S	–
	의무적 임의재보험 특약	–

(3) 임의재보험의 대상계약

① 특약상 제외 계약 : 위험이 너무 높아 특약 출재 대상에서 제외

② 특약 실적에 부정적 영향을 줄 수 있는 위험 : 특약의 원만한 운영 위해 임의재보험 출재

③ 대형위험 : 특약 한도를 초과하는 대형위험은 초과 부분을 임의재보험 출재

④ 비표준위험 : 실적이 극히 불량한 위험 또는 통상 인수하지 않는 위험은 임의재보험 출재

⑤ 출재사의 신규 인수위험 : 통계자료 및 인수경험이 일정수준이 될 때까지 임의재보험 출재

2. 보험료 배분과 책임분담 방법에 따른 분류(→ 비례적재보험&비비례적재보험)

비례적재 보험	Quota Share Treaty (비례재보험특약)	• 가장 기본적인 재보험거래방식으로 특약의 업무처리가 간단하고, <u>소규모</u> 보험계약에 주로 활용 • 출재사 입장에서 양질·불량위험을 구분 관리하기 어려움 • 재보험자 입장에서는 원보험사의 <u>역선택의 위험이 없음</u>
	Surplus Treaty (초과액재보험특약)	• 출재사 보유한도액(line) 이하의 소규모위험에 대해서는 출재사 <u>전액 보유</u>가 가능하여 보험료 유출 예방 • 양질·불량위험의 차별적 보유가 가능하여 <u>수익성</u>에 도움 • 재보험사 입장에서는 불량물건 위주로 수재하여 <u>불리</u>
	Com. Q&S (혼합특약)	• 출재사 입장에서 <u>소형계약</u>은 Quota share를 적용(재보험료절감), 중대형계약은 Surplus treaty를 적용하여 위험분산 • 실무적으로 <u>가장 많이</u> 사용되는 방법
	의무적 임의재보험	• 출재사의 출재가 결정되면 재보험사는 이를 의무적 인수 • 출재사와 수재사 간의 상호신뢰가 구축되면 사용
비비례적재 보험	XOL(Excess of Loss) (초과손해액재보험)	• Layering(구간의 구분)을 <u>손해액</u>으로 정함 • <u>여러 위험</u>(폭풍, 홍수, 지진 등)에 대해 보험사고가 발생할 경우 사전에 정한 누적 위험을 초과하는 손해를 보상 • Catastrophe Cover라고도 함
	Stop Loss cover (초과손해율재보험)	• Layering(구간의 구분)을 <u>손해율</u>로 정함 • 위험기간이 짧은 short-tail 종목에 보다 적합함 • 경험률이 아직 증명되지 않은 신상품, 손해의 양태 예측이 어려운 농작물보험 등에 사용

※ 예시 : 초과액재보험특약 vs 초과손해액재보험

- '1 line 10억 4 line treaty'의 재보험일 경우 사례별 배분

구분	원보험사(출재사)	재보험사(수재사)
사례 1 : 보험금 40억인 경우	10억	30억
사례 2 : 보험금 50억인 경우	10억	40억
사례 3 : 보험금 60억인 경우	10억	40억(10억은 임의재보험)

- 재보험 Capacity의 구축이 아래와 같을 경우 출재사의 위험보유와 재보험으로 위험전가액

4th Layer	300억원 초과 200억원
3th Layer	150억원 초과 150억원
2th Layer	100억원 초과 50억원
1th Layer	40억원 초과 60억원

→ 출재사의 위험보유액=40억, 재보험으로 위험전가액=460억

Ⅰ 재물보험의 재보험

01 해상보험이나 선박보험에서 위험보유의 기준으로 사용되는 것은 <u>집적위험보유</u>이다.

02 연간손해율이 예정손해율을 어느 한도를 초과하지 않도록 하는 방법으로 풍수해보험, 농작물보험 등에 주로 사용되는 위험보유의 기준은 <u>총계위험보유</u>이다.

03 위험보유의 방법 중 언더라이터의 직관으로 보유하는 것은 언더라이터가 해당 분야의 물건에 대한 인수경험이 많아 실제로 <u>매우 정확</u>하다.

04 위험보유를 결정할 기준으로 수입보험료를 택할 경우 화재보험이나 특종보험은 수입보험료의 <u>1~3%</u>, 해상보험은 수입보험료의 <u>5%</u>가 적정하다.

05 유동자산을 기준으로 위험보유를 결정할 때는 유동자산의 <u>10%</u>를 최고보유한도액으로 정한다.

06 재보험출재를 위해서는 원보험사가 재보험사에게 고지의무를 이행해야 하며, 원보험계약이 해지되면 재보험계약도 자동으로 <u>해지되는 것은 아니다</u>.

07 재보험사(수재사)의 입장에서 역선택위험의 부담이 큰 것은 <u>임의재보험</u>이다.

08 일정 부분을 무조건적으로 재보험출재를 하는 '70% Quota Share Treaty'에서 70%는 <u>출재비율</u>을 의미한다.

09 '1 line 10억원, 5 line treaty'의 초과액재보험의 경우 원보험이 72억원이라면 12억은 위험에 노출되는데, 이 경우 <u>임의재보험</u>으로 출재하거나 또는 <u>line의 규모를 늘려</u> 전액 출재를 할 수 있다.

10 <u>비례재보험특약</u>은 일정비율대로 무조건 출재하게 되어 우량·불량물건을 구분하여 보유하지 못하지만, <u>초과액재보험특약</u>은 보유 시 우량·불량위험에 대해 차별적으로 보유할 수 있어서 이를 위한 경험 있는 언더라이터가 필요하다.

11 소액계약은 Quota Share(비례재보험특약)로, 중대형계약은 Surplus Treaty(초과액재보험특약)를 적용하는 재보험방식은 <u>혼합특약</u>이다.

12 Catastrophe Cover라고도 불리며 지진이나 홍수, 폭풍 등처럼 자연재해로 인한 대형손실을 예방할 수 있는 재보험 방식은 <u>Stop Loss Cover</u>이다.

13 위험기간이 짧은 Short-tail 종목에 주로 사용되며, 신상품의 경우 경험율이 증명되지 않았고 농작물 재해보험은 농작물의 특성상 위험의 예측이 쉽지 않은데, 이 경우 적합한 재보험출재방식은 <u>초과손해율재보험</u>이다.

14 재보험출재 시 위험의 자기보유한도를 line 방식으로 하는 것은 <u>Surplus Treaty</u>이고, layer 방식으로 하는 것은 <u>Excess of Loss Cover, Stop Loss Cover</u>이 있다.

오답노트

06 재보험출재를 위해서는 원보험사가 재보험사에게 고지의무를 이행해야 하며, 원보험계약이 해지되면 <u>피보험 이익</u> 상실로 재보험계약도 <u>자동으로</u> 해지된다.

12 Catastrophe Cover라고도 불리며, 지진이나 홍수, 폭풍 등처럼 자연재해로 인한 대형손실을 예방할 수 있는 재보험 방식은 <u>XOL(Excess of Loss)</u>이다.

출제예상문제

01 다음은 국문화재보험의 보험의 목적에 관한 설명이다. 옳은 것은?

① 집합된 물건을 일괄하여 보험의 목적으로 한 경우 그 목적에 속한 물건이 보험기간 중에 수시로 교체되더라도 보험사고 발생 시에 현존한 물건은 보험의 목적에 포함된다.

② 귀금속이나 보석류, 골동품 등 객관적으로 그 가치를 산정하는 것이 곤란한 물건은 보험의 목적이 될 수 없다.

③ 피보험자 소유의 건물에 부착된 간판, 네온사인 및 이와 비슷한 것은 보험증권에 기재된 경우에 한하여 보험의 목적에 포함된다.

④ 재고자산을 보험의 목적으로 한 경우 실외 및 옥외에 쌓아둔 동산은 다른 약정이 없더라도 보험의 목적에 포함된다.

해설 | ② 귀금속이나 보석류, 골동품 등 객관적으로 그 가치를 산정하는 것이 곤란한 물건은 '협정보험가액'으로 보험에 가입할 수 있다.
③ 피보험자 소유의 건물에 부착된 간판, 네온사인 및 이와 비슷한 것은 당연가입물건에 해당된다.
④ 재고자산을 보험의 목적으로 한 경우 실외 및 옥외에 쌓아둔 동산은 <u>보험증권에 기재</u>된 경우에 한하여 보험의 목적에 포함된다.

02 다음 중 화재보험의 특성에 대한 설명으로 가장 옳지 않은 것은?

① 비례재보험 ② 열거책임주의
③ 기간보험 ④ 미평가보험

해설 | 비례재보험은 화재보험뿐만 아니라 해상보험 및 특종보험에도 사용되므로 화재보험만의 특성이라고 할 수 없다.

03 다음 중 국문화재보험 보통약관에서 보상하는 손해에 대한 설명으로 옳지 않은 것은?

① 소방활동 중 뿌린 소방수로 발생한 수침손해

② 폭발의 결과로 화재가 발생한 경우 그 화재로 입은 손해

③ 전기적 사고의 결과로 생긴 화재손해

④ 화재가 발생하였을 때 생긴 도난으로 인한 손해

해설 | 수침손해는 소방손해로서 당연히 보상하고, 어떠한 사건의 결과로 발생하는 화재는 보상하는 손해에 해당한다.

PART 01

04 다음 중 국문화재보험 보통약관에서 보험의 목적에 대한 설명으로 옳지 않은 것은?

① 건물의 부착물은 다른 약정이 없으면 보험의 목적에 포함된다.

② 생활용품, 집기 · 비품 등 피보험자 또는 그와 같은 세대에 속하는 사람의 소유물은 다른 약정이 없으면 보험의 목적에 포함된다.

③ 무게나 부피가 휴대할 수 있으며, 점당 200만원 이상인 귀중품은 보험증권에 기재하여야만 보험의 목적이 된다.

④ 피보험자의 소유인 칸막이, 대문, 담, 곳간 등의 부속물은 다른 약정이 없으면 보험의 목적에 포함된다.

해설 | 점당 300만원 이상인 귀중품은 보험증권에 기재하여야만 보험의 목적이 된다.

보험목적의 범위

당연가입물건		명기물건	제외물건
건물	가재도구		
• 부속물 : 칸막이, 대문, 담 등 • 부속설비 : 전기, 가스, 난방 등 • 부착물 : 간판, 선전탑 등 → 모두 피보험자 소유	피보험자 또는 같은 세대원의 소유물	• 통화유가증권, 인지 등 • 귀금속, 귀중품(점당 300만원 이상) • 글, 그림, 골동품 등 • 원고, 설계서, 도안 • 실외, 옥외에 쌓아둔 동산	• 동식물 • 교통승용구 • 토지 • 교량 등

05 국문주택화재보험 보통약관에서 담보하는 손해에 해당하는 것은?

① 화재가 발생했을 때 도난으로 생긴 손해

② 가사용 가스의 폭발로 생긴 손해

③ 급배수설비가 우연한 사고로 인해 누수됨에 따라 보험의 목적에 생긴 직접 손해

④ 전기장치의 전기적 사고로 생긴 손해

해설 | 주택의 폭발 및 파손은 보상하는 손해에 해당한다.

> **화재보험 보통약관에서 보상하지 않는 손해**
> • 계약자, 피보험자 또는 이들의 법정대리인의 <u>고의</u> 또는 <u>중대한 과실</u>
> • 화재 발생 시의 도난 또는 분실손해
> • 보험의 목적의 발효, 자연발열, 자연발화(→ 단, 다른 보험목적에 대한 화재는 보상)
> • 화재로 생긴 것이든 아니든 파열 또는 폭발손해(→ 그 결과로 생긴 화재손해는 보상)
> • 화재에 기인되지 않는 수도관, 수관 또는 수압기 등의 파열로 인한 손해
> • 발전기, 여자기, 변압기 등의 전기적 사고로 인한 손해(→ 그 결과로 생긴 화재손해는 보상)
> • 지진, 분화 또는 전쟁, 혁명, 내란, 노동쟁의 등의 손해
> • 핵연료물질 관련 사고로 인한 손해
> • 방사선, 방사능오염으로 인한 손해
> • 국가 및 지자체의 명령에 의한 재산소각 및 이와 유사한 손해

06 다음 중 국문화재보험 보통약관에서 보험금의 지급에 대한 설명으로 옳지 않은 것은?

① 보험의 목적에 손해가 생긴 경우 계약자 또는 피보험자는 지체 없이 이를 회사에 알려야 하며, 이를 게을리하여 손해가 증가된 때에는 그 증가된 손해는 보상하지 않는다.

② 피보험자가 보험금을 청구할 때에는 보험금 청구서, 신분증, 기타 보험회사가 요구하는 증거자료 등의 서류를 제출하여야 한다.

③ 보험회사는 보험금 청구서류를 접수받은 후 지체 없이 지급할 보험금을 결정하고, 지급할 보험금이 결정되면 10일 이내에 이를 지급하여야 한다.

④ 보험회사는 지급할 보험금이 결정되기 전이라도 피보험자의 청구가 있을 때에는 추정한 보험금의 50% 상당액을 가지급보험금으로 지급하여야 한다.

해설 | 보험회사는 보험금 청구서류를 접수받은 후 지체 없이 지급할 보험금을 결정하고, 지급할 보험금이 결정되면 7일 이내에 이를 지급하여야 한다.

07 다음 중 국문화재보험의 지진위험담보 특별약관에 대한 설명으로 옳은 것은?

① 지진 또는 분화로 보험의 목적에 생긴 파열 또는 폭발손해를 보상한다.

② 손해액에서 1사고당 100만원을 빼고 지급보험금을 계산한다.

③ 보험기간 중 1주일 이내에 생긴 사고는 한번의 사고로 본다.

④ 손해방지 및 긴급피난에 필요한 조치로 생긴 손해는 보상하지 않는다.

해설 | ① 지진 또는 분화로 보험의 목적에 생긴 파열 또는 폭발손해를 보상하지 않는다.
③ 보험기간 중 72시간 이내에 생긴 사고는 한번의 사고로 본다.
④ 손해방지 및 긴급피난(피난손해)에 필요한 조치로 생긴 손해는 보상한다.

08 다음 중 국문화재보험의 도난위험담보 특별약관에 관한 설명으로 옳지 않은 것은?

① 화재가 발생한 경우에 생긴 도난 손해는 보상하지 아니한다.

② 보험의 목적이 들어있는 건물을 계속하여 72시간 이상 비워둔 사이에 생긴 도난 손해는 보상하지 아니한다.

③ 보험목적물에 도난 사고가 발생한 날로부터 30일 이내에 발견하지 못한 손해는 보상하지 아니한다.

④ 1사고당 자기부담금은 10만원이 적용된다.

해설 | 보험목적물에 도난 사고가 발생한 날로부터 30일 이내에 발견하지 못한 손해는 보상하지 아니한다는 규정은 도난보험(특종보험)에서의 규정이다.

09 다음 중 국문화재보험 특별약관에 관한 설명 중 옳지 않은 것은?

① 전기위험담보 특별약관은 어떠한 경우에도 자연열화의 손해 또는 안전장치의 기능상 당연히 발생할 수 있는 손해는 보상하지 아니한다.

② 구내폭발위험담보 특별약관은 기관, 기기 등의 물리적인 폭발이나 파열로 생긴 손해는 보상하지 아니한다.

③ 풍수재위험담보 특별약관은 보험의 목적인 건물 또는 보험의 목적이 들어있는 건물이 풍재 또는 수재로 직접 파손되어 보험의 목적에 생긴 손해를 보상한다.

④ 확장위험담보 특별약관(Ⅰ)은 보험의 목적에 폭발, 폭풍, 우박, 항공기, 차량, 연기, 소요 및 노동쟁의로 생긴 손해를 보상한다.

해설 | 확장위험담보 특별약관(Ⅰ)은 폭발, 폭풍, 우박, 항공기, 차량, 연기에 의한 손해를 담보하지만, 수재손해, 소요 및 노동쟁의로 생긴 손해는 담보하지 않는다.

정답 05 ② 06 ③ 07 ② 08 ③ 09 ④

10 다음 중 국문화재보험의 신체손해배상책임담보 특별약관에 대한 설명으로 옳지 않은 것은?

① 특수건물의 소유자는 '화재로 인한 재해보상과 보험 가입에 관한 법률'에 따라 이 특별약관을 의무적으로 가입하여야 한다.

② 특수건물의 화재로 타인이 사망하거나 부상한 때 특수건물의 소유자는 민법상 과실책임에 따라 그 손해를 배상할 책임이 있다.

③ 이 특별약관에서 타인이라 함은 특수건물의 소유자 및 그 주거를 같이하는 직계가족(법인인 경우 이사 또는 업무집행기관) 이외의 사람을 말한다.

④ 피해자의 고의 또는 중대한 과실로 생긴 화재로 피해자 본인이 입은 손해는 보상하지 않는다.

해설 | 특수건물의 소유자가 화재로 타인(특수건물소유주, 직계가족, 피고용인 제외)이 사망하거나 부상함으로 인해 발생하는 <u>배상책임손해(무과실책임)</u>에 따라 피보험자가 부담할 손해를 보상한다.

11 다음 중 국문화재보험의 특별약관에 대한 설명으로 옳지 않은 것은?

① 풍수재위험담보 특별약관은 태풍, 회오리바람, 홍수 등으로 보험의 목적에 생긴 손해를 보상한다.

② 붕괴, 침강 및 사태확장담보 특별약관은 인공적으로 조성된 대지의 침하나 지각변동으로 인한 손해는 보상하지 않는다.

③ 소요, 노동쟁의, 항공기 및 차량위험담보 특별약관은 손해액에서 1사고당 50만원을 빼고 지급보험금을 계산한다.

④ 냉동(냉장)위험담보 특별약관은 기계적 원인으로 파손된 냉동(냉장)장치의 온도 변화로 보험의 목적인 냉동물에 생긴 손해를 보상한다.

해설 | <u>반드시 화재사고로</u> 냉동(냉장)장치의 파괴 및 변조가 일어난 후에 보험목적인 냉동냉장물의 손해를 보상한다.

12 다음은 국문화재보험의 리스회사 임대물건 특별약관에 대한 설명이다. 옳지 않은 것은?

① 보험의 목적의 손상으로 생긴 가치하락 부분은 리스계약서 조건에 따라 보상하여야 한다.

② 보험가입금액을 규정손실금액으로 설정한 경우, 규정손실금을 한도로 실제로 입은 손해액을 보상한다.

③ 보험가입금액을 규정손실금액이 아닌 실제 가액으로 한 경우, 보상금액은 손해가 발생한 때와 곳의 가액에 따라 계산한다.

④ 보험자의 책임시기는 별도 약정이 없는 한, 리스회사가 지정된 장소에 보험의 목적이 설치 또는 장치되어 시운전을 마치고 인도된 때로 하고, 책임종기는 리스계약이 끝난 때로 한다.

해설 | 보험의 목적의 손상으로 생긴 가치하락 부분은 보상하지 않는다.

13 다음은 보세화물 화재보험 특별약관에 대한 설명이다. 가장 적절하지 않은 것은?

① 보험계약은 손해보험협회가 인수한다.

② 수입화물은 CIF 가격으로, 수출화물은 FOB 가격을 기준으로 보험가입금액을 결정한다.

③ 보세창고업자가 보험계약자가 되고, 화주의 동의를 얻어서 보세화물 화재보험계약을 체결한다.

④ 보험자의 책임은 보험료 납입여부와 상관없이 보세화물이 계약자의 창고에 반입되는 때에 개시되고 계약자의 창고로부터 반출된 때에 종료한다.

해설 │ 화주를 위한 계약이기 때문에 화주의 동의를 받을 필요가 없다.

14 다음 중 국문화재보험 보통약관에서 보험금 등의 지급 한도에 대한 설명으로 옳지 않은 것은?

① 손해방지비용은 보험의 목적에 대한 지급보험금의 계산방법을 준용하여 계산하며, 계산한 금액이 보험 가입금액을 초과하는 경우에도 이를 지급한다.

② 잔존물 제거비용은 보험의 목적에 대한 지급보험금의 계산방법을 준용하여 계산하며, 계산한 금액이 보험 가입금액을 초과하는 경우에도 이를 지급한다.

③ 대위권 보전비용은 보험의 목적에 대한 지급보험금의 계산방법을 준용하여 계산하며, 계산한 금액이 보험 가입금액을 초과하는 경우에도 이를 지급한다.

④ 잔존물 보전비용은 보험의 목적에 대한 지급보험금의 계산방법을 준용하여 계산하며, 계산한 금액이 보험 가입금액을 초과하는 경우에도 이를 지급한다.

해설 │ 잔존물 제거비용은 <u>보험 가입금액 한도 내에서</u> 지급한다.

PART 01

PART 02

PART 03

PART 04

PART 05

PART 06

정답 　10 ②　11 ④　12 ①　13 ③　14 ②

15 다음 중 국문화재보험에서 아래의 조건에 따라 산출한 보험금으로 옳은 것은?

> • 보험의 목적 : 공장건물
> • 보험가입금액 : 30억원
> • 보험가액 : 60억원
> • 손해액 : 20억원
> • 잔존물 제거비용 : 4억원
> • 손해방지비용 : 2억원

① 26억원   ② 13억원

③ 16억원   ④ 14억원

해설 | • 공장건물이므로 80% 부보비율을 적용하지 않음
       • 손해액의 경우 : 20억원×(30억원/60억원)=10억원
       • 잔존물제거비용의 경우 : 4억원×(30억원/60억원)=2억원(손해액의 10%임)
       • 손해방지비용의 경우 : 2억원×(30억원/60억원)=1억원
       • 총합계=10억원+2억원+1억원=<u>13억원</u>

16 다음 중 국문화재보험 보통약관에서 지급보험금 계산 방법에 대한 설명으로 옳지 않은 것은?

① 일반물건의 건물에 대한 지급보험금은 보험가입금액이 보험가액의 80% 해당액과 같거나 클 때 보험가입금액을 한도로 손해액 전액을 지급한다.

② 공장물건에 대한 지급보험금은 보험가입금액이 보험 가액과 같거나 클 때 보험가입금액을 한도로 손해액 전액을 지급한다.

③ 중복초과보험의 경우 다른 계약이 이 계약과 지급 보험금의 계산방법이 같은 때는 손해액에 대하여 다른 계약이 없는 것으로 하여 각각 계산한 보험금의 합계액 비율로 계산한다.

④ 중복초과보험의 경우 보험자 1인에 대한 보험금 청구를 포기한 경우에도 다른 보험자의 지급보험금 결정에는 영향을 미치지 아니한다.

해설 | 중복초과보험의 경우 다른 계약이 이 계약과 지급보험금의 계산방법이 <u>다른</u> 때는 손해액에 대하여 다른 계약이 없는 것으로 하여 각각 계산한 보험금의 합계액 비율로 계산한다.

17 다음 중 국문화재보험에서 아래의 조건에 따라 산출한 보험금으로 옳은 것은?

> • 보험의 목적 : 공장건물
> • 보험가액 : 1억원
> • 보험가입금액 : 8천만원
> • 손해액 : 3천만원
> • 잔존물제거비용 : 4백만원

① 2,700만원   ② 2,720만원

③ 3,300만원   ④ 3,400만원

해설 | • 공장건물이므로 80% 부보비율을 적용하지 않음
 • 손해액의 경우 : 3천만원×(8천만원/1억원)=2천 4백만원
 • 잔존물제거비용의 경우 : 4백만원×(8천만원/1억원)=3백 2십만원(손해액의 10%=3백만원)
 • 합계액=2천 4백만원+3백만원=2천 7백만원

18 다음 중 국문화재보험의 기업휴지손해담보특별약관에서 정의하고 있는 복구기간에 대한 설명으로 옳지 않은 것은?

① 보험금 지급의 대상이 되는 기간으로 계약당사자 간의 합의에 따라 설정한다.

② 손해를 입은 보험의 목적에 대한 복구작업이 시작된 때로부터 복구작업이 완료된 후 매출액이 복구되는 때까지 필요한 기간을 말한다.

③ 보험계약을 체결할 때 복구기간이 약정된 경우에는 어떠한 경우에도 약정복구기간을 초과하여 보상하지 않는다.

④ 보험계약을 체결할 때 복구기간이 약정되지 않은 경우에는 12개월을 한도로 보상한다.

해설 | 보험의 목적이 손해를 입은 때로부터 그 손해의 영업에 대한 영향이 소멸되어 매출액이 복구되는 때까지 필요한 기간을 말한다.

정답 15 ② 16 ③ 17 ① 18 ②

PART 01

PART 02

PART 03

PART 04

PART 05

PART 06

19 다음 중 국문화재보험 일반물건에서 아래의 조건에 따라 산출한 보험금으로 옳은 것은?

> • 보험가입금액 : 1억원(건물)
> • 보험가액 : 2억원(건물)
> • 손해액 : 8천만원(건물)
> • 잔존물제거비용 : 1천만원
> • 기타협력비용 : 1백만원

① 55,625,000원　　　　　　　　② 56,000,000원

③ 56,875,000원　　　　　　　　④ 57,250,000원

해설 | • 일반건물이므로 80% 부보비율을 적용함
　　　• 손해액의 경우 : 8천만원×(1억원/2억원의 80%)=5천만원
　　　• 잔존물제거비용의 경우 : 1천만원×(1억원/2억원의 80%)=625만원
　　　• 기타협력비용 1백만원은 실손보상함
　　　• 합계액=5천만원+625만원+1백만원=57,250,000원

20 약관을 처음 만들 때에는 기재되지 못했으나 기술의 발달이나 사회의 변화로 기인된 특정위험에 대해 모든 보험계약에 공통으로 적용되는 약관을 무엇이라 하는가?

① 보통약관　　　　　　　　　　② 특별약관

③ 추가약관　　　　　　　　　　④ 추가특별약관

해설 | 추가약관에 대한 설명이다.
　　　① 보통약관은 기본적인 담보위험과 면책위험을 비롯하여 보험계약에 일반적, 공통적으로 적용되는 각종 보험
　　　　조건들이 기재되어 있는 약관을 말한다.
　　　② 특별약관은 보통약관의 보험조건을 변경하는 약관을 말한다.
　　　④ 추가특별약관은 특별약관의 보험조건을 일부 변경하는 약관을 말한다.

21 다음 중 국문동산종합보험 보통약관에서 보상하는 손해로 옳은 것은?

① 부식, 변질, 변색으로 인한 손해　　② 소요, 노동쟁의로 생긴 손해

③ 망실 또는 분실에 의한 손해　　　　④ 비, 눈, 담수 등으로 인한 손해

해설 | 보상하는 손해
　　　• 화재, 벼락
　　　• 도난
　　　• 파손, 폭발, 파열
　　　• 항공기와의 추락, 접촉/차량과의 충돌, 접촉
　　　• 건물의 붕괴, 누손
　　　• 비, 눈, 담수 등의 수해(태풍, 홍수, 범람 등의 풍수재는 보상하지 않음)
　　　• 연기손해

22 다음 중 국문동산종합보험의 기본요율이 아닌 것은?

① 도난위험요율
② 파손위험요율
③ 폭발 등 일괄 요율
④ 풍수재위험요율

해설 | 기본요율은 화재, 도난, 폭발, 파손, 잡위험의 5가지 요율로 구성되어 있으며, 이들 중 화재, 도난, 폭발, 파손은 필수담보로 보험계약자에게 선택권이 없으나 잡위험의 경우 보험계약자가 담보여부를 선택할 수 있다.

23 패키지보험의 제1부문 재산종합위험담보에서 별도의 명시적인 합의가 없는 한 보상하지 않는 목적물에 해당하지 않는 것은?

① 통상적인 유지정비를 위해 시운전 중인 기계
② 운송 중인 상품이나 재물
③ 지하의 재물
④ 제조과정 중에 투입된 촉매

해설 | 보험의 목적

당연가입물건	제외물건	
• 피보험자소유의 물건 → 부동산과 동산 • 피보험자가 책임을 부담하는 타인의 물건 → 부동산과 동산	• 동식물 • 토지 • 조립공사, 철거공사, 시운전위험 • 해상물건 • 촉매 및 소모성 물건 ※ 통상적인 유지정비에 필요한 시운전기계장치는 가입 가능	• 교통승용구 • 통화, 유가증권, 귀중품 • 지하물건 • 운송물건

24 다음 중 패키지보험의 제1부문 재산종합위험담보에 관한 설명으로 옳지 않은 것은?

① 재고동산의 평가는 사고 발생시점의 동종, 동질품의 시가를 기준으로 보상한다.
② 재조달가액 기준으로 가입한 경우 계속사용재를 재축 또는 복구를 하지 않을 때는 사고발생 시의 보험목적물의 시가를 기준으로 보상한다.
③ 재조달가액 기준으로 가입한 경우 계속사용재의 재조달작업은 손해를 입은 날로부터 12개월 이내에 개시되어야 재조달 기준으로 보상한다.
④ 보험목적물이 전부손해가 발생하여 재조달가액이 보험가입금액을 초과할 경우 재조달가액과 보험가입금액의 차액은 피보험자의 자가보험으로 간주된다.

해설 | 재고/동산의 평가액은 <u>재조달시점</u>의 동종, 동질품의 시가로 하되, 최종보관 또는 가공까지의 제비용과 세금을 포함한다.

25 다음 중 패키지보험(Package Insurance Policy) 제1부문(재산종합위험담보)에 적용되는 보상기준 (Basis of Indemnification)에 대한 설명으로 옳은 것은?

① 보험의 목적(재고동산 제외)에 손해가 생긴 경우 그 손해가 생긴 때와 곳에서의 보험가액에 따라 손해액을 계산한다.

② 피보험자가 전문조사자의 용역을 통하여 공인된 가액을 보험가입금액 산정의 전제로 한 경우 재조달가액을 기준으로 보험가액에 대한 보험가입금액의 비율에 따라 손해액을 계산한다.

③ 재조달작업은 손해를 입은 날로부터 12개월 이내에 개시되어야 하며, 피보험자가 원하는 방법과 장소에서 재조달작업을 할 수 있다.

④ 재고동산의 평가액은 최종 보관 또는 가공 시의 제비용과 세금을 포함하며, 사고 시점의 동종 동질품의 시가로 한다.

해설 | ① 보험의 목적(재고동산 제외)에 손해가 생긴 경우 시가가 아닌 <u>재조달가액</u>으로 손해액을 계산한다.
② 피보험자가 전문조사자의 용역을 통하여 공인된 가액을 보험가입금액 산정의 전제로 한 경우 <u>협정보험가액</u>을 기준으로 부보하며, 일부보험 시에는 비례보상이 아닌 <u>실손보상</u>을 한다.
④ 재고동산의 평가액은 <u>재조달시점의</u> 동종, 동질품의 시가로 하되, 최종보관 또는 가공까지의 제비용과 세금을 포함한다.

26 다음 중 패키지보험 제1부문하의 확장담보조항에 대한 설명으로 옳지 않은 것은?

① 잔존물제거 및 청소비용 담보조항에 따라 보상하는 비용은 재산종합위험담보부문(패키지보험 제1부문)의 보험가입금액 한도 내에서 지급된다.

② 소규모공사 조항은 이 증권에서 담보되는 통상적인 작업과정에서 발생하는 변경, 유지관리에 기인한 공사비를 보상한다.

③ 특별비용 담보조항은 손해목적물의 일시적인 수리나 긴급한 수리 또는 대체에 합리적으로 소요된 추가비용을 보상한다.

④ 공권력 면책 조항은 정부기관, 법원 및 기타 공권력의 명령에 따라 피보험자가 부담하게 되는 손해나 비용, 벌과금은 보상하지 아니한다.

해설 | 통상적인 운전과정에서의 변경, 유지보수, 수정은 당연히 담보되는 것으로서, 동 확장담보조항에 의해 추가담보되는 것이 아니라 <u>보통약관으로 담보</u>한다.

27 다음 중 패키지보험(Korean Package Insurance Policy Form)의 제1부문(재산종합위험담보)에 적용되는 확장 담보조항(Special Extensions)에 대한 설명으로 옳지 않은 것은?

① 소규모 공사조항(Minor Works Clause) : 공사금액이 약정 한도액을 초과하지 않는 소규모 공사 중 위험을 담보하며, 해당 공사에 대한 다른 보험계약이 있는 경우에는 그 초과손해액을 담보한다.

② 특별비용 담보조항(Expediting Expenses) : 손해를 입은 보험목적물의 일시적 수리나 긴급한 수리 및 대체에 소요되는 시간외수당, 야근수당, 휴일수당, 급행운임을 보상하며, 긴급한 수리 및 대체에 합리적으로 소요된 경우 항공운임도 보상한다.

③ 공공기관 조항(Public Authorities Clause) : 손해의 원인에 관계없이 정부기관, 법원 또는 기타 공권력의 명령에 따라 피보험자가 부담하는 손해나 비용, 벌과금은 보상하지 않는다.

④ 건축가, 조사자, 자문기술자 조항(Architects, Surveyors and Consulting Engineers) : 보험사고가 발생하여 손해의 복구에 필요한 건축가, 조사자, 자문기술자 또는 이와 유사한 전문가의 용역비는 보험가입금액에 포함된 것으로 본다.

해설 | 공공기관 조항은 재산종합보험에서 담보하는 사고로 손해를 입은 재산을 복구할 때, 법령을 따르기 위한 제반 조치를 함으로써 발생한 추가비용을 보상한다.

28 다음 중 패키지보험(Package Insurance)의 제1부문(재산종합위험담보)에서 담보하는 확장담보조항에 대한 설명으로 옳지 않은 것은?

① 일시적 철거(Temporary Removal)조항은 청소, 개량, 수리를 위하여 일시적으로 철거되어 같은 구내 또는 다른 구내로 이동 중 발생한 손해를 담보하며 기계 장치, 시설, 동산을 일괄 포함한다.

② 소방비용(Fire Fighting Expenses)조항은 부보자산의 손해확대를 방지 또는 최소화하기 위해 필요하고도 유익하게 지출한 비용을 보상한다.

③ 소규모공사(Minor Works)조항은 총 공사도급계약금액이 일정액을 초과하지 않는 소규모 건설, 조립, 추가공사 중 위험을 담보하되 예정이익의 상실은 보상하지 않는다.

④ 추가재산(Capital Additions)조항은 별도의 보험계약에 부보되어 있지 않은 신규 건물, 기계장치 등을 보상하되 추가재산에 대한 명세를 2개월 이내에 보험자에 제출하여야만 한다.

해설 | 일시적 철거(Temporary Removal)조항은 보험의 목적(재고자산 제외)이 청소, 개량, 수리 등의 목적으로 일시적으로 철거되어 구내 또는 다른 장소로 일시적으로 이동하는 도중에 발생하는 손해를 보상한다.

29 다음 중 패키지보험(Package Insurance Policy)의 제1부문 재산종합위험담보(Property All Risks Cover)에 대한 설명으로 옳지 않은 것은?

① 별도의 명시적인 합의가 없는 한 운송중인 상품이나 재물은 보험목적물에서 제외된다.

② 피보험자의 구내에서 면책으로 하고 있지 않은 원인에 직접적으로 기인하여 보험의 목적에 급격하고도 우연하게 발생한 직접적인 재물손해를 보상한다.

③ 오염이나 누출사고는 패키지보험에서도 면책이므로 자동살수장치에 의한 누출손해도 면책이다.

④ 별도의 명시적인 합의가 없는 한 노동자의 철수 또는 태업이나 조업의 중단으로 인한 손해는 보상되지 않는다.

해설 | 오염이나 누출사고는 패키지보험에서도 면책이지만, 자동살수장치에 의한 누출손해는 부책이다.

30 다음 중 패키지보험 제2부문(기계위험담보)에서 보상하는 사고에 해당하지 않는 것은?

① 설계 및 재질 결함   ② 종업원이나 제3자의 부주의

③ 낙뢰 및 폭발   ④ 충격, 충돌 및 이물질 유입

해설 | 기계적 사고가 발생하는 원인에 대한 보험증권상의 규정
- 재질, 설계, 건설, 조립상의 결함
- 진동, 조절불량, 부품의 느슨함, 윤활기능결함, 수충현상, 안전장치의 고장, 기계장치의 오작동
- 과 · 부전압, 전열체의 하자, 단락, 누전, 방전 등
- 종업원 또는 제3자의 능력부족, 기술부족, 부주의
- 추락, 충격, 충돌, 이물질의 유입 또는 방해
- 기타 면책으로 하지 않는 원인

31 패키지보험(Package Insurance Policy) 보통약관 제1부문(PAR) 및 제2부문(MB)에 모두 적용할 수 있는 확장담보 조항은?

① 소규모공사 조항

② 추가재산 담보조항

③ 소방비용 담보조항

④ 건축사, 조사자, 자문기술자 용역비용 담보조항

해설 | 제1부문(PAR) 및 제2부문(MB)에 모두 적용할 수 있는 확장담보 조항은 일시적 철거 확장담보, 긴급추가비용담보, 건축가, 조사자, 자문 기술자 용역비용담보이다.

32 다음 중 패키지보험(Package Insurance Policy)의 제2부문(MB)에서 담보하지 않는 위험은?

① 화재나 폭발　　　　　　　　　　② 설계상의 결함

③ 과전압이나 누전　　　　　　　　④ 종업원의 부주의

해설 | 화재나 폭발은 제1부문(PAR)에서 담보하므로, 제2부문(MB)에서는 담보하지 않는다.

33 다음 중 패키지보험(Package Insurance Policy)의 제3부문(기업휴지위험담보)에 대한 설명으로 옳지 않은 것은?

① 제3부문(BI)에서 보상받기 위해서는 제1부문(PAR) 또는 제2부문(MB)에서 담보하는 사고로 물적손해가 발생하여야 한다.

② 매출액 감소로 인한 총이익의 상실액과 특별비용을 보상한다.

③ 물적피해로 인한 기업휴지(조업중단 감소로 인한 생산 감소)가 있어야 한다.

④ 조업이 중단 또는 감소됨으로써 보상기간 중 지출이 중단되거나 감소된 변동비 또는 절약비용은 손해액에서 보상된다.

해설 | 조업이 중단 또는 감소됨으로써 보상기간 중 지출이 중단되거나 감소된 변동비 또는 절약비용은 손해액에서 <u>보상되지 않는다.</u>

34 다음 중 패키지보험(Package Insurance Policy)에서 담보하지 않는 위험은?

① 재산종합(Property All Risks)

② 기업휴지(Business Interruption)

③ 예정이익상실(Advanced Loss of Profit)

④ 배상책임(General Liability)

해설 | BI Cover에서는 물적손해로 인한 총이익의손실을 담보하지만, 예정이익의 상실은 담보하지 않는다.

PART 01

PART 02

PART 03

PART 04

PART 05

PART 06

정답 | 29 ③　30 ③　31 ④　32 ①　33 ④　34 ③

35 다음 중 재산종합보험(Package Insurance Policy)에 관한 설명으로 맞는 것은?

① 전 위험(All Risks Cover)을 담보하므로 핵연료, 방사능 오염으로 인한 손해도 보상한다.

② 전 재물(All Property)을 가입할 수 있으므로 별도의 명시적인 합의가 없더라도 해상의 재물(Property Offshore)도 보험 목적물에 포함된다.

③ 재조달가액을 기준으로 가입하면 피보험자의 사정으로 재축 또는 복구하지 않는 경우에도 재조달가액으로 보상된다.

④ 구외동력시설조항(Off-premises Power)은 구외 전기, 가스, 용수를 공급하는 시설의 파손사고로, 이에 따른 조업중단으로 생긴 기업휴지 손해를 보상한다.

해설 | ① 전 위험(All Risks Cover)을 담보하지만 핵연료, 방사능 오염으로 인한 손해는 보상하지 않는다.
② 전 재물(All Property)을 가입할 수 있지만 해상의 재물(Property Offshore)은 보험 목적물에 포함되지 않는다.
③ 재조달가액을 기준으로 가입하면 피보험자의 사정으로 재축 또는 복구하지 않는 경우에는 시가로 보상된다.

36 패키지보험의 제3부문 기업휴지손해담보에 관한 설명으로 옳지 않은 것은?

① 재산종합위험담보부문에서의 보상여부에 관계없이 조업의 중단 또는 휴지로 생긴 손해를 보상한다.

② 매출액의 감소로 인한 총이익의 상실액과 특별비용을 보상한다.

③ 공사과정 중의 작업에 기인된 공사지연에 따른 기업 휴지손실은 보상하지 않는다.

④ 손해를 입은 재물의 재축과 관련하여 타인에 의해 구내에서 조업이 중단됨으로서 증가한 손해는 보상하지 않는다.

해설 | 재산종합위험(PAR)사고 또는 기계위험(MB)사고로 인한 물적피해가 우선적으로 발생해야 한다.

37 화력발전소를 대상으로 하는 패키지보험 제3부분(기업휴지)의 보험가입금액에 포함되지 않는 항목에 해당하는 것은?

① 영업이익

② 연료비

③ 정규직 인건비

④ 부지 임차료

해설 | 보험가입금액은 <u>영업이익과 고정비</u>이다. 연료비는 고정비가 아니므로 보험가입금액에 포함되지 않는다.

38 다음은 패키지보험 제4부문(GL Cover)에 대한 설명이다. 옳지 않은 것은?

① 일반영업배상책임과 전문직업배상책임을 포괄담보한다.

② 북미지역 수출제품에 대한 생산물배상책임보험은 별도의 보험조건을 담보한다.

③ 급작스런 오염이나 오탁사고는 담보하지만, 점진적이고 누적적으로 진행된 오염, 오탁사고는 보상하지 않는다.

④ 생산물배상책임에서는 하자있는 생산물의 자체손해는 담보하지 않으며, 생산물의 하자로 인한 인적, 물적피해에 대해서 보상한다.

해설 | 패키지보험 제4부문(GL Cover)에서는 전문직업배상책임을 담보하지 않는다.

39 다음 중 기업휴지보험 특별약관으로 부보할 수 있는 '보험가입금액'은 얼마인가?

> • 매출액 300억원, 매출원가 90억원, 판매비 및 일반관리비 40억원
> • 매출원가 중 변동비는 70억원, 판매비 및 일반관리비는 전액 고정비로 가정

① 170억원   ② 190억원

③ 230억원   ④ 260억원

해설 | • 보험가입금액＝매출액－비부보변동비＝300－70＝<u>230억원</u> 또는
          • 보험가입금액＝영업이익＋보험가입경상비＝(300－90－40)＋60＝<u>230억원</u>

40 다음은 기업휴지 손해의 보상조건에 대한 설명이다. 옳지 않은 것은?

① 담보하는 위험에 의하여 보험의 목적에 물적손해가 발생해야 한다.

② 물적손해에 간접 기인하여 생산 또는 판매활동 등 영업이 전부 또는 일부 중단되어야 한다.

③ 영업이 중단된 결과 영업수익이 감소되어야 한다.

④ 영업수익의 감소로 보험에 가입된 이익 또는 비용에 금전적 손실이 발생해야 한다.

해설 | 물적손해에 <u>직접</u> 기인하여 생산 또는 판매활동 등 영업이 전부 또는 일부 중단되어야 한다.

PART 01

PART 02

PART 03

PART 04

PART 05

PART 06

41 기업휴지보험의 휴업손실금액은 '매출감소액×이익율−지출되지 않은 보험가입경상비'로 계산한다. 여기에서 '지출되지 않은 경상비'라고 할 수 없는 것은?

① 사고 후 휴업한 결과 종업원이 퇴직함으로써 인건비가 절약된 경우

② 사고 후 휴업으로 매출규모가 감소됨에 따라 원자재구입비용이 절감된 경우

③ 건물이 전소됨으로써, 건물에 대한 감가상각비의 계상이 필요 없게 된 경우

④ 임차건물의 손실로 임차계약이 해약됨으로써 임차료를 계상하지 않게 된 경우

해설 | 원자재구입비용이 절감되는 것은 경상비가 아니라 변동비가 절감되는 것이다.

42 다음의 사례에서 기업휴지보험의 '보험가액'은 얼마인가?

- 손해발생 직전 12개월간의 매출액은 800억원이다.
- 직전 회계연도의 매출액은 600억원, 영업이익 200억원, 보험가입경상비는 100억원이다.

① 100억원   ② 200억원

③ 300억원   ④ 400억원

해설 | • 보험가액＝표준매출액×이익률[＝(영업이익＋보험가입경상비)/매출액]
          • 보험가액＝800억원×[(200억원＋100억원)/600억원]＝<u>400억원</u>
          • 보험가액은 약정복구기간이 12개월을 초과할 경우 손해발생 직전 해당 약정복구기간의 매출액에 이익률을 곱하여 산출한다.

43 다음 중 기업휴지보험의 '확장담보조항'에 해당하지 않는 것은?

① 일시적 철거비용 담보조항(temporary removal clause)

② 구외동력시설 확장담보조항(off premise power clause)

③ 사외고객업체 확장담보조항(customer's extension clause)

④ 누적재고 확장담보조항(accumulated stocks clause)

해설 | 일시적 철거비용 담보조항(temporary removal clause)은 보험의 목적이 청소, 개량, 수리 등으로 일시적으로 철거되어 동일 구내 또는 다른 장소에 일시적으로 이동하는 도중에 발생하는 손해를 담보한다.

44 다음 중 재보험에 대한 설명으로 옳지 않은 것은?

① 재보험은 원보험계약의 효력에 영향을 미친다.

② 재보험은 원보험자의 인수능력을 증가시킨다.

③ 재보험은 원수보험사의 수익의 안정을 가져올 수 있다.

④ 재보험은 언더라이팅의 중단 시 활용될 수 있다.

해설 | 재보험 계약은 법률상 독립된 별개의 계약으로 원보험계약의 효력에 영향을 미치지 않는다. 따라서, 원보험회사는 원보험료의 지급이 없음을 이유로 재보험료의 지급을 거절할 수 없다.

PART
01

PART
02

PART
03

PART
04

PART
05

PART
06

45 다음 중 재보험의 기능으로 적절하지 않은 것은?

① 전문적 자문과 서비스 제공　　　　② 인수능력 축소

③ 미경과보험료적립금 경감　　　　④ 언더라이팅 이익 안정화

해설 | 재보험사로 위험을 전가함으로써 원보험사의 보험계약 인수능력의 증대된다.

　재보험의 기능
　• 원보험사의 보험계약 인수능력의 증대
　• 대형이재손실로부터의 실적 보호
　• 보험경영의 안정성 도모
　• 보험회사의 재무구조 개선
　• 미경과보험료적립금 경감
　• 전문적 자문과 서비스 제공

46 A보험회사는 자사가 인수한 보험계약에 대하여 매 위험당 20% 출재, 특약한도액 50만원으로 하는 비례분할 재보험특약(quota share reinsurance treaty)을 운용하고 있다. 재보험계약 담보기간 중 아래와 같은 3건의 손해가 발생하였을 때 재보험자로부터 회수할 수 있는 재보험금은 얼마인가?

원보험계약	1	2	3
손해액	150만원	200만원	300만원

① 120만원　　　　　　　　　　② 130만원

③ 520만원　　　　　　　　　　④ 530만원

해설 | • 원보험계약 1 재보험금 : 150만원×0.2=30만원
　　　• 원보험계약 2 재보험금 : 200만원×0.2=40만원
　　　• 원보험계약 3 재보험금 : 300만원×0.2=60만원(특약한도액이 50만원이므로 50만원 적용)
　　　• 지급받을 재보험금=30만원+40만원+50만원=120만원

정답 　41 ②　42 ④　43 ①　44 ①　45 ③　46 ①

47 아래 표에서 설명하는 재보험계약 방식은 무엇인가?

> 출재사가 사전에 출재 대상으로 정한 모든 리스크에 대해 <u>정해진 비율</u>로 재보험사에 출재하고, 재보험사는 이를 인수해야 한다.

① surplus reinsurance treaty   ② quota share treaty

③ stop loss cover   ④ excess of loss treaty

해설 | Quota Share Treaty(비례재보험특약)에 대한 설명으로, 출재사 입장에서 양질·불량위험을 구분·관리하기 어렵고, 재보험자 입장에서는 원보험사의 역선택의 위험이 없다는 특징이 있다.

48 20 Line의 초과액재보험특약(surplus reinsurance treaty)을 운용하고 있는 출재보험사(A)가 보험가입금액이 US$ 5,000인 물건을 인수하였다. 손실규모가 US$ 3,000인 보험사고가 발생하였을 때 A사의 재보험회수금액은? [단, 동 물건에 대한 A사의 보유(retention)금액은 US$ 500이었음]

① US$ 1,500   ② US$ 2,000

③ US$ 2,500   ④ US$ 2,700

해설 | • 출재사(A)가 보험가입금액이 US$ 5,000인 물건을 인수하였을 때 출재사 보유(retention)금액은 US$ 500(1 Line) 이고, 수재사의 보유금액은 US$ 4,500이 된다.
  • 출재사의 책임액 = US$ 3,000(손해액) × (500/5,000) = US$ 300
  • 수재사의 책임액(지급받을 재보험금) = US$ 3,000(손해액) × (4,500/5,000) = <u>US$ 2,700</u>

49 다음 중 의무적 임의재보험(facultative obligatory cover)에 대한 설명으로 옳지 않은 것은?

① 재보험자는 수재 여부를 임의로 정할 수 있으나, 원보험자는 의무적으로 출재해야 한다.

② 통상 비례재보험특약이나 초과재보험특약의 재보험 담보력이 소진된 이후에 활용된다.

③ 재보험료와 재보험금이 불균형하고 특약의 손해율이 불규칙한 특징이 있다.

④ 특약재보험으로 출재하기에는 재보험계약의 양이 적거나 특정한 위험분산 차원에서 활용된다.

해설 | 원보험자는 출재 여부를 임의로 정할 수 있으나, 재보험자는 의무적으로 수재해야 한다.

50 재보험계약 중 stop loss cover 특약에 대한 설명으로 올바르지 않은 것은?

① 출재사의 손해율을 목표 수준 아래로 유지시켜 보험 영업실적을 안정화시키는 효과가 있다.

② 재보험계약 기간 중 출재사의 누적 손해율이 약정된 비율을 초과할 경우 재보험금이 지급된다.

③ 개별리스크 단위당 손해에 대한 출재사의 보유초과분을 담보함으로써 출재사의 보유손실금액을 제한한다.

④ 손해율의 등락폭이 크고 연단위로 손해 패턴이 비교적 주기적인 농작물재해보험 등에 적합한 재보험 방식이다.

해설 | 개별리스크 단위당 손해에 대한 출재사의 보유초과분을 담보함으로써 출재사의 보유손실금액을 제한하는 재보험계약은 초과손해액재보험특약(Excess of Loss Reinsurance Treaty)이다.

PART
01

PART
02

PART
03

PART
04

PART
05

PART
06

MEMO

특종보험

CHAPTER 01 특종보험 개요

CHAPTER 02 기술보험

CHAPTER 03 범죄보험

CHAPTER 04 종합보험

CHAPTER 05 기타 특종보험

특종보험 개요

1. 특종보험의 의의

손해보험종목 중에서 해상보험과 화재보험을 제외한 보험종목을 특종보험이라 한다.

2. 특종보험의 종류

기술보험 [암기] 건조기	범죄보험 [암기] 도금납테	기타 특종보험
• 건설보험공사 • 조립보험 • 기계보험 • 전자기기보험	• 도난보험 • 금융기관종합보험 • 납치 및 인질보험 • 테러보험	• 레저종합보험 • 법률비용보험 • 지적재산권보험 • 임상시험보험 • 동물보험(반려동물보험) • 행사취소보험 • 상금보상보험 • 날씨보험 • 정치적 위험보험 등

3. 특종보험의 특징

① 대수의 법칙을 적용하기 곤란한 경우가 많다.

② 거대위험 또는 미지의 위험이 많다.

③ 위험인수 및 손해사정에 전문적인 기술 또는 경험을 필요로 한다.

④ 보험가입금액의 개념이 없는 경우가 있다.

⑤ 전문화 또는 종합화되는 추세이다.

PART
01

PART
02

PART
03

PART
04

PART
05

PART
06

CHAPTER 02 기술보험

TOPIC 01 건설공사보험(CAR ; Contractor's All Risks insurance)

1. 개요

(1) 의의

각종 토목 및 건축공사 중에 공사장 내에서 예기치 못한 돌발적인 사고로 인하여 본공사, 가공사, 공사용재료 등에 발생하는 공사물건의 재물손해를 보상하는 보험이다.

(2) 사용약관(국문약관은 독일식을 모델로 함)

구분	국문 및 독일식 약관	영국식 약관
진동, 지지대 약화 또는 철거로 인한 제3자 배상책임	특별약관으로 담보	보통약관으로 담보
설계결함으로 인한 사고손해	특별약관으로 주변손해 담보	보통약관으로 주변손해 담보

※ 주변손해란 설계결함으로 발생된 사고에 의해서 설계결함 있는 목적물 외에 주변목적물에 발생하는 손해를 의미하며, 물리적 손상에 한정된다.

(3) 보험계약자/피보험자

보험계약자	피보험자
발주자, 도급업자, 하도급업자 중 보험료를 납입하는 자 → 보험계약의 당사자	발주자, 도급업자, 하도급업자 중 피보험이익이 있는 자

(4) 약관구성

보통약관		특별약관
기본담보(자동담보)	선택담보(증권에 기재 필요)	
• 공사목적물 → 건물, 구축물, 부대설비 • 공사용 가설물 → 비계, 거푸집	• 건설용 가설물 및 공구 • 공사용 중장비 • 잔존물제거비용 • 주위재산 • 제3자 배상책임 • 상실이익	• 설계결함담보 • 확장유지담보 • 특별비용담보 • 항공운임담보 • 교차배상책임특약 • 주위재산담보 • 진동, 지지대 철거 및 약화에 관한 특약 등

2. 보험의 목적

기본담보(자동담보)	선택담보(증권에 기재 필요)	보험목적에서 제거
• 공사목적물 → 건물, 구축물, 부대설비 • 공사가설물 → 비계, 거푸집	• 공사용 기계 • 공사용 중장비 → 불도저, 크레인, 굴착기 • 잔존물제거비용(별도 가입)	• 서류, 설계도, 장부, 유가증권 등 • 차량, 항공기, 선박 등 • 촉매, 냉매, 윤활유 등

3. 보험기간(→ 혼합기간이 적용됨)

① 책임의 시기 : '첫날 00:00시 또는 건설현장에서 보험목적물의 하역이 끝난 시점' 중 나중 시점에서 보험기간이 시작된다.

② 책임의 종기 : '마지막 날 24:00시 또는 보험목적물의 전부 또는 일부를 발주자에게 인도하고 사용이 시작된 때' 중 빠른 시점에서 보험기간이 종료된다.

4. 보험가입금액/보상한도액

기본담보(공사목적물)		• 자재비, 노무비, 세금, 기타경비 → 총공사금액(완성가액) • 도급공사의 경우는 도급금액 • 보험가입금액이 완성가액보다 작으면 비례보상
선택담보	제3자 배상책임	최대추정손해액을 기초로 한 보상한도액(LOL)
	잔존물제거비용	예상비용을 추정한 별도 한도액
	주위재산담보	최대추정손해액을 기초로 한 보상한도액(LOL)
	공사기계/설비/장비	신조달가액

5. 자기부담금(공제금액)

시공자의 성실시공을 유도하기 위하여 사고 발생 시 피보험자가 우선적으로 부담하는 금액으로써 보험금 지급 시 자기부담금을 차감하고 지급한다.

6. 일반조항(보상하지 않는 손해)

• 계약자, 피보험자 또는 이들의 법정대리인의 고의 또는 중과실로 인한 손해
• 피보험자에게 보험금을 받도록 하기 위해 피보험자와 세대를 같이하는 존속 및 종업원의 고의로 생긴 손해
• 계약을 맺을 때 계약자, 피보험자 또는 그 대리인이 알고 있거나 중대한 과실로 알지 못한 하자 또는 결함으로 인한 손해
• 전쟁, 핵연료물질, 방사선, 방사능오염으로 인한 손해
• 공사의 전부 또는 일부의 중단으로 인한 손해

7. 재물손해조항

(1) 보상하는 손해	(2) 보상하지 않는 손해
• 공사수행 중의 작업 잘못 • 피보험자의 종업원, 제3자의 취급 잘못 또는 악의적 행위 • 화재, 낙뢰, 폭발, 파열 • 누전, 합선 등 전기적 사고 • 도난 • 지면의 내려앉음, 사태, 암석붕괴 • 폭풍우, 태풍, 홍수, 범람 등 자연재해 • 차량항공기와의 충돌 또는 그로 인한 낙하물 • 기타 면책에 속하지 않는 위험	• 벌과금, 공사지연손해, 성능부족 등 간접손해 • 설계결함(직접손해는 면책, 간접손해는 특별약관으로 담보 가능) • 재질, 제작결함(직접손해는 면책, 간접손해는 보통약관으로 담보) • 마모, 침식, 산화 등 • 공사용 기계의 기계적, 전기적 사고 • 재고조사 시 발견된 손해

(3) 손해액 산정

전손과 분손의 보상기준	전손 → 시가보상(=신조달가격−감가상각), 분손 → 재조달가액보상
임시수리비	본 수리의 일부에 해당하고, 총수리비 이내인 경우 보상함
잔존물제거비용	별도로 가입해야 보상이 가능(→ 선택담보 항목)
특별비용&항공운임	• 급행운임, 시간외수당, 야근수당은 특별비용담보특약으로 담보 • 항공운임은 항공운임 담보특약으로 담보
편승수리비&개량비용	수리와 상관없이 모양을 바꾸거나 개량을 위한 비용은 보상 ×

(4) 지급보험금 계산

전부보험&초과보험	=손해액 − 자기부담금(→ 재조달가액을 한도로 지급)
일부보험	=(손해액 − 잔존물가액)×(보험가입금액/완성가액) − 자기부담금
중복보험	• 담보조건이 동일하면 보험가입금액 비례분담방식 사용 • 담보조건이 다르면 지급보험금 비례분담방식(독립책임액방식) 사용
자기부담금	한 사고로 수 개의 보험목적이 각각 손해를 입은 경우 자기부담금의 최고액을 적용

8. 배상책임조항

(1) 보상하는 손해	(2) 보상하지 않는 손해

• 법률상 손해배상금
• 부대비용
  − 회사에서 서면으로 승인을 얻어 지출한 비용 포함
  − 비용은 법률상 손해배상금과 별도로 보상하되, 보상한도액 이내에서 보상함
• 보상한도액 : 증권에 기재된 보상한도액을 한도
	• 재물손해조항에서 담보하는 손해
	• 진동, 지지대의 철거 또는 약화로 인한 손해(특별약관으로 담보 가능함)
	• 도급업자, 발주자 등과 그 가족에 입힌 상해나 질병
	• 도급업자, 발주자 등이 소유, 보관, 관리하고 있는 재산의 손해
	• 일반도로용 차량, 선박, 항공기의 사고
	• 계약상 가중책임
	• 재물손해로 인한 사용 불능 등 간접손해

PART 01

PART 02

PART 03

PART 04

PART 05

PART 06

(3) 보상의 범위

① 법률상 손해배상금 : 피보험자가 피해자에게 지급해야 하는 법률상 손해배상금이다.

② 부대비용 : 소송비용과 회사의 승인을 얻어 지출한 모든 비용을 지급하며, 손해배상금과 별도로 보상하고 보상한도액의 범위 내에서 추가 보상한다.

(4) 보상한도액(LOL)

법률상 손해배상금과 비용을 합한 금액을 적용한다.

(5) 지급보험금

보상한도액 내에서 보험금을 지급하며, 손해액에서 자기부담금을 차감하여 지급한다.

9. 주요 특별약관 및 추가약관

(1) 주요 특별약관

동맹파업, 소요 등으로 인한 손해담보 특약	시공 중인 공사물에 직접 발생한 손해보상
교차배상책임 특별약관	피보험자 상호 간 제3자 배상책임담보
유지담보 특별약관	공사 종료 후 하자보수작업 중 발생하는 손해보상
확장유지담보 특별약관	하자보수 및 공사 중 원인으로 인한 손해보상
주위재산담보 특별약관	공사주변의 피보험자 재산에 발생한 손해보상
진동, 지지대의 철거, 약화에 관한 특별약관	진동 등으로 인한 제3자 신체 및 재물손해를 보상
설계결함담보 특별약관	보통약관에서 부담보하는 설계결함 손해보장
내륙운송 및 보관담보 특별약관	현장으로 내륙운송/외부보관 중 발생하는 손해보장
공사 완료 물건에 대한 손해담보 특별약관	인도된 공사 완료 물건의 사고로 입은 손해보장
항공운임담보 특별약관	항공화물 운송으로 인한 추가비용보장
기계 및 설비의 시운전 담보특별약관	기계 4주 시운전기간을 보험에 포함하는 특약

참고 **'4대 결함'에 대한 담보방법**

구분	설계결함	주조결함	재질결함	제작결함
건설공사보험	설계결함담보특약	보통약관에서 담보		
조립보험	4대 결함을 합쳐서 '제작자결함담보 특약'으로 담보			

(2) 주요 추가약관

건설 및 조립공사 일정계획에 관한 추가약관	보험기간 12월 초과 시 일정 변경 6주까지 허용
방화시설에 관한 추가약관	방화설비를 갖추고 유지·관리가 되어 있어야 보상
캠프 및 보관창고에 관한 추가약관	소정의 조건으로 설치된 경우만 보상

지진 지역의 구조물 담보 추가약관	내진 설계 및 자재를 사용한 경우에만 보상
지하매설 전선이나 배관에 관한 추가약관	공사 전 지하매설 전선, 배관을 확인해야 함
강우, 홍수, 범람에 관한 안전조치 추가약관	설계&시공 시 안전조치가 취해진 경우 보상
건설용 및 조립용 기계에 관한 추가약관	해당 장비가 소정의 장소에 보관될 경우 보상
농작물, 산림, 문화재 손해 부담보 추가약관	농작물 등에 대한 손해를 담보하지 않음
공정구간에 관한 추가약관	제방 등이 구간으로 나뉘어 건설되면 보상

10. 언더라이팅 시 고려사항

재물손해부문	건설공사 도면/기술적 설명자료/담보목적물의 보험가액/세부공사일정/지질보고서
예정이익상실담보	예상 재무제표/사업타당성 조사보고서
배상책임 손해 담보 부문	공사계약서/공사내용 및 공사금액/주변상황조사보고서/피보험자의 범위/피보험자의 업무와 법적 책임 범위 등

PART 01

PART 02

PART 03

PART 04

PART 05

PART 06

▶ **TOPIC 02 | 조립보험(EAR : Erection All Risks insurance)**

1. 개요

① 건설공사보험과 마찬가지로 All Risk 담보방식이며, <u>기계류의 조립은 물론 대규모 설비(Plant)</u>에 이르기까지의 조립 및 설치공사를 대상으로, 공사과정의 예기치 못한 돌발적인 사고를 담보한다.
② 기계나 강구조물의 설치에 대한 공사가 많으면(50% 초과) 조립보험의 영역이며, 토목공사나 건축 공사의 비중이 많으면 건설공사의 영역이다.

2. 보험의 목적물

① 보험의 목적 : 조립공사현장의 공사 목적물(기계, 기계설비, 강구조물, 장치류 등)과 그 밖의 조립 과 관련된 물건(공사용 가설물인 비계, 거푸집 등/공사용 공구, 조립용 기계 등)
② 보험의 목적에서 제외되는 것 : 현금, 수표, 유가증권, 인지, 서류, 포장물질, 설계도면 등

3. 조립보험 약관 구성

보통약관		특별약관
기본담보	선택담보	
• 공사 목적물 자체 손해 → 기계, 기계설비, 강구조물 등 • 공사 임시시설물 → 전기시설, 가설 사무소 등	• 제3자 배상책임 • 주위재산 • 잔존물제거비용	• 제작자결함담보 • 확장유지담보 • 특별비용담보 • 항공운임담보 • 교차배상책임특약 • 진동, 지지대 철거 및 약화에 관한 특약

4. 보험약관

(1) 보험의 시기

'첫날 00:00시 또는 건설현장에서 보험목적물의 하역이 끝난 시점' 중 <u>나중 시점</u>에서 보험기간이 시작된다.

(2) 보험의 종기

'마지막 날 24:00시 또는 조립 완료 시점(시운전이 끝난 시점)' 중 <u>빠른 시점</u>에서 보험기간이 종료된다.

(3) 시운전기간

① 조립공사의 기간 구분

순수 조립공사기간	기계 및 장치를 조립하는 기간
Cold-Test기간	기계적 기능 시험을 수행하는 기간 → 사고 빈도 낮음
Hot-Test기간	정상가동을 위한 시험기간 → 사고 빈도 및 심도 높음

※ 시운전기간은 별도로 정한 경우를 제외하고 <u>4주</u>를 넘지 못한다.
※ 중고품의 경우 시운전의 시작과 동시에 보험기간이 종료된다(시운전개념이 없음).

② 시운전기간은 Hot-Test기간을 의미하는데 이 기간에는 사고 빈도가 높고 심도 역시 크기 때문에 시운전기간을 보험증권에 명기하고 자기부담금 또한 높게 설정하여 계약자가 주의의무를 다하게 하고 있다.

5. 보험가입금액(→ 건설보험공사와 동일)

기본담보(공사목적물)		• 자재비, 노무비, 세금, 기타경비 → <u>총공사금액(완성가액)</u> • 도급공사의 경우는 도급금액 • 보험가입금액이 완성가액보다 작으면 비례보상
선택담보	제3자 배상책임	최대추정손해액을 기초로 한 보상한도액(LOL)
	잔존물제거비용	예상비용을 추정한 별도 한도액
	주위재산담보	최대추정손해액을 기초로 한 보상한도액(LOL)
	공사기계/설비/장비	신조달가액

6. 재물손해 담보조항

보상하는 손해	보상하지 않는 손해
• 조립작업의 결함 • 종업원, 제3자의 취급잘못 또는 악의 행위 • 화재, 낙뢰, 폭발, 파열 • 누전, 합선 등 전기적 사고 • 도난 • 지면의 내려앉음, 사태, 암석붕괴 • 폭풍우, 태풍, 홍수, 범람 또는 이와 비슷한 자연재해 • 차량항공기와의 충돌 또는 그로 인한 낙하물	• 전쟁, 핵연료물질, 소요, 폭동, 노동쟁의 • 보험계약자, 피보험자의 악의 또는 중대한 과실 • 조립공사의 전부 또는 일부의 중단으로 발생한 사고 • 설계, 주조, 재질 또는 제작결함으로 인한 사고 • 재고조사 시 발견한 손해 • 마모, 침식, 산화 등 이와 비슷한 손해

7. 배상책임 담보조항

보상하는 손해	보상하지 않는 손해

• 법률상 손해배상금
• 부대비용
   – 회사에서 서면으로 승인을 얻어 지출한 비용 포함
   – 비용은 법률상 손해배상금과 별도로 보상하되, 보상한도액 이내에서 보상함
• 보상한도액 : 증권에 기재된 보상한도액을 한도
	• 진동, 지지대의 철거 또는 약화로 인한 손해
	• 도급업자, 발주자 또는 조립공사와 관련된 자의 고용인과 그들 가족의 상해나 질병
	• 도급업자, 발주자 또는 조립공사와 관련된 자 또는 이들의 고용인들이 소유하거나 보관, 보호, 관리하에 있는 재산의 손해
	• 일반도로용 차량, 선박, 항공기에 의한 사고
	• 피보험자의 계약상 가중책임
	• 재물손해 조항에서 담보할 수 있는 손해
	• 재물손해로 인한 사용 불능 등의 간접손해

8. 손해액 산정

피보험자가 제출하는 계산서에 따른 복구비	• 재료비, 분해비, 조립비, 운송비, 관세 등이 포함 • 급행운임, 야근수당, 기타비용은 별도 특약이 없는 한 보상하지 않음
손해발생 후 임시수리비	총수리비 이내에서 보상
개량비	모양이나 성능을 바꿈으로 인한 비용은 보상하지 않음
잔존물 제거비용	별도의 보상한도액을 설정한 경우에 보상
주위재산	

※ 손해액은 보험의 목적을 손해발생 직전의 상태로 복구하는 데 소요되는 비용으로 하되, 재조달 가격을 기초로 산정한다.

9. 특별약관

교차배상책임 특약	피보험자마다 별도의 보험계약을 체결한 것으로 간주하여 피보험자 쌍방 간의 배상책임을 담보함
유지담보 특약	공사 종료 후 하자보증의무에 따라 하자보수작업 중에 발생하는 사고로 보험목적물에 입힌 손해를 담보함
확장유지담보 특약	공사 종료 후 하자보증의무에 따라 하자보수작업 중에 발생하는 손해 및 공사 중의 원인으로 인하여 유지담보기간에 발생하는 손해를 담보함(→ 24개월을 초과할 수 없음)
제작자결함담보 특약	설계, 주조, 재질, 제작의 결함에 의한 사고로 보험목적물에 입힌 손해를 보상(→ 결함을 제거하거나 교정하는 데 소요되는 비용은 보상하지 않음)

10. 추가약관(→ 보험금 지급을 제한하는 특성을 가짐)

중고품 기계 부담보 추가약관	조립대상물건 중에 중고품이 포함될 경우, 중고품의 기존 운전에 기인한 손해는 부담보함(→ 요율변동 없이 추가약관을 첨부)
지하 매설전선이나 배관에 관한 추가약관	지하매설물 관련 손해를 제한하는 추가약관임(→ 공사 개시 전에 피보험자가 관련기관에 지하에 매설된 전선, 배관 등 매설물의 정확한 위치를 조회한 경우에 한하여 지하매설물 관련 손해를 보상함)

방화시설에 관한 추가약관	화재 발생 가능성이 있는 계약 및 공사용 자재를 일시적으로 보관하는 창고를 필요로 하는 계약에 첨부 [전제조건] 방화설비 및 소방기구 작동 가능/종업원들의 소방훈련 및 동원 가능/각 보관단위는 20m 이상 공지거리 확보나 방화벽으로 분리/소화작업에 능한 사람 1명 이상 대기/시운전 시작 전에 조립물건에 사용될 소화시설 설치 및 가동 가능 상태

11. 계약인수

(1) 인수방법

보험가입금액은 완성가액을 기초로 설정하며 청약서상 기재항목의 근거자료를 충분히 확보하고 위험도가 높다고 판단되면 공사현장에 대한 조사를 실시한다.

(2) 요율체계

① 협정요율 : 조립공사 물건별 기본요율과 특별약관별로 특약요율이 있다.
② 협의요율 : 재보험자와 협의하여 결정한다.

(3) 인수 시 유의사항

① 조립보험에서 가장 위험이 높은 것은 시운전기간이므로 조립기간과 시운전기간을 구분하여 위험을 평가한다.
② 중고기계의 조립보험은 시운전이 시작됨과 동시에 보험이 종료되는 점에 유의해야 한다.

참고 건설공사보험과 조립보험의 비교

구분	건설공사보험	조립보험
가입대상	각종 토목 및 건축공사	대규모 설비(Plant)의 조립 및 설치공사
시운전기간	특별약관 담보	보통약관(4주 기본담보)
주위재산손해	보통약관 선택담보	보통약관 선택담보
설계결함담보	특별약관 담보	제작자결함담보특약에 포함
제작자결함담보	보통약관 담보 (→ 설계, 주조, 재질, 제작 중 설계를 제외함)	특별약관 담보

1. 개요

① 공장 또는 사업장 등에서 시운전이 성공적으로 끝난 기계설비 및 장치가 예기치 못한 돌발적인 사고로 손상을 입은 경우, 이를 사고 직전의 가동 가능상태로 복구하는 데 따른 수리, 교체비용을 보상하는 보험상품이다.

② 특종보험인 기계보험은 기계적 사고 자체를 보상하고, 패키지보험의 제2부문(MB Cover)은 기계적 사고로 입은 물적 손해를 담보한다.

2. 보험약관

보통약관		특별약관
기본담보	선택담보	
기계 자체의 손해	• 제3자 배상책임 • 주위재산 • 상실이익담보	• 보통약관에서 담보되지 않는 것을 담보 • 보통약관의 담보를 일부 확장 • 담보의 전제조건 • 보통약관의 보험조건을 변경

3. 보험의 목적

보통약관상의 보험의 목적	보험의 목적에서 제외되는 물건	특별약관에 의해 추가되는 보험의 목적
• 기계일 것 → 저장용 탱크같은 강구조물도 포함 • 가동 가능한 상태의 기계일 것 • 사업장 구내에 있는 기계일 것 • 시운전이 끝난 기계일 것 • 예비부품도 보험목적 가능	• 소모성 부품류나 마모 또는 감가율이 높은 것 • 공구류나 형류 • 연료, 윤활유, 냉매 등 조작유	• 주변재산 및 제3자 배상책임 • 윤활유, 와이어, 컨베이어 벨트 등 소모성 부품 및 용광로, 보일러의 내화물 등 부속물

> **참고** '가동 가능한 상태'의 정의
>
> • 가동, 운전 중인 기계
> • 가동을 위하여 정지 중인 기계
> • 수리, 정비, 검사를 위하여 가동 중지 상태에 있는 기계
> • 수리, 정비, 검사를 위하여 분해 중이거나 재조립 중에 있는 기계
> • 수리, 정비, 검사를 위하여 임시가동 중인 기계
> • 수리, 정비, 검사를 위하여 동일사업장 내에서 이동 중인 기계

PART 01
PART 02
PART 03
PART 04
PART 05
PART 06

4. 보험가액과 보험가입금액

기계보험은 당해 보험목적과 동종, 동 능력을 가진 <u>신품재조달가액</u>을 보험가액으로 하며 보험가입금액은 보험목적의 사용연수와 관계없이 언제나 <u>신품재조달가액</u>으로 해야 한다. 단, <u>전손의 경우</u> 보험기술상 도덕적 위험을 방지하기 위해 보험목적물의 <u>시장가격</u>을 한도로 담보한다.

5. 보상하는 손해 및 보상하지 않는 손해

보상하는 손해	보상하지 않는 손해

• 기계 자체의 결함으로 인한 손해 : 설계, 주조, 재질, 제작상의 결함
• 운전 중 사고로 인한 손해
  – 보일러의 급수 부족
  – 물리적 폭발, 파열(→ 보일러연관 내 가스폭발은 화학적 폭발이라도 보상)
  – 원심력에 의한 파손
• 근로자의 취급 부주의, 기술 부족
• 단락 등 전기적 현상, 폭풍우 등
	• 계약자 및 피보험자의 고의 또는 중과실
	• 보험금 수령을 위한 종업원이 고의로 일으킨 손해
	• 전쟁, 원자력, 방사능, 지진, 홍수 등
	• 화재로 인한 폭발 및 <u>화학적 폭발</u>
	• 계약 전 알고 있던 기계의 결함
	• 분실, 도난, 사기 또는 횡령으로 인한 손해
	• 자연마모 · 소모 · 열화 및 보일러스케일로 생긴 손해
	• 부식 · 침식 · 녹 · 공동현상이 일어난 부분에 대한 손해
	• 공급자, 시공업자가 법률상 또는 계약상으로 책임을 지는 손해
	• 간접손해(특약으로 휴업손실을 담보 가능)

6. 지급보험금

(1) 손해액

전손과 분손의 보상기준	• 전손 → 시가보상(신조달가격−감가상각), 분손 → 재조달가액보상 • 분손이라도 수리비가 시가보다 많은 경우 '추정전손'이라 하며 전부손해(시가)로 인정
임시수리비	본 수리의 일부에 해당하고, 총수리비 이내인 경우 보상함
잔존물제거비용	• 부분손해의 경우 보상하지 않고, <u>전부손해의 경우 보상함</u> • 손해액과 별도로 보상하는 것은 아니고 <u>손해액 항목에 포함</u>
손해방지비용	• 보험가입금액을 초과하여도 보상 • 보험가액에 대한 보험가입금액의 비율로 보상함
대위권 보전비용	지급한 보험금에 상당하는 금액에 대한 비용을 지급

(2) 지급보험금 산정

전부보험&초과보험	=손해액−자기부담금(→ 재조달가액을 한도로 지급)
일부보험	=(손해액−잔존물가액)×(보험가입금액/신조달가액)−자기부담금
중복보험	• 담보조건이 동일하면 <u>보험가입금액 비례분담방식</u> 사용 • 담보조건이 다르면 <u>지급보험금 비례분담방식(독립책임액방식)</u> 사용
보험금의 지급시기	수리 또는 대체가 완료되었다는 증빙서류를 포함한 보험금 청구가 있으면 지체 없이 보험금을 결정하고 10일 이내에 피보험자에게 지급

7. 특별약관

(1) 보통약관상 <u>제외</u> 항목을 보험 목적에 추가하는 내용	(2) 보험약관상의 담보위험을 일부 확장하는 특별약관	(3) 담보의 <u>전제조건</u>에 대한 특별약관
• 주변재산 및 제3자 배상책임담보 • 내용물 손실담보 • 용광로, 보일러의 내화물 및 석조물 담보 • 윤활유 및 냉매담보 • 와이어 및 비전기용 케이블담보 • 전구류담보 • 컨베이어벨트 및 체인담보	• 폭동, 소요 및 노동쟁의 담보 • 특별비용담보 • <u>항공운임담보</u> • 기계장치의 내부의 화재, 화학적 폭발 및 벼락담보 • <u>이익상실담보</u> • <u>이동성기계담보</u>	• 연소엔진에 대한 감가상각 조정 • 나선식전기, 기계에 대한 감가상각 조정 • <u>대형전동기 유지ㆍ관리</u> • 가스터빈 연소설비에 대한 감가상각 조정 • 심정펌프, 수중펌프 관리 • 터빈, 터보발전기세트 관리 • 보일러 정기점검 및 유지ㆍ관리 추가약관

(4) 유의사항

① 항공운임담보에서는 보상한도액을 설정하되 보험가입금액의 10%를 초과할 수 없고, 매 사고당 항공운임의 20%를 자기부담금으로 적용한다.

② 이동성기계담보는 보통약관상 면책인 도난, 지진, 화재 등을 담보한다.

③ 대형전동기 유지관리 추가약관에서 대형전동기는 750KW 이상을 의미한다.

PART 01

PART 02

PART 03

PART 04

PART 05

PART 06

01 손해보험종목 중에서 해상보험과 화재보험을 제외한 보험종목을 <u>특종보험</u>이라 한다.

02 <u>진동, 지지대 약화 또는 철거</u>로 인한 제3자 배상책임과 <u>설계결함</u>으로 인한 사고손해의 경우 국문 및 독일식 약관은 <u>특별약관</u>으로 담보하지만, 영국식 약관은 <u>보통약관</u>으로 담보한다.

03 <u>발주자가 보험에 가입하는 경우</u> 보험료는 도급금액에 포함되고, <u>도급업자가 가입하는 경우</u> 도급금액에서 보험료를 제외한다.

04 건설공사보험의 선택담보는 <u>공사용 기계, 중장비/제3자 배상책임/잔존물 제거비용/상실이익의 4가지</u>이다.

05 건설공사보험의 기본담보는 <u>공사목적물(→ 건물, 구축물, 부대설비 등)과 공사용 가설물(→ 비계, 거푸집 등)</u>이다.

06 건설공사보험은 제3자배상책임은 <u>선택담보</u>, 주위재산담보는 <u>특별약관</u>으로 담보한다.

07 <u>일반도로용 차량, 항공기, 9종 건설기계</u>는 건설공사보험의 목적이 될 수 없다.

08 보험기간은 '첫날 00:00시 또는 건설현장에서 보험목적물의 하역이 끝난 시점' 중 <u>나중 시점에서 보험기간이 시작</u>되어, '마지막 날 24:00시 또는 보험목적물의 전부 또는 일부를 발주자에게 인도하고 사용이 시작된 때' 중 <u>빠른 시점에서 보험기간이 종료</u>된다.

09 건설공사보험의 기본담보(공사목적물)는 <u>총공사금액(완성가액)</u>으로 부보하고, 선택담보(공사기계/설비/장비)는 <u>신조달가액</u>으로 부보한다.

10 건설공사보험은 <u>폭풍우, 태풍, 홍수, 범람 등 자연재해로 인한 손해는 보상</u>하지만 <u>도난의 경우에는 보상하지 않는다.</u>

11 건설공사보험 국문약관에서 누전, 합선 등 전기적 사고는 보상하지만, <u>공사용 기계의 기계적, 전기적 사고</u>는 보상하지 않는다.

12 건설공사보험 <u>보통약관상</u> 주조, 재질, 제작결함을 보상하고 <u>설계결함</u>으로 인한 간접손해는 <u>특별약관</u>으로 담보한다.

13 건설공사보험은 진동, 지지대의 철거, 약화로 인한 손해는 <u>특별약관</u>으로 담보한다. 단, 영국식 약관은 <u>보통약관</u>으로 담보한다.

14 자기부담금은 한 사고로 수 개의 보험목적이 각각 손해를 입은 경우 <u>자기부담금의 최고액</u>을 적용한다.

15 손해액 산정 시 전손은 <u>시가</u>로 보상(=신조달가격−감가상각)하고, 분손은 <u>재조달가액</u>으로 보상한다.

16 손해액 산정 시 급행운임, 시간외수당, 야근수당은 <u>특별비용담보특약</u>으로 담보하고, 항공운임은 <u>항공운임 담보특약</u>으로 담보한다.

17 임시수리비는 총수리비를 증가하지 않는 한도 내에서 보상하지만, <u>편승수리비</u>는 보상하지 않는다.

18 유지담보 특별약관은 공사 종료 후 하자보수작업 중 발생하는 손해를 보상하고, 확장유지담보 특별약관은 하자보수작업 중 발생하는 손해 및 공사 중 원인으로 인한손해보상도 포함한다.

19 건설공사보험에는 '제작자결함특별담보'가 없고 주조, 재질, 제작은 보통약관에서 보장하므로 '설계결함담보특별약관'이 있다.

20 기계나 강구조물의 설치에 대한 공사가 많으면(50% 초과) 조립보험의 영역이며, 토목공사나 건축공사의 비중이 많으면 건설공사의 영역이다.

21 주위재산담보는 건설공사보험에서는 특별약관으로 담보하고, 조립보험에서는 보통약관의 선택담보로 담보한다.

22 유지담보 또는 확장유지담보 특별약관의 유지담보기간은 36개월을 초과할 수 없다.

23 '첫날 00:00시 또는 건설현장에서 보험목적물의 하역이 끝난 시점' 중 나중 시점에서 보험기간이 시작되고, '마지막 날 24:00시 또는 조립 완료 시점(시운전이 끝난 시점)' 중 빠른 시점에서 보험기간이 종료된다.

24 일반적으로 시운전기간은 별도로 정한 정한 경우를 제외하고 4주를 넘지 못하는 반면, 중고품의 경우 시운전의 시작과 동시에 보험기간이 종료된다.

25 시운전기간은 Hot-Test 기간을 의미하는데 이 기간에는 사고 빈도가 높고 심도 역시 크기 때문에 시운전기간을 보험증권에 명기하고 자기부담금 또한 높게 설정하여 계약자가 주의의무를 다하게 하고 있다.

26 조립보험의 기본담보(공사목적물)의 보험가입금액은 건설공사보험과 마찬가지로 총공사금액(완성가액)으로 부보하고, 선택담보(공사기계/설비/장비)의 경우는 신조달가액으로 부보한다.

27 제작결함으로 인한 직접적인 손해는 어떠한 보험이라도 보상하지 않는다. 단, 제작결함으로 결함 없는 다른 보험목적물이 입은 손해는 건설보험공사에서는 보통약관으로 담보하고 조립보험에서는 특별약관으로 담보한다.

28 조립공사보험 보통약관에서 조립작업의 결함 및 도난 손해는 보상하고, 공사지연손해 및 재고조사 시 발견된 손해는 보상하지 않는다.

29 조립공사보험의 경우 보험금 지급을 제한하는 특성을 가지고 있는 추가약관으로는 '중고품 기계 부담보 추가약관, 지하 매설전선이나 배관에 관한 추가약관, 방화시설에 관한 추가약관'이 있다.

30 중고품 기계 부담보 추가약관은 조립대상물건 중에 중고품이 포함될 경우 기존 운전에 기인한 손해, 해체로 인한 손해 등을 부담보하는 약관이며 요율변동 없이 추가약관을 첨부할 수 있다.

31 조립공사보험의 요율을 결정하는 방법은 협정요율과 재보험자 구득요율이 있다.

32 공장 또는 사업장 등에서 시운전이 성공적으로 끝난 기계설비 및 장치가 예기치 못한 돌발적인 사고로 손상을 입은 경우, 이를 사고 직전의 가동 가능 상태로 복구하는 데 따른 수리, 교체비용을 보상하는 보험상품을 '기계보험'이라 한다.

33 특종보험인 기계보험은 <u>기계적 사고 자체</u>를 보상하고, 패키지보험의 제2부문(MB Cover)은 <u>기계적 사고로 입은 물적 손해</u>를 담보한다.

34 기계보험의 주 담보위험은 기계의 전기적·물리적 사고로 인한 손해이며, <u>화재손해도 포함한다.</u>

35 기계보험의 <u>선택담보</u>는 '제3자 배상책임/주위재산/상실이익담보'의 3가지가 있다.

36 <u>시운전 중인 기계나 예비부품</u> 또는 <u>연료, 윤활유, 냉매 등 조작유</u>는 기계보험의 목적이 될 수 없다.

37 기계보험은 <u>물리적 폭발</u>을 담보한다. 단, 보일러 연관 내 가스폭발은 <u>화학적 폭발</u>이라도 <u>예외적으로 보상</u>한다.

38 <u>폭풍우</u>로 인한 기계손해는 보상하지만, <u>홍수</u>로 인한 기계손해는 보상하지 않는다.

39 기계보험은 기계의 <u>직접손해만</u> 담보하며, 간접손해는 선택담보나 특별약관으로 담보 가능하다.

40 전손의 경우 시가로 보상(신조달가격−감가상각)하고, 분손의 경우 재조달가액보상하지만 분손이라도 수리비가 시가보다 많은 경우 '<u>추정전손</u>'이라 하며 전부손해로 인정한다.

41 잔존물제거비용은 부분손해의 경우 보상하지 않고, <u>전부손해의 경우 보상</u>한다.

42 수리 또는 대체가 완료되었다는 증빙서류를 포함한 보험금 청구가 있으면 지체 없이 보험금을 결정하고 <u>7일 이내</u>에 피보험자에게 지급한다.

43 보험약관상의 담보위험을 <u>일부 확장</u>하는 특별약관으로서 항공운임담보에서는 보상한도액을 설정하되 보험가입금액의 <u>10%</u>를 초과할 수 없고, 매 사고당 항공운임의 <u>20%</u>를 자기부담금으로 적용한다.

오답노트

03 <u>발주자가 보험에 가입</u>하는 경우 보험료는 도급금액에서 <u>제외</u>되고, <u>도급업자가 가입</u>하는 경우 도급금액에 보험료를 포함한다.

10 건설공사보험은 폭풍우, 태풍, 홍수, 범람 등 자연재해뿐만 아니라 <u>도난</u>의 경우에도 보상한다.

22 유지담보 또는 확장유지담보 특별약관의 유지담보기간은 <u>24개월</u>을 초과할 수 없다.

34 기계보험의 주 담보위험은 기계의 전기적·물리적 사고로 인한 손해이며, <u>화재손해를 포함하지 않는다.</u>

42 수리 또는 대체가 완료되었다는 증빙서류를 포함한 보험금 청구가 있으면 지체 없이 보험금을 결정하고 <u>10일</u> 이내에 피보험자에게 지급한다.

범죄보험

PART
01

PART
02

PART
03

PART
04

PART
05

PART
06

TOPIC 01 범죄보험의 개념 및 종류

① 피보험자가 타인의 범죄행위로 피해를 입는 경우 재산상의 피해와 신체상의 피해가 있을 수 있는데 이러한 피해를 보상하는 보험상품을 '범죄보험'이라 한다.

② 단순히 범죄로 인한 손해만을 담보하기보다는 범죄위험 이외의 다른 사고도 같이 담보하는 종합보험형태로 가입하는 것이 일반적이다.

③ 재산 피해를 담보하는 보험은 도난보험과 금융기관종합보험이 있고, 신체피해를 담보하는 보험은 납치 및 인질보험과 테러보험이 있다.

TOPIC 02 도난보험

1. 개요

보험에 가입한 물건이 보험기간 중 보험증권에 기재된 장소에 보관되어 있는 동안에 불법 침입자 등의 도난 행위로 피보험자가 입은 직접손해를 보상한다.

2. 국문약관 체계

어떠한 위험을 담보하기 위해서는 보통약관에 기본적·구체적인 위험을 담보하는 3가지 특별약관(동산담보 특약, 현금 및 유가증권 특약, 수탁물배상책임담보 특약)이 필수적으로 첨부된다.

3. 특약별 보험의 목적

동산담보 특약	모든 유체동산(단, 증서, 장부, 현금 및 유가증권, 귀금속, 귀중품 등의 명기물건과 자동차, 동식물류 등은 제외)
현금 및 유가증권 특약	현금 및 유가증권 → 일부보험이라도 비례보상하지 않고 보험가입금액 한도 내에서 전액 지급함
수탁물배상책임담보 특약	타인으로부터 수탁받아 보관하는 일체의 유체동산(단, 영배책 창고업자 특약의 경우 도난손해+화재, 폭발, 파손손해 담보)

4. 보상하는 손해

보상하는 손해(3가지 요건)	보상하지 않는 손해
• 물리력을 사용하여 보관시설을 파괴하고 도난행위가 발생해야 함 • 보험의 목적이 보관장소 내에 보관되어 있는 동안에 발생한 도난손해를 담보(→ 보관장소는 야적장소도 가능) • 도난으로 입은 직접손해에 한하여 보상	• 보험계약자, 피보험자의 고의나 중과실 • 피보험자의 가족, 친족, 동거인, 당직자 등이 행하거나 가담 또는 묵인한 도난행위 • 화재, 폭발, 지진, 분화, 풍수해나 전쟁위험에 따른 도난행위 • 절도, 강도행위로 발생한 화재 및 폭발손해 • 상점, 영업소, 창고, 작업장 내에서 일어난 좀도둑으로 인한 손해 • 재고조사 시 발견된 손해 • 망실, 분실손해, 사기 또는 횡령손해 • 도난사고 후 30일 경과 후에 발견된 손해 • 72시간 부재 중의 도난사고 • 보험의 목적이 보관장소를 벗어나 보관되는 동안에 생긴 도난손해 • 자동차, 오토바이, 동식물 도난손해

5. 보험기간

보험기간은 기간보험기간(Time Policy)을 적용한다. 보험개시 및 종료시각은 16:00이며, 보험증권 발행지(보험자 주소지)의 표준시를 기준으로 한다.

참고	보험기간의 개시 · 종료시각 비교		
구분	화재보험	PAR Cover	도난보험
시각	최초보험료 입금시점~마지막 날 16:00시	개시 및 종료시각 00:00	개시 및 종료시각 16:00
기준	보험자 주소지	보험계약자 주소지	보험자 주소지

6. 보험가입금액 및 보상범위

① 보험가액을 기초로 한 보험가입금액으로 결정하되, 현금 및 유가증권담보 특약의 경우에는 추정 최대손해액을 기초로 한 보상한도액으로 결정한다.

② 보험가액은 사고가 발생한 때와 곳의 가액으로 결정하는 미평가보험이고, 예외적으로 일부보험은 기평가보험으로 결정되지만 재조달가액보험은 인정되지 않는다.

③ 다수의 보험목적을 하나의 보험가입금액으로 포괄 가입하는 경우 하나의 보험목적에 대한 보험가입금액은 전체 보험가입금액의 5%를 초과할 수 없다.

④ 보험사고에 대하여 보험자는 보험목적이 입은 손해에 대한 보험금+각종 사고처리비용(손해방지비용, 대위권보전비용, 기타 협력비용 등)을 보상한다.

7. 지급보험금

(1) 손해액 결정

원칙적으로 사고가 발생한 때와 곳의 가액으로 결정하고, 예외적으로 협정가액 특약물건에 대하여 체결 당시의 시가로 결정한다(재조달가액은 인정되지 않는다).

(2) 지급보험금 계산

전부보험	손해액 전액
초과보험	보험가액을 한도로 손해액 전액
일부보험	손해액×(보험가입금액/보험가액) → 순수비례보상
중복보험	• 다른 계약과 지급보험금 계산방식이 같은 경우 → 보험가입금액 비례분담방식 • 다른 계약과 지급보험금 계산방식이 다른 경우 → 독립책임액 비례분담방식

(3) 잔존보험가입금액

도난보험의 보험가입금액은 1사고당 및 보험기간 중 모든 사고에 대한 보상총액이다. 따라서, 사고로 보험금액이 지급되면 남은 기간의 보험가입금액은 잔존보험가액이 된다.

(4) 도난품 발견(회수) 후의 처분

① 손해를 보상하기 전에 보험의 목적이 발견·회수된 때에는 원칙적으로 도난손해는 없었던 것으로 간주하나, 훼손된 경우에는 손해가 발생한 것으로 본다.

② 보험자가 손해를 보상한 후에 회수된 보험목적은 보험자의 소유로서, 매각대금이 보상금액과 회수·매각에 소요된 필요비용의 합계액을 초과할 경우 그 초과금액은 피보험자에게 환급한다.

③ 손해보상 후 1년 이내에 보험목적물이 회수된 경우 피보험자는 그로부터 1개월 이내에 지급보험금을 반납하고 그 물건을 돌려받을 수 있다.

④ 훼손된 보험목적을 피보험자가 돌려받을 경우 보험목적의 훼손 손해는 지급보험금 계산방식으로 보상하되, 보험계약자나 피보험자가 회수에 지출한 비용은 보험가입 금액에 관계없이 추가 보상한다.

8. 특별약관

① 현금 및 유가증권 운송위험담보 특별약관 : 현금 및 유가증권이 운반인(피보험자에 고용되어 권한을 부여받은 자로 호위인 이외의 사람)에 의해 운송되는 동안에 발생한 도난손해를 담보한다. 호위인은 18세 이상 65세 이하의 남자를 말하며, 운전자는 호위인이 될 수 없다.

② 귀중품 등 담보 특별약관 : 동산담보특약의 인수 제외 물건으로 규정된 귀중품 등에 대하여 담보하는 특약이다.

③ 부재담보 특별약관 : 72시간 이상 비워둔 상태에서의 도난손해를 담보하는 특약이다.

④ 보관시설 파손담보 특별약관 : 도난 사고 시 보관시설이 파손된 경우 보험가입금액의 50% 한도 내에서 손해를 담보하는 특약이다.

PART 01
PART 02
PART 03
PART 04
PART 05
PART 06

⑤ 실손보상 특별약관 : 동산담보특약&수탁물배상책임담보 특약의 경우 추가보험료를 부담하고 특약을 첨부하여 실손보상을 받는다. 단, 보험가액의 80% 이상 부보할 경우 전부보험과 동일한 보험료를 받는다.

⑥ 협정보험가액 특별약관 : 동산담보특약의 인수 제외 물건으로 규정된 글, 그림, 골동품 등 시가평가가 곤란한 보험목적에 대하여 보험계약 당시 협정보험가액으로 부보하는 특약이다.

⑦ 영업활동 중 도난위험 부담보 특별약관 : 영업소 안에서 영업활동을 하는 동안 생긴 도난 손해를 보상하지 않는다.

⑧ 영업활동 중 도난위험 담보 특별약관 : 영업소 안에서 영업활동을 하는 동안 생긴 도난 손해만을 보상한다.

9. 언더라이팅 시 고려사항

① 피보험물건의 소재지
② 경비 및 보안시설의 설치 유무 및 경비원의 수
③ 담보하는 재물의 종류
④ 수용건물의 구조 및 용도
⑤ 보험계약자 및 피보험자의 신용 및 보험가입 동기
⑥ 과거 사고내역

TOPIC 03 | 금융기관 종합보험(Banker's Package Policy)

1. 개요

① 금융기관의 업무와 관련한 다양한 위험 중 내부직원의 부정행위 및 제3자에 의한 절도나 강도, 유가증권 위조 또는 위조화폐의 수취에 따른 손실 등 각종 범죄행위로 인한 금융기관의 손해를 포괄담보하는 보험이다.

② 금융기관 종합보험(Banker's Package Policy)은 영국 로이즈의 영문약관(BBB ; Banker's Blanket Bonds)을 원문 그대로 도입한다(일반기업의 범죄위험을 담보하기 위한 범죄종합보험을 Compre-hensive Dishonesty, Disappearance and Destruction Insurance : DDD라고 함).

2. 약관구성

(1) 약관의 구성(기본약관+특별약관)

구체적 담보위험과 이에 적용되는 면책위험 및 제반조건이 기본약관에 규정되어 있고 기본약관의 보험조건을 일부 변경한 특별약관으로 구성되어 있다.

(2) 기본약관의 구성

① 보험계약 명세서(Schedule)

② 보상하는 손해(Insuring Clauses)

Fidelity(직원의 부정행위)	Securities(유가증권손해)
On Premises(사업장 내 사고)	Counterfeit Currency(위조화폐손해)
In Transit(운송 중 사고)	Office/Contents(건물 및 집기비품손해)
Forgery/Alteration(위조 및 변조손해)	Legal Fees(소송비용)

③ 용어의 정의(General Definition)

④ 면책조항(Exclusion)

⑤ 일반조건(General Condition)

3. 보험기간과 담보기준

① 보험기간은 1년을 기준으로 하되, 1년 미만의 단기계약 또는 1년 이상의 장기계약을 체결할 수 있다.

② 보험의 개시 및 종료시각은 12:00(Noon)이며, 보험증권발행지(보험자 주소지)의 표준시를 기준으로 한다.

③ 담보기준은 손해발견기준(Discovery Basis Policy)이며, 사고발생이 소급담보일자 이후인 경우에 한하여 보상한다.

4. 보험가액과 보험가입금액

보상한도액은 1사고당 보상한도액(Per Occurrence Limit)&총보상한도액(Aggregate Limit)을 설정한다.

5. 지급보험금

① 지급보험금의 계산 : 다른 재물보험과 달리 보험가입금액 대신 보험자의 최고보상한도액을 설정하는 방식을 취하기 때문에 지급보험금은 보상한도액 내에서 피보험자가 입은 손해액 전액이 된다.

② 공제금액(자기부담금) : 1사고당 일정금액으로 설정하는데, 모든 담보위험을 하나의 보상한도액으로 설정할 경우 공제금액도 하나의 금액으로 설정하고, 담보위험별로 설정할 경우 공제금액도 개별담보위험별로 설정하여 손해액에 적용한다.

③ 중복보험 : 다른 보험을 Primary Policy로 적용하고 이 보험을 Excess Policy로 적용한다고 규정하고 있다. 즉, 타보험의 초과보험으로 적용한다.

④ 손해의 통지

　㉠ 사고 발견 후 30일 내에 보험자에게 서면통지&발견 후 6개월 내에 손해증명서 제출

　㉡ 손해보상을 위한 소송을 할 경우, 사고발견일로부터 2년 이내에 제기해야 함

PART
01

PART
02

PART
03

PART
04

PART
05

PART
06

⑤ 평가기준

유가증권과 외화의 평가	손해가 난 유가증권의 가치는 손해가 나기 직전 영업일의 종가(외화는 전장종가)로 결정되며, 시장 마감 후에 손해가 난 것을 안 경우 그날 종가(외화는 전장종가)로 결정함
회계장부와 기록	회계장부나 기록을 재작성하는 데 실제로 드는 비용
기타 재물	사고 발생 당시 피해 재물의 시가

6. 보상책임의 6가지 전제조건

① 개별직원의 업무영역 및 책임에 대한 명확한 업무지침서를 유지, 관리해야 한다.
② 어떤 직원도 특정 거래업무를 처음부터 끝까지 관리할 수 있도록 하지 않는다.
③ 한 사람만으로는 금고를 열 수 없어야 한다(비밀번호의 공동보호관리).
④ 유가증권 등 업무의 비밀번호도 공동책임관리 체제를 유지해야 한다.
⑤ 모든 직원은 1년에 최소 14일을 연속해서 휴가를 사용해야 한다.
⑥ 외부기관의 정기감사 외에 내부감사를 1년에 한 번 이상 실시한다.

7. 언더라이팅 시 고려사항

① 설문서 기재사항 및 피보험자의 서명 여부
② 금융기관의 수익성 및 계약 당시 경제 상황
③ 직원의 안정성 및 회사에 대한 만족도
④ 각종 방범 대책, 정보관리 및 보호장치
⑤ 과거사고 경험 및 재발방지조치 사항
⑥ 보험담보조건 이행 여부

▶ **TOPIC 04** | **납치 및 인질 보험(Kidnap&Ransom Insurance)**

1. 개요

피보험자가 외부인에 의하여 유괴, 납치, 억류, 제품에 대한 오염협박, 공갈, 하이재킹 등 불의의 사고로 인한 피해를 담보하는 보험상품으로, 보험사고로 인해 지급된 인질 석방금, 납치로 인한 상해, 치료비 및 인질 구출활동과 관련한 비용, 법적배상책임비용 등을 보상한다.

2. 담보약관

① 영문약관(Corporate Kidnap and Ransom/Extortion Insurance Policy)을 그대로 도입하여 사용한다.

② 피보험자의 범위를 확장 적용한다.

　　㉠ 보험계약자, 보험계약자의 직계존비속

　　㉡ 피보험자의 집 또는 구내에 상주하고 있거나 피보험자에 의해 고용된 자

　　㉢ 피보험자의 집에 있는 손님

　　㉣ 피보험자의 구내에 있거나 승용차, 항공기, 선박에 타고 있는 동안의 피보험자의 고객

　　㉤ 몸값을 협상하거나 전달할 목적만으로 일시적으로 고용된 사람

3. 보험기간과 담보기준

보험기간은 통상 1년을 기준으로 하고, 담보기준은 손해사고 발생기준을 적용한다. 1사고당 별도의 보상한도액 및 총보상한도액을 설정할 수 있다.

4. 보상하는 손해 및 보상하지 않는 손해

보상하는 손해	보상하지 않는 손해
① 몸값(Ransom) ② 운송 중 손실(Loss in Trasit) ③ 위험관리전문가 비용(Control Risk Group Fees and Expenses) ④ 부수비용(Additional Expenses) ⑤ 법적배상책임(Legal Liability) ⑥ 상해(Personal Accident)	① 무력 등의 위협으로 몸값을 본인이 직접 건네준 경우 ② 협박이 처음 있었던 장소에서 몸값을 지불한 경우 → ①, ②는 몸값을 건네주러 가던 중 사고는 보상 ③ 피보험자의 사기적, 불법적 행위 ④ 24시간 미만의 감금, 피보험자의 범죄행위로 인한 감금, 이민 등 허가서류 미비로 인한 감금, 정부나 군의 업무수행에 따른 감금

> **참고**　**부수비용(Additional Expenses)의 범위**
> - 회사의 사전승인하에 보험계약자에 고용된 협상가 비용
> - 독립적으로 활동하는 홍보, 조언, 통역자에 대한 비용
> - 보험계약자나 피보험자의 여행 및 숙박비용
> - 사고 후 2년 이내 정신의학, 일반치료 및 법률상담비용
> - 30일간 희생자를 대신하기 위한 임시직원의 총급여 100%(희생자의 총급여 100% 한도 내)
> - 희생자가 석방된 후 6개월 내 제공된 식사, 휴식 요양비
> - 정보제공자에 대한 보상금 및 기타 석방 협상과정에서 필요한 합리적 비용

5. 언더라이팅 시 고려사항

기본적 검토사항	담보지역의 최근 현황 검토
• 피보험자의 거주지역 • 피보험자의 직업 및 활동내역 • 거주지역의 정치적, 종교적, 사회적 상황 • 거주지역의 보안 및 안전관리 • 담보약관 및 보상한도액	• 빈부격차의 심화 • 공권력의 실패(→ 범죄의 온상이 되기 쉬움) • 경제적 빈곤 및 높은 실업률 • 낮은 윤리의식 및 공권력의 부패 • 기존 정부 및 치안질서의 붕괴 • 종교적 또는 정치적 극단주의

PART 01
PART 02
PART 03
PART 04
PART 05
PART 06

테러보험(Terrorism Insurance)

1. 개요

테러행위로 인하여 피보험자의 <u>재산에 손해를 입히거나</u> 또는 <u>피보험자가 제3자에게 법적 손해배상 책임을 부담</u>하는 경우 그것으로 인한 피보험자의 손해액을 보상하는 보험상품으로 9 · 11테러로 인식이 급증하면서 별도의 테러보험이 만들어지게 되었다.

2. 담보약관

① 영국 로이드 보험시장에서 하용하고 있는 테러보험 영문약관(Terrorism Insurance Policy)을 그대로 도입 · 사용하고 있다.

② 담보조항은 아래의 3개 부문으로 구성되어 있다.

> • Section Ⅰ – 재물손해(Property Damage)
> • Section Ⅱ – 기업휴지손해(Business Interruption Extension)
> • Section Ⅲ – 배상책임(liability)

3. 보험기간과 담보기준

보험기간은 통상 1년을 기준으로 하며, 재물손해 및 기업휴지손해는 <u>손해사고기준</u>을 적용하고 배상책임손해는 <u>배상청구기준</u>을 적용한다. 보고연장기간은 보험종료일로부터 <u>90일</u>로 제한하고 있다.

4. 보상하지 않는 손해

재물손해부문	기업휴지부문	배상책임부문
• 원자력, 방사능 관련 사고 • 전쟁, 내란 등 유사행위 • 체포 또는 불법점거 • 정부기관의 몰수, 점거 및 불법거래로 인한 손해 • 화학, 생화학 무기 사고 • 컴퓨터바이러스, 해킹 등 전자매체를 이용한 공격 • 물, 가스, 전기 등 중단손해	• 스트라이크나 타인의 방해로 인한 손실 • 시장상실 및 간접손실 • 기업휴지로 인한 직접적인 결과가 아닌 것으로 인한 손해	• 원자력위험, 전쟁 등 • 테러로 인한 것이 아닌 체포 또는 불법점거, 데모 • 석면으로 인한 손해 • 벌금, 과태료 및 징벌적 벌과금 • 신체장해를 수반하지 않는 정신적 고통, 분노 또는 쇼크 등

5. 담보 제외 물건

① 동식물, 토지

② 항공기, 선박, 자동차를 포함한 육상운송기구

③ 부보시설 내가 아닌 운송 중인 재물

④ 30일 이상 비워둔 건물 및 그 안에 있는 재물

⑤ 피보험자의 시설 밖에 있는 동력전달장치

6. 언더라이팅 시 고려사항

① 담보지역의 주변시설 정황(예 군부대 시설 여부, 주요 정부기관의 주요시설 유무 및 그 지역의 상징적인 대형건물 소재 여부) → 직접 테러의 목표가 아니더라도 주변시설이 테러의 목표가 되는 경우를 고려

② 담보지역의 정치적, 종교적, 사회적 상황

③ 과거 테러 유사행위의 경험자료

④ 시설의 보안 및 안전관리 상황

⑤ 외부인의 출입 통제 상황

PART
01

PART
02

PART
03

PART
04

PART
05

PART
06

01 피보험자가 타인의 범죄행위로 피해를 입는 경우 <u>재산상의 피해와 신체상의 피해</u>가 있을 수 있는데 이러한 피해를 보상하는 보험상품을 '<u>범죄보험</u>'이라 한다.

02 <u>재산 피해를 담보하는 보험은 도난보험과 금융기관종합보험</u>이 있고, <u>신체피해를 담보하는 보험은 납치 및 인질보험과 테러보험</u>이 있다.

03 도난보험은 보험에 가입한 물건이 보험기간 중 보험증권에 기재된 장소에 보관되어 있는 동안에 불법 침입자 등의 도난 행위로 피보험자가 입은 <u>간접손해</u>를 보상한다.

04 도난보험의 약관체계는 어떠한 위험을 담보하기 위해서는 보통약관에 기본적 · 구체적인 위험을 담보 하는 3가지 특별약관(동산담보 특약/현금 및 유가증권 특약/수탁물배상책임담보 특약)이 <u>필수적으로</u> 첨부된다.

05 수탁물배상책임담보 특약은 타인으로부터 수탁받아 보관하는 일체의 유체동산을 담보하는데, 영업 배상책임보험의 창고업자 특약의 경우 <u>도난손해+화재, 폭발, 파손손해를 담보</u>하므로 보장범위가 더 넓다.

06 보험기간은 기간보험기간(Time Policy)을 적용하고, 보험 개시 및 종료시각은 <u>16:00</u>이며, 보험증권 발행지(보험자 주소지)의 표준시를 기준으로 한다.

07 도난보험에서 보장을 받기 위해서는 '<u>물리력을 사용하여 보관시설을 파괴하고</u> <u>도난행위가 발생해야</u> <u>함/보험의 목적이 보관장소 내에</u> 보관되어 있는 동안에 발생/도난으로 입은 <u>직접손해에 한하여 보상</u>' 이라는 3가지 요건을 충족해야 한다.

08 국문 도난보험은 도난사고 후 <u>30일 경과 후에 발견된 손해</u>, <u>72시간 이상 부재 중의 사고</u>에 대해서는 보상하지 않는다.

09 <u>도난보험에서</u> 보험가액은 사고가 발생한 때와 곳의 가액으로 결정하는 <u>미평가보험</u>이고, 예외적으로 일부보험은 기평가보험으로 결정되지만 <u>재조달가액보험은 인정되지 않는다</u>.

10 현금 및 유가증권 특약의 경우 일부보험이라도 <u>비례보상하지 않고</u> 보험가입금액 한도 내에서 전액 지 급한다.

11 다수의 보험목적을 하나의 보험가입금액으로 포괄 가입하는 경우 하나의 보험목적에 대한 보험가입 금액은 전체 보험가입금액의 <u>5%</u>를 초과할 수 없다.

12 도난보험의 보험가입금액은 1사고당 및 보험기간 중 모든 사고에 대한 보상총액이다. 따라서, 사고로 보험금액이 지급되면 남은 기간의 <u>보험가입금액은 잔존보험가액</u>이 된다.

13 보험자가 손해를 보상한 후에 회수된 보험목적은 보험자의 소유로서, 매각대금이 보상금액과 회수 · 매각에 소요된 필요비용의 합계액을 초과할 경우 그 초과금액은 <u>피보험자에게 환급</u>한다.

14 손해보상 후 <u>1년 이내</u>에 보험목적물이 회수된 경우 피보험자는 그로부터 1개월 이내에 지급보험금을 반납하고 그 물건을 돌려받을 수 있다.

15 현금 및 유가증권 운송위험담보 특별약관은 현금 및 유가증권이 운반인에 의해 <u>운송되는 동안</u>에 발생한 도난손해를 담보한다. 호위인은 <u>18세 이상 65세 이하</u>의 남자를 말하며, 운전자는 호위인이 될 수 없다.

16 보관시설 파손담보 특별약관은 도난 사고 시 보관시설이 파손된 경우 <u>보험가입금액의 50% 한도</u> 내에서 손해를 담보하는 특약이다.

17 중복보험의 경우 다른 보험을 Primary Policy로 적용하고 금융기관종합보험을 Excess Policy로 적용한다고 규정하고 있다. 즉, <u>타보험의 초과보험</u>으로 적용한다.

18 금융기관종합보험은 다른 재물보험과 달리 보험가입금액 대신 보험자의 <u>최고보상한도액을 설정하는 방식</u>을 취하기 때문에 지급보험금은 <u>보상한도액 내에서 피보험자가 입은 손해액 전액</u>이 된다.

19 금융기관종합보험은 사고 발견 후 <u>30일</u> 내에 보험자에게 서면 통지해야 하며, 발견 후 <u>6개월</u> 내에 손해증명서를 제출하고, 손해보상을 위한 소송을 할 경우 <u>사고발견일로부터</u> <u>2년</u> 이내에 제기해야 한다.

20 금융기관종합보험은 보상요건을 충족하기 위하여 6가지 전제조건을 준수해야 하는데, '모든 직원은 1년에 <u>최소 14일</u>을 연속해서 휴가를 사용해야 한다.'가 그중에 하나이다.

21 납치 및 인질 보험에서 보험기간은 통상 <u>1년을 기준</u>으로 하고, 담보기준은 배상청구기준을 적용한다.

22 납치 및 인질 보험에서 피보험자의 <u>구내</u>에 있거나 승용차, 항공기, 선박에 타고 있는 <u>동안</u>의 피보험자의 고객도 보험금 지급대상이 된다.

23 몸값을 건네 주러 가던 중 사고는 <u>보상</u>하고, 무력 등의 위협으로 몸값을 본인이 직접 건네준 경우는 <u>보상하지 않는다</u>.

24 납치 및 인질 보험에서 담보하는 '위험관리전문가에 대한 비용'은 전문가의 활동으로 손해액을 절감하는 효과가 크기 때문에 <u>한도액을 설정하지 않는</u> 것이 일반적이다.

25 납치 및 인질 보험에서 사고 후 <u>2년 이내</u> 정신의학, 일반치료 및 법률상담비용/<u>30일간</u> 희생자를 대신하기 위한 임시직원의 총급여 100%(희생자의 총급여 100% 한도 내)/희생자가 석방된 후 <u>6개월</u> 내 제공된 식사 휴식 요양비 등은 부수비용이므로 보상한다.

26 납치 및 인질 보험에서 <u>24시간 미만의 감금</u>, 피보험자의 범죄행위로 인한 감금 등은 보상하지 않는다.

27 테러보험의 약관은 '재물손해/기업휴지손해/배상책임'의 3개 부문으로 구성되어 있다.

28 보험기간은 통상 1년을 기준으로 하며, 재물손해 및 기업휴지손해는 손해사고기준을 적용하고 배상책임손해는 <u>배상청구기준</u>을 적용한다.

29 테러보험에서 보고연장기간은 통상 60일 기준과 달리 보험종료일로부터 <u>90일</u>로 제한하고 있다.

30 테러보험에서 <u>60일 이상</u> 비워둔 건물 및 그 안에 있는 재물의 경우 담보제외 물건에 해당한다.

오답노트

03 도난보험은 보험에 가입한 물건이 보험기간 중 보험증권에 기재된 장소에 보관되어 있는 동안에 불법 침입자 등의 도난 행위로 피보험자가 입은 직접손해를 보상한다.

21 납치 및 인질 보험에서 보험기간은 통상 1년을 기준으로 하고, 담보기준은 손해사고 발생기준을 적용한다.

30 테러보험에서 30일 이상 비워둔 건물 및 그 안에 있는 재물의 경우 담보 제외 물건에 해당한다.

종합보험

PART
01

PART
02

PART
03

PART
04

PART
05

PART
06

TOPIC 01 | 종합보험의 개요

1. 의의

특종보험에서 종합보험은 재물손해, 신체상해위험 및 배상책임손해 등 각종의 이질적인 위험을 하나의 보험약관으로 포괄담보하는 형태의 보험상품을 말하며, 우리나라도 이러한 종합보험 형태가 손해보험의 주요 종목이 될 것으로 전망된다.

2. 보험계약자가 패키지 보험을 선호하는 이유

① 보험계약을 하나의 증권으로 통합함으로써 보험료 할인혜택을 기대
② 계약자가 필요한 위험담보를 보험자와 협의하여 가장 적합한 조건을 설정
③ 여러 보험상품을 하나의 증권으로 통합하여 구입함으로써 계약관리 용이
④ 면책위험을 제외한 전위험담보방식으로 담보의 공백을 최소화

TOPIC 02 | 레저 종합보험

1. 개요

국내에서 판매되는 레저 종합보험은 낚시보험, 스키보험, 골프보험, 수렵보험, 테니스보험의 5종목이 있으며, 골프보험은 장기보험 형태로도 판매되고 있다.

2. 담보위험

상해위험	레저활동 중 급격하고 우연한 외래의 사고를 담보 → 레저활동 중이란 레저활동을 직접 행하는 동안뿐만 아니라 레저활동을 하기 위한 준비행위 또는 휴식시간도 포함
레저용품 손해위험	레저활동을 위한 다양한 고가의 장비가 훼손, 파손, 화재 및 도난으로 인한 손해를 담보 → 열거주의 방식이며 보험가액이 있음
배상책임 손해위험	레저활동 중 우연한 사고로 타인에게 신체 장해 및 재물손해를 입힘으로써 배상책임으로 인한 손해를 담보

3. 담보체계

① <u>해외여행보험</u>은 신체상해만을 기본위험 담보로 하고, 용품손해 및 배상책임손해는 선택담보위험으로 하기 때문에 상해보험종목으로 분류한다.

② <u>레저 종합보험</u>은 신체상해, 용품손해, 배상책임손해를 모두 기본담보위험으로 하기 때문에 종합보험으로 분류한다.

4. 보험기간

낚시보험/스키보험	골프보험/수렵보험/테니스보험
보험기간과 피보험자가 '낚시나 스키를 위하여 거주지를 출발하여 거주지에 도착할 때까지' 이 중복되는 기간의 사고를 담보 → 혼합보험	보험기간 중에 수렵장, 골프장, 테니스장 구내에 있는 동안의 사고만을 담보

5. 보험가입금액

① 장비 및 용품손해 : 보험가액을 한도로 제한한다.

② 상해위험과 배상책임손해 : 담보위험별로 일정금액으로 제한한다.

6. 언더라이팅 시 고려사항

① 담보하는 레저 활동

② 레저용품의 적정한 보험가액

③ 상해위험에 대한 적정한 보험가입금액

❙ 종합보험

01 레저 종합보험에서 장기보험 형태로 판매되고 있는 보험은 <u>골프보험</u>이다.

02 레저 종합보험의 담보위험은 상해위험, 레저용품 손해위험, 배상책임 손해위험이 있는데 <u>배상책임 손해위험</u>의 경우 열거주의로 담보한다.

03 <u>해외여행보험</u>은 신체상해만을 기본위험 담보로 하고, 용품손해 및 배상책임손해는 선택담보위험으로 하기 때문에 <u>종합보험종목</u>으로 분류한다.

04 낚시보험과 스키보험은 <u>보험기간과 피보험자가 '낚시나 스키를 위하여 거주지를 출발하여 거주지에 도착할 때까지'</u> 이 중복되는 기간의 사고를 보장한다.

05 레저종합보험의 보험가입금액은 장비 및 용품손해의 경우 <u>보험가액</u>을 한도로 제한하고, 상해위험과 배상책임손해의 경우 <u>담보위험별로 일정금액</u>으로 제한한다.

오답노트

02 레저 종합보험의 담보위험은 상해위험, 레저용품 손해위험, 배상책임 손해위험이 있는데 <u>레저용품 손해위험</u>의 경우 열거주의로 담보한다.

03 <u>해외여행보험</u>은 신체상해만을 기본위험 담보로 하고, 용품손해 및 배상책임손해는 선택담보위험으로 하기 때문에 <u>상해보험종목</u>으로 분류한다.

CHAPTER 05

기타 특종보험

TOPIC 01 법률비용보험

1. 개요

① 개인이나 기업이 예기치 못한 각종 분쟁이나 사고로 민사, 형사 또는 행정소송이 제기되는 경우 법률서비스를 제공받는 데 소요되는 비용을 담보해 주는 보험을 말한다.

② 여기에서 법률비용보험은 개인의 일상생활에서 발생하는 민사소송사건과 관련한 법률비용(변호사 비용, 인지액, 송달료)을 말한다(→ 기업의 영업활동과 관련된 법률비용은 일반영업배상책임보험에서 담보한다).

2. 담보약관

(1) 담보기준

피보험자에게 소송제기의 원인이 되는 사건이 발생하고 보험기간 중에 약관에서 정한 민사소송이 법원에 제기되어서 피보험자가 부담한 법률비용을 보상하는 <u>배상청구기준약관</u>을 사용한다.

(2) 보상하는 보험금액의 범위

① 대법원이 정한 변호사 보수의 소송비용 산입에 관한 규칙한도 내에서 피보험자가 실제 부담한 <u>변호사 비용</u>

② 민사소송 등 인지법에서 정한 인지액의 한도 내에서 피보험자가 실제 부담한 <u>인지액</u>

③ 대법원이 정한 송달료 규칙한도 내에서 피보험자가 실제 부담한 <u>송달료</u>

3. 주요 담보조건

① 보상한도액 : 보험가액이 없으므로 일반배상책임보험과 같이 보험가입금액을 보상한도액(LOL)으로 설정한다.

② 공제금액 및 대기기간 : 소송남발을 방지하기 위해 자기부담금을 설정하며, 면책기간은 보험개시일로부터 통상 60일 또는 90일로 설정한다.

4. 주요 면책사항

① 민사소송법에서 정한 청구의 포기, 소의 취하 및 소의 각하

② 지적재산권과 관련된 소송

③ 피보험자가 각종 단체의 대표자, 이사, 임원 등의 자격으로 행한 업무와 관련된 소송

④ 소비자기본법 제70조(단체소송의 대상 등)에 따라 제기된 소송

⑤ 자본시장법에서 정한 금융투자상품에 관련된 소송

⑥ 노동쟁의 행위 및 시위행위와 관련된 소송

⑦ 가입 여부와 관련 없이 의무보험에서 보상받을 수 있는 법률 비용

⑧ 피보험자와 피보험자 가족 간의 민사소송 등

PART 01
PART 02
PART 03
PART 04
PART 05
PART 06

5. 주요 특별약관

교통사고처리지원금 특별약관 (자가용)	자동차 사고로 타인에게 상해를 입힌 경우 부담한 형사합의금에 대해 교통사고 처리지원금을 보상(→ 1인당 3천만원 한도)
자동차 사고 변호사 선임 특별약관	자동차 사고로 타인에게 상해를 입혀 구속 또는 기소되는 경우 변호사 선임비 용에 대해 보험가입금액을 한도로 보상
부부가입 특별약관	피보험자 본인 및 본인의 배우자(사실혼 포함)
가족가입 특별약관	피보험자 본인 및 본인의 가족

6. 언더라이팅 시 고려사항

Open Panel 방식	피보험자가 변호사를 지정 → 도덕적 위험이 가장 큼
Closed Panel 방식	보험자가 사전 승인한 변호사 중 피보험자가 선택
절충식 방식	피보험자가 선임하고, 보험자에게 사후승인을 받음

TOPIC 02 | 지적재산권보험

1. 개요

① 지적재산권의 소유권분쟁은 두 가지 형태가 있다.

　㉠ 기업이 보유한 지적재산권을 다른 기업이 침해할 때 그러한 침해를 보호하기 위한 법적 대응조 치를 하는 경우(당사가 타사에 소송 제기)

　㉡ 기업이 새롭게 개발한 지적재산권에 대해 다른 기업으로부터 지적재산권 침해를 이유로 소송을 제기당하는 경우(타사가 당사에 소송 제기)

② 과거에는 소송비용 위주의 담보에서 손해배상금까지로 담보범위가 확장되고 있다.

2. 담보약관

영문약관(Intellectual Property Rights Insurance)을 그대로 사용하며 7개 부문으로 구성되어 있다.

① 용어의 정의

② 보상하는 손해

③ 보상한도액 및 공제금액

④ 면책위험

⑤ 일반조건

⑥ 보험금 지급조건

⑦ 적용법률

3. 주요 담보조건

(1) 보상하는 손해(자기비용, 제3자비용, 손해배상비용)

계약클레임	지적재산권 관련 계약 파기로 인한 소송
방어클레임	피보험자를 상대로 제3자가 제기한 소송방어
보호클레임	피보험자의 지적재산권 관계자들이 제기한 소송방어
소송제기클레임	피보험자가 제기한 소송, 다만 이 경우 손해배상금을 담보하지 않음

※ 타인의 권리를 침해한 경우 : 방어클레임

※ 보유권리를 침해 당한 경우 : 보호클레임/소송제기클레임

(2) 지적재산권

특허권	피보험자가 독점적인 사용권자인 특허, 실용신안 등
저작권	피보험자가 독점적인 사용허가권자인 저작권
의장권	피보험자가 독점적인 사용허가권자인 등록 또는 미등록된 디자인
상표권	피보험자가 독점적 사용허가권자인 등록 또는 미등록 상표권, 브랜드명, 로고도안, 상품외관

(3) 보상한도액 및 공제금액

보상한도액은 각 부문별로 한도액을 각각 설정할 수 있으며, 공제금액을 초과하는 금액을 보상한다.

4. 주요 면책사항

① 보험사의 동의 없이 발생한 자기비용

② 고지하지 않는 지적재산권, 상품과 관련한 모든 클레임

③ 다른 보험이나 대안으로부터 보상받을 수 있는 클레임

④ 보험개시일 이전에 이미 발생하였거나 이미 알고 있었던 클레임

⑤ 피보험자의 악의 또는 고의적 행위

⑥ 벌금, 징벌적 배상금, 보상금과 관련 없는 합의금

⑦ 비방, 악의적 거짓말에 대한 소송

⑧ 피보험자에 의한 다른 피보험자에 대한 클레임(피고용인에 대한 사업자의 방어소송은 제외)

5. 언더라이팅 시 고려사항

(1) 지적재산권 보험계약을 언더라이팅하기 <u>어려운 이유</u>

① 지적재산권처럼 형체가 없는 무체물에 대한 손해의 유형은 예측하기 매우 어렵고 보험수리적 측면에서 통계적 관리가 어렵다.

② 손해의 유형을 파악해도 손해의 규모를 추정하기 어려우므로 클레임 관리와 관련한 사업비의 부담을 적절히 요율에 반영하기 어렵다.

③ 지적재산권에 대한 전문 지식과 관련된 경험 및 자료를 보험계약자가 보험자보다 더 많이 가지고 있다. 즉, 피보험자의 역선택의 위험이 크다.

(2) 고려사항

① 피보험자의 사업내용

② 등록된 지적재산권 내용

③ 담보받고자 하는 지적재산권과 담보받지 않을 지적재산권

④ 향후 1년간 지적재산권의 변동 가능성

⑤ 과거 10년간 지적재산권 관련 분쟁사항

⑥ 약관의 담보조건(보상한도액, 공제금액, 공동보험비율, 연장보고기간 등)

PART
01

PART
02

PART
03

PART
04

PART
05

PART
06

TOPIC 03 ▎ 임상시험 보상보험

1. 개요

신약개발과정에 필요한 임상실험에서 실험대상이 부작용으로 인명피해를 입었을 경우 그 피해를 보상하는 보험에 대한 필요성이 대두되면서 이에 대응하는 보험상품을 해외에서 도입 · 개발하였다.

2. 담보약관

(1) 담보체계

영문약관을 도입하였고 국문영업배상책임보험 임상시약담보 특별약관으로 운영 중이다.

(2) 담보기준

배상청구기준(Claims-made Basis)	손해발견기준(Discovery Basis)
임상시험에 관한 사고로 피보험자가 보상하여야 할 책임 있는 손해에 대한 <u>청구가 보험기간 중에 제기될 경우</u>를 담보	피보험자가 보험기간 중 보험자에게 임상시험에 관하여 통 <u>지한 이상현상</u>에 대하여 보험기간 이후 피보험자에게 손해 배상청구가 제기될 경우를 담보

※ 임상시험보상보험은 의사 및 의료전문인의 전문직업배상책임보험과 유사한 담보기준을 설정하고 있으며 위의 두 가지 기준을 택하고 있다.

3. 담보위험

기본담보(피해환자에 대한 보상책임)+선택담보(제3자에 대한 법률상 손해배상책임 담보)

4. 주요 면책위험

① 피보험자는 알고 있었지만 보험자에게 고지하지 않은 이상현상에 기인한 손해배상청구

② 피보험자의 부정적, 사기 또는 범죄행위

③ 다른 보험에서 보상하는 손해

④ 보험개시일 이전 다른 증권에서 발생한 사고 또는 상황에 기인한 배상청구

⑤ 핵물질, 방사능 등 원자력위험에 기인한 배상청구

⑥ 공제금액 해당액

⑦ 북미지역 소송 클레임

5. 언더라이팅 시 고려사항

① 설문서 및 계약서(실험자와 피험자 간 책임내용), 임상시험의 목적, 신약의 용도와 효능 등을 고려한다.

② 모든 약품은 부작용을 내재하고 있어 1년 이상의 장기계약일 경우 클레임 발생 가능성이 높아 언더라이팅 시 신중해야 한다.

1. 개요

해외에는 다양한 형태의 동물보험이 판매되고 있지만 우리나라에서는 아직 동물보험 수요가 많지 않다. 따라서, 합리적인 보험조건과 적정한 요율을 산정할 수 있는 경험이 부족하여 영국의 로이즈 보험시장에서 사용되는 영문약관을 사용하며 해외재보험자로부터 요율 및 담보조건을 구득하여 사용하고 있다.

2. 담보위험의 특징(동물의 사망손해만 담보하는 것을 Livestock Mortality Insurance라고 함)

① 동물 소유자의 실제손해액(사망 시 동물의 현재가치)만을 보상하며 잠재적인 기대수익은 보상하지 않는다.

② 수의사의 치료비용 등 동물사육에 필요한 제반 관리비 및 사업비는 보상하지 않는다.

③ 보상책임은 부보동물이 사망한 경우에만 적용된다(→ 예외적으로 종마불임특별약관 가능).

④ 부보동물이 지닌 특수한 기능이나 능력의 손실로 인한 손해는 보상하지 않는다.

⑤ 우연한 또는 자연적인 사망은 담보하지만, 인위적인 도살로 인한 사망은 담보되지 않는다.

⑥ 부보동물의 가치평가는 사고가 발생한 때와 곳에서의 시가를 기준으로 한다(예외적으로 협정보험가액 가능).

⑦ 보험계약 갱신 시 부보동물의 건강 상태에 대한 자격있는 수의사의 검사를 전제로 한다.

⑧ 보험자의 동의 없이 부보동물을 타인에게 양도할 수 없다.

3. 보험가입금액

동물도 재물의 일종으로 보험가액의 개념이 존재하므로 부보동물의 시가(Actual Cash Value)를 기준으로 보험가입금액을 정한다. 단, 부보 당시 시가를 정하기 곤란한 동물의 경우 협정가액(Agreed Value)으로 정할 수 있다.

4. 공제금액

Livestock Mortality Insurance에서는 동물의 사망(전손)만 담보하므로 공제금액 설정의 의미가 없지만, 피보험자의 손해방지노력을 유도하기 위해 일정금액을 설정하고 있다.

5. 보상하지 않는 손해

① 고의적 도살. 다만 다음의 3가지 경우에는 담보한다.

    ㉠ 보험자가 서면으로 동의한 경우

    ㉡ 보험자가 선임한 자격 있는 수의사가 해당 동물의 고칠 수 없는 질병 등으로 인한 고통을 경감시키기 위하여 고의적인 도살이 불가피하다고 인정하는 경우

PART 01

PART 02

PART 03

PART 04

PART 05

PART 06

ⓒ 보험자가 수의사를 선임하기 이전에 피보험자가 선임한 자격 있는 수의사가 해당 동물의 고칠 수 없는 질병 등으로 인한 고통을 경감시키기 위하여 고의적인 도살이 불가피하다고 인정하는 경우

② 자격 없는 수의사가 행한 외과수술 또는 치료행위로 인한 동물의 사망

③ 독극물로 인한 사망

④ 악의적인 행위에 기인한 부상 및 그로 인한 사망

⑤ 원자력 또는 핵 방사능 위험에 기인한 사망

⑥ 정부나 관계당국의 국유화, 몰수 등을 인한 사망

⑦ 전쟁, 침략, 내전, 혁명, 시민 봉기, 폭동, 파업에 기인한 사망

6. 보험담보의 전제조건

① 보험개시일 당시 부보동물의 건강 상태가 양호함을 입증해야 한다.

② 부보동물의 법적소유권이 피보험자에게 있음을 입증해야 한다.

③ 담보하는 동물에게 불임시술을 하는 경우 시술일 직전에 보험담보가 종료된다.

④ 보험기간 중 경매 등 공개시장에서 가격평가를 받은 경우 평가가격이 보험증권상 기재한 보상한도액보다 낮을 경우, 보험자의 보상 책임액은 둘 중 최저가격을 기준으로 한다.

⑤ 보험기간 중 부보동물은 청약서에 고지된 지역 내에 있어야 하며, 청약서에 고지된 내용 외의 다른 용도로 사용할 수 없다.

⑥ 타 보험에 가입 시 보상하지 않는다(보험자의 동의가 있을 경우 초과보험으로 보상함).

7. 언더라이팅 시 고려사항

① 담보동물의 보험가액

② 담보동물의 종류, 연령, 성별, 특성 및 용도

③ 담보동물의 건강 상태(자격 있는 수의사의 검진서)

④ 담보동물의 관리장소 및 상황

⑤ 사육사설, 사육사의 경험 및 환경 등

8. 반려동물 보험

(1) 담보위험

치료비	• 기본담보 • 반려동물의 상해 또는 질병으로 인한 치료비(입원, 통원, 수술치료비)
배상책임	• 선택담보 • 반려동물의 우연한 사고로 타인의 신체에 장해를 입히거나 타인 소유의 반려동물에 손해를 입혀 법률상의 배상책임을 부담함으로써 입은 손해
탈구/피부병 /구강 내 질환	• 선택담보 • 보통약관에 보상하지 않는 질병(탈구, 피부병, 구강 내 질환 등)에 대한 치료비
장례비	반려동물이 보험기간 중 사망 시 발생하는 장례비

(2) 주요 면책사항

① 계약자, 피보험자 또는 이들의 가족 또는 사용인의 고의 또는 중대한 과실

② 보험개시일 이전에 이미 감염 또는 발병한 질병 또는 상해

③ 광견병 및 그에 기인한 질병

④ 반려동물의 선천적 · 유전적 질환 및 그에 기인한 질병(단, 보험기간 중 최초로 발견된 경우에는 보상)

⑤ 수의사의 치료상의 과오로 생긴 상해 또는 질병, 수의사 자격이 없는 자의 치료행위로 인한 비용 및 그로 인하여 가중된 비용

⑥ 상병명을 알 수 없는 상해 또는 질병에 대한 치료

(3) 국내의 반려동물보험 도입의 문제점

① 보험가입을 위한 개체 인식 및 신분 확인 난항

② 진료비 표준수가 부재

③ 정보의 비대칭으로 지속적인 보험상품 운영의 어려움

TOPIC 05 | 행사취소보험

1. 개요

① 국제박람회, 전시회, 스포츠 등 각종 행사를 기획하고 주관하는 보험계약자가 예기치 못한 우연한 사고로 인하여 계획하던 행사 자체가 취소되거나 단축, 연기 또는 행사개최장소가 변경됨으로써 부담해야 하는 투자비용손실을 보상하는 컨틴전시 보험의 일종이다.

> **참고** **컨틴전시 보험(Contingency Insurance)**
>
> • 어떠한 사건(우발적인 행사 취소, 특정한 날씨, 상금 지급, 경기 결과 등)에 대해 담보조건을 정하고 해당 기간 동안 담보조건이 충족되었을 때(즉, 예정된 사건의 현실화) 발생한 금전적인 손실을 보상해주는 보험을 말한다.
> • 전통적인 손해보험시장에서 보상하지 않는 위험을 담보로 하는 특성이 있다.

② 위험의 유형

불이행 담보	• 행사주관자인 계약자의 통제 불가능한 사고로 행사가 계획대로 개최되지 않을 경우 그러한 상황 발생 이전까지 투입된 비용손실을 보상 • 국제무역박람회, 전시회, 스포츠 행사에 적합한 담보방식
주인공의 불참담보	• 행사의 개최 여부가 특정인(주인공)의 참석 여부에 따라 결정되는 경우 특정인의 사고 등 행사주관자가 통제할 수 없는 상황 발생으로 피보험자가 부담하는 손실을 보상 • 특정인을 주인공으로 하는 대형 음악회, 콘서트 행사에 적합한 방식
악천후 담보	• 행사 개최장소가 옥외인 경우 폭우 등의 기상상태 발생으로 행사 취소 또는 개최일자 연기 등을 함으로써 피보험자가 부담하는 손실을 보상 • 주요 위험은 폭우 · 폭설이며, 시간당 최소 강우량을 담보조건으로 설정

PART 01
PART 02
PART 03
PART 04
PART 05
PART 06

2. 담보약관

포괄 담보	Cancellation of Event Indemnity Insurance	행사취소위험만을 담보
	국문약관	• 개최 중인 행사 위험담보 • 재물손해, 상해손해를 보통약관+제3자배상 및 전시품손해를 특약으로 담보
	영문약관 (Event Package Insurance Policy)	• 개최 중인 행사+<u>기획, 추진 중인 행사</u> 위험담보 • 재물손해, 상해손해를 보통약관+제3자배상 및 전시품손해를 특약+<u>행사취소손해</u> 담보

3. 주요 담보조건

(1) 보험가입금액 및 공제금액

① 행사의 <u>전체예산(총비용)</u>을 기초로 하고, 추가로 보험사와 합의하여 정상개최 시에 피보험자가 지급받았을 <u>수익</u>을 포함할 수 있다.

② 설정한 보상한도액이 사고 시 피보험자의 실제 순손실보다 적을 경우, 보험회사는 일부보험의 원칙을 적용하여 비례보상하도록 한다.

③ 행사취소보험의 공제금액은 보험계약자와 <u>상호 협의</u>하여 결정한다.

(2) 준수의무

① 담보위험의 특성상 피보험자의 성공적인 행사개최 노력이 매우 중요하므로 다른 보험과 달리 피보험자에게 3가지 준수의무를 요구한다.

② 3가지 준수의무(Warranties)
  ㉠ 법률적 요구사항
  ㉡ 필요한 준비 및 이행사항
  ㉢ 계약상 요구조건 및 권한

4. 언더라이팅 시 고려사항

① 행사의 성격/행사장소와 기간

② 행사주관사의 과거 경험과 평판

③ 보험가입금액의 산출 근거

④ 공제금액의 규모와 방법

⑤ 피보험자의 수, 나이, 성별, 건강 상태

⑥ 과거사고 경험 및 그 상세한 이유

⑦ 대체장소 유무 및 긴급상황 발생 시 대처방안

⑧ 자연재해 및 다른 이유로 인한 사고 가능성

⑨ 입장권 판매방법

⑩ 행사와 관련하여 그 지역의 사회적, 경제적, 종교적 등의 문제 제기 가능성

상금보상보험(Prize Indemnity Insurance)

1. 개요

① 스포츠 경기에서 특정한 상황(골프경기의 홀인원, 볼링경기의 퍼펙트 점수 등)이 발생하는 경우 또는 설날 등 특정일자에 눈 또는 비가 오는 경우 일정한 상금 또는 경품을 지급하기로 한 행사주 관자인 피보험자가 부담하는 비용을 보상하는 보험종목을 말한다.

② 주로 기업의 홍보 또는 마케팅 촉진 차원에서 활용되고 있다.

③ 상금보험의 보험사고는 우연한 사고를 전제로 한 실제 손해가 아니라 특정 상황 또는 사고를 임의로 설정한다(→ 컨틴전시 보험).

2. 담보약관

로이드 보험시장의 영문약관(Sporting Prize Indemnity Insurance)을 도입해서 사용한다.

3. 주요 담보조건

(1) 보험가입금액

① 피보험자인 행사주관자 또는 후원자가 경품 참여고객 또는 참가선수에게 지급해야 할 경품 및 상 품 총액을 한도로 한다.

② 상금보상보험은 성격상 보험사고 시 전손사고의 특성을 지니므로 보험가입금액 전액이 지급되는 특성을 가지고 있다.

(2) 공제금액

빈번한 소액사고로 인한 보험자의 손해처리비용 부담을 경감하기 위한 공제금액은 의미가 없으므로, 보험자의 보상책임액을 경감시키거나 보험계약자의 보험료를 경감시키기 위한 공동보험비율(Coin-surance)을 설정하는 방법을 사용한다.

(3) 피보험자의 준수의무(Warranties)

① 보험료, 보험계약의 인수 여부 및 보험조건에 영향을 미칠 수 있는 모든 사항을 보험자에게 사전 고지하여야 한다.

② 피보험자, 보험계약자는 어떠한 경우에도 보험사고 발생 여부를 사전에 알 수 없어야 한다.

③ 보험계약 내용을 보험자의 사전동의 없이 제3자에게 알리지 말아야 한다.

④ 보험기간 중 행사 및 보험에 필요한 모든 관련 절차가 합법적으로 이행되어야 한다.

PART 01
PART 02
PART 03
PART 04
PART 05
PART 06

4. 주요 면책사항

① 피보험자의 부적절한 대응 조치

② 재정 부족 등 재무관리 부실로 인한 금융손실

③ 행사와 관련한 피보험자의 준비 부적절로 인한 손해

④ 전쟁, 폭동, 원자력 위험

5. 언더라이팅 시 고려사항

① 골프경기의 홀인원, 볼링경기의 퍼펙트 점수와 같이 많은 경기결과로 이미 통계적 확률이 있는 경우에는 해당 통계 수치를 감안한다.

② 강우량 및 강설량과 같은 기상결과를 기준으로 담보하는 경우, 과거 30년 또는 그 이상의 기상관측자료를 고려하여 보험조건을 정한다.

TOPIC 07   날씨보험

1. 개요

① 기상 변화로 인한 기업의 매출액 감소 또는 비용의 증가 위험을 담보하고자 만들어진 보험상품이다.

② 날씨보험의 종류

행사취소보험	기상악화로 예정된 행사가 취소됨에 따라 부담하는 비용손해를 담보
상금보상보험	기상요건을 정하여 그 기준을 충족하는 경우 정액보험금을 지급하는 방식
지수형날씨보험	매출액 감소 또는 비용의 증가를 고려한 날씨지수를 정하여 지수에 따른 정액보상을 하는 방식

2. 담보약관

① 지수형 날씨보험약관은 국문약관으로 개발되었으며, 관측기간 동안 산정된 날씨지수가 보상조건에 해당하면 피보험자가 입은 날씨변동손실을 정액보상한다.

② 날씨변동손실이라 함은 실제 날씨지수와 보상 개시지수와의 차이값에 1지수당 보험가입금액을 곱하여 계산한다.

3. 주요 담보조건

(1) 보험가입금액

총보험가입금액은 피보험자의 최근 3개년 평균 매출액의 30% 또는 최근 3년 평균지출비용의 100%를 초과할 수 없다.

(2) 주요 용어 정의

날씨지수	관측지점에 기상청이 발표하는 기온, 강수량 등의 날씨 요소를 수치화한 것
1지수	날씨지수의 최소 단위값으로 보험가입금액 및 지급보험금 계산에 적용
관측지점	피보험자의 <u>사업장 또는 영업활동 소재지</u> 중에서 선정함
예비관측소	보험증서에 기재된 관측소가 자료를 제공하지 못할 경우를 대비한 관측소

4. 주요 면책 사항

① 고의, 사기행위 또는 범죄행위
② 전쟁, 혁명, 내란 등 이와 유사한 행위
③ 원자력 물질, 방사능 등에 의한 날씨 변화
④ 피보험자의 파산, 지급 불능, 채무 불이행

5. 언더라이팅 시 고려사항

① 도덕적 위험을 배제하기 위하여 보험계약자의 청약은 보험기간 개시일로부터 최소 30일 이전에 이루어지도록 규정하고 있다.
② 약정한 기상조건이 실현되면 합의한 보험금을 지급하는 데 시간이 오래 걸리지 않는 전형적인 Short tail 보험상품이다.
③ 언더라이터 입장에서 동일한 기상조건을 특정 지역에 집중할 경우 위험누적현상이 발생하므로 위험분산을 고려한 계약인수가 필요하다.

PART 01

PART 02

PART 03

PART 04

PART 05

PART 06

TOPIC 08 | 정치적 위험보험

1. 개요

① 외국 현지 정부당국의 정치적 이유로 피보험자가 투자한 재산에 발생하는 재물손해를 담보하는 보험상품을 말한다.
② 담보 내용을 타인에게 공개할 수 없어서 실적자료를 확보하기 어렵고 계약도 건별로 담보조건이 결정되는 특징이 있다.
③ 우리나라의 경우 현재 한국무역보험공사(K-Sure)에서 사실상 독점적으로 인가받아 인수하는 보험제도이다.

2. 담보위험(손해보험에서의 정치적 위험의 4가지 유형)

송금 제한	정치적 조치로 인한 환전불능 및 송금 지연위험 담보 단, <u>외환가치 하락으로 인한 경제적 손실은 보상하지 않음</u>
몰수 또는 수용	투자재산에 대한 소유권이나 사용권제한에 따른 손해를 담보 단, 투자자의 현지법규 위반에 따른 몰수는 면책
계약위반	현지 정부의 일방적 계약사항 위반에 따른 손해담보
전쟁, 폭동위험	현지 정부의 정치적 분쟁위험에 따른 재산손실위험 담보

3. 주요 담보조건(영문약관 : Political Force Majeure Insurance 약관)

(1) 영문약관 Political Force Majeure Insurance 약관의 4가지 담보위험 〔암기〕 몰인정폭동

① 몰수

② 인허가의 취소

③ 정부조치

④ 폭동 또는 테러리즘

(2) 보험가입금액

보상한도액을 설정하고, 실제 피보험자의 순손실이 보상한도액을 초과할 경우에는 일부 보험으로써 비례보상한다.

(3) 공제금액

손해규모가 대형일 가능성이 높기 때문에 피보험자와 손해액을 분담하는 Co-insurance 방식을 사용한다. 통상적인 부보비율은 80%이고, 피보험자의 도덕적 위험을 제거하기 위하여 대기기간을 설정한다.

(4) 피보험자의 준수의무

① 보험계약 전에 프로젝트 성공을 위한 모든 승인 · 허가 등이 확보되어야 한다.

② 부보 프로젝트의 합의 내용이 당사자 간 법률적으로 유효하도록 서명되어 있어야 한다.

③ 보험의 부보내용을 보험자의 사전 승인 없이 다른 제3자에게 알릴 수 없다.

4. 주요 면책사항

① 현지 국가의 법률을 위반함으로써 발생하는 손해

② 피보험자 및 거래 상대방의 재정 부실로 인한 손해

③ 정부기관을 포함하여 계약상 정당한 권리자의 권리행사로 기인한 손해

④ 피보험자가 프로젝트 계약상 의무를 이행하지 못하여 발생하는 손해

⑤ 환율 변동이나 평가 절하로 인한 손해

⑥ 현지 법률 및 세법에 따라 정상적으로 부과된 세금

⑦ 방사능오염 손해

5. 언더라이팅 시 고려사항

① 투자 지역의 정치적 · 경제적 · 사회적 안정성

② 투자계획서 및 관련 승인자료

③ 투자프로젝트의 적법성 및 필요한 모든 법적 권리의 확보 여부

④ 총투자비용과 보상한도액 및 부보비율

⑤ 부보조건(담보하는 위험 및 면책사항)

PART
01

PART
02

PART
03

PART
04

PART
05

PART
06

TOPIC 09 | 기타 컨틴전시보험

1. 컨틴전시 보험의 일반적 특징

① 전통적인 손해보험 종목으로 분류하기 어렵다.

② 주로 금전적 · 재무적 위험과 연관되어 있다.

③ 보험계리인에 의한 통계적 보험요율 산정이 어렵다.

④ 담보조건의 표준화가 어렵다.

2. 컨틴전시 보험의 언더라이팅이 어려운 이유

① 위험에 대한 기초통계의 부족으로 합리적인 요율 산정이 불가능하다.

② 특정위험의 경우에는 과거 경험통계가 전혀 없을 수도 있다.

③ 평가하기 어려운 도덕적 위험이 숨겨져 있을 수 있다.

④ 표준화된 위험이 아니기 때문에 위험의 역선택이 있을 수 있다.

⑤ 담보하는 위험기간이 1년을 초과하는 경우가 많다.

⑥ 손해사정에 장기간이 걸릴 수 있으며 손해사정 인력이 부족하다.

⑦ 보험의 한계(도박성 또는 보험기간의 무한)에 도전하는 경우가 발생한다.

3. 영화제작비용보상보험(Film Insrance)

① 주연배우와 영화감독에게 사고, 질병 등이 발생하여 정상적으로 영화를 제작할 수 없게 된 경우 그로 인한 손해를 보상한다(→ 행사취소보험의 불참담보와 유사).

② 피보험자에게 발생한 비용손해가 주 담보이며, 흥행 부족으로 인한 수익상실액은 담보하지 않는다.

4. 초과회수비용보험(Over Redemption Insurance)

기업의 판매촉진을 위하여 보험계약자(판촉기업)가 소비자에게 제공한 경품 당첨 쿠폰이 최초 예산 수립 시의 회수율을 초과하는 경우 그 초과횟수에 따른 비용을 보상한다.

5. 잔존가액보장보험(Residual Value Insurance)

리스기간이 종료된 시점에서 리스물건의 예정된 잔존가액과 실제 판매한 중고가액의 차액을 보상해 주는 보험상품을 말한다(리스자산의 가치 하락을 보상하므로 리스회사의 안정적인 투자수익을 확보).

Ⅰ 기타 특종보험

01 법률비용보험은 개인의 일상생활에서 발생하는 <u>민사소송사건</u>과 관련한 법률비용으로 <u>변호사 비용, 인지액, 송달료</u> 등을 말한다.

02 법률비용보험의 담보기준은 <u>배상청구기준약관</u>을 사용하며, 보상한도액은 보험가액이 없으므로 일반 배상책임보험과 같이 보험가입금액을 <u>보상한도액(LOL)</u>으로 설정한다.

03 소송남발을 방지하기 위해 자기부담금을 설정하며, 면책기간은 보험개시일로부터 <u>통상 60일 또는 90일</u>로 설정한다.

04 법률비용보험 약관은 변호사의 지정 또는 선임권에 따라 <u>Open Panel 방식, Closed Panel 방식, 절충식 방식</u>으로 구분되는데, 피보험자가 변호사를 선임하는 <u>Closed Panel 방식</u>의 역선택 위험이 가장 크다.

05 지적재산권보험이 담보하는 4가지 부문은 '계약클레임, 방어클레임, 보호클레임, 소송제기클레임'이다.

06 <u>소송제기클레임</u>은 피보험자가 제기한 소송으로써 이 경우 손해배상금을 담보하지 않는다. 다만, 피보험자의 자기비용과 제3자비용을 보상받을 수 있다.

07 지적재산권 관계자들이 피보험자에게 제기한 소송을 방어하기 위한 반대소송 및 이와 관련된 비용을 담보하는 지적재산권보험의 4가지 부문 중 하나는 '<u>보호클레임</u>'이다.

08 피보험자가 타인의 지적재산권 관련 권리를 침해한 경우 지적재산권보험의 4가지 부문 중 '<u>방어클레임</u>'을 통해 보상받을 수 있다.

09 지적재산권보험은 위험의 특성상 피보험자의 정보비대칭으로 인한 <u>역선택 가능성</u>이 매우 높다.

10 언더라이팅 시 향후 <u>1년간</u> 지적재산권의 변동 가능성 및 과거 <u>10년간</u> 지적재산권 관련 분쟁사항을 고려해야 한다.

11 임상시험보상보험은 <u>의사 및 의료전문인의 전문직업배상책임보험</u>과 유사한 담보기준을 설정하고 있으며 배상청구기준과 손해사고기준의 두 가지 담보기준을 택하고 있다.

12 임상시험보상보험은 북미지역의 발달된 소송문화로 소송리스크가 매우 크기 때문에 <u>북미지역 소송클레임은 면책</u>으로 한다.

13 동물보험에서 부보동물의 가치평가는 <u>사고가 발생한 때와 곳에서의 시가</u>를 기준으로 하지만, 예외적으로 협정보험가액도 가능하다.

14 우연한 또는 자연적인 사망은 담보하지만, <u>인위적인 도살로 인한 사망은 담보되지 않는다.</u>

15 보상책임은 부보동물이 <u>사망한 경우에만</u> 적용되나, 예외적으로 종마의 기능상실로 인한 손해를 담보하는 <u>종마불임특별약관</u>이 가능하다.

16 Livestock Mortality Insurance(LMI약관)에서는 <u>동물의 사망(전손)만</u> 담보하므로 공제금액 설정의 의미가 없지만 피보험자의 <u>손해방지노력</u>을 유도하기 위해 일정금액을 설정하고 있다.

17 타 보험에 가입 시 보험자의 동의가 없을 경우는 면책이고, 보험자의 동의가 있을 경우는 <u>초과보험</u>으로 보상한다.

18 행사취소보험의 3가지 유형은 불이행 담보, 주인공의 불참담보, 악천후 담보로 구분하며, 보험가입금액은 행사의 <u>전체예산(총비용)</u>을 기초로 하고, 추가로 보험사와 합의하여 정상개최 시에 피보험자가 지급받았을 <u>수익을 포함</u>할 수 있다.

19 행사취소보험의 3가지 유형 중 '<u>불이행 담보</u>'는 행사주관자인 <u>계약자의 통제 불가능한 사고</u>로 행사가 계획대로 개최되지 않을 경우 그러한 상황 발생 이전까지 투입된 비용손실을 보상한다.

20 담보위험의 특성상 피보험자의 성공적인 행사개최노력이 매우 중요하므로 다른 보험과 달리 피보험자에게 '<u>법률적 요구사항/필요한 준비 및 이행사항/계약상 요구조건 및 권한</u>'의 3가지 준수의무를 요구한다.

21 상금보상보험의 대표적인 보험종목은 '<u>홀인원보험과 퍼펙트보험</u>'이다.

22 상금보상보험은 기업의 홍보 또는 마케팅촉진차원에서 활용되는데, <u>보험료가 판매촉진을 위한 홍보비용보다 저렴</u>할 때 상금보상보험에 가입할 유인이 발생한다.

23 상금보상보험에서 피보험자의 <u>부적절한 대응조치 또는 준비부적절</u>로 인한 손해는 보상하지 않는다.

24 언더라이팅 시 강우량 및 강설량과 같은 기상결과를 기준으로 담보하는 경우, <u>과거 10년</u> 또는 그 이상의 기상관측자료를 고려하여 보험조건을 정한다.

25 날씨보험의 종류는 '<u>행사취소보험/상금보상보험/지수형날씨보험</u>'으로, 이 중에서 매출액 감소 또는 비용의 증가를 고려한 날씨지수를 정하여 지수에 따른 정액보상을 하는 방식은 <u>지수형날씨보험</u>이다.

26 날씨보험의 총보험가입금액은 피보험자의 <u>최근 3개년 평균 매출액의 30%</u> 또는 최근 3년 평균지출비용의 100%를 초과할 수 없다.

27 언더라이팅 시 도덕적 위험을 배제하기 위하여 보험계약자의 청약은 보험기간 개시일로부터 최소 <u>30일 이전</u>에 이루어지도록 규정하고 있다.

28 손해보험에서의 정치적 위험의 4가지 유형은 '송금제한/몰수 또는 수용/계약위반/전쟁, 폭동위험'이며, <u>전쟁을 담보</u>하는 특징을 가지고 있다

29 영문약관 Political Force Majeure Insurance 약관의 4가지 담보위험은 '<u>몰수/인허가의 취소/정부조치/폭동 또는 테러리즘</u>'이다.

30 정치적 위험보험에서는 <u>환율 변동이나 평가 절하</u>로 인한 손해 및 현지 법률 및 세법에 따라 <u>정상적으로 부과된 세금</u> 등은 보상하지 않는다.

31 정치적 위험보험은 손해 규모가 <u>대형</u>일 가능성이 높기 때문에 피보험자와 손해액을 분담하는 <u>Co-insurance 방식</u>을 사용한다. 통상적인 <u>부보비율은 80%</u>이고, 피보험자의 도덕적 위험을 제거하기 위하여 <u>대기기간</u>을 설정한다.

오답노트

04 법률비용보험 약관은 변호사의 지정 또는 선임권에 따라 <u>Open Panel 방식, Closed Panel 방식, 절충식 방식</u>으로 구분되는데, 피보험자가 변호사를 선임하는 <u>Open Panel 방식</u>의 역선택 위험이 가장 크다.

11 임상시험보상보험은 <u>의사 및 의료전문인의</u> 전문직업배상책임보험과 유사한 담보기준을 설정하고 있으며 <u>배상청구기준과 손해발견기준</u>의 두 가지 담보기준을 택하고 있다.

24 언더라이팅 시 강우량 및 강설량과 같은 기상 결과를 기준으로 담보하는 경우, <u>과거 30년</u> 또는 그 이상의 기상 관측자료를 고려하여 보험조건을 정한다.

PART 02

출제예상문제

01 건설공사보험의 독일식 약관(Munich Re's CAR Policy)과 영국식 약관(British CAR Policy)에서 Ⓐ 진동, 지지대의 약화 또는 철거로 인한 제3자 배상책임과 Ⓑ 설계결함의 결과로 발생한 손해에 대한 각 약관별 보상 내용으로 맞는 것은?

① 독일식 약관 : Ⓐ는 보통약관에서 Ⓑ는 특별약관에서 보상

② 독일식 약관 : Ⓐ와 Ⓑ 모두 보통약관에서 보상

③ 영국식 약관 : Ⓐ는 특별약관에서 Ⓑ는 보통약관에서 보상

④ 영국식 약관 : Ⓐ와 Ⓑ 모두 보통약관에서 보상

해설 | 사용약관(→ 국문약관은 독일식을 모델로 함)

구분	국문 및 독일식 약관	영국식 약관
진동, 지지대 약화 또는 철거로 인한 제3자 배상책임	특별약관으로 담보	보통약관으로 담보
설계결함으로 인한 사고손해	특별약관으로 주변손해 담보	보통약관으로 주변손해 담보

※ 주변손해란 설계결함으로 발생된 사고에 의해서 설계결함이 있는 목적물 외에 주변 목적물에 발생하는 손해를 의미하며, 물리적 손상에 한정된다.

02 다음 중 건설공사보험 보통약관에서 증권에 기재해야만 보험의 목적이 될 수 있는 것은?

① 공사목적물인 건물 ② 공사용 가설물

③ 공사용 중장비 ④ 공사목적물인 부대설비

해설 | 공사용 중장비는 선택담보, 나머지는 기본담보(자동가입)이다.

보통약관

기본담보(자동담보)	선택담보(증권에 기재 필요)
• 공사목적물 → 건물, 구축물, 부대설비 • 공사용 가설물 → 비계, 거푸집	• 공사용 기계, 중장비 • 제3자 배상책임 • 잔존물제거비용 • 상실이익

03 국문 건설공사보험에서 특별약관을 첨부해야만 담보할 수 있는 것은?

① 설계결함
② 잔존물 제거비용
③ 건설 및 조립용 기계
④ 공사용 가설물, 공사용 재료

해설 | 공사용 가설물, 공사용 재료은 기본담보(자동가입)이며 잔존물 제거비용, 건설 및 조립용 기계는 선택담보이다.

> **특별약관**
> • 설계결함담보
> • 확장유지담보
> • 특별비용담보
> • 항공운임담보
> • 교차배상책임특약
> • 주위재산담보
> • 진동, 지지대 철거 및 약화에 관한 특약

04 다음 중 건설공사보험에서의 책임기간에 대한 설명으로 옳지 않은 것은?

① 통상 발주자와 시공사 간의 도급계약서상 공사기간과 동일한 기간을 보험기간으로 설정한다.
② 조립보험과 달리 시운전에 대한 담보는 없으며, 필요한 경우 시운전담보 특별약관을 첨부하여 담보받을 수 있다.
③ 공사 현장에 보험목적의 하역이 완료되지 않으면 스케줄상의 보험기간에도 불구하고 보험자의 책임은 개시된 것이 아니다.
④ 공사목적물의 일부가 발주자에게 인도되어 사용되는 경우라도 보험기간이 종료될 때까지는 보험자의 담보 책임이 발생한다.

해설 | 보험의 종기는 '마지막 날 24:00시 또는 보험목적물의 전부 또는 일부를 발주자에게 인도하고 사용이 시작된 때' 중 <u>빠른 시점</u>에서 보험기간이 종료된다.

05 다음은 건설공사보험의 보험가입금액에 대한 설명이다. 적절하지 않은 것은?

① 도급공사의 경우 도급금액(contract price)이 보험가입금액의 기초가 된다.
② 건설공사보험의 완성가액은 공사용 재료, 노무비, 가설물, 기타 각종 경비를 포함한다.
③ 건설용 가설물 및 공구, 공사용 중장비는 시가액을 기준으로 보험가입금액을 결정한다.
④ 주위재산담보와 제3자 배상책임은 최대 추정손해액을 기준으로 보상한도액을 설정한다.

해설 | 건설용 가설물 및 공구, 공사용 중장비는 <u>신조달가액</u>을 기준으로 보험가입금액을 결정한다. 즉, 건설용 가설물 및 공구, 공사용 중장비 등은 보험가액을 '신조달가액'으로 평가하는데, 이는 동종, 동능력을 발휘할 수 있는 것으로 교체할 수 있어야 한다는 것을 의미한다.

정답 01 ④ 02 ③ 03 ① 04 ④ 05 ③

PART 01

PART 02

PART 03

PART 04

PART 05

PART 06

06 다음 중 완성토목공사물보험에 대한 설명으로 옳지 않은 것은?

① 교량, 도로, 터널, 댐뿐만 아니라 골프장, 스키장 등 토목구조물을 목적물로 한다.

② 폭풍우, 태풍, 홍수, 범람 등 자연재해 등은 보상하지 않는다.

③ 화재, 낙뢰, 폭발, 충돌 등을 보상한다.

④ 특별약관으로 기계위험담보를 추가할 수 있다.

해설 | 폭풍우, 태풍, 홍수, 범람 등 자연재해 등은 보상하는 손해에 해당한다.

보상하는 재물손해조항
- 공사수행 중의 작업 잘못
- 피보험자의 종업원, 제3자의 취급 잘못 또는 악의적 행위
- 화재, 낙뢰, 폭발, 파열
- 누전, 합선 등 전기적 사고
- 도난
- 지면의 내려앉음, 사태, 암석붕괴
- 폭풍우, 태풍, 홍수, 범람 등 자연재해
- 차량항공기와의 충돌 또는 그로 인한 낙하물

07 다음 중 건설공사보험 보통약관의 재물손해조항에서 담보하는 손해가 아닌 것은?

① 시공 중의 작업 잘못으로 인한 손해

② 현장 근로자 또는 제3자의 취급잘못 또는 악의적인 행위로 인한 손해

③ 지면 침하, 사태, 암석붕괴로 인한 손해

④ 설계결함으로 인한 손해

해설 | 설계결함으로 인한 손해는 직접손해는 면책, 설계결함의 간접손해는 특별약관으로 담보한다.

08 다음은 건설공사보험 재물손해담보조항에서 손해액 산정 기준에 대한 설명이다. 옳지 않은 것은?

① 전손인 경우에는 사고 발생 직전의 시가를 손해액으로 본다.

② 수리가 가능한 경우라도 추정전손일 경우에는 전손으로 간주한다.

③ 임시수리비는 비록 총수리비가 증가하게 되더라도 본수리의 일부일 경우 보상한다.

④ 수리가 가능한 부분손해의 경우 손해가 발생한 보험목적물을 손해발생 직전의 가동상태로 복구하기 위하여 필요한 비용을 손해액으로 한다.

해설 | 임시수리비는 본 수리의 일부에 해당하고, 총수리비 이내인 경우 보상한다.

손해액산정

전손과 분손의 보상기준	전손 → 시가보상(=신조달가격−감가상각), 분손 → 재조달가액보상
임시수리비	본 수리의 일부에 해당하고, 총수리비 이내인 경우 보상함
잔존물제거비용	별도로 가입해야 보상이 가능(→ 선택담보 항목)
특별비용&항공운임	• 급행운임, 시간외수당, 야근수당은 <u>특별비용담보특약</u>으로 담보 • 항공운임은 항공운임 담보특약으로 담보
편승수리비&개량비용	수리와 상관없이 모양을 바꾸거나 개량을 위한 비용은 보상하지 않음

09 시공사가 공사 종료 후 하자보증의무에 따라 하자보수 작업 중에 발생하는 손해 및 공사 중의 원인으로 인하여 하자보증기간에 발생하는 손해를 담보하는 건설공사보험의 특별약관은?

① 교차배상책임 특별약관　　　　　　② 유지담보 특별약관
③ 확장유지담보 특별약관　　　　　　④ 주위재산담보 특별약관

해설 | 시공자가 공사 종료 후 하자보증의무에 따라 하자보수작업 중에 발생하는 사고로 보험목적물에 입힌 손해를 보상하는 것은 <u>유지담보 특별약관</u>이다.

10 다음 중 건설공사보험의 언더라이팅에서 재물손해 부문에 대한 고려사항에 해당하는 것은?

① 건설공사도면　　　　　　　　　　② 공사내용 및 공사금액
③ 주변상황조사보고서　　　　　　　④ 피보험자의 범위

해설 | ②, ③, ④는 배상책임손해 담보부문에 해당한다.

건설공사보험의 언더라이팅 시 고려사항

재물손해부문	건설공사 도면/기술적 설명자료/담보목적물의 보험가액/세부공사일정/지질보고서
예정이익상실담보	예상 재무제표/사업타당성 조사보고서
배상책임 손해 담보 부문	공사계약서/공사내용 및 공사금액/주변상황조사보고서/피보험자의 범위/피보험자의 업무와 법적 책임 범위 등

11 다음 중 조립보험의 보험의 목적이 될 수 없는 것은?

① 기계설비
② 강구조물
③ 거푸집
④ 설계도면

해설 | 설계도면은 보험목적물에서 제외된다.

> **조립보험의 보험의 목적**
> 조립공사현장의 공사 목적물(기계, 기계설비, 강구조물, 장치류 등)과 그 밖의 조립과 관련된 물건(공사용 가설물인 비계, 거푸집 등/공사용 공구, 조립용 기계 등)

12 다음 중 조립보험 보통약관에서 '보상하는 손해'에 해당하는 것은?

① 지면의 침하, 암석붕괴, 홍수, 낙뢰로 인한 손해

② 조립공사의 전부 또는 일부의 중단으로 인한 손해

③ 직간접을 묻지 아니하고 설계, 주조, 재질 또는 제작의 결함으로 인한 손해

④ 재고조사 시 발견된 손해

해설 | 지면의 침하, 암석붕괴, 홍수, 낙뢰로 인한 손해는 보상한다(→ 패키지보험에서는 면책).

> **보상하지 않는 손해**
> • 전쟁, 핵연료물질, 소요, 폭동, 노동쟁의
> • 보험계약자, 피보험자의 악의 또는 중대한 과실
> • 조립공사의 전부 또는 일부의 중단으로 발생한 사고
> • 설계, 주조, 재질 또는 제작결함으로 인한 사고
> • 재고조사 시 발견한 손해
> • 마모, 침식, 산화 등 이와 비슷한 손해

13 다음은 조립보험에 관한 설명이다. 옳지 않은 것은?

① 종업원, 제3자의 취급상의 잘못이나 악의도 보상된다.

② 신품이나 중고품 모두 시운전기간은 4주일을 넘지 못한다.

③ 피보험자가 소유·관리하는 주위 재산은 별도 보상한도액을 설정하고 이를 추가하여야 보상된다.

④ 보험 가입금액은 조립 공사 물건의 최종 완성가액으로 운송비, 조립비, 관세, 부대비용, 시운전비 등을 포함한다.

해설 | 중고품에는 시운전이라는 개념이 없으며, 신품의 경우 시운전기간은 별도로 정한 경우를 제외하고 <u>4주</u>를 넘지 못한다.

14 다음 중 조립보험 보통약관의 보험기간에 관한 설명으로 옳지 않은 것은?

① 조립공사 물건에 대한 하자보증 기간이 종료되는 시점에 끝난다.

② 보험의 목적이 중고품일 때에는 시운전이 시작됨과 동시에 책임이 끝난다.

③ 보험기간이 시작된 후라도 보험의 목적이 조립공사 현장에 하역이 끝난 직후에 시작된다.

④ 최초의 시운전을 마칠 때 끝나며, 시운전기간은 별도로 정한 경우를 제외하고 4주일을 넘을 수 없다.

해설 | 보험의 종기는 '마지막 날 24:00시 또는 조립 완료 시점(시운전이 끝난 시점)' 중 <u>빠른 시점</u>에서 보험기간이 종료된다.

PART 01

PART 02

PART 03

PART 04

PART 05

PART 06

15 다음은 조립보험의 시운전에 대한 설명이다. 적절하지 않은 것은?

① 시운전기간은 별도로 정한 경우를 제외하고 4주를 넘지 못한다.

② 시운전은 조립작업이 끝난 기계, 장치를 발주자에게 인도하기 전에 실제로 가동하여 조립작업의 완성도를 점검하는 작업이다.

③ 기계장치의 기계적 기능시험을 수행하는 기간을 Cold test, 정상가동을 위한 시험기간을 Hot test 기간이라 한다.

④ Cold Test 기간은 사고의 빈도가 높고 사고의 심도 역시 크기 때문에 시운전기간을 보험증권상에 명기하고 자기부담금 또한 높게 설정해야 한다.

해설 | 시운전기간은 Hot-Test 기간을 의미하는데, 이 기간에는 사고 빈도가 높고 심도 역시 크기 때문에 시운전기간을 보험증권에 명기하고 자기부담금 또한 높게 설정하여 계약자가 주의의무를 다하게 하고 있다.

16 다음은 조립보험의 보험가입금액에 대한 설명이다. 옳지 않은 것은?

① 건설공사보험과 마찬가지로 조립공사물건의 최종 완성가액을 보험가입금액으로 한다.

② 최종완성가액은 재조달가액으로 하는데, 재조달가액에는 조립물건 자체의 가액, 운송비, 조립비, 관세 등 세금, 보험료 등 부대비용과 시운전비등을 포함한다.

③ 도급공사의 경우에는 도급금액을 보험가입금액으로 하며, 물가의 변동 등으로 도급금액에 변동이 있더라도 최초의 보험가입금액은 변경할 수 없다.

④ 주위재산담보는 공사현장 및 인근에 위치한 피보험자가 소유, 사용, 관리하는 기존시설물이 사고로 발생할 수 있는 최대추정손해액을 기초로 별도의 가입금액을 설정해야 보상을 받을 수 있다.

해설 | 도급공사의 경우에는 도급금액을 보험가입금액으로 하며, 물가의 변동 등으로 도급금액에 변동이 있다면 최초의 보험가입금액은 재조정해야 한다.

정답 11 ④ 12 ① 13 ② 14 ① 15 ④ 16 ③

17 다음은 건설공사보험과 조립보험의 비교한 내용이다. 옳지 않은 것은?

구분	건설공사보험	조립보험
① 시운전기간	특별약관 담보	보통약관(4주 기본담보)
② 주위재산손해	특별약관 담보	보통약관 선택담보
③ 설계결함담보	특별약관 담보	제작자결함담보특약에 포함
④ 제작자결함담보	특별약관 담보	특별약관 담보

해설 | 건설공사보험의 제작자결함담보는 보통약관 담보(설계, 주조, 재질, 제작 중 <u>설계</u>를 제외함)에서 보장한다.

18 다음 중 기계보험에서 담보하는 위험에 해당하는 것은?

① 절도 또는 강도 ② 안전장치의 고장이나 결함
③ 지진, 화산의 분화 ④ 홍수, 범람

해설 | 안전장치의 고장이나 결함으로 인한 손해는 보상하지만 절도 또는 강도, 지진, 화산의 분화, 홍수, 범람은 보상하지 않는다.

19 기계보험의 보험의 목적이 되기 위한 '가동 가능한 상태'의 정의를 충족하지 못하는 것은?

① 수리, 정비, 검사를 위해 임시 가동 중인 기계
② 수리, 정비, 검사를 위해 가동 중지 상태에 있는 기계
③ 수리, 정비, 검사를 위해 사업장 밖으로 이동 중인 기계
④ 수리, 정비, 검사를 위해 분해 중이거나 재조립 중에 있는 기계

해설 | 수리, 정비, 검사를 위하여 동일사업장 내에서 이동 중인 기계이다.
　　'가동 가능한 상태'의 정의
　　• 가동, 운전 중인 기계
　　• 가동을 위하여 정지 중인 기계
　　• 수리, 정비, 검사를 위하여 가동 중지 상태에 있는 기계
　　• 수리, 정비, 검사를 위하여 분해 중이거나 재조립 중에 있는 기계
　　• 수리, 정비, 검사를 위하여 임시 가동 중인 기계
　　• 수리, 정비, 검사를 위하여 동일사업장 내에서 이동 중인 기계

20 다음 중 기계보험약관에서 '보상하는 손해'에 해당하지 않는 것은?

① 보일러의 급수 부족으로 인한 손해

② 보일러의 연관 내 가스폭발(화학적 폭발)로 인한 손해

③ 증기터빈이나 가스터빈의 회전자 또는 날개의 비산으로 인한 손해

④ 보일러 스케일링 현상으로 인한 손해

해설 | 화학적 폭발로 볼 수 있는 보일러의 연관 내 가스폭발(Flue gas explosion)은 기계보험에서 특별히 담보하고 있다.
보일러 스케일링 현상(면책)
보일러 내의 물속에 용해되어 있는 불순물이 농축되거나 화학적 작용으로 수관이나 드럼 등의 내벽에 피막상
태로 고착되어 있는 현상을 말하며, 보상하지 않는다.

PART
01

PART
02

PART
03

PART
04

PART
05

PART
06

21 다음은 기계보험의 보험가액과 보험가입금액에 대한 설명이다. 옳지 않은 것은?

① 기계보험의 보험가액은 시가(actual cash value)로서 보험계약체결 시에 결정한다.

② 기계보험의 보험가입금액은 보험목적의 사용연수와 관계없이 언제나 신조달가액으로 해야 한다.

③ 기계보험의 보험사고는 대부분 분손으로, 분손사고에 대한 부품교체는 사고가 발생한 부품과
같은 상태의 중고품으로 교체할 수 없고 언제나 신품으로 대체해야 하는 특징이 있다.

④ 신조달가액이란 보험의 목적과 동종, 동능력의 신품기계를 사업장에 가동 가능한 상태로 설치
하는데 소요되는 비용을 말하는데, 기계가액 외에 운송비, 설치비, 관세 등 제세공과금, 시운전
비 및 기타비용이 포함된 가격을 말한다.

해설 | 기계보험은 당해 보험목적과 동종, 동 능력을 가진 신품재조달가액을 보험가액으로 하며 보험가입금액은 보험
목적의 사용연수와 관계없이 언제나 신품재조달가액으로 해야 한다. 단, 전손의 경우 보험기술상 도덕적 위험
을 방지하기 위해 보험목적물의 시장가격을 한도로 담보한다.

22 다음 중 기계보험의 이익상실담보 특별약관에 대한 설명으로 옳지 않은 것은?

① 기계설비에 생긴 물적손해의 결과로 정상운전에 필요한 원료, 완제품 또는 기타 재료의 변질손해를 보상한다.

② 손해를 입은 기계가 재가동 상태로 복구된 후 임차 계약, 주문 등의 효력이 상실되어 생긴 영업손실은 보상하지 않는다.

③ 피보험자가 손해를 입은 기계설비를 수리 · 대체하는 데 필요한 자금을 적기에 조달하지 못하여 생긴 손해는 보상하지 않는다.

④ 기계보험 사고로 기계설비를 원상 복구할 때까지의 매출손실을 담보하며, 보험기간은 원칙적으로 1년으로 하되 주 계약의 보험기간과 일치하여야 한다.

해설 | 기계보험 사고로 기계설비를 원상 복구할 때까지의 <u>영업손실</u>을 담보한다.

23 다음은 기계보험에 관한 내용이다. 가장 적절한 것은?

① 기계보험은 간접손해도 보상한다.

② 이동성 기계담보특약에서는 지진위험을 담보하고 있다.

③ 잔존물제거비용은 전부손해, 부분손해를 가리지 않고 보험가입금액 한도 내에서 보상한다.

④ 특별비용담보에서 항공운임은 담보되지 않으며, 항공운임담보특별약관의 자기부담금은 보험가입금액의 10%를 초과할 수 없다.

해설 | ① 간접손해는 면책사항에 해당한다.
③ 잔존물제거비용은 전손 시에만 보상한다.
④ 항공운임담보에서 보상한도액은 보험가입금액의 10%를 초과할 수 없고, 자기부담금은 매 사고당 항공운임의 20%를 적용한다.

24 다음은 국문 도난보험의 보험의 목적에 대한 설명이다. 옳지 않은 것은?

① 동산담보특약은 모든 유체동산을 담보하지만 동물과 식물, 자동차, 귀금속이나 귀중품 등의 명기물건은 제외된다.

② 현금 및 유가증권 특약은 현금, 금괴, 어음, 수표, 주권, 사채권, 우표 등을 보험의 목적으로 한다.

③ 수탁물배상책임 특약은 피보험자가 타인으로부터 수탁받아 보관하는 일체의 유체동산을 보험의 목적으로 한다.

④ 수탁물배상책임 특약은 도난손해 외에도 화재나 폭발, 파손 등의 위험도 담보한다.

해설 | 수탁물배상책임 특약은 <u>도난위험</u>만 담보하지만, 영업배상책임보험의 창고업자 특약에서는 도난 외에도 화재나 폭발, 파손 등의 위험도 담보한다.

25 다음 중 도난보험의 국문약관에 관한 설명으로 옳은 것은?

① 담보의 기준은 손해발견기준증권이다.

② 보험사고로 손해를 보상한 경우 나머지 보험기간에 대한 보험가입금액은 자동 복원된다.

③ 보통약관은 일반사항만을 규정하고, 담보위험에 대해서는 목적물별로 특별약관을 첨부한다.

④ 현금 및 유가증권담보 특별약관을 가입하면 보관시설 내뿐만 아니라 운송 중 위험도 담보한다.

해설 │ ① 기간 중에 발생한 사고를 보상하므로 손해사고기준증권이다.
　　② 사고로 보험금액이 지급되면 남은 기간의 보험가입금액은 잔존보험가액이 된다.
　　④ 현금 및 유가증권담보 특별약관을 가입하면 보관시설 내 위험만 담보한다.

PART
01

PART
02

PART
03

PART
04

PART
05

PART
06

26 다음은 도난보험이 보상하는 손해에 대한 설명이다. 옳지 않은 것은?

① 보험목적물이 보관장소 내에 보관되어 있는 동안 발생한 도난사고로 입은 손해를 보상한다.

② 보험의 목적을 보관하고 있는 보관장소는 보관하는 시설을 말하며, 건물 내를 의미하므로 야적 장소는 보관장소가 될 수 없다.

③ 외부로부터의 침입으로 일어난 도난은 침입한 흔적 또는 도구, 폭발물, 완력, 기타의 물리력을 사용한 흔적이 뚜렷해야 보상을 한다.

④ 도난보험에서 담보하는 도난은 '완력이나 물리력을 사용하여 보험의 목적을 훔치거나 강탈하거나 무단으로 장소를 이동시켜 피보험자가 소유 · 사용 · 관리할 수 없는 상태'를 말한다.

해설 │ 보관장소라 함은 보험의 목적을 보관하는 시설로서 원칙적으로 건물을 말하나 야적장소도 보관장소가 될 수 있다(단, 귀중품은 건물 내의 금고 등 별도의 시설 내에 보관되는 것을 전제로 함).

27 다음 중 도난보험의 특별약관에서 보상하는 손해에 해당하는 것은?

① 도난행위로 보관시설에 생긴 파손 손해

② 보험계약자, 피보험자의 고의나 중과실

③ 화재 및 폭발이 발생했을 때 생긴 도난손해

④ 보관장소를 벗어나 보관되는 동안에 생긴 도난손해

해설 │ 도난행위로 보관시설에 생긴 파손손해는 도난보험 보통약관이 아닌 특별약관(보관시설파손담보 특약)에서 담보하며, 나머지는 면책사항이다.

정답 　22 ② 　23 ② 　24 ④ 　25 ③ 　26 ② 　27 ①

28 다음 중 국문 도난보험에서 도난품 발견 후의 처분에 관한 설명으로 적절하지 않은 것은?

① 손해를 보상한 후에 보험의 목적이 발견, 회수된 때에는 그 소유권은 보험자에게 귀속된다.

② 손해를 보상하기 전에 보험의 목적이 회수된 때에는 그 회수물에 손해가 발생하지 않은 것으로 본다.

③ 손해를 보상한 후에 회수된 보험의 목적물을 매각한 때에는 보험회사는 그 매각 대금을 전액 취득한다.

④ 손해보상 후 1년 이내에 보험목적물이 회수된 경우 피보험자는 그로부터 1개월 이내에 지급보험금을 반납하고 그 물건을 돌려받을 수 있다.

해설 | 보험자가 손해를 보상한 후에 회수된 보험목적은 보험자의 소유로서, 매각대금이 보상금액과 회수 · 매각에 소요된 필요비용의 합계액을 <u>초과</u>할 경우 그 초과금액은 <u>피보험자에게 환급</u>한다.

29 다음 중 금융기관종합보험(Banker's Blanket Bond)에 대한 설명으로 옳지 않은 것은?

① 위조 및 변조손해는 담보하지 않는다.

② 직원의 부정행위가 주 담보위험이다.

③ 사업장 내 재물손해뿐만 아니라 운송 중의 재물손해도 담보한다.

④ 강도, 강탈, 도난, 절도 등의 행위로 발생한 집기비품, 설비, 장치도 담보한다.

해설 | 서명위조나 변조는 보상하는 손해에 해당한다.

보상하는 손해(Insuring Clauses)

Fidelity(직원의 부정행위)	Securities(유가증권손해)
On Premises(사업장 내 사고)	Counterfeit Currency(위조화폐손해)
In Transit(운송 중 사고)	Office/Contents(건물 및 집기비품손해)
Forgery/Alteration(위조 및 변조손해)	Legal Fees(소송비용)

30 다음 중 금융기관종합보험(Banker's Blanket Bond)에서 보상하는 손해에 대한 설명으로 옳지 않은 것은?

① 위조 또는 변조된 화폐의 취득으로 인한 직접손해

② 강도, 강탈, 도난, 절도 등의 행위로 발생한 건물 및 집기, 비품손해

③ 현금, 유가증권, 귀금속 등 보험의 목적을 운송하는 중에 발생한 사고로 직원 또는 운반인에게 생긴 상해손해

④ 사업장 내에서의 절도, 강도 및 파손사고로 인하여 생긴 피보험자의 재물손해 또는 금융거래 목적으로 구내에 있는 고객의 재물손해

해설 | 현금, 유가증권, 귀금속 등 보험의 목적을 운송하는 중에 발생한 사고로 인한 손해를 보상하지만 직원 또는 운반인에게 생긴 상해손해를 보상하는 것은 아니다.

PART
01

PART
02

PART
03

PART
04

PART
05

PART
06

31 다음은 금융기관종합보험(BBB)의 손해통지에 대한 내용이다. 빈칸에 알맞은 것은?

> 피보험자는 사고를 발견한 후 (   ) 이내에 그 사실을 보험자에게 서면으로 통지해야 하며, 발견 후 (   ) 이내에 세부내역이 기재된 손해증명서를 제출해야 한다.

① 20일 – 3개월

② 20일 – 6개월

③ 30일 – 3개월

④ 30일 – 6개월

해설 | 만약 손해보상을 위한 <u>소송</u>을 할 경우, 사고발견일로부터 <u>2년 이내</u>에 제기해야 한다.

32 다음 중 금융기관종합보험(Banker's Blanket Bond)의 언더라이팅 시 고려사항과 가장 거리가 먼 것은?

① 종업원의 개인적 재정문제

② 종업원에 대한 고용주의 불신

③ 회사의 내부통제시스템 등 관리체계의 미비

④ 임금이나 인사, 근무환경 등과 관련한 회사에 대한 불만

해설 | 종업원에 대한 고용주의 신뢰가 과도할 경우 장기간에 걸쳐 진행된 사고를 파악하기 힘들다.

정답 　28 ③　29 ①　30 ③　31 ④　32 ②

33 다음은 납치 및 인질보험에서 보상하는 손해 및 보험가입 금액에 대한 설명이다. 옳지 않은 것은?

① 제휴한 위험전문가 그룹에 지급하는 비용을 보상한다.

② 무력 또는 폭력의 사용 또는 그에 의한 위협으로 인해 본인이 직접 몸값을 건네준 경우 해당 몸값을 보상한다.

③ 피보험자의 석방을 위하여 제공된 몸값(ransom)을 보상하는데, 시장성 있는 상품이나 용역으로 제공한 경우에는 제공시점의 시장가격으로 지급한다.

④ 보험계약자나 피보험자의 허락을 받은 사람에 의해 몸값을 요구한 사람 앞으로 몸값을 전달하는 과정에서 몸값의 분실 또는 절취로 인한 운반 중 손해를 보상한다.

해설 | 무력 또는 폭력의 사용 또는 그에 의한 위협으로 인해 본인이 직접 몸값을 건네준 경우 해당 몸값을 보상하지 않는다. 반면, 납치 및 인질보험에서 보상하는 손해의 종류는 <u>몸값, 운송 중 손실, 위험관리전문가 비용, 부수비용, 법적배상책임, 상해</u> 등이다.

34 다음은 납치 및 인질보험은 보험계약자 및 피보험자에게 발생하는 부수비용에 대한 내용이다. 적절하지 않은 것은?

① 회사의 사전승인하에 보험계약자에 고용된 협상가 비용

② 사고 후 2년 이내 정신의학, 일반치료 및 법률상담비용

③ 희생자가 석방된 후 3개월 이내에 제공된 식사, 휴식 요양비

④ 30일간 희생자를 대신하기 위한 임시 직원의 총급여 100%(단, 희생자의 총급여 100%를 한도로 함)

해설 | 희생자가 석방된 후 6개월 이내에 제공된 식사, 휴식 요양비이다.

　　　부수비용(Additional Expenses)의 범위
　　　• 회사의 사전승인하에 보험계약자에 고용된 협상가 비용
　　　• 독립적으로 활동하는 홍보, 조언, 통역자에 대한 비용
　　　• 보험계약자나 피보험자의 여행 및 숙박비용
　　　• 사고 후 <u>2년 이내</u> 정신의학, 일반치료 및 법률상담비용
　　　• <u>30일간</u> 희생자를 대신하기 위한 임시직원의 총급여 100%(희생자의 총급여 100% 한도 내)
　　　• 희생자가 석방된 후 <u>6개월 이내</u> 제공된 식사, 휴식 요양비
　　　• 정보제공자에 대한 보상금 및 기타 석방 협상과정에서 필요한 합리적 비용

35 다음은 테러보험에 대한 설명이다. 적절하지 않은 것은?

① 재물손해와 기업휴지손해, 배상책임의 3가지 부문을 담보한다.

② 배상청구기준을 사용하는 경우 보고연장기간(ERP)은 90일로 제한한다.

③ 컴퓨터바이러스, 해킹 등 전자매체를 이용한 공격으로부터 발생한 손해는 보상한다.

④ 피보험자가 소유, 임차, 점유하고 있는 재물 및 보호통제 관리하고 있는 재물에 대한 배상책임 손해는 보상하지 않는다.

해설 | 재물손해 부분에서 컴퓨터바이러스, 해킹 등 전자매체를 이용한 공격으로부터 발생한 손해는 보상하지 않는다.

36 다음 중 레저종합보험의 레저용품 손해위험에서 보상하지 않는 손해는?

① 화재로 인한 손해   ② 훼손, 파손, 곡손

③ 분실로 인한 손해   ④ 도난으로 인한 손해

해설 | 레저종합보험은 레저활동을 위한 다양한 고가 장비의 훼손, 파손, 화재 및 도난으로 인한 손해를 담보하고, 열 거주의 방식이며 보험가액이 있다.

37 다음의 보기 중 도난위험을 담보하는 보험으로만 묶인 것은?

> ㉠ 동산종합보험   ㉡ 건설공사보험
> ㉢ 조립보험   ㉣ 레저종합보험(용품손해)

① ㉠, ㉡, ㉢   ② ㉠, ㉡, ㉣

③ ㉠, ㉢, ㉣   ④ ㉠, ㉡, ㉢, ㉣

해설 | 모두 도난위험을 담보하는 보험이다.

PART 01
PART 02
PART 03
PART 04
PART 05
PART 06

정답   33 ②   34 ③   35 ③   36 ③   37 ④

38 다음은 법률비용보험(Legal Expense Insurance)에 대한 설명이다. 옳지 않은 것은?

① 손해사고기준 약관을 사용한다.

② 다른 배상책임보험과 달리 고액의 공제금액을 설정하지 않는다.

③ 변호사선임방식에 있어서 역선택의 위험이 가장 높은 것은 Open Panel 방식이다.

④ 전부패소에 따라 피보험자가 민사소송 상대측에 부담해야 할 소송비용 일체에 대해서는 보상하지 않는다.

해설 | 법률비용보험은 피보험자에게 소송제기의 원인이 되는 사건이 발생하고 보험기간 중에 약관에서 정한 민사소송이 법원에 제기되어서 피보험자가 부담한 법률비용을 보상하는 <u>배상청구기준약관</u>을 사용한다.

39 다음 중 법률비용보험(Legal Expense Insurance)에서 보상하는 보험금액의 범위에 해당하지 않는 것은?

① 대법원이 정한 송달료 규칙한도 내에서 피보험자가 실제 부담한 송달료

② 민사소송법에서 정한 청구의 포기, 소의 취하 및 소의 각하 등과 관련된 비용

③ 민사소송 등 인지법에서 정한 인지액의 한도 내에서 피보험자가 실제 부담한 인지액

④ 대법원이 정한 변호사 보수의 소송비용 산입에 관한 규칙한도 내에서 피보험자가 실제 부담한 변호사 비용

해설 | 민사소송법에서 정한 청구의 포기, 소의 취하 및 소의 각하 등과 관련된 비용은 면책이고, 나머지는 보상하는 보험금액의 범위에 해당한다.

40 다음은 지적재산권보험에 대한 내용이다. 옳지 않은 것은?

① 소송제기클레임은 법률상의 손해배상금을 담보한다.

② 피보험자를 상대로 제3자가 제기한 소송방어를 방어클레임이라 한다.

③ 피보험자의 지적재산권 관계자들이 제기한 소송방어를 보호클레임이라 한다.

④ 지적재산권 계약의 파기와 관련하여 피보험자에게 제기된 소송방어를 계약클레임이라 한다.

해설 | 소송제기클레임은 법률상의 손해배상금을 담보하지 않는다.

주요 담보조건

계약클레임	지적재산권 관련 계약 파기로 인한 소송
방어클레임	피보험자를 상대로 제3자가 제기한 소송방어
보호클레임	피보험자의 지적재산권 관계자들이 제기한 소송방어
소송제기클레임	피보험자가 제기한 소송. 다만 이 경우 손해배상금을 담보하지 않는다.

※ 타인의 권리를 침해한 경우 → 방어클레임
※ 보유권리를 침해당한 경우 → 보호클레임/소송제기클레임

41 다음 중 지적재산권보험에서 면책사유에 해당하지 않는 것은?

① 피고용인에 대한 사업자의 방어소송

② 보험사의 동의 없이 발생한 자기비용

③ 벌금, 징벌적 배상금, 보상금과 관련 없는 합의금

④ 다른 보험이나 대안으로부터 보상받을 수 있는 클레임

해설 | '피보험자에 의한 다른 피보험자에 대한 클레임'은 면책요건에 해당하나, '피고용인에 대한 사업자의 방어소송'은 면책요건에서 제외된다.

지적재산권보험의 주요 면책사항
- 보험사의 동의 없이 발생한 자기비용
- 고지하지 않는 지적재산권, 상품과 관련한 모든 클레임
- 다른 보험이나 대안으로부터 보상받을 수 있는 클레임
- 보험개시일 이전에 이미 발생하였거나, 이미 알고 있었던 클레임
- 피보험자의 악의 또는 고의적 행위
- 벌금, 징벌적 배상금, 보상금과 관련 없는 합의금
- 비방, 악의적 거짓말에 대한 소송
- 피보험자에 의한 다른 피보험자에 대한 클레임(→ 피고용인에 대한 사업자의 방어소송은 제외)

PART 01

PART 02

PART 03

PART 04

PART 05

PART 06

42 다음 중 임상시험보험에 대한 내용으로 적절하지 않은 것은?

① 손해사고기준으로 담보한다.

② 다른 보험에서 보상하는 손해에 대해서는 면책이다.

③ 전문직업배상책임보험의 비행배상책임보험(malpractice liability insurance)이라고 할 수 있다.

④ 임상실험기관이 피보험자가 되어 임상실험에 참여한 피해 환자에 대한 보상책임을 주 담보로 한다.

해설 | 임상시험보험의 담보기준

배상청구기준(Claims-made Basis)	손해발견기준(Discovery Basis)
임상시험에 관한 사고로 피보험자가 보상하여야 할 책임 있는 손해에 대한 청구가 보험기간 중에 제기될 경우를 담보	피보험자가 보험기간 중 보험자에게 임상시험에 관하여 통지한 이상현상에 대하여 보험기간 이후 피보험자에게 손해배상청구가 제기될 경우를 담보

※ 임상시험보상보험은 의사 및 의료전문인의 전문직업배상책임보험과 유사한 담보기준을 설정하고 있으며, 위의 두 가지 기준을 택하고 있다.

정답 38 ① 39 ② 40 ④ 41 ① 42 ①

43 다음은 동물보험의 보험가입금액에 대한 내용이다. 옳지 않은 것은?

① 사고발생 시 시가가 보험가입금액보다 높을 경우에는 비례보상한다.

② 동물은 재물의 일종이므로 시가액(actual cash value)을 기준으로 보험가입금액을 정한다.

③ 동물보험은 사망사고만 보상하므로(즉, 전손에만 보상하므로) 자기부담금을 설정하지 않는다.

④ 부보딩시 시가를 결정하기 곤란한 동물의 경우에는 보험자와 피보험자가 합의하여 협정보험가액 (agreed value)으로 정할 수 있다.

해설 | Livestock Mortality Insurance에서는 동물의 사망(전손)만 담보하므로 공제금액 설정의 의미가 없지만 피보험 자의 손해방지노력을 유도하기 위해 일정금액을 설정하고 있다.

44 중복보험이 될 경우 타보험에서 보상하는 초과액에 한해서 보상하는 보험으로 묶인 것은?

> ㉠ 금융기관종합보험 　　　　　　　　 ㉡ 지적재산권보험
> ㉢ 임상실험보상보험 　　　　　　　　 ㉣ 동물보험(보험자 동의가 있는 경우)

① ㉠, ㉢　　　　　　　　　　　　　 ② ㉠, ㉣

③ ㉡, ㉢　　　　　　　　　　　　　 ④ ㉡, ㉣

해설 | 동물보험에서 보험자의 동의가 있는 경우는 <u>초과보험(excess policy)</u>이 된다.

　　　타 보험이 있을 경우 면책되는 보험
　　　• 지적재산권보험
　　　• 임상시험보상보험
　　　• 동물보험(보험자의 동의 없이 가입한 경우)

45 다음 중 행사취소보험의 유형에 대한 설명으로 옳지 않은 것은?

① 주인공의 불참담보는 국제무역박람회, 전시회, 스포츠 행사에 적합한 담보방식이다.

② 주인공의 불참담보는 행사의 개최 여부가 특정인의 참석 여부에 따라 결정되는 경우를 말한다.

③ 악천후 담보의 주요 위험은 폭우, 폭설이며, 시간당 최소 강우량을 담보조건으로 설정한다.

④ 불이행담보는 행사주관자인 계약자의 통제 불가능한 사고로 행사가 계획대로 개최되지 않을 경 우를 말한다.

해설 | 국제무역박람회, 전시회, 스포츠 행사에 적합한 담보방식은 불이행 담보이다.

　　　위험의 유형

불이행 담보	• 행사주관자인 계약자의 통제 불가능한 사고로 행사가 계획대로 개최되지 않을 경우 그러한 상황 발생 이전까지 투입된 비용손실을 보상 • 국제무역박람회, 전시회, 스포츠 행사에 적합한 담보방식

주인공의 불참담보	• 행사의 개최 여부가 특정인(주인공)의 참석 여부에 따라 결정되는 경우 특정인의 사고 등 행사주관자가 통제할 수 없는 상황 발생으로 피보험자가 부담하는 손실을 보상 • 특정인을 주인공으로 하는 대형음악회, 콘서트 행사에 적합한 방식
악천후 담보	• 행사 개최장소가 옥외인 경우 폭우 등의 기상상태 발생으로 행사취소 또는 개최일자 연기 등을 함으로써 피보험자가 부담하는 손실을 보상 • 주요 위험은 폭우, 폭설이며, 시간당 최소 강우량을 담보조건으로 설정

PART 01

PART 02

PART 03

PART 04

PART 05

PART 06

46 다음은 행사취소보험에 대한 설명이다. 옳지 않은 것은?

① 필요한 제반 준비, 이행사항을 피보험자가 충실하게 이행하지 아니한 경우에는 보험자는 손해 사고를 면책할 수 있다.

② 피보험자의 성공적인 행사 개최 노력이 중요하므로 특별히 피보험자에게 준수해야 할 3가지 의무사항을 부과하고 있다.

③ 설정한 보상한도액이 사고 시 피보험자의 실제 순손실보다 적은 경우라도 보험성격상 비례규정을 적용하지 않는다.

④ 악천후담보의 경우는 행사장소가 옥외이고 악천후로 해당 행사를 개최할 수 없어 취소 또는 연기함으로써 피보험자가 부담하는 손해를 담보한다.

해설 | 설정한 보상한도액이 사고 시 피보험자의 실제 순손실보다 적을 경우, 보험회사는 일부 보험의 원칙을 적용하여 비례보상하도록 한다.

47 다음은 상금보상보험에 대한 설명이다. 가장 거리가 먼 것은?

① 상금보상보험 중 가장 전형적인 형태는 국내에서 판매되고 있는 홀인원보험이다.

② 상금보상보험은 손해보험종목에 속하므로 보험목적에 손해를 입히는 우연한 사고를 전제로 하여 실손보상을 한다.

③ 스포츠경기에서 골프 경기의 홀인원, 볼링의 퍼펙트 경기 등 특정상황이 발생하는 경우, 일정한 상금 또는 경품을 지급하기로 한 행사 주관자가 부담하는 비용을 보상하는 보험이다.

④ 기업의 판매촉진이나 홍보마케팅과 연계해서 주로 활용되고 있는데, 기업의 입장에서는 부담하는 보험료가 판매촉진을 위한 홍보비용보다 저렴할 경우 상금보상보험에 가입할 수 있다.

해설 | 컨틴전시보험이란 어떠한 사건(우발적인 행사 취소, 특정한 날씨, 상금 지급, 경기 결과 등)에 대해 담보조건을 정하고 해당 기간 동안 담보조건이 충족되었을 때(즉, 예정된 사건의 현실화) 발생한 금전적인 손실을 보상해 주는 보험을 말한다. 상금보상보험은 컨틴전시보험 중 하나이며 우연성을 요구하는 일반손해보험과 다른 특성을 가지고 있다.

정답 43 ④ 44 ② 45 ① 46 ③ 47 ②

48 다음은 날씨보험에 대한 설명이다. 옳지 않은 것은?

① 전형적인 Short – tail 보험이다.

② 날씨의 관측지점은 피보험자의 사업장 또는 영업활동 소재지 중에서 선정한다.

③ 보험계약자의 청약은 보험기간 개시일로부터 최소 30일 이전에 이루어져야 한다.

④ 보험가입금액은 피보험자의 사업과 관련한 매출액과 비용을 고려하여 협의하는데, 직전연도 매출액의 100%를 초과할 수 없다.

해설 | 매출액은 최근 3개년 평균매출액의 30%, 비용은 최근 3년 평균지출비용의 100%를 기준으로 담보한다.

49 다음은 정치적 위험보험의 4가지 유형에 대한 설명이다. 올바른 것은?

① 송금 제한은 외환가치 하락으로 인한 경제적 손실은 보상한다.

② 몰수 또는 수용은 투자자의 현지 법규 위반에 따른 몰수를 보상한다.

③ 계약위반은 현지 정부의 세법에 따라 정상적으로 부과된 세금을 담보한다.

④ 전쟁, 폭동위험은 현지정부의 정치적 분쟁위험에 따른 재산손실위험을 담보한다.

해설 | 담보위험(손해보험에서의 정치적 위험의 4가지 유형)

송금 제한	정치적 조치로 인한 환전 불능 및 송금 지연위험 담보 단, 외환가치 하락으로 인한 경제적 손실은 보상하지 않음
몰수 또는 수용	투자재산에 대한 소유권이나 사용권 제한에 따른 손해를 담보 단, 투자자의 현지법규 위반에 따른 몰수는 면책
계약위반	현지 정부의 일방적 계약사항 위반에 따른 손해담보
전쟁, 폭동위험	현지 정부의 정치적 분쟁위험에 따른 재산손실위험 담보

50 다음 중 컨틴전시보험(Contingency Insurance)에 해당하지 않는 것은?

① 날씨보험   ② 법률비용보험

③ 상금보상보험   ④ 행사취소보험

해설 | 컨틴전시 보험(Contingency Insurance)이란 어떠한 사건(우발적인 행사 취소, 특정한 날씨, 상금 지급, 경기 결과 등)에 대해 담보조건을 정하고 해당 기간 동안 담보조건이 충족되었을 때(즉, 예정된 사건의 현실화) 발생한 금전적인 손실을 보상해 주는 보험을 말한다. 여기에서 법률비용보험은 해당하지 않는다.

정답 48 ④   49 ④   50 ②

PART 03

배상책임보험

CHAPTER 01   배상책임보험의 개요

CHAPTER 02   시설소유관리자 배상책임

CHAPTER 03   보관자 배상책임

CHAPTER 04   도급업자 배상책임

CHAPTER 05   생산물 배상책임

CHAPTER 06   전문직업 배상책임

CHAPTER 07   임원 배상책임

CHAPTER 08   기타 주요 약관

CHAPTER 01 배상책임보험의 개요

TOPIC 01 배상책임보험의 특성

1. 의의

피보험자가 보험사고로 타인(제3자)에게 피해를 입힘으로써 민사상 배상하여야 할 책임 있는 손해를 담보하는 보험으로 반드시 피보험자 이외의 피해자를 필요로 한다.

2. 피보험이익

① 불특정 타인의 생명 및 재산은 그 가치를 정확히 측정할 수 없기 때문에 배상책임보험의 피보험이익은 피보험자의 전재산 관계이다(→ 보험가액이 없음).

② 보관자배상책임보험의 경우에는 담보하는 손해가 피보험자가 보관하고 있는 특정 계약 당사자의 특정 재산으로 제한되므로 보험의 목적은 특정 제3자의 특정 재산이다(→ 보험가액이 있음).

3. 보험사고

(1) 보험사고 발생시점(학설) 알기 손배책무이행

손해사고설	특정사고가 발생한 시점(통설)
배상청구설	피해자 측에서 손해배상을 청구한 시점
책임부담설	손해배상책임부담이 확정된 시점
채무확정설	손해배상금액이 확정된 시점
배상의무이행설	손해배상금을 피해자에게 지급한 시점

(2) 손해사고기준 약관(Occurrence Basis Policy)

① 보험사고가 보험기간에 발생하면 보험기간이 종료한 후에 피해자가 손해배상청구를 하더라도 보험금청구권이 소멸되지 않는 한 보험자가 책임을 지는 배상책임보험약관을 말한다.

② 보험기간 중에 손해가 발생하기만 하면 보험자는 책임을 지므로 보험자의 책임범위가 넓어서 피보험자에게 유리하다.

③ 영업배상책임보험은 손해사고 기준증권을 사용하고, 전문직업배상책임보험은 배상 청구 기준 증권을 사용한다.

④ 손해사고 일자를 특정하기 어려운 계약의 문제점은 다음과 같다.

 ㉠ 사고일자의 불분명성(📖 의약품을 수 년간 복용한 경우 생산물배상책임사고일자 등)

 ㉡ 보상한도액의 현실성 부족(→ 손해사고와 배상청구의 기간이 길어 손해액보상이 불충분)

 ㉢ 불합리한 요율 산정(→ IBNR의 규모 측정이 어려워 요율을 보수적으로 산출)

 ㉣ 부적절한 준비금 계상(→ IBNR의 규모 측정이 어려워 준비금 계상이 어려움)

(3) 배상청구기준 약관(Claims-made Basis Policy)

① 책임개시일 이후 보험기간의 만료 전에 보험사고가 발생하여야 하고 또한 보험기간 중에 피해자가 피보험자나 보험자에게 배상청구를 할 경우 보험자가 보상책임을 지는 약관을 말한다.

② 의약품, 건축 내장재, 장기복용식품, 화학제품 등 사고 발생과 손해배상청구 사이가 장기간인 <u>생산물 배상책임보험</u>, <u>의료과실배상책임보험</u>, 설계사, 회계사 등의 <u>전문직업배상책임보험</u>, <u>임원배상책임보험</u>에 사용한다.

③ 추가로 소급담보일자(RD ; Retroactive Date)를 지정하여 소급담보일자 이후에 발생한 손해사고로 보험기간 중에 배상청구가 이루어진 사고를 담보하도록 하고 있다.

④ 손해사고기준 증권은 보험기간 종료 후 배상청구가 제기되는 사고도 담보하지만 배상청구 기준 증권은 이러한 사고를 보장하지 않기 때문에 담보의 공백을 배제하기 위해 보고기간연장(ERP ; Extended Reporting Period) 조항이 필요하다.

⑤ ERP의 전제조건

> • 보험계약이 보험료 부지급 이외의 사유로 해지되거나 갱신되지 않은 경우
> • 갱신된 배상청구기준 증권의 소급담보일자가 이전 증권의 소급담보일자보다 후일로 되어 있는 경우
> • 갱신한 증권이 손해사고기준 증권일 경우

⑥ ERP의 종류

단기 자동연장담보 (Mini-Tail)	보험기간 만료일 이후 60일 이내에 제기 → 보험기간 만료일에 제기된 것으로 간주
중기 자동연장담보 (Midi-Tail)	보험기간 만료일 이후 60일 내에 보험자에 <u>통지</u> → 보험기간 만료일 이후 <u>5년 이내</u>에 제기된 청구를 보험기간 만료일에 제기된 것으로 간주
선택 연장담보	보험기간 만료일 이후 60일 이내에 보험계약자의 청구 → 배상청구기간 무제한 연장 (단, 200% 이내의 보험료 부과)

4. 보험가액 및 보상한도액

(1) 보험가액

배상책임보험의 경우 원칙적(보관자배상책임보험은 예외)으로 보험가액이 존재하지 않으므로 보험가입금액 대신 보상한도액(LOL ; Limit of Liability)을 설정하여 보험자의 지급책임액을 제한하고 있다.

PART
01

PART
02

PART
03

PART
04

PART
05

PART
06

(2) 보상한도액(LOL)

① 국문약관의 LOL : 개별담보특약에 따라 대인 1인당, 1사고당 및 연간총한도액, 또한 대물 1사
고당 및 연간총한도액으로 구분하여 설정하거나 대인, 대물 구분 없이 <u>단일보상한도액(CSL ;
Combined Single Limit)</u>으로 설정할 수도 있다.

② 영문약관의 LOL : 생산물위험에 대한 총보상한도액과 별도 위험에 대한 총보상한도(General
Aggregate)를 구분하여 설정할 수 있으며, 생산물위험을 제외한 위험에 대하여 1사고당 한도액
(Each Occurrence)을 정하고 이 한도 내에서 화재배상책임(Fire Damage)과 구내치료비(Mediacal
Payments) 한도를 정하도록 한다. 다만, 인격침해와 광고침해는 별도로 한 사고당 한도액을 설정
할 수 있으며 총보상한도액의 범위에 포함한다.

5. long-tail

① 사고발생일로부터 손해액이 결정되기까지의 기간이 긴 보험을 말하며 배상책임보험이 대표적이다.

② 배상책임보험의 손해액은 가해자와 피해자 간의 합의 또는 소송상의 변론과정에서 끊임 없이 변
화하다가 합의 또는 판결확정이 되며 손해액이 결정된다.

TOPIC 02 │ 배상책임보험의 분류

1. 사업방법서상의 분류

일반배상	개인배상/영업배상/선주배상/유도선사업자배상/도로운송사업자배상/가스사고배상/체육시설 업자배상/지방자치단체배상
생산물배상	생산물배상책임보험/생산물회수보험(리콜보험)/생산물보증보험
전문직업인배상	비행(Malpractice)배상책임보험/하자(Error&Omission)배상책임보험
별도의 종목	자동차보험/항공보험/원자력보험/근재보험/선주상호공제조합(P&I)
종합보험	레저종합보험/건설공사보험/유아교육기관종합보험/해외여행보험/중장비안전보험(→ 재산 보험, 인보험, 배상책임보험 포함)

2. 보험실무상 분류(→ 담보위험의 성격에 따라 분류)

① 시설소유관리자배상책임보험

② 도급업자배상책임보험

③ 생산물배상책임보험

④ 전문직업배상책임보험

⑤ 임원배상책임보험

⑥ 환경오염배상책임보험(→ 일반 영업배상책임보험에서는 추가특약으로 급격한 오염사고를 담보하
지만, 환경오염배상책임보험은 급격하거나 점진적인 사고 여부를 따지지 않고 보상)

1. 보상하는 손해

(1) 약관에서 보상하는 손해

"회사는 피보험자가 보험증권상의 담보지역 내에서 보험기간 중에 발생한 특별약관에 기재된 사고(이라 사고라 한다)로 인하여 타인의 신체에 장해(이하 신체장해라 한다)를 입히거나 타인의 재물을 망가뜨려(이하 재물손해라 한다) 법률상 배상책임을 부담함으로써 입은 손해를 이 약관에 따라 보상한다."

(2) 담보지역(Policy Territory)

담보지역의 기준은 '국가'이지만 구체적 계약에 의한 담보지역은 특별장소로 제한될 수 있다.

(3) 보험기간(Policy Period)

① 담보위험에 대한 시간적 제한으로서 위험기간, 담보기간, 책임기간이라고 한다.

② 보험기간의 표준시 : 국문약관은 보험증권발행지, 영문약관은 보험계약자 주소지의 표준시를 기준으로 한다.

(4) 사고(Occurrence)

① 원칙적으로 급격히 발생하는 사고(Accident)는 물론 위험이 서서히, 계속적, 반복적으로 누적되어 발생하는 사고까지 포함하는 사고(Occurrence)를 말한다.

② 예외적으로 일반영업배상책임보험에서는 추가특약으로 급격한 오염사고를 담보한다.

(5) 보상손해의 종류

신체장해 (Bodily Injury)	• 신체의 부상질병 및 그로 인한 사망 • 명예훼손, 사생활침해 등은 인격침해(personal injury)임
재물손해 (Property Damage)	• 물리적으로 손괴된 유체물의 직접손해 • 물리적으로 손괴된 유체물의 간접손해 • 물리적으로 손괴되지 않은 유체물의 간접손해 • 무체물은 해당되지 않음
법률상의 배상책임 (Legal Liability)	• 법률에 규정된 피보험자의 배상책임만을 의미함 • 계약상 가중책임은 해당되지 않음

PART 01

PART 02

PART 03

PART 04

PART 05

PART 06

2. 보상하는 손해의 범위

① 법률상의 손해배상금 : 합의 또는 판결금액

② 비용손해 **알기** 손대기소공

손해경감비용	응급처치비용/긴급호송비용/구조를 위한 잔존물제거비용	보상한도 초과 시 보상
대위권 보전비용	피보험자가 제3지로부터 손해배상을 받을 수 있는 경우 그 권리의 보전을 위해 필요한 비용	보상한도 내 보상
기타 협력비용	보험사 요청으로 협력하기 위하여 지출한 비용	
소송비용	소송비용/변호사비용/중재 및 화해에 관한 비용	
공탁보증 보험료	소송 관련 법원에 공탁금을 대신하는 보험료 비용	

3. 보험금

(1) 보험금 지급기한

① 보험금청구서를 접수한 날로부터 원칙적으로 10일 이내에 보험금을 지급하여야 한다.

② 표준약관에는 보험금청구서를 접수하면 지체 없이 지급보험금을 결정하고 결정되면 7일 이내에 지급하도록 하고 있다.

③ 지급보험금이 결정되기 전이라도 피보험자의 청구가 있을 때에는 보험자가 추정한 보험금의 50% 상당액을 가지급보험금으로 지급한다.

④ 보험금청구권의 소멸시효는 합의나 판결로 손해배상금이 확정된 날로부터 3년이다.

(2) 보험금의 분담

국문약관	영문약관(CGL Policy)
배상책임보험은 보상한도액 외에 다양한 조건이 있으므로 독립책임액 방식 사용(→ 중복보험사들 간의 계산방식이 다를 경우 사용)	균등액분담 방식이 원칙(→ 어느 한 계약이라도 균등액분담 방식을 택하지 않는 경우 '보상한도액 비례분담방식'을 사용)

4. 보험료

구분	확정보험료 방식	정산보험료 방식
정산방식	보험기간 중 조정 없음	잠정보험료납입+보험기간 종료 후 정산
적용대상	시설소유관리자 배상책임계약[→ 요율산정기초수 (면적)가 변하지 않으므로]	생산물배상책임계약[→ 요율산정기초수(연간매출액)가 심하게 변하므로]

※ 실무상 보험료 정산 시 용이한 처리를 위해 최소 및 예치보험료를 적용할 때 통상 85%의 보험료를 적용한 다음 확정 매출액이 85% 이하이면 최소보험료를 적용하여 별도 정산하지 않는다.

핵심 빈출 지문

┃ 배상책임보험의 개요

01 배상책임보험은 피보험자가 보험사고로 타인(제3자)에게 피해를 입힘으로써 민사상 배상하여야 할 책임 있는 손해를 담보하는 보험으로 반드시 피보험자 이외의 피해자를 필요로 한다.

02 불특정 타인의 생명 및 재산은 그 가치를 정확히 측정할 수 없기 때문에 배상책임보험의 피보험이익은 피보험자의 전재산 관계이며, 보험가액이 없다.

03 보관자배상책임보험의 경우에는 담보하는 손해가 피보험자가 보관하고 있는 특정 계약 당사자의 특정 재산으로 제한되므로 보험의 목적은 특정 제3자의 특정 재산이다(보험가액이 있음).

04 보험사고 발생시점에 대한 학설은 특정사고가 발생한 시점이라는 배상청구설이 통설이다.

05 손해사고기준 약관은 보험기간 중에 손해가 발생하기만 하면 보험자는 책임을 지므로 보험자의 책임 범위가 넓어서 피보험자에게 유리하다.

06 영업배상책임보험은 손해사고 기준증권을 사용하고, 전문직업배상책임보험은 배상 청구 기준 증권을 사용한다.

07 책임개시일 이후 보험기간의 만료 전에 보험사고가 발생하여야 하고, 또한 보험기간 중에 피해자가 피보험자나 보험자에게 배상청구가 있을 경우 보험자가 보상책임을 지는 약관을 배상청구기준 약관이라 한다.

08 배상청구기준약관은 소급담보일자와 보고기간연장으로 보험자의 책임기간을 연장할 수 있다.

09 보험기간 만료일 이후 60일 이내에 보험계약자의 청구와 200% 이내의 보험료 부과가 충족되면 배상청구기간이 무제한 연장되는 담보는 '중기 자동연장담보'이다.

10 계약을 배상청구기준에서 손해사고기준으로 갱신한 경우 자동 보고기간연장담보가 인정된다.

11 배상책임보험의 경우 원칙적으로 보험가액이 존재하지 않으므로 보험가입금액 대신 보상한도액(LOL)을 설정하여 보험자의 지급책임액을 제한하고 있지만, 보관자배상책임보험이나 임차자배상책임보험은 보험가입금액을 한도로 보상한다.

12 보상한도액 설정 시 대인, 대물의 구분 없이 단일보상한도액(CSL ; Combined Single Limit)으로 설정할 수도 있다.

13 long-tail이란 사고발생일로부터 손해액이 결정되기까지의 기간이 긴 보험을 말하며 배상책임보험이 대표적이다.

14 일반 영업배상책임보험에서는 추가특약으로 급격한 오염사고를 담보하지만, 환경오염배상책임보험은 급격하거나 점진적인 사고 여부를 따지지 않고 보상한다.

15 배상책임보험의 경우 보험기간의 표준시는 국문약관은 보험증권발행지, 영문약관은 보험계약자 주소지의 표준시를 기준으로 한다.

16 보험금청구서를 접수한 날로부터 <u>원칙적으로 10일</u> 이내에 보험금을 지급하여야 하지만, 표준약관에는 피보험자의 보험금청구서를 접수하면 지체없이 지급보험금을 결정하고 결정되면 <u>7일 이내에 지급</u>하도록 하고 있다.

17 지급보험금이 결정되기 전이라도 피보험자의 청구가 있을 때에는 보험자가 추정한 보험금의 <u>50% 상당액</u>을 가지급보험금으로 지급한다.

18 피보험자의 보험금청구권의 소멸시효 기산점은 손해배상금이 확정된 날이 아니라 <u>사고발생일로부터 3년</u>이다.

19 <u>시설소유관리자 배상책임계약</u>은 확정보험료 방식을 적용하고, <u>생산물배상책임계약</u>은 정산보험료 방식을 적용할 수 있다.

20 실무상 보험료 정산 시 용이한 처리를 위해 최소 및 예치보험료를 적용할 때 <u>통상 85%</u>의 보험료를 적용한 다음 확정매출액이 85% 이하이면 최소보험료를 적용하여 별도 정산하지 않는다.

오답노트

04 보험사고 발생시점에 대한 학설은 특정사고가 발생한 시점이라는 <u>손해사고설</u>이 통설이다.

09 보험기간 만료일 이후 60일 이내에 보험계약자의 청구와 200% 이내의 보험료 부과가 충족되면 배상청구기간은 무제한 연장되는 담보는 '<u>선택연장담보</u>'이다.

18 피보험자의 보험금청구권의 소멸시효 기산점은 사고발생일이 아니라 <u>손해배상금이 확정된 날로부터 3년</u>이다.

시설소유관리자 배상책임

PART
01

PART
02

PART
03

PART
04

PART
05

PART
06

TOPIC 01 | 담보위험

1. 기본 개념

① 시설소유관리자의 배상책임 담보위험은 "시설을 소유, 임차, 사용 또는 보호, 관리, 통제하는 시설에 기인된 사고뿐만 아니라 그러한 시설을 이용하여 수행하는 업무활동에 기인한 사고"를 포함한다.

② 시설이란 동산과 부동산을 포함한 개념으로 건물, 기계 및 설비, 공작물, 하천, 동굴 등의 자연물을 포함한다(자동차, 선박, 항공기는 제외).

③ 업무활동이란 영업시설 본래의 용도에 따라 이용하는 영업행위를 말하며, 시설 내 업무에 필수적인 활동뿐만 아니라 이에 수반하는 활동을 포함한다(일반영업활동이 아닌 의사, 변호사 회계사 등 전문직업활동은 제외).

2. 타 보험과 비교

① 시설소유관리자 배상책임보험은 주로 시설 내에서 행하는 업무활동에 기인한 사고를 담보하지만 기계설치, 수리, 건축과 같이 시설 밖에서 수행하는 공사는 도급업자 배상책임보험에서 담보한다.

② 시설소유관리자 배상책임보험은 피보험자가 보호, 관리, 통제하는 재물에 대한 손해를 담보하지 않은 것을 원칙으로 하며, 이러한 위험은 보관자배상책임보험에서 담보한다.

③ 시설소유관리자 배상책임보험은 피보험자의 시설과 영업활동에 기인한 사고로 발생한 대인 및 대물 배상책임보험을 담보하지만, 종업원이 입은 신체장해에 대한 배상책임보험은 산재보험이나 근로자재해보상책임보험에서 담보한다.

1. 일반불법행위

(1) 민법 제750조 – 불법행위책임

고의 또는 과실로 인한 위법행위로 타인에게 손해를 가한 자는 그 손해를 배상할 책임이 있다.

(2) 일반불법행위의 성립 요건

주관적 요건	객관적 요건
① 가해자의 고의 또는 과실 ② 가해자의 책임능력	③ 가해행위의 위법성 ④ 손해의 발생 ⑤ 위법성과 손해의 인과관계의 성립

2. 공작물의 책임

(1) 민법 제758조 – 공작물의 점유자, 소유자 책임

공작물의 설치 또는 보존의 하자로 인하여 타인에게 손해를 가한 때에는 공작물 <u>점유자</u>가 손해를 배상할 책임이 있다. 그러나 점유자가 손해의 방지에 필요한 주의를 해태하지 아니한 때에는 그 <u>소유자</u>가 손해를 배상할 책임이 있다.

(2) 민법상 특수불법행위책임

① 책임무능력자의 감독자의 책임(제755조)
② 피용자에 대한 사용자의 책임(제756조)
③ 수급인에 대한 도급인의 책임(제757조)
④ 공작물 등의 점유자, 소유자의 책임(제758조) → 시설소유자관리 배상책임에 적용되는 법리
⑤ 동물의 점유자의 책임(제759조)
⑥ 공동불법행위자의 책임(제760조)

3. 실화책임법

① 2007년 헌법재판소는 실화에 있어 중과실의 경우에만 손해배상책임을 지도록 한 법률에 대하여 헌법상 과실책임의 원칙에 위배된다며 헌법불합치 판정 및 적용중지결정을 내렸다.
② 경과실의 경우에도 실화자가 손해배상책임을 지도록 하되 실화의 특수성을 감안하여 배상액을 경감하도록 한 실화책임에 관한 법률이 새롭게 제정되었다.

1. 국문약관

(1) 보상하는 손해(보통약관과 특별약관이 동일)

법률상의 손해배상금과 관련 비용손해를 보상한다.

(2) 보상하지 않는 손해 (암기) 고전지핵/무계오근/자전의지/소전별지

보통약관의 경우	특별약관의 경우
• 보험계약자 또는 피보험자의 고의 • 전쟁, 혁명, 내란, 사변, 테러, 폭동, 소요, 노동쟁의 • 지진, 분화, 홍수, 해일 등의 천재지변 • 원자핵 물질, 방사능 등 원자력 위험 • 무체물에 입힌 손해 • 계약상의 가중책임 • 오염사고 • 피보험자의 근로자가 근무 중 입은 신체장해 • 자동차, 항공기, 선박으로 생긴 손해배상책임 • 전문직업배상책임보험 • 의무배상책임보험 • 지하매설물 • 티끌, 먼지, 소음 • 전자파, 전자장(EMF)손해 • 벌과금 및 징벌적 손해에 대한 배상책임 • 지연손해	• 피보험자가 소유, 점유, 임차, 사용하거나 보호, 관리, 통제하는 재물에 대한 손해(→ 보관자배상책임보험에서 담보) • 시설의 수리, 개조, 신축 또는 철거작업으로 생긴 손해배상책임(→ 통상적인 유지보수로 생긴 손해에 대한 배상책임은 보상) • 피보험자가 양도한 시설로 생긴 손해 또는 시설 자체의 손해에 대한 배상책임 • 피보험자의 점유를 벗어난 음식물이나 재물 자체의 손해에 대한 배상책임(→ 차량주유소에서 발생하는 혼유사고로 인해 발생한 손해에 대하여 예외적으로 보상) • 작업의 종료 또는 폐기 후 작업의 결과로 부담하는 손해에 대한 배상책임 및 작업건물자체의 손해에 대한 배상책임(→ 생산물배상책임보험에서 담보)

(3) 추가특별약관

구내치료비 추가특별약관	• 피보험자에게 법률상 배상책임 여부를 불문하고 다친 고객의 치료비만큼은 보상 • 주요 면책위험 → 사고일로부터 1년 후에 발생한 치료비/구내의 상주자 또는 근로자 가입은 신체장해에 대한 치료비/피보험자가 치료하여 발생한 치료비 등
비행 추가특별약관	• 비행추가특약을 첨부하면 미용사 및 이용사의 전문직업위험을 담보 • 주요 면책위험 → 성형수술 등의 제거행위로 인한 손해/숙련자의 감독하에 2개월 미만의 실습자가 파마기를 사용함에 따른 손해/피보험자가 보증한 효능이나 품질에 미치지 못함으로써 생긴 손해 등
물적 손해확장 추가특별약관	• 시설소유자의 부수적인 위험으로써 피보험자가 보호, 관리, 통제하는 재물에 대한 손해배상책임을 담보 • 주요 면책위험 → 보석류, 귀중품 등/재물의 하자, 자연소모로 인한 손해/사용손실 등 간접손해/재물을 가공 중 손해/인도, 배달착오 등으로 인한 손해/설비의 고장 등으로 인한 손해 등
귀중품 추가특별약관	물적 손해확장 추가특별약관의 면책조항에도 불구하고 피보험자가 보호, 관리, 통제하는 귀중품 등에 대한 손해배상을 담보
운송위험 추가특별약관	• 피보험자가 소유, 점유, 임차, 사용 또는 관리하는 자동차로 화물을 운송하는 도중 적재된 화물로 인하여 제3자에 부담하는 배상책임손해를 보상 • 주요 면책위험 → 적재된 화물자체에 대한 배상책임/자동차로 인해 발생한 사고로 피해자에게 입힌 신체장해나 재물손해에 대한 배상책임(→ 적재화물로 인해 생긴 손해는 보상)

PART 01
PART 02
PART 03
PART 04
PART 05
PART 06

부동산임대업자 추가특별약관	임대건물이 화재, 폭발, 붕괴되어 임차인의 재물에 손해를 입힘으로써 임대인이 법률상 배상하여 야 할 책임 있는 손해를 보상
선박보상 추가특별약관	선박에 기인한 사고는 담보하지 않음(→ 특별히 증권에 기재한 <u>체험활동</u> 또는 <u>행사</u>에 이용되는 선박으로 생긴 배상책임손해를 보상)

2. 영문약관

(1) 시설소유자 배상책임위험을 담보하는 2가지 방법(영문약관)

① CGL Policy 구입

② Package Insurance Policy에서 Section IV(General Liability)을 구입

(2) 영문 CGL Policy

① 약관구성

> Section I – Coverage(보장위험)
> 　Coverage A : Bodily Injury and Property Damage Liability(신체상해 및 재물손해)
> 　Coverage B : Personal and Advertising Injury Liability(인격 및 광고 침해)
> 　Coverage C : Medical Payment(의료비)
> 　Supplementary Payment – Coverage A and B(보장위험 A, B의 추가지급조항)
> Section II – Who is insured(피보험자)
> Section III – Limit of Insurance(보상한도)
> Section IV – Terms and Conditions(보험조건)
> Section V – Definitions(용어의 정의)
> Section VI – Extended Reporting Period(보고연장기간)
> Claims – Made Basis Policy only(배상청구기준 약관에만 있음)

② 가입대상

  ㉠ 해외재보험이 필요한 고액계약

  ㉡ 영문약관이 필요한 외국계기업

  ㉢ 국문약관에서 담보하지 않는 위험을 담보하고자 하는 경우

  ㉣ 수출기업의 입장에서 수입상이 영문약관을 요구하는 경우

  ㉤ 실무적으로는 위와 상관없이 계약자의 선택으로 자유롭게 사용

③ 보상하는 손해

  ㉠ Coverage A : Bodily Injury and Property Damage

    타인에게 신체장해나 재물손해를 입힘으로써 법률상 배상책임이 있는 손해를 보상

ⓛ Coverage B : Personal Injury and Advertising Injury

인격침해(Personal Injury)	광고침해(Advertising Injury)
• 불법체포, 불법감금, 불법구금 • 무고 • 불법주거침입 또는 불법퇴거 • 사람이나 제품의 중상 또는 비방 • 사생활 침해	• 사람이나 제품의 중상 또는 비방 • 사생활 침해 • 사업과 관련된 광고 도용 • 저작권, 타이틀 또는 표어의 침해

ⓒ Coverage C : Medical Payment(의료비)

피보험자의 구내에서 제3자가 입은 인명피해사고에 관하여 피보험자의 배상책임이 없더라도 치료비에 한하여 일정금액을 한도로 보상(→ 국문약관의 구내치료비 추가특약과 내용이 동일)

ⓔ Supplementary Payment – Coverage A and B(보장위험 A, B의 추가지급조항)

• 보험회사가 손해배상금과 별도로 보상하는 제반 비용으로 Coverage A and B에만 인정(→ Coverage C는 법적 다툼을 인정하지 않으므로 추가적인 부대비용이 없음)

• 영문약관에서 보상한도액과 별도로 지급하는 비용(7개 항목)

– 보험자에 의하여 발생한 비용	– 보석보증보험료
– 차압해제 보증보험료	– 피보험자 협력비용
– 소송상 피보험자에게 부과된 비용	– 예비판결이자
– 판결이자	

④ 보상하지 않는 손해

Coverage A면책	Coverage B면책

• 보험계약자 또는 피보험자의 고의
• 전쟁, 혁명, 내란, 사변, 테러, 폭동 등
• 계약상의 가중책임
• 오염사고(→ 절대면책으로 규정)
• 근로자가 근무 중 입은 신체장해(W/C, E/L)
• 자동차, 항공기, 선박으로 생긴 손해배상책임
• 이동장비운송
• 보호, 관리, 통제하는 재물에 입힌 손해
• 생산물자체손해(→ 생산물보증보험)
• 완성작업자체손해(→ 조립보험, 건설공사보험)
• 성능 미달 및 지연손해
• 생산물회수비용(→ 리콜보험)
• 주류배상책임
	• 공통면책위험
	  – 계약상의 가중책임
	  – 고의로 형법을 위반하여 생긴 손해
	  – 허위임을 알면서 구두 또는 출판물의 공표로 생긴 손해
	• 광고침해에만 적용되는 면책위험
	  – 계약위반
	  – 잘못된 가격표시
	  – 광고내용에 미달되는 제품의 품질 결함
	  – 광고, 방송, 출판을 사업으로 하는 피보험자의 위법행위로 생긴 손해

(3) Package Insurance Policy의 배상책임(General Liability) 담보

① 국내에 기업의 재물손해 및 배상책임위험을 포괄적으로 담보하는 대표적 종합보험상품은 영문약관인 Package Insurance Policy(PAR, MB, BI, GL cover)이다.

② 생산물/완성작업 배상책임에 대한 경우 북미수출품을 제외한 담보조건은 CGL영문약관과 동일하게 손해사고 기준을 적용하나 북미수출품의 담보조건은 배상청구기준으로 한다(→ 북미지역의 생산물배상책임위험의 빈도와 심도가 크기 때문임).

PART 01
PART 02
PART 03
PART 04
PART 05
PART 06

공통 기본자료	피보험자의 사업자등록증 사본/보험가입질문서 및 청약서/기업소개서 및 팜플렛/전년도 손익계산서/보상한도액 및 공제금액
계약유형별 검토자료	건물, 공장, 숙박시설, 기타 시설의 용도, 면적, 부대시설내역 건물 주변상황 등을 확인
과거 사고경력	과거 동일한 사고에 어떠한 조치를 했는가 확인하고 재발방지조치가 실제 효과가 있었는지 점검

| 시설소유관리자 배상책임

01 시설소유관리자의 배상책임 담보위험은 "시설을 소유, 임차, 사용 또는 보호, 관리, 통제하는 시설에 기인된 사고뿐만 아니라 그러한 시설을 이용하여 수행하는 업무활동에 기인한 사고"를 포함한다.

02 시설소유관리자 배상책임보험은 주로 시설 내에서 행하는 업무활동에 기인한 사고를 담보하지만, 기계설치, 수리, 건축과 같이 시설 밖에서 수행하는 공사는 도급업자 배상책임보험에서 담보한다.

03 시설소유관리자 배상책임보험은 피보험자가 보호, 관리, 통제하는 재물에 대한 손해를 담보하지 않은 것을 원칙으로 하며, 이러한 위험은 임차자배상책임보험에서 담보한다.

04 일반불법행위의 성립요건은 '가해자의 고의 또는 과실, 가해자의 책임능력, 가해행위의 위법성, 손해의 발생, 위법성과 손해의 인과관계의 성립'이다.

05 공작물의 설치 또는 보존의 하자로 인하여 타인에게 손해를 가한 때에는 1차적으로 공작물 점유자가 손해를 배상할 책임이 있다. 그러나 점유자가 손해의 방지에 필요한 주의를 해태하지 아니한 때에는 2차적으로 소유자가 손해를 배상할 책임이 있다.

06 경과실의 경우에도 실화자가 손해배상책임을 지도록 하되 실화의 특수성을 감안하여 배상액을 경감하도록 한 실화책임에 관한 법률이 새롭게 제정되었다.

07 법률상 손해배상금은 면책이지만, 계약상 가중책임의 경우는 부책이다.

08 일반영업배상책임보험은 의무배상책임보험에서 보상하는 법정한도액을 초과하는 부분에 대하여 보상책임이 있다.

09 시설의 수리, 개조, 신축 또는 철거작업으로 생긴 손해배상책임은 특약에서 면책이지만, 통상적인 유지보수로 생긴 손해에 대한 배상책임은 보상한다.

10 작업의 종료 또는 폐기 후 작업의 결과로 부담하는 손해에 대한 배상책임 및 작업건물자체의 손해에 대한 배상책임은 특약에서 면책이지만, 생산물배상책임보험에서 담보한다.

11 피보험자에게 법률상 배상책임 여부를 불문하고 다친 고객의 치료비만큼은 보상하는 추가특별약관은 '구내치료비 추가특별약관'이며, 미용사 및 이용사의 전문직업위험을 담보하는 추가특별약관은 '비행 추가특별약관'이다.

12 구내치료비 추가특별약관은 '사고일로부터 2년 후에 발생한 치료비'는 보상하지 않는다.

13 시설소유자의 부수적인 위험으로써 피보험자가 보호, 관리, 통제하는 재물에 대한 손해배상책임을 담보하는 특약은 '물적 손해확장 추가특별약관'이다.

14 영문약관에서 시설소유자 배상책임위험을 담보하는 2가지 방법은 'CGL Policy를 구입하거나 Package Insurance Policy에서 Section IV(General Liability)를 구입'하는 것이다.

15 영문약관인 CGL Policy에서 Coverage A는 신체장해나 재물손해를 담보하고, Coverage B는 인격침해와 광고침해를 담보한다. 또한 Coverage C는 구내치료비를 담보하고, Supplementary Payment는 부대비용을 담보한다.

16 Coverage C : Medical Payment(의료비)는 피보험자의 구내에서 제3자가 입은 인명피해사고에 관하여 피보험자의 배상책임이 없더라도 치료비에 한하여 일정금액을 한도로 보상하며, 국문약관의 구내치료비 추가특약과 내용이 동일하다.

17 영문약관에서 오염사고는 절대면책이지만, 국문약관에서 오염사고는 급격한 오염에 대해 특약으로 담보가 가능하다.

18 영문약관에서 징벌적 손해배상금은 부책이지만, 국문약관에서 징벌적 손해배상금은 면책이다.

19 Supplementary Payment는 보험회사가 손해배상금과 별도로 보상하는 제반 비용으로 Coverage A and B에만 인정한다.

20 생산물/완성작업 배상책임에 대한 경우 북미수출품을 제외한 담보조건은 CGL영문약관과 동일하게 손해사고 기준을 적용하나 북미수출품의 담보조건은 배상청구기준으로 한다.

오답노트

03 시설소유관리자 배상책임보험은 피보험자가 보호, 관리, 통제하는 재물에 대한 손해를 담보하지 않은 것을 원칙으로 하며, 이러한 위험은 보관자배상책임보험에서 담보한다.

07 법률상 손해배상금은 부책이지만, 계약상 가중책임의 경우는 면책이다.

12 구내치료비 추가특별약관은 '사고일로부터 1년 후에 발생한 치료비'는 보상하지 않는다.

보관자 배상책임

TOPIC 01 보관자배상책임보험(Bailee's Liability Insurance)

1. 개요

① 피보험자가 타인의 물건을 보관하고 있다가 그 보관한 물건에 대한 손해로 인해 부담하는 배상책임을 보상하는 보험을 '보관자배상책임보험'이라 한다.

② 담보대상이 되는 사업자는 다음과 같다.

㉠ 순수하게 보관자배상책임만 담보 → 창고업자, 임차자특약, 화재배상특약

㉡ 제3자배상책임 및 보관자배상책임을 동시에 담보 → 주차장특약, 차량정비업자 특약, 항만하역업자, 경비업자 등

2. 제3자 배상책임보험과 보관자배상책임보험

구분	제3자 배상책임보험	보관자배상책임보험
담보대상	피보험자가 불특정타인의 신체·재산에 입힌 손해에 대한 배상	피보험자가 보호, 관리, 통제하는 특정 재산에 입힌 손해에 대한 배상
보상한도	PML을 고려한 보상한도액/실손보상	보험가액이 존재하므로 보험가입금액에 따른 비례보상 → 예외적으로 PML에 기초한 보상한도액 설정도 가능
보상범위	불특정 타인의 모든 재산 및 사용손실	특정인의 특정 재물(사용손실 담보 안 함)
책임법리	불법행위책임	채무불이행책임

TOPIC 02 책임법리

1. 법적 근거(민법 제390조)

(1) 민법 제390조 - 채무불이행책임

계약자가 채무의 내용에 따른 이행을 하지 아니한 때에는 채권자는 손해배상을 청구할 수 있다. 그러나 채무자의 고의나 과실 없이 이행할 수 없게 된 때에는 그러하지 아니하다.

PART
01

PART
02

PART
03

PART
04

PART
05

PART
06

(2) 채무불이행의 종류

이행지체(민법 제395조)	계약에 따라 채무가 이행기에 도달하였음에도 불구하고 채무자에게 책임있는 사유로 이행되지 않은 것
이행불능(민법 제390조)	계약에 의해 성립된 채권이 채무자에게 책임있는 사유로 그 이행이 불가능하게 된 것
불완전이행	채무자가 계약에 따른 채무를 이행하긴 하였으나 그 내용이 불완전하여 채권자에게 손해가 발생한 것

2. 손해배상책임의 발생 요건(채무불이행책임)

주관적 요건	객관적 요건
① 가해자의 고의 또는 과실 ② 가해자의 책임능력	③ 보험사고의 발생 ④ 계약목적물에 직접적인 손해 발생 ⑤ 보험사고와 재물손해 사이의 인과관계 ⑥ 가해자인 피보험자의 위법성

3. 채무불이행책임과 불법행위책임의 비교

구분	채무불이행책임	불법행위책임
적용대상	보관자배상책임보험	제3자 배상책임보험
입증책임	채무자가 본인의 고의, 과실 없음을 입증	피해자가 가해자의 고의, 과실을 입증
소멸시효	원칙적으로 10년 (피해자가 상대적으로 유리)	불법행위를 안 날로부터 3년, 불법행위가 발생한 날로부터 10년
과실상계	상계 가능	상계 불가능
책임경합	어느 하나를 선택하여 청구할 수 있으며, 만약 어느 하나가 소멸된 경우는 다른 손해배상에 근거하여 청구 가능	

▶ **TOPIC 03** | 담보약관

1. 창고업자 특약

(1) 보상하는 손해

① 창고업자 특약 Ⅰ → <u>열거주의</u>

수탁화물이 화재(낙뢰 포함), 폭발, 파손, 강도 및 도난으로 생긴 손해로 열거하여 담보

② 창고업자 특약 Ⅱ → <u>포괄주의</u>

담보위험을 열거하지 않고 우연한 사고로 수탁화물에 입힌 손해를 담보

(2) 보상하지 않는 손해(공통면책사항 포함)

① 금, 은 등의 보석류, 화폐, 유가증권, 인지, 시계, 모피류, 글·그림류, 골동품, 주류, 담배, 계란, 유리, 도자기, 화장품, 의약품 및 가축류에 생긴 손해

② 수탁화물의 하자, 자연소모 또는 성질로 인한 발화, 폭발, 뜸, 곰팡이, 부패, 변색, 변질 등 손해

③ 사용손실 등 모든 간접손해

④ 피보험자나 그 근로자 또는 그 가족, 친족, 동거인의 절도나 강도로 생긴 손해

⑤ 수탁화물의 징발, 몰수, 압류, 압수 또는 국유화

⑥ 수탁화물을 가공 중에 생긴 손해

⑦ 인도 또는 배달 착오, 분실, 좀도둑 또는 감량으로 생긴 손해

⑧ 재고 조사 시에 발견된 손해

⑨ 급배수관, 냉난방장치, 습도조절장치, 소화전, 업무용 기구, 가사용 기구 및 스프링클러로부터의 증기, 물 또는 내용물의 누출 혹은 넘쳐 흐름으로 생긴 손해

⑩ 지붕, 문, 창, 통풍장치 등에서 새어든 비 또는 눈 등으로 생긴 손해. 그러나 상당한 주의를 다한 경우에도 발생하였을 것으로 피보험자가 입증한 손해는 보상

⑪ 수탁물이 위탁자에게 인도된 후에 발견된 손해

⑫ 냉동냉장 장치 또는 설비의 고장이나 전기공급의 중단에 의한 온도 변화로 냉동냉장 수탁물에 생긴 손해

⑬ 청과류 및 채소류에 생긴 손해

⑭ 야적된 물건의 눈, 비, 해수 등 수침 손해와 바람으로 생긴 손해

(3) 보험금의 지급

① 창고업자 특약 Ⅰ

　㉠ 보상한도액이 수탁화물가액의 80% 이상일 때 : 손해액 전액을 보상

　㉡ 보상한도액이 수탁화물가액의 80% 미만일 때 : 수탁화물가액의 80% 해당액에 대한 보상한도액의 비율로 보상

② 창고업자 특약 Ⅱ : 보상한도액 내에서 실제손해액 전액을 보상

(4) 추가 특별약관

열거위험방식의 창고업자 특약 Ⅰ의 경우 면책하는 조항(냉동, 냉장위험 등)을 담보하는 추가특약이 가능하다.

2. 임차자 특약 및 화재배상특약

(1) 임차자 특약(Tenant's Liability)

피보험자가 임차한 시설이 화재 등 우연한 사고로 손해를 입어 임차인이 임대인에게 배상하여야 할 책임있는 손해를 보상한다.

(2) 화재배상특약(Fire Legal Liability)

피보험자가 임차한 시설에 발생한 피보험자에게 귀책사유가 있는 화재사고로 인한 배상책임손해를 보상한다.

PART 01
PART 02
PART 03
PART 04
PART 05
PART 06

3. 주차장특약

(1) 보상하는 손해

피보험자가 소유, 사용, 관리하는 주차시설 및 그 시설의 용도에 따른 주차 업무의 수행으로 생긴 우연한 사고로 수탁자동차 및 제3자의 인명·재산에 입힌 피해에 대한 손해배상책임을 담보한다.

(2) 보상하지 않는 손해(공통면책사항 포함)

① 이륜자동차의 도난으로 생긴 손해

② 타이어나 튜브에만 생긴 손해 또는 일부 부품의 도난으로 생긴 손해

③ 자연 마모, 결빙 및 기계적·전기적 고장으로 차량에 발생한 손해

④ 차량 출고 후 부착설비 및 차량 내에 놓아둔 물건의 손해

⑤ 주차장 내에서 자동차 또는 중기운전면허가 없는 사람의 차량 조작으로 생긴 손해

⑥ 공공도로에서 수행하는 주차대행업무로 생긴 손해

⑦ 차량의 수리작업으로 생긴 손해

⑧ 차량의 사용 손실 등 일체의 간접손해

4. 차량정비업자 특약(Ⅰ, Ⅱ)

(1) 보상하는 손해

① 차량정비업자 특약 Ⅰ : 피보험자가 소유, 사용, 관리하는 차량정비시설 및 그 시설의 용도에 따른 차량정비 업무의 수행으로 생긴 우연한 사고를 담보한다.

② 차량정비업자 특약 Ⅱ : 그 밖에 정비목적 차량의 수탁, 시험운전, 인도과정의 사고를 추가로 담보한다.

(2) 보상하지 않는 손해(공통면책사항 포함)

① 시설의 수리, 개조, 신축 또는 철거 작업으로 생긴 손해배상책임

② 차량에 적재한 물건에 대한 손해

③ 완성작업위험

④ 차량부품의 수리, 대체 또는 통상적인 수리작업 중 발생한 사고로 차량에 입힌 손해

⑤ 시험의 목적이 아닌 시설 밖에서 차량의 운행 중 차량으로 생긴 손해

⑥ 차량의 정비하기 위하여 견인하거나 정비된 차량을 인도하는 중에 생긴 손해

⑦ 차량의 사용손실 등 일체의 간접손해

⑧ 피보험자의 종업원 이외의 사람이 피보험자의 허락을 얻어 차량의 운행 중 사고로 인한 손해(특약 Ⅱ에만 적용)

⑨ 무면허 운전 또는 음주운전으로 인한 손해(특약 Ⅱ에만 적용)

5. 항만하역업자(싸이로) 특별약관

(1) 보상하는 손해

① 자동차, 기차, 항공기를 제외한 '선박하역사업'에 한정된다.

② 피보험자가 수탁받은 화물에 피해를 입힘에 따른 배상책임손해와 항만 내 통제구역에서 소유, 사용, 관리하는 시설의 하자 또는 하역장비의 조작 부주의 등 하역업무의 부주의에 기인한 사고로 타인에 입힌 배상책임손해를 담보한다.

(2) 보상하지 않는 손해(공통면책사항 포함)

① 피보험자의 수급업자가 수행하는 작업으로 생긴 손해

② 위험물 취급규정 위반에 따른 손해배상책임

③ 인도 또는 배달착오, 분실, 감량으로 생긴 손해

④ 고철의 하역 또는 그래브나 바케트 작업으로 인한 선박 손해

(3) 추가특약

① 바케트/그래브 사고담보 추가특약 : 고철의 하역 또는 그래브나 바케트 작업으로 인한 선박 손해를 확장 담보한다.

② 항만하역위험 확장담보 추가특약 : 담보의 전제가 되는 장소범위를 항만 해역까지 확장 담보한다.

6. 경비업자 특별약관

(1) 보상하는 손해

경비계약 대상물건, 시설 또는 장소가 화재, 도난 등으로 입은 손해에 대한 배상책임을 부담하는 한편 경비업무의 수행 중 사고로 제3자에게 입힌 신체장해 및 재물손해를 담보한다.

(2) 보상하지 않는 손해(공통면책사항 포함)

① 주택의 경비업무로 생긴 손해(단, 단독주택의 경비업무로 생긴 손해는 담보)

② 불특정 다수인의 출입 허용사업장에서의 근무시간 중 사고(단, 경비업자 특약 Ⅱ에서 담보)

③ 전기적 사고로 생긴 화재, 폭발손해(단, 경비업자 특약 Ⅱ에서 담보)

④ 경보, 기계설비의 고장으로 생긴 손해(단, 경비업자 특약 Ⅱ에서 담보)

⑤ 수송경비를 제외한 유가증권, 보석류, 골동품 등 고가품

⑥ 총포류, 도검류, 경비견의 사용으로 생긴 손해

⑦ 다수의 대중이 참가하는 행사장 경비

(3) 추가특약

① 귀중품 담보 추가특약

② 공동주택 담보 추가특약

PART 01
PART 02
PART 03
PART 04
PART 05
PART 06

창고업자	창고구조 및 규모/보관품의 내용/보관품의 평균가액 및 최대가액/연간 예상 매출액/야적방식 및 관리상태/위험물의 안전관리/과거 사고경력
임차자 및 화재배상책임	건물구조에 따른 급수 확인/건물가액 확인/주변 상황 및 안전관리상태 점검/과거사고 점검
주차장	옥내 또는 옥외 주차장 확인/총 바닥면적/주차시설 확인
차량정비업자	정비업소의 형태/정비공장의 총면적
항만하역업자	연간 취급물동량/주요 취급화물/하역장비 내역 및 사용 연수/하역작업 인원의 숙련도/손익계산서상의 매출액 규모 검토
경비업자	경비용역계약서 검토/손익계산서상의 매출액 규모 검토/경비대상 확인/경비방식 확인

핵심 빈출 지문

❚ 보관자 배상책임

01 피보험자가 타인의 물건을 보관하고 있다가 그 보관한 물건에 대한 손해로 인해 부담하는 배상책임을 보상하는 보험을 '보관자배상책임보험'이라 한다.

02 창고업자, 임차자특약, 화재배상특약의 경우는 순수하게 보관자배상책임만 담보하고 주차장특약, 차량정비업자 특약, 항만하역업자, 경비업자의 경우는 제3자 배상책임 및 보관자배상책임을 동시에 담보한다.

03 보관자 배상책임보험의 보상한도는 보험가액이 존재하므로 보험가입금액에 따른 비례보상이 원칙이나 예외적으로 PML에 기초한 보상한도액 설정도 가능하다.

04 제3자 배상책임보험은 불특정 타인의 모든 재산 및 사용손실을 보상하며, 보관자배상책임보험은 특정인의 특정재물을 보상하지만 사용손실까지 보장하지는 않는다.

05 보관자배상책임보험의 주된 법리인 채무불이행의 종류는 '이행지체, 이행불능, 불완전이행'이다.

06 채무불이행 책임은 채권자가 본인의 고의, 과실 없음을 입증하나 불법행위책임은 피해자가 가해자의 고의, 과실을 입증한다.

07 창고업자 특약 Ⅰ은 수탁화물이 화재(낙뢰 포함), 폭발, 파손, 강도 및 도난으로 생긴 손해로 열거하여 담보하므로 '열거주의'이고, 창고업자 특약 Ⅱ는 담보위험을 열거하지 않고 우연한 사고로 수탁화물에 입힌 손해를 담보하는 '포괄주의'이다.

08 창고업자특약에서 수탁물이 위탁자에게 인도된 후에 발견된 손해 또는 청과류 및 채소류에 생긴 손해 등은 면책사항이다.

09 차량정비업자 특약 Ⅰ은 피보험자가 소유, 사용, 관리하는 차량정비시설 및 그 시설의 용도에 따른 차량정비업무의 수행으로 생긴 우연한 사고를 담보하며, 차량정비업자 특약 Ⅱ는 그 밖에 정비목적 차량의 수탁, 시험운전, 인도과정의 사고를 추가로 담보한다.

10 영업배상책임보험의 주차장특별약관에 적용되는 책임법리는 채무불이행책임(보관자배상책임위험)과 일반불법행위책임(제3자배상책임위험)이다.

11 항만하역업자(싸이로) 특별약관은 자동차, 기차, 항공기를 제외한 '선박하역사업'에 한정된다.

12 경비업자 특별약관에서는 모든 주택의 경비업무로 생긴 손해는 면책이다.

13 불특정 다수인의 출입 허용사업장에서의 근무시간 중 사고나 전기적 사고로 생긴 화재, 폭발손해 또한 경보, 기계설비의 고장으로 생긴 손해 등은 경비업자 특약 Ⅰ에서는 면책이나, 경비업자 특약 Ⅱ에서는 담보한다.

오답노트

06 채무불이행 책임은 채무자가 본인의 고의, 과실 없음을 입증하나 불법행위책임은 피해자가 가해자의 고의, 과실을 입증한다.

12 경비업자 특별약관은 주택의 경비업무로 생긴 손해는 면책이나, 단독주택의 경비업무로 생긴 손해는 담보한다.

CHAPTER 04 도급업자 배상책임

TOPIC 01 담보위험

1. 개요

① 피보험자(수급업자)가 수행하는 작업 또는 작업의 수행을 위하여 소유, 사용, 관리하는 시설로 인하여 발생한 우연한 사고로 부담하게 되는 제3자의 신체 및 재물에 입힌 법률상 손해배상책임을 보상한다.

② 도급이라 함은 당사자 중 일방(수급인)이 어떤 일의 완성을 약속하고 상대방(도급인)이 그 일의 결과에 대하여 보수를 지급할 것을 약정함으로써 성립하는 계약을 말한다.

③ 도급업자 배상책임보험과 시설소유관리자 배상책임보험 모두 시설에 기인된 손해와 업무활동에 따르는 위험을 담보하되 피보험자가 소유, 임차, 사용 또는 보호, 관리, 통제하는 재물에 입힌 손해를 담보하지 않는다.

2. 도급업자 배상책임보험과 시설소유관리자 배상책임보험

구분	도급업자 배상책임보험	시설소유관리자 배상책임보험
시설 정의	신축 등 공사가 진행 중인 시설과 그 공사에 이용되는 사무소 등 시설	완성된 후 그 시설이 본래의 용도에 이용되는 시설
업무장소	피보험자의 시설 밖	피보험자의 시설 내
보험기간	포괄계약은 1년, 개별계약은 도급공사기간	1년
요율책정	포괄계약은 보험기간에 비례, 개별계약은 도급공사금액에 의해 결정	보험기간에 비례

TOPIC 02 책임법리

① 도급업자 배상책임보험의 책임법리는 시설소유자 배상책임보험의 책임법리와 동일하다.

② 순수하게 제3자 배상책임위험만 담보하는 경우 민법상 일반불법행위책임이 적용되며, 경우에 따라서는 공작물책임 등 특수불법행위책임이 적용된다.

1. 담보하는 위험

피보험자가 증권에 기재한 작업의 수행 또는 작업의 수행을 위하여 소유, 사용 또는 관리하는 시설로 생긴 우연한 사고를 담보한다.

2. 주요 면책위험

① 피보험자의 수급인이 수행하는 작업으로 생긴 손해에 대한 배상책임 → 하도급 공사 중 발생한 사고에 대하여 하수급인이 손해배상책임을 부담하므로 피보험자에게는 책임이 없지만, 피보험자가 수급인을 지휘, 감독하는 경우에는 민사상의 사용자 배상책임이 인정될 수 있음. 이러한 위험을 담보하기 위하여 '발주자 미필적 배상책임담보특약'을 첨부

② 피보험자의 수급업자(하수급업자 포함)의 피용인이 입은 신체장해

③ 공사의 종료 또는 폐기 후 공사의 결과로 부담하는 배상책임 → 완성작업위험 배상책임보험(건설 공사보험, 조립보험)에서 담보 가능

④ 지반 침하, 융기, 이동, 진동, 붕괴 연약화 또는 토사의 유출로 생긴 토지의 공작물(수용물 및 식물 포함)과 토지에 생긴 손해 및 지하수의 증감으로 생긴 손해

⑤ 티끌, 먼지, 석면, 분진 또는 소음손해 → '티끌, 먼지, 분진 및 소음 추가특약'에서 담보 가능

⑥ 지하매설물 손해 → '폭발, 붕괴 및 지하매설물 손해 추가특약'에서 담보 가능

⑦ 피보험자가 참여하는 공사가 전체공사의 일부인 경우 그 전체공사에 참여하는 근로자에게 입힌 신체장해 손해 → 일부공사 추가특약'에서 담보 가능

3. 추가특약

① 운송위험 추가특약 : 피보험자가 자동차로 화물을 운송(상·하역작업 포함)하는 도중 우연한 사고로 적재화물에 기인한 손해배상책임을 담보(→ 적재된 화물 자체에 대한 배상책임은 담보하지 않음)

② 폭발, 붕괴 및 지하매설물 손해 추가특약

③ 일부공사 추가특약

④ 주위재산 추가특약 : 피보험자의 공사현장 주위에 있는 타인의 재물손해에 대한 배상책임을 담보 [→ 작업용 기계, 장비, 도구 등에 입은 손해는 주위재산 추가특약(II)에서 담보]

⑤ 티끌, 먼지, 분진 및 소음 추가특약

PART
01

PART
02

PART
03

PART
04

PART
05

PART
06

4. 도급업자 관련 특약

① 하청업자 배상책임 특약
- ㉠ 피보험자가 임가공을 목적으로 수탁받아 보험증권에 기재한 시설 내에서 보관 및 가공하는 물건에 대한 손해를 담보하며 화재, 절도 및 도난, 폭발, 파손 사고만을 보상
- ㉡ 보관자위험을 담보하므로 보상한도액은 보험사고 발생한 때와 곳의 시가를 한도로 함
- ㉢ 보상한도액이 임가공물 가액의 80% 이상이면 전액보상하고, 80% 미만이면 비례보상함(→ 창고업자 특별약관 Ⅰ과 유사)
- ㉣ 면책사항 : 재고조사 시 또는 원청자에게 인도된 후에 발견된 손해 등

② 발주자 미필적 배상책임 특약 : 피보험자의 수급업자가 증권에 기재된 작업을 수행함에 있어 피보험자의 감독책임 부주의로 인한 배상책임을 담보한다.

③ 계약상 가중책임 특약 : 보험증권에 기재된 계약에 따라 피보험자가 배상책임을 부담하는 우연한 사고를 담보한다. 단, 전문직업인 배상책임은 면책으로 한다.

④ 사용자배상책임담보특약(→ '근재보험'이라 함) : 근로기준법, 산업재해보상보험법 또는 이와 유사한 법률에 의해 부담하는 손해배상책임을 제외하고 피보험자의 근로자에 대한 신체장해 손해에 대한 사용자의 배상책임을 담보한다.

⑤ 교차배상책임특약 : 공동피보험자에게 보험계약이 각각 체결된 것으로 간주하여 공동피보험자 간에 입힌 손해를 보상한다.

⑥ 대위권포기 특약 : 증권에 기재된 자에 대한 보험자 대위권을 포기하는 특약이다.

⑦ 오염사고 담보 추가 특약 : 기재된 시설과 그 업무수행과정에서 급격하게 발생한 오염사고로 인한 대인, 대물배상 및 오염제거 비용을 보상한도액 내에서 보상한다. 단, 급격한 사고에 한해서 담보한다.

TOPIC 04 　 언더라이팅

도급공사내역	공사도급계약서, 공사도면, 공사방법 등을 검토
공사 주변상황	공사현장 주변이 밀집된 곳일 경우 배상책임의 위험이 높으므로 공지거리 확보 여부 및 주위 민감한 시설이 있는지 여부를 검토
하도급계약	피보험자가 원수급인인지 하수급인인지를 검토하여 대응
발주자 위험	피보험자가 발주자로서 책임을 부담한다면 발주자 미필적 배상책임 특약에 대한 언더라이팅을 신중하게 함
기타사항	피보험자의 도급계약 특성에 적합하게 담보조건이 구성되었는지 검토

핵심 빈출 지문

┃ 도급업자 배상책임

01 도급업자 배상책임보험의 시설이란 신축 등 공사가 <u>진행 중인 시설</u>과 그 공사에 이용되는 사무소 등 시설을 말하며, 시설소유관리자 배상책임보험의 시설이란 <u>완성된 후</u> 그 시설이 본래의 용도에 이용되는 시설을 말한다.

02 도급업자 배상책임보험과 시설소유관리자 배상책임보험 <u>모두 시설에 기인된 손해와 업무활동에 따르는 위험을 담보</u>하되 피보험자가 소유, 임차, 사용 또는 보호, 관리, 통제하는 재물에 입힌 손해를 담보하지 않는다.

03 도급업자 배상책임보험의 업무장소는 피보험자의 <u>시설 내</u>이며, 시설소유관리자 배상책임보험의 업무장소는 피보험자의 <u>시설 밖</u>이다.

04 도급업자 배상책임보험의 책임법리는 순수하게 제3자 배상책임위험만 담보하는 경우 민법상 <u>일반불법행위책임</u>이 적용되며, 경우에 따라서는 공작물책임 등 <u>특수불법행위책임</u>이 적용된다.

05 피보험자의 수급인이 수행하는 작업으로 생긴 손해에 대한 배상책임은 면책사항이지만, 피보험자가 수급인을 지휘, 감독하는 경우에는 민사상의 사용자 배상책임이 인정될 수 있으므로, 이러한 위험을 담보하기 위하여 '발주자 미필적 배상책임담보특약'을 첨부한다.

06 피보험자가 자동차로 화물을 운송(상·하역작업 포함)하는 도중 우연한 사고로 <u>적재화물에 기인한</u> 손해배상책임을 담보하는 추가특약은 '<u>운송위험추가특약</u>'이다.

07 피보험자의 공사현장 주위에 있는 타인의 재물손해에 대한 배상책임을 담보하기 위한 추가특약은 '<u>주위재산추가특약</u>'이다.

08 피보험자가 참여하는 공사가 전체공사의 일부인 경우 그 전체공사에 참여하는 근로자에 입힌 신체장해 손해는 '<u>일부공사 추가특약</u>'에서 담보가 가능하다.

09 하청업자 배상책임 특약은 피보험자가 임가공을 목적으로 수탁받아 보험증권에 기재한 시설 내에서 보관 및 가공하는 물건에 대한 손해를 담보하며, <u>화재사고만</u>을 보상한다.

10 공동피보험자에게 보험계약이 각각 체결된 것으로 간주하여 공동피보험자 간에 입힌 손해를 보상하는 특약을 '<u>교차배상책임특약</u>'이라 한다.

오답노트

03 도급업자 배상책임보험의 업무장소는 피보험자의 <u>시설 밖</u>이며, 시설소유관리자 배상책임보험의 업무장소는 피보험자의 <u>시설 내</u>이다.

09 하청업자 배상책임 특약은 피보험자가 임가공을 목적으로 수탁받아 보험증권에 기재한 시설 내에서 보관 및 가공하는 물건에 대한 손해를 담보하며 <u>화재, 절도 및 도난, 폭발, 파손</u> 사고만을 보상한다.

CHAPTER 05 생산물 배상책임

1. 의의

① 생산물배상책임보험(→ 제조물뿐만 아니라 부동산도 포함)은 '피보험자가 제조·판매·공급한 제품의 결함에 기인된 사고로 소비자 등 제3자가 입은 신체손해나 재산손해에 대해 부담하게 된 법률상의 배상책임손해'를 담보한다.

② 제조물의 결함

설계결함	제품의 설계 자체에서 안정성에 문제가 있는 것 → 대규모의 배상책임에 직면할 수 있음
제조결함	설계와 다른 제조가 이루어져 안정성에 문제가 생긴 것 → 특정시점에 제작된 결함제품을 신속히 회수하면 추가적 사고 방지 가능
지시·경고결함 (표시상의 결함)	제품에 적절한 지시나 경고를 부착하지 못함에 따른 위험 → 결함제품을 신속하게 회수하지 못하면 동일 사고가 반복됨

2. 보험가입 주체와 관련된 결함

① 제조업자 책임 : 설계상 결함, 제조상 결함, 지시 및 경고 결함(표시상의 결함)

② 공급 및 판매업자 책임 : 사용방법에 대한 불완전설명, 상품인도상의 하자

③ 도급업자 책임 : 완성작업 위험

3. 생산물 관련 위험

① 제품의 결함으로 소비자가 다치거나 타인의 재물에 물리적 손상을 끼친 경우 → '생산물배상책임보험'으로 담보한다.

② 제품의 결함으로 소비자가 다치거나 타인의 재물에 물리적 손상을 끼치거나 또한 추가적인 사고의 발생이 예견되어 시장에 판매된 결함제품을 찾아서 회수하는 데 소요되는 비용 → '생산물 회수비용보험'으로 담보한다.

③ 제품의 결함으로 발생한 제품 자체에 대한 손해 → '생산물 보증책임보험'으로 담보한다.

④ 제품의 결함으로 사람이 다치거나 타인의 재물에 물리적인 손상을 입히지는 않았지만 성능 부족으로 인한 배상책임손해 → 전문직업배상책임보험, 국내에는 외국사에서 판매하는 INT(Information, Network&Technology) E&O 상품이 있고, 해외에는 Inefficacy Liability Insurance 상품도 있다.

1. 제조물 책임법(→ 엄격책임에 의한 무과실책임주의 적용)

제1조(목적) 이 법은 제조물의 결함으로 인해 발생한 손해에 대한 제조업자 등의 손해배상책임을 규정함으로써 피해자의 보호를 도모하고 국민생활의 안전향상과 국민경제의 건전한 발전에 기여함을 목적으로 한다.

제2조(용어의 정의)

1. "제조물"이란 제조되거나 가공된 동산(다른 동산이나 부동산의 일부를 구성하는 경우를 포함한다)을 말한다.
2. "결함"이란 해당 제조물에 다음 각 목의 어느 하나에 해당하는 제조상·설계상 또는 표시상의 결함이 있거나 그 밖에 통상적으로 기대할 수 있는 안전성이 결여되어 있는 것을 말한다.
   가. "제조상의 결함"이란 제조업자가 제조물에 대하여 제조상·가공상의 주의의무를 이행하였는지에 관계없이 제조물이 원래 의도한 설계와 다르게 제조·가공됨으로써 안전하지 못하게 된 경우를 말한다.
   나. "설계상의 결함"이란 제조업자가 합리적인 대체설계(代替設計)를 채용하였더라면 피해나 위험을 줄이거나 피할 수 있었음에도 대체설계를 채용하지 아니하여 해당 제조물이 안전하지 못하게 된 경우를 말한다.
   다. "표시상의 결함"이란 제조업자가 합리적인 설명·지시·경고 또는 그 밖의 표시를 하였더라면 해당 제조물에 의하여 발생할 수 있는 피해나 위험을 줄이거나 피할 수 있었음에도 이를 하지 아니한 경우를 말한다.
3. "제조업자"란 다음 각 목의 자를 말한다.
   가. 제조물의 제조·가공 또는 수입을 업(業)으로 하는 자
   나. 제조물에 성명·상호·상표 또는 그 밖에 식별(識別) 가능한 기호 등을 사용하여 자신을 가목의 자로 표시한 자 또는 가목의 자로 오인(誤認)하게 할 수 있는 표시를 한 자

제3조(제조물의 책임)

① 제조업자는 제조물의 결함으로 생명·신체 또는 재산에 손해(그 제조물에 대하여만 발생한 손해는 제외한다)를 입은 자에게 그 손해를 배상하여야 한다.

② 제1항에도 불구하고 제조업자가 제조물의 결함을 알면서도 그 결함에 대하여 필요한 조치를 취하지 아니한 결과로 생명 또는 신체에 중대한 손해를 입은 자가 있는 경우에는 그 자에게 발생한 손해의 3배를 넘지 아니하는 범위에서 배상책임을 진다. 이 경우 법원은 배상액을 정할 때 다음 각 호의 사항을 고려하여야 한다.
1. 고의성의 정도
2. 해당 제조물의 결함으로 인하여 발생한 손해의 정도
3. 해당 제조물의 공급으로 인하여 제조업자가 취득한 경제적 이익

4. 해당 제조물의 결함으로 인하여 제조업자가 형사처벌 또는 행정처분을 받은 경우 그 형사처벌 또는 행정처분의 정도

5. 해당 제조물의 공급이 지속된 기간 및 공급 규모

6. 제조업자의 재산상태

7. 제조업자가 피해구제를 위하여 노력한 정도

③ 피해자가 제조물의 제조업자를 알 수 없는 경우에 그 제조물을 영리 목적으로 판매·대여 등의 방법으로 공급한 자는 제1항에 따른 손해를 배상하여야 한다. 다만, 피해자 또는 법정대리인의 요청을 받고 상당한 기간 내에 그 제조업자 또는 공급한 자를 그 피해자 또는 법정대리인에게 고지(告知)한 때에는 그러하지 아니하다.

제3조의 2(결함 등의 추정) 피해자가 다음 각 호의 사실을 증명한 경우에는 제조물을 공급할 당시 해당 제조물에 결함이 있었고 그 제조물의 결함으로 인하여 손해가 발생한 것으로 추정한다. 다만, 제조업자가 제조물의 결함이 아닌 다른 원인으로 인하여 그 손해가 발생한 사실을 증명한 경우에는 그러하지 아니하다. **암기** 정지통

1. 해당 제조물이 정상적으로 사용되는 상태에서 피해자의 손해가 발생하였다는 사실

2. 제1호의 손해가 제조업자의 실질적인 지배영역에 속한 원인으로부터 초래되었다는 사실

3. 제1호의 손해가 해당 제조물의 결함 없이는 통상적으로 발생하지 아니한다는 사실

제4조(면책사유)

① 제3조에 따라 손해배상책임을 지는 자가 다음 각 호의 어느 하나에 해당하는 사실을 입증한 경우에는 이 법에 따른 손해배상책임을 면(免)한다. **암기** 공과법원

1. 제조업자가 해당 제조물을 공급하지 아니하였다는 사실

2. 제조업자가 해당 제조물을 공급한 당시의 과학·기술 수준으로는 결함의 존재를 발견할 수 없었다는 사실

3. 제조물의 결함이 제조업자가 해당 제조물을 공급한 당시의 법령에서 정하는 기준을 준수함으로써 발생하였다는 사실

4. 원재료나 부품의 경우에는 그 원재료나 부품을 사용한 제조물 제조업자의 설계 또는 제작에 관한 지시로 인하여 결함이 발생하였다는 사실

② 제3조에 따라 손해배상책임을 지는 자가 제조물을 공급한 후에 그 제조물에 결함이 존재한다는 사실을 알거나 알 수 있었음에도 그 결함으로 인한 손해의 발생을 방지하기 위한 적절한 조치를 하지 아니한 경우에는 제1항 제2호부터 제4호까지의 규정에 따른 면책을 주장할 수 없다.

제5조(연대책임) 동일한 손해에 대하여 배상할 책임이 있는 자가 2인 이상인 경우에는 연대하여 그 손해를 배상할 책임이 있다.

제6조(면책특약의 제한) 이 법에 따른 손해배상책임을 배제하거나 제한하는 특약(特約)은 무효로 한다. 다만, 자신의 영업에 이용하기 위하여 제조물을 공급받은 자가 자신의 영업용 재산에 발생한 손해에 관하여 그와 같은 특약을 체결한 경우에는 그러하지 아니하다.

제7조(소멸시효 등)

① 이 법에 따른 손해배상의 청구권은 피해자 또는 그 법정대리인이 다음 각 호의 사항을 모두 알게 된 날부터 <u>3년간 행사</u>하지 아니하면 시효의 완성으로 소멸한다.

    1. 손해

    2. <u>제3조</u>에 따라 손해배상책임을 지는 자

② 이 법에 따른 손해배상의 청구권은 제조업자가 손해를 발생시킨 제조물을 공급한 날부터 <u>10년 이내에 행사</u>하여야 한다. 다만, 신체에 누적되어 사람의 건강을 해치는 물질에 의하여 발생한 손해 또는 일정한 잠복기간(潛伏期間)이 지난 후에 증상이 나타나는 손해에 대하여는 그 손해가 발생한 날부터 기산(起算)한다.

2. 생산물 배상책임 소송의 방어방법

(1) 기여과실(Contributory Negligence)

① 피해자에게도 사고에 기여한 과실이 있는 경우 가해자는 배상책임이 없다고 주장하는 법리이다.

② 단, 가해자가 사고를 방지할 수 있는 마지막 기회가 있었다면 가해자는 배상해야 하는데 이를 <u>Last Clear Chance</u>라 한다.

(2) 비교과실(→ 모두 과실이 있는 경우 피해자의 과실비율을 고려하여 책임을 정하는 방법)

Pure Form	가해자의 과실비율에 따라 배상금액을 결정하는 순수한 과실상계 방법
49% Form	피해자의 과실비율이 가해자의 과실보다 적으면 전액 배상받는 방법
50% Form	피해자의 과실비율이 가해자의 과실비율과 같거나 적으면 전액 배상받는 방법
S/G Form	피해자의 과실이 가해자의 과실보다 경미한 경우에만 전액 배상받는 방법 → Slight/Gross Form은 제조업자에게 가장 유리함

(3) 위험인수(Assumption of Risk)

피해자가 제품의 문제점을 알고 있으면서 무리하게 사용하여 사고가 발생한 경우 피해자가 위험을 스스로 인수하였다고 보는 것이다.

(4) 제척기간(Statute of Limitation)

사고발생일 또는 사고발생사실을 안 날로부터 일정기간 내에 가해자에게 손해배상청구를 하지 않을 경우 손해배상청구권이 없어지게 되는 논리이다.

(5) 법정 책임기간(Statute of Repose)

제품이 유통된 후 일정기간 내의 사고에 대해서만 책임을 부담하게 하는 법률규정이다.

(6) 사용부주의(Product Misuse)

제품의 본래의 용도로 사용하지 않고 예견할 수 없는 방법으로 사용하다가 사고가 발생한 경우 제조업자는 책임이 없다는 논리이다.

PART
01

PART
02

PART
03

PART
04

PART
05

PART
06

(7) 제품의 변경 및 개조(Alteration or Modification of Products)

소비자가 제품을 임의로 변경하거나 개조하여 사용하다가 그것이 원인이 되어 사고가 발생한 경우 제조업자는 책임이 없다고 주장할 수 있는 논리이다.

(8) 개발도상의 위험(State of Art or Development Risk)

제품이 생산될 당시의 보편적인 설계나 제조기술을 이용하여 제조된 것이라면, 그 이후 사고를 예방할 수 있는 기술이 개발된다 하더라도 배상책임을 부담하지 않는다는 논리이다.

(9) 면책약관(Disclaimer)

제품의 제조공급 또는 판매와 관련해서 제조업자가 특정사고에 대한 책임을 부담하지 않는다고 표시한 경우 → 원칙적으로 인정되지 않는 경우가 많다.

(10) 재판관할(Jurisdiction)

피해자의 손해배상청구소송에 관한 관할이 잘못된 경우 관할문제를 제시함으로써 피해자의 손해배상청구를 배제하는 논리이다.

TOPIC 03 　 담보약관

1. 주요 면책위험

① 고의, 전쟁, 지진, 분화, 홍수 등 기본적 면책사항
② 핵물질, 방사능 등 원자력위험
③ 계약상 가중책임
④ 환경오염 사고
⑤ 피보험자의 근로자가 입은 손해
⑥ 벌과금 및 징벌적 손해배상책임
⑦ 생산물 자체에 대한 손해
⑧ 제품의 성능이나 품질결함으로 인한 유체물의 사용손실
⑨ 결함 있는 생산물을 회수, 검사, 수리 또는 대체비용 및 사용손실에 대한 배상책임

2. 추가 특별약관

(1) 국문약관에 추가하는 특별약관

① 판매인 특약 : 제조업자가 보험을 가입하면서 판매인도 피보험자로 확대하는 경우 첨부한다.
② 도급업자 특약 : 제품을 설치, 유지, 보수하는 업체의 경우 완성위험뿐만 아니라 도급업자위험도 같이 담보하기 위하여 사용한다.

③ 인증기관 마크계약 특약 : 해당 마크를 획득한 계약자에게 보험료 할인율을 적용한다.

④ 효능 불발휘 부담보 특약 : 생산물이 의도된 성능을 발휘하지 못함으로써 발생하는 손해를 보상하지 않는다.

(2) 영문약관에 추가하는 특별약관

① Punitive Damage Exclusion Clause(징벌적 손해배상금 면책)

② Absolute Pollution Exclusion Clause(모든 오염손해 면책)

③ Y2K Exclusion Clause(날짜 인식 사고 면책 조항)

④ Costs & expenses included within the LOL Clause(소송 및 부대비용의 보상한도액 포함조건)

⑤ Inefficacy Exclusion Clause(효능 불발휘 면책 조항)

⑥ Asbestos Exclusion Clause(석면 면책 조항)

⑦ EMF Exclusion Clause(전자파 부담보 조항)

PART 01

PART 02

PART 03

PART 04

PART 05

PART 06

TOPIC 04 | 언더라이팅 시 고려사항

1. 담보제품의 연간 매출액 및 매출량

보험요율은 연간매출액을 기준으로 산정하는 것이 일반적이지만, 만약 제품의 가격변동성이 심한 경우라면 매출량도 같이 고려한다(→ 과거 3년간의 매출액과 매출량을 비교하여 적정성을 파악).

2. 판매지역

판매지역이 국내로 한정되어 있는지, 전 세계로 확장되어 있는지 또는 소송위험이 큰 미주지역을 포함하고 있는지 검토한다.

3. 담보제품의 용도

최종제품의 소비자가 누구인지, 어떤 용도로 사용되는지 파악하여 사고가 발생했을 때 사고의 빈도와 심도를 확인한다.

4. 담보제품의 품질관리 및 과거사고 경험

원재료의 수입, 제조공정, 유통단계의 관리상태를 파악한다. 또한 사고경험이 있는 경우 동일한 원인으로 사고에 대한 후속대책이 제대로 시행되는지를 검토한다.

5. 담보조건

보상한도액, 공제금액, 담보기준 등을 검토한다.

01 생산물배상책임보험(→ 제조물뿐만 아니라 <u>부동산도 포함</u>)은 '피보험자가 제조 · 판매 · 공급한 <u>제품의 결함</u>에 기인된 사고로 소비자 등 제3자가 입은 신체손해나 재산손해에 대해 부담하게 된 법률상의 배상책임손해'를 담보한다.

02 제품의 결함은 <u>설계결함, 제조결함, 지시 · 경고결함(표시상의 결함)</u>을 말하며, 설계결함은 <u>대규모</u>의 배상책임을 야기할 수 있다.

03 제품의 결함으로 소비자가 다치거나 타인의 재물에 물리적 손상을 끼치거나 또한 추가적인 사고의 발생이 예견되어 시장에 판매된 결함제품을 찾아서 회수하는 데 소요되는 비용은 '<u>생산물 회수비용보험</u>'으로 담보하며, 제품의 결함으로 발생한 제품 자체에 대한 손해는 '<u>생산물 보증책임보험</u>'으로 담보한다.

04 생산물배상책임보험의 주된 법리는 <u>엄격책임</u>에 의한 '<u>무과실책임주의</u>'를 적용한다.

05 '원재료나 부품의 경우에는 그 원재료나 부품을 사용한 제조물 제조업자의 설계 또는 제작에 관한 지시로 인하여 결함이 발생하였다는 사실을 손해배상책임을 지는 자가 입증'하면 <u>면책</u>이 된다.

06 손해배상의 청구권은 피해자 또는 그 법정대리인이 손해 또는 손해배상책임을 지는 자를 알게 된 날부터 <u>3년간</u>, 제조물을 공급한 날부터 <u>10년 이내</u>에 행사하지 아니하면 시효의 완성으로 소멸한다.

07 생산물 배상책임 소송의 방어방법 중에서 피해자에게도 사고에 기여한 과실이 있는 경우 가해자는 배상책임이 없다고 주장하는 법리는 '<u>비교과실</u>'이다.

08 비교과실 방식 중에서 피해자의 과실비율이 가해자의 과실보다 적으면 전액 배상받는 방법은 <u>49% Form</u>이고, 피해자의 과실비율이 가해자의 과실비율과 같거나 적으면 전액 배상받는 방법은 <u>50% Form</u>이다.

09 비교과실 방식 중에서 Slight/Gross Form은 피해자의 과실이 가해자의 과실보다 경미한 경우에 전액 배상받는 방법으로 <u>제조업자에게 가장 유리하다</u>.

10 피해자가 제품의 문제점을 알고 있으면서 무리하게 사용하여 사고가 발생한 경우 피해자가 위험을 스스로 인수하였다고 보는 것을 '<u>위험인수(Assumption of Risk)</u>'라고 한다.

11 IBNR(Incurred but not reported) 추정이 어려움에 따라 책임준비금을 과다 또는 과소하게 적립하게 되는 문제점은 배상청구기준이 아닌 <u>손해사고 발생기준</u>의 문제점이다.

12 한 사람의 재물손해에 대한 여러 건의 배상청구가 있을 경우 배상청구일자는 <u>최초에 제기된</u> 날짜를 모든 건에 대한 배상청구일자로 간주한다.

13 '생산물 <u>자체</u>에 대한 손해, 제품의 <u>성능이나 품질결함</u>으로 인한 유체물의 사용손실, 결함있는 생산물을 회수, 검사, 수리 또는 대체비용 및 <u>사용손실</u>에 대한 배상책임'은 생산물배상책임의 대표적인 면책사유이다.

14 생산물배상책임보험에서 생산물이 의도된 성능을 발휘하지 못함으로써 발생하는 손해를 보상하지 않는 특약은 '<u>효능 불발휘 부담보 특약</u>'이다.

15 생산물배상책임보험 국문약관은 <u>내수용</u> 제조물을, 영문약관은 <u>수출품</u>을 대상으로 하는 것이 일반적이며, 징벌적 손해배상금 면책약관은 <u>국문약관 및 영문약관</u> 모두에 첨부될 수 있다.

16 언더라이팅 시 보험요율은 연간매출액을 기준으로 산정하는 것이 일반적이지만 만약 제품의 가격변동성이 심한 경우라면 매출량도 같이 고려하여, <u>과거 3년간</u>의 매출액과 매출량을 비교하여 적정성을 파악하는 것이 바람직하다.

오답노트

07 생산물 배상책임 소송의 방어방법 중에서 피해자에게도 사고에 기여한 과실이 있는 경우 가해자는 배상책임이 없다고 주장하는 법리는 '<u>기여과실</u>'이다.

15 생산물배상책임보험 국문약관은 <u>내수용</u> 제조물을, 영문약관은 <u>수출품</u>을 대상으로 하는 것이 일반적이며, 징벌적 손해배상금 면책약관은 <u>영문약관에만</u> 첨부될 수 있다.

CHAPTER 06

전문직업 배상책임

1. 개념

① 전문직업배상책임보험은 '공인받은 전문자격을 가진 피보험자가 수행하는 전문업무에 기인한 사고로 타인(고객을 포함)에게 신체장해(→ 비행 전문직업배상책임보험)를 입히거나 재산적 손해(→ 하자 전문직업배상책임보험)를 입힘으로써 부담하는 법률상 손해배상책임'을 담보한다.

② 전문인의 법률적 손해배상책임의 성립요건

 ㉠ 전문인의 업무수행 중 주의의무 위반(과실)이 있어야 함

 ㉡ 고객을 포함한 제3자의 손해가 발생해야 함

 ㉢ 전문인의 주의의무 위반과 제3자의 손해 간에 상당인과 관계가 존재해야 함

③ 책임법리 : 채무불이행책임+일반불법행위책임

 ㉠ 전문인의 업무수행 → 전문인과 의뢰인 간에는 '전문업무서비스에 대한 계약이 명시적 또는 묵시적으로 성립하는 바' 이를 위반하면 채무불이행책임에 근거하여 손해배상을 청구할 수 있음

 ㉡ 주의의무 위반 → '고의나 과실'을 동반하게 되는데, 이때 일반불법행위책임(민법 750조)을 위반한 것이 됨

2. 전문직업 배상책임의 특성

(1) 위험의 종류

구분	E&O Liability Insurance (하자배상책임보험)	Malpractice Liability Insurance (비행배상책임보험)
사고원인	업무상 과실, 부주의, Errors/Omissions	업무상 과실
손해유형	경제적 손해	신체장해 손해
적용대상	건축사, 회계사, 변호사 등	의사, 약사, 미용사 등

(2) 일반배상책임보험과 차이점

구분	일반배상책임보험	전문직업배상책임보험
사용약관	표준약관, Ready-made policy	주문식약관, Tailor-made policy
담보기준	손해사고 발생기준	배상청구기준

구분	일반배상책임보험	전문직업배상책임보험
보상한도액	연간 총 보상한도액의 제한이 없음	연간 총 보상한도액의 제한이 있음
책임법리	일반불법행위책임	채무불이행책임+일반불법행위책임
손해경감비용	손해경감비용은 보상한도액과 별도로 지급	손해경감비용도 보상한도액에 포함

TOPIC 02 건축사 및 기술사 배상책임

PART
01

PART
02

PART
03

PART
04

PART
05

PART
06

1. 건축사 및 기술사 배상책임보험

(1) 담보위험

교량, 도로, 항만, 빌딩, 공장설비 등 각종 공사와 관련하여 그 설계, 감리 등 위탁받은 전문업무를 제대로 수행하지 못하여 공사기간 및 완성 후에 해당 업무의 과실로 사고가 발생한 경우 그에 따른 손해배상책임을 담보한다.

(2) 담보약관

담보약관의 종류는 전 세계적으로 다양하며, 우리나라에서 사용하는 약관은 독일식 영문약관으로 배상청구기준이다. 「약관의 구성」은 다음과 같다.

① 담보위험 : 소급담보일자 이후 담보지역에서 보험기간 중에 피보험자에게 최초로 서면으로 담보하는 전문업무의 과실에 기인한 배상청구가 이루어진 경우 설정한 보상한도 범위 내에서 보상한다.

② 보상한도액 : 1청구당(Any one claim) 및 총보상한도액(Aggregate Limit)을 설정한다. 또한 Claim Series Event 기준을 규정하여 1청구의 한도액에 적용한다.

> **참고** Claim Series Event에 해당되는 경우
> - 동일한 설계감리상 결함으로 여러 공사물건에 손해사고를 유발한 경우
> - 동일한 손해에 한 가지 이상의 과실, 부주의, 태만이 있는 경우
> - 피보험자를 포함해서 다른 공동피보험자, 추가피보험자에게 배상청구가 이루어진 경우

③ 공제금액 : 피보험자의 공제금액을 초과하여 발생하는 손해액과 비용(보험회사의 사고조사비용, 소송방어비용을 포함)을 보상한다.

④ 주요 면책조항
   ㉠ 피보험자의 법적 전문업무 권한을 벗어난 행위에 기인한 사고
   ㉡ 피보험자의 생산물배상책임 영역
   ㉢ 도급업자, 제조업자, 공급업자의 계약에 따른 배상책임
   ㉣ 신체장해나 재물손해가 수반되지 않는 순수한 경제적 손실
   ㉤ 보험설계자문 또는 재무컨설팅 사고

ⓑ 예산 및 공기초과로 인한 경제적 손실

ⓢ 성능 결함에 기인한 기회비용 손실

ⓞ 지적재산권침해

ⓩ 피보험자 간의 배상청구

ⓒ 비방과 중상, 회계결산오류

ⓚ 석면 관련 사고

ⓣ 발주고객을 제외하고 담보하는 손해사고와 관련한 재설계비용

ⓟ 피보험자의 고의, 벌금 · 과태료 · 징벌적 벌과금, 계약상 가중책임 등 공통면책사유

⑤ 기타 담보조건

ⓐ 보험사고 또는 그러한 상황이 발생한 경우 즉시 보험회사에 알려야 하며, 보험만기일 이후 <u>30일 이내</u> 통지한 사고/상황으로 기인한 배상청구가 <u>36개월 이내</u> 이루어진 경우도 보상한다.

ⓛ 피보험자는 보험회사의 동의 없이 책임을 인정하거나 비용을 지급할 수 없으며, 보험회사도 피보험자의 동의 없이 임의로 클레임을 합의종결할 수 없다.

ⓒ 소급담보일자 이전에 실행되거나 발생한 과실, 부주의, 태만으로 인해 보험기간 중에 제기된 배상청구는 담보하지 않는다.

ⓡ 중복보험 시 동 보험은 <u>독립책임액 방식</u>으로 지급한다.

ⓜ 보상하는 손해는 담보지역 내 법원에서 판결한 손해배상금 및 부대 비용으로 제한한다.

⑥ 추가특별약관 : 대부분의 추가특별약관은 이미 보통약관에 면책으로 규정되고 있기 때문에 추가로 첨부할 필요가 없으나 본문약관이 내용을 부연 설명하거나 면책범위를 더 강화하기 위함이다.

(3) Underwriting 시 고려사항

전문용역의 범위	담보하는 전문용역이 범위가 명확하지 않을 경우 분쟁 가능성이 있으며, 검증되지 않은 공법 사용 시 특별한 주의가 필요
피보험자의 범위	모든 건축사무소를 공동피보험자로 하여 <u>하나의 보험계약</u>을 체결하면 <u>별개의 보험계약</u>을 체결하는 것보다 과실귀책 여부가 불분명할 경우를 대비할 수 있고 보상한도액 설정으로 인한 분담보험료 감소효과도 있음
보험기간	1년 단위의 <u>연간계약방식</u>은 보험료가 저렴하고, 특정 프로젝트에 한해서 가입하는 <u>단일계약방식</u>은 발주자의 요구조건을 수용할 수 있는 장점이 있으나 장기의 경우 재보험처리가 어려움
보상한도액	실무적으로 발주자가 계약서에서 요구하는 금액으로 보상한도액을 설정
공제금액	보험사고 시 손해의 일부를 부담하게 하여 예방을 위한 동기 부여

1. 개요

(1) 의료과실의 정의

의료인 또는 전문의료인이 선량한 관리자로서의 주의의무를 이행하지 않은 경우 그 결과로서 고객인 환자에게 신체상의 손해를 발생시키는 행위를 말한다.

(2) 의료과실의 판정기준

해당 의료행위에 대하여 의사가 통상적으로 갖추어야 할 의술 또는 해당 의학을 전공하고 일정 수준의 경력을 갖춘 의사가 수행할 수 있는 정도의 의술과 주의의무이다.

(3) 의료사고의 손해배상 청구요건

① 의료행위의 결과 환자에게 나쁜 결과가 발생할 것

② 그 나쁜 결과는 객관적으로 예견하여 회피할 수 있었을 것

③ 발생한 손해와 귀책원인 사이에 상당 인과관계가 성립할 것. 과학적으로 증명되지 않았더라도 상당한 개연성이 있으면 인과관계의 존재를 인정한다.

④ 손해배상청구를 위해서는 의사의 과실로 인한 손해임을 환자가 입증해야 한다. 반면에 의사는 반증으로 과실이 없음을 입증해야 면책된다.

(4) 의료분쟁조정법(2012.4.7.)

① 조정신청 : 의료분쟁의 당사자는 의료사고의 원인 행위가 종료된 날로부터 10년, 그 손해 및 가해자를 안 날로부터 3년 내에 조정중재원에 신청해야 한다(→ 임의적 조정신청임).

② 조정효과 : 조정결정은 조정신청일로부터 90일 이내에 해야 하나, 필요시 1회에 한해 30일까지 연장할 수 있다. 조정이 성립되면 재판상 화해의 효력을 지닌다.

③ 조정절차 중 합의 : 합의가 이루어진 경우 조정부는 조정절차를 중단하고 당사자가 합의한 내용에 따라 조정조서를 작성한다(→ 재판상 화해와 동일한 효력).

④ 중재 : 당사자가 중재인의 종국적 결정에 따르기로 서면으로 합의하고 중재를 신청할 수 있으며 조정절차 중에 할 수 있다(→ 확정판결과 동일한 효력).

⑤ 불가항력적 의료사고에 대한 보상제도 : 의료인이 충분한 주의를 다하였음에도 불구하고, 불가항력적인 의료사고가 발생할 경우 3천만원의 범위 내에서 보상금액을 결정한다.

⑥ 반의사불벌 제도 : 조정이 성립된 경우, 피해자가 처벌을 원치 않을 경우 생명위험, 장애, 불치 등의 중상해의 경우를 제외하고 업무상 과실치상죄로 처벌하지 않는다.

PART 01
PART 02
PART 03
PART 04
PART 05
PART 06

2. 담보약관(→ 우리나라는 '병원 및 의사배상책임보험 국문약관'을 사용)

의료과실배상 책임부문(기본담보)	일반배상책임부문(선택담보)
의사의 과실담보	의료기구 결함 담보
배상청구기준	손해사고기준
[보상한도액] 1인당 보상한도액&연간보상한도액	

3. 보상하는 손해

민사합의금	당사자 간에 합의한 금액, 보상한도액의 범위 내에서 보험금 지급
법정판결금액	법원의 판결금액은 그 자체가 법률상 손해배상금, 한도액 범위 내 지급
소송비용 등 제반비용	통상적으로 소송비용 등 제반비용은 보상한도액에 포함

4. 보상하지 않는 손해

① 무면허 또는 무자격의 의료행위로 생긴 손해

② 의료결과를 보증함으로써 가중된 배상책임

③ 피보험자의 친족에게 입힌 손해

④ 피보험자의 지시에 따르지 않은 피보험자의 피용인이나 의료기사의 행위로 생긴 손해

⑤ 미용 또는 이에 준하는 것을 목적으로 한 의료행위 후 그 결과로 생긴 손해

⑥ 타인의 명예를 훼손하거나 비밀을 누설함으로써 생긴 손해

⑦ 공인되지 아니한 특수 의료행위를 함으로써 생긴 손해

⑧ 타인의 재물에 입힌 손해

⑨ 원자핵물질의 방사선, 폭발, 방사능오염으로 생긴 손해

⑩ 후천성 면역결핍증에 기인하여 발생하는 손해(추가특약으로 담보 가능함)

⑪ 피보험자의 부정, 사기, 범죄행위 또는 음주상태가 약물복용상태가 의료행위를 수행함으로써 생긴 손해

5. 보상한도액

피보험자와 보험회사가 협의하여 1인당 보상한도액과 연간 총보상한도액을 결정한다. 소송비용과 변호사비용 등 부대비용도 보상한도액에 포함하여 합산하며, 1인당 보상한도액은 하나의 의료분쟁 사고로 보험회사가 지급할 수 있는 총한도액이 된다.

6. 주요 추가특약

① 경호비용 담보특약

② 후천성면역결핍담보특약

③ 초빙의 및 마취의 담보특약

④ 형사방어비용 담보특약

⑤ 관습상 비용 및 형사합의금 담보특약

⑥ 의료사고로 인한 폭행 및 악의적인 파괴행위 담보특약

⑦ 외래진료 휴업손해 담보특약

⑧ 벌금보장 담보특약

⑨ 임플란트 재수술비용보상 담보특약

7. 언더라이팅 시 고려사항

진료과목	• 높은 요율 → 산부인과, 정형외과, 신경외과, 성형외과 • 낮은 요율 → 내과, 이비인후과, 피부과, 방사선과, 정신과, 한방진료과
진료행위	• 사고빈도 높은 진료행위 → 수술, 분만, 주사진료 및 오진으로 분쟁 • 사고빈도 낮은 진료행위 → 검사, 응급처치, 투약
의료기관의 규모	대형병원일수로 환자의 기대치가 크므로 분쟁의 빈도가 높음
과거 의료분쟁경험 및 위험관리 체제	병원이나 의사의 치료행위는 바뀌지 않으므로 과거 분쟁의 경험(빈도와 심도)이 매우 중요
보상한도액과 공제금액	병원의 규모 및 예상 의료분쟁 사고를 토대로 보상한도액과 공제금액을 설정

TOPIC 04 | Underwriting

청약서	기본적으로 청약서에 기재된 사항을 중심으로 담보하고자 하는 전문직업 위험의 성격을 파악해야 함
사용약관	전문직업에 관한 위험의 성격이 약관에 있으므로 약관을 확인
담보조건	전년도의 보상한도액, 공제금액, 추가특약, 수기조건 등과 비교함으로써 도덕적 위험을 확인하는 것이 필요
영업보고서 및 재무제표	영업활동이 공격적인지 동종업계와 비교하여 <u>요율의 적정성</u>을 확인
영업소개자료	새기술, 영업정책, 영업지역 확장에 대한 자료를 검토하고 필요한 경우 보험조건에 반영
과거 클레임 사례 및 사후조치	과거 클레임이 유사사고 재발방지 조치 없이 반복되고 있다면 특별한 주의가 필요

PART 01

PART 02

PART 03

PART 04

PART 05

PART 06

01 전문직업배상책임보험은 사람의 신체에 관한 전문직업위험을 담보하는 비행전문직업배상책임보험과 경제적 손해에 대한 전문직업위험을 담보하는 하자전문직업배상책임보험의 두 가지로 구분된다.

02 전문인의 법률적 손해배상책임의 성립되기 위하여 전문인의 업무수행 중 주의의무 위반(과실)이 있어야 하고, 고객을 포함한 제3자의 손해가 발생해야 하며 전문인의 주의의무위반과 제3자의 손해 간에 상당인과 관계가 존재해야 한다.

03 전문인에게 발생하는 손해배상책임의 책임법리는 원칙적으로 계약불이행 책임과 일반불법행위책임이다.

04 전문인과 의뢰인 간에는 '전문업무서비스에 대한 계약이 명시적 또는 묵시적으로 성립하는 바' 이를 위반하면 채무불이행책임에 근거하여 손해배상을 청구할 수 있다.

05 일반배상책임보험의 손해담보기준은 배상청구기준이고, 전문직업배상책임보험의 손해담보기준은 손해사고기준이다.

06 건축사 및 기술사 배상책임보험은 성능결함에 따른 기회비용손실도 보상한다.

07 Claim Series Event에 해당되는 경우는 동일한 설계감리상 결함으로 여러 공사물건에 손해사고를 유발한 경우, 동일한 손해에 한 가지 이상의 과실, 부주의, 태만이 있는 경우, 피보험자를 포함해서 다른 공동피보험자, 추가피보험자에게 배상청구가 이루어진 경우 등이 있다.

08 건축사 및 기술사 배상책임보험의 보험사고 또는 그러한 상황이 발생한 경우 즉시 보험회사에 알려야 하며, 보험만기일 이후 30일 이내 통지한 사고/상황으로 기인한 배상청구가 36개월 이내 이루어진 경우도 보상한다.

09 건축사 및 기술사 배상책임보험의 중복보험 시 동 보험은 독립책임액 방식으로 지급하며, 보상하는 손해는 담보지역 내 법원에서 판결한 손해배상금 및 부대 비용으로 제한한다.

10 모든 건축사무소를 공동피보험자로 하여 하나의 보험계약을 체결하면 별개의 보험계약을 체결하는 것보다 과실귀책 여부가 불분명할 경우를 대비할 수 있고 보상한도액 설정으로 인한 분담보험료 감소 효과도 있다.

11 일년 단위의 연간계약방식은 보험료가 저렴하고, 특정 프로젝트에 한해서 가입하는 단일계약방식은 발주자의 요구조건을 수용할 수 있는 장점이 있으나 장기의 경우 재보험처리가 어렵다.

12 의료분쟁의 당사자는 의료사고의 원인 행위가 종료된 날로부터 10년, 그 손해 및 가해자를 안 날로부터 3년 내에 조정중재원에 신청해야 하며, 이것은 임의적 조정신청이다.

13 조정결정은 조정신청일로부터 60일 이내에 해야 하나, 필요시 1회에 한해 30일까지 연장할 수 있다. 조정이 성립되면 재판상 화해의 효력을 지닌다.

14 의료인이 충분한 주의를 다하였음에도 불구하고 불가항력적인 의료사고가 발생할 경우 3천만원의 범위 내에서 보상금액을 결정한다.

15 조정이 성립된 경우, 피해자가 처벌을 원치 않을 경우 생명위험, 장애, 불치 등의 <u>중상해의 경우</u>를 제<u>외</u>하고 업무상 과실치상죄로 처벌하지 않는다.

16 의사 및 병원배상책임보험에서 <u>산부인과, 정형외과, 신경외과, 성형외과</u>의 경우는 <u>높은</u> 기본보험요율을 적용하고 <u>내과, 이비인후과, 피부과, 방사선과, 정신과, 한방진료과</u>의 경우는 <u>낮은</u> 기본보험요율을 적용한다.

17 <u>검사, 응급처치, 투약</u>은 <u>수술, 분만, 주사</u>의 경우보다 사고빈도가 <u>높은</u> 진료행위이다.

18 <u>대형병원</u>일수로 환자의 기대치가 크므로 분쟁의 <u>빈도가 높다</u>.

오답노트

05 일반배상책임보험의 손해담보기준은 <u>손해사고기준</u>이고, 전문직업배상책임보험의 손해담보기준은 <u>배상청구기준</u>이다.

13 조정결정은 조정신청일로부터 <u>90일 이내</u>에 해야 하나, 필요시 1회에 한해 <u>30일</u>까지 연장할 수 있다. 조정이 성립되면 <u>재판상 화해</u>의 효력을 지닌다.

17 <u>검사, 응급처치, 투약</u>은 <u>수술, 분만, 주사</u>의 경우보다 사고빈도가 낮은 진료행위이다.

임원 배상책임

TOPIC 01 담보위험

1. 담보하는 손해

임원배상책임보험은 '주식회사의 임원으로서 직무를 수행함에 있어, 관계법에서 정하고 있는 의무를 위반하여 법률상(<u>임원의 부당행위를 담보 → 형사 범죄행위는 면책</u>)의 손해배상책임을 부담함으로써 입은 손해'를 담보한다.

2. 보험사고 기준

(1) 담보기준

<u>배상청구기준</u>이며, 소급담보일자 이후에 발생된 사고로 보험기간 중에 처음으로 제기된 배상청구만을 담보한다.

(2) 부당행위(Wrongful Act)

① 직무상 의무 불이행(Breach of Duty)
② 부정확한 진술(Misstatement)
③ 선관주의의무 위반(Neglect)
④ 허위진술(Misleading Statement)
⑤ 부작위(Omission)
→ 사기, 횡령, 배임 등의 형사범죄 제외

3. 피보험자

① 임원이란 상법상의 이사 및 감사, 이에 준하는 자로서 보험증권의 피보험자란에 기재된 지위에 있는 자이다(상법상 이사가 아니라도 임원에 준하는 직무를 수행하는 직원도 가능).
② 보험기간 중에 이미 퇴임한 임원 및 새로 선임한 임원도 포함하나, 개시일 이전에 퇴임한 임원은 대상이 아니다.
③ 임원이 사망하면 상속인 또는 상속재산법인, 파산하였다면 파산관재인을 피보험자로 본다.

4. 보고연장기간(ERP)

단기자동담보(mini tail)	종료일로부터 60일간 담보
중기자동담보(midi tail)	종료일로부터 60일 이내 통보 → 5년 이내에 배상청구 가능
선택담보	종료일로부터 60일간 요청&추가보험료 200% 납입 → 기간의 제한 없이 배상청구

◤ T O P I C   0 2 | 책임법리

1. 임원의 범위

① 회사에 대한 자신의 영향력을 행사하여 이사에게 업무집행을 지시하는 자

② 이사로서 직접 업무를 집행하는 자

③ 이사가 아니면서 명예회장, 회장, 사장, 부사장, 전무 등 업무를 집행할 권한이 있는 것으로 인정할 만한 명칭을 사용하여 업무를 집행하는 자

2. 임원의 의무

선량한 관리자의 주의의무 (상법 제382조)	이사는 선량한 관리자의 주의로 그 직무를 행하여야 한다.
충실의무 (상법 제382의3)	이사는 법령과 정관의 규정에 따라 회사를 위하여 그 직무를 충실하게 수행하여야 한다.
비밀유지의무 (상법 제382의4)	이사는 재임 중 또는 퇴임 후에도 직무상 알게 된 회사의 영업상 비밀을 누설해서는 안 된다.
경업금지의무 (상법 제397조)	이사는 이사회의 승인이 없으면 자기 또는 제3자의 계산으로 회사의 영업부류에 속한 거래를 하거나 동종영업을 목적으로 하는 다른 회사의 무한책임사원이나 이사가 되지 못한다.
회사의 기회 및 자산 유용 금지의무 (상법 제397의2)	이사는 이사회의 승인 없이 회사에 이익이 될 수 있는 사업기회를 자기 또는 제3자의 이익을 위하여 이용해서는 안 된다(→ 이사회 2/3 이상의 수로 승인).
이사 등과 회사 간의 내부 거래금지의무 (상법 제398조)	이사는 자기 또는 제3자의 계산을 위해 회사와 거래하기 위해서는 미리 이사회에 중요 사실을 밝히고 이사회의 승인을 받아야 한다(→ 이사회 2/3 이상의 수로 승인).
보고의무 (상법 제393조)	이사회는 이사의 직무집행을 감독하며, 이사는 3월에 1회 이상 업무의 집행사항을 이사회에 보고하여야 한다.

PART
01

PART
02

PART
03

PART
04

PART
05

PART
06

3. 임원의 책임

(1) 회사에 대한 책임

이사가 임무를 해태한 때에는 그 이사는 법인에 대하여 연대하여 손해배상의 책임이 있다(민법 제65조).

(2) 제3자에 대한 책임

이사가 악의 또는 중대한 과실로 인하여 그 임무를 해태한 때에는 그 이사는 제3자에 대하여 연대하여 손해를 배상할 책임이 있다(상법 제401조).

TOPIC 03 담보약관

1. 국내에서 사용하는 약관

(1) 영문약관(AIG, Chubb, ACE 약관)

Coverage A	임원배상책임조항 → 임원패소 시 임원의 배상금 등을 담보	임원 개인을 대상으로 하는 보험 본문약관에서 담보
Coverage B	회사보상책임조항 → 임원패소 시 회사가 보상하는 부분담보	
Coverage C	법인담보조항 → 유가증권소송에만 적용	법인을 대상으로 하는 보험

(2) 국문약관

영문약관의 회사보상책임담보조항을 <u>특별약관</u>으로 담보한다.

2. 보상하는 손해의 범위

① 피보험자의 법률상 손해배상금(→ 부당행위로 인해 청구된 손해배상금)
② 손해방지 및 경감비용
③ 대위권 보전 및 행사비용
④ 보험사동의로 지급한 방어비용
⑤ 보상한도액 내의 공탁보증보험료
⑥ 손해사정협력비용

3. 보상한도액

① 회사가 지급하는 보험증권상의 보상한도액은 법률상 손해배상금 및 부대비용을 모두 합한 한도로 한다.
② 1회의 배상청구에 대해서 증권상 기재된 자기부담금을 초과한 경우에 한하여 그 초과분이 증권에 기재된 보상 비율(80% 등)을 곱한 금액을 보상한다.
③ 보험기간 중 모든 피보험자에 대해 보상하는 금액은, 증권에 기재된 총보상한도액을 한도로 한다.

4. 보상하지 않는 손해

개별적으로 적용되는 면책조항	기타의 배상청구
• 불법적으로 사적인 이익을 취득함에 기인한 배상청구 • 범죄행위에 기인하는 배상청구 • 법령 위반을 인식하면서 행한 행위 • 피보험자에게 부수, 상여 등을 법령을 위반하여 지급함에 기인한 배상청구 • 미공표 정보를 이용하여 법인발행주식 등을 매매하면서 발생한 배상청구 • 법으로 금지된 정치단체, 공무원 등에 이익을 제공함에 기인한 배상청구	• 보험개시일 이전에 행해진 행위 등 • 보험개시일 이전에 제기된 소송으로 인한 배상청구 • 원자력 위험 • 오염사고에 대한 배상청구 및 오염제거 비용 • 자회사의 임원에 대한 손해배상청구(단, 자회사 지분율이 50% 초과할 경우는 보상함) • 다른 피보험자, 법인 또는 자회사가 제기하는 배상청구 • 대주주로부터 제기된 배상청구 • 주주대표소송으로 인한 배상청구

5. 주요 특별약관

① 법인보상담보 특별약관
  ㉠ 임원에 대한 손해배상청구에 대해 법인이 법률, 계약 또는 정관에 따라 적법하게 보상하여야 하는 경우를 담보
  ㉡ 국문약관에서는 특약으로 담보하지만, 영문약관으로는 본문약관의 Coverage B(회사보상조항)로 담보
② 주주대표소송담보 특별약관
  ㉠ 피보험자(임원)이 법인에 대해 법률상의 손해배상책임을 부담하는 경우에 입은 손해를 보상
  ㉡ 주주대표소송은 소수주주가 회사를 대신하여 소송을 제기하는 점에서 '대위소송'이라 함
  ㉢ 상법상 주주대표소송은 발행주식총수 5% 이상의 요건을 충족해야 하나, 상장기업의 경우 동 요건이 크게 완화되어 자본금이 1천억원 이상이면 발행주식총수의 0.5% 이상으로도 이사 등의 책임을 물을 수 있음. 자본금이 1천억원 미만인 경우 1% 이상으로 주주대표소송을 제기할 수 있으며, 피고는 회사에 대해 책임이 있는 현재 이사 또는 과거 이사임
③ 유가증권 관련 법인담보 특별약관
  ㉠ 법인의 유가증권 소유자에 의하여 법인의 유가증권의 구입과 판매와 관련하여 법인이 해당 국가의 증권 관련법을 위반하여 법인을 대상으로 제기된 손해배상청구를 의미
  ㉡ 영문약관에서는 Entity Coverage Clause라고 하며 Coverage A&B에 추가하여 담보한다는 관점에서 Coverage C라고도 함
④ 종업원 퇴직소득보장법 부담보 특별약관
⑤ 정부관련 기관부담보 특별약관
⑥ 금융기관 위험 부담보 특별약관
  ㉠ 금융기관 또는 금융기관의 임원이 전문직업인으로서의 역할을 수행 중에 오류 또는 과실에 기인한 배상청구를 면책(→ 이 특약은 항상 첨부하는 특약임)
  ㉡ 이러한 위험은 별도의 '전문직업배상책임보험'으로 담보
⑦ 보험계약 해지 특별약관
⑧ 증권거래법 및 유사법률 부담보 특별약관

주요 청구자	기업합병, 재무제표작성 등 회사 경영활동과 관련한 불만을 가진 주주들이 가장 많으며, 다음으로 불공정 인사와 관련된 전·현직 직원들이 제시
피보험자의 사업영역	사업영역이 국내존으로 제한되어 있는지 아니면 미국 등으로 확장되어 있는지 파악하고, 미국 등에 ADR(American Depository Receipt, 주식예탁증서)이 거래된다면 규모와 내용을 상세히 검토하여 보험조건을 조정
피보험자의 범위	등기임원, 비등기임원을 구분하지 않고 실제 임원 역할을 수행했는지에 따라 피보험자 해당 여부를 판단
담보조건	• 보상한도액, 공제금액, 보상비율 등을 파악 • 갱신시점에 전년도보다 높은 보상한도액 설정을 요구한다면 잠재된 위험이 내포되어 있을 가능성이 크므로 갱신일자를 소급담보일자로 설정하는 것이 일반적
검토자료	보험가입청약서, 질문서/3개년 재무제표/임원현황 및 경력/최근 사업보고서/과거 소송현황/유사업종 최근 소송사례

01 임원배상책임보험은 '주식회사의 임원으로서 직무를 수행함에 있어, 관계법에서 정하고 있는 의무를 위반하여 법률상(임원의 부당행위를 담보)의 손해배상책임을 부담함으로써 입은 손해'를 담보한다.

02 임원배상책임보험에서 담보하는 임원의 부당행위(Wrongful Act)는 직무상 의무 불이행, 부정확한 진술, 선관주의의무 위반, 허위진술, 부작위이다.

03 임원이란 상법상의 이사 및 감사, 이에 준하는 자로서 보험증권의 피보험자란에 기재된 지위에 있는 자를 의미하나, 상법상 이사가 아니라도 임원에 준하는 직무를 수행하는 직원도 가능하다.

04 보험기간 중에 이미 퇴임한 임원 및 새로 선임한 임원뿐만 아니라 개시일 이전에 퇴임한 임원도 대상이 된다.

05 임원배상책임보험은 소급담보일자 이후에 발생된 사고에 대해서 최초로 제기된 배상청구를 담보하는 배상청구기준 보험이다.

06 보고연장기간(ERP)에서 종료일로부터 60일 이내 통보하면 5년 이내에 배상청구가 가능한 것을 중기 자동담보(midi tail)라고 한다.

07 선량한 관리자의 주의의무, 충실의무, 경업금지의무, 과실책임주의는 임원배상책임보험의 책임법리에 해당한다.

08 영문약관에서 Coverage C는 유가증권 관련 소송 시 임원 개인에 대한 소송이 아니라 법인에 직접 제기되는 소송을 담보하는 조항이다.

09 회사가 지급하는 보험증권상의 보상한도액은 법률상 손해배상금 및 부대비용을 모두 합한 한도로 한다.

10 1회의 배상청구에 대해서 증권상 기재된 자기부담금을 초과한 경우에 한하여, 그 초과분이 증권에 기재된 보상 비율(80% 등)을 곱한 금액을 보상한다.

11 임원에 대한 손해배상청구에 대해 법인이 법률, 계약 또는 정관에 따라 적법하게 보상하여야 하는 경우를 담보하는 특약을 '법인보상담보 특별약관'이라 한다.

12 상법상 주주대표소송은 발행주식총수 5% 이상의 요건을 충족해야 하나, 상장기업의 경우 동 요건이 크게 완화되어 자본금이 1천억원 이상이면 발행주식총수의 0.5% 이상으로도 이사 등의 책임을 물을 수 있다. 자본금이 1천억원 미만인 경우 1% 이상으로 주주대표소송을 제기할 수 있으며, 피고는 회사에 대해 책임이 있는 현재 이사 또는 과거 이사이다.

13 금융기관 또는 금융기관의 임원이 전문직업인으로서의 역할을 수행 중에 오류 또는 과실에 기인한 배상청구를 면책으로 하며, 금융기관이 임원배상책임보험에 가입 시 항상 첨부하는 특약은 '금융기관 위험 부담보 특별약관'이다.

14 임원에 대한 손해배상청구는 기업 합병, 재무제표 작성 등 회사 경영활동과 관련한 불만을 가진 주주들이 가장 많으며, 다음으로 불공정 인사와 관련된 전·현직 직원들이 제시한다.

오답노트

04	보험기간 중에 이미 퇴임한 임원 및 새로 선임한 임원도 포함하나, <u>개시일 이전에 퇴임</u>한 임원은 대상이 아니다.
07	<u>선량한 관리자의 주의의무, 충실의무, 경업금지의무</u>는 임원배상책임보험의 책임법리에 해당한다(→ <u>민법상 과실책임주의는 해당하지 않음</u>).

CHAPTER 08 기타 주요 약관

PART 01

PART 02

PART 03

PART 04

PART 05

PART 06

TOPIC 01 │ 리콜(생산물회수비용보험)

1. 개요

① 기업이 제조, 판매한 제품에 결함이 있는 경우 결함제품을 사용하던 소비자가 신체장해나 재물손해를 입은 경우 소비자의 피해손해를 보상해 주는 보험상품은 <u>생산물배상책임보험</u>이며, 문제의 제품으로 발생할 수 있는 추가적인 피해를 방지하기 위해 결함제품을 시장에서 회수하는 데 소요되는 비용을 담보하는 보험상품을 <u>리콜보험(생산물회수비용보험)</u>이라 한다.

② 대상제품 : 소비자가 최종으로 사용하는 물품 또는 그 부분품이나 부속품

③ 대상사업자 : 제품을 생산, 조립, 가공 또는 수입, 판매, 대여하는 자

2. 담보위험

(1) 담보하는 위험

<u>제품의 결함</u>으로 생산물배상책임보험에서 담보하는 위험과 동일하다. 즉, <u>제조상의 결함, 설계상의 결함, 지시 또는 경고상의 결함</u>으로 소비자가 피해를 입거나 입을 우려가 있는 것을 말한다.

(2) 리콜보험 – 담보의 전제조건

① 보험기간 내에 제품의 <u>결함</u>이 <u>발견</u>되어야 한다.

② 제품의 결함으로 <u>타인</u>의 신체장해나 재물손해가 발생하였거나, 발생할 우려가 있어야 한다.

③ 제품의 결함을 TV, 라디오, 신문, 잡지 등의 대중매체에 게재하거나 회수에 대한 <u>당국의 명령</u>이 있어야 한다.

(3) 보상하는 손해의 범위 **암기** 회상상대자협상

회수비용	• TV나 라디오 등의 광고매체를 통한 광고, 통신비용 • 추가 인건비 및 편의시설 제공비용 • 정규 직원에게 제공한 시간 외 작업비용 • 회수를 위한 운송비 • 회수된 제품의 결함 여부 확인, 검사비용
상실이익	사고를 최초로 서면통지한 날로부터 90일 동안의 통상적인 판매로 얻을 수 있는 이익을 상실이익으로 보상

상표신용회복비용	사고를 최초로 통지한 날로부터 연속 90일 동안 판매량 회복을 위해 지출한 임시비용을 보상 → 1사고당 보상한도액의 25% 범위 내에서 보상
대체비용	동일 제품으로 대체하기 위한 소요비용(원가, 제세공과금 포함)을 보상
자문비용	제품 결함사고 발생 시 위기관리 전문가의 자문서비스 비용
협상금	기업의 판매제품(음료 및 식품)에 이물질을 주입하고 기업을 상대로 협박할 경우 문제해결을 위한 협상금을 보상

3. 담보약관

(1) 담보 대상에 따른 리콜보험의 분류

1st Party Recall	3rd Party Recall
소비자에게 판매한 결함제품을 직접 회수해야 하고 그로 인한 비용손해를 보상해주는 것	완제품을 판매한 기업에서 먼저 소비자로부터 결함제품을 회수하고 그로 인한 경제적 손실을 결함부분품 공급자에게 손해배상청구를 하는데 이러한 손해를 보상하는 것

(2) 보상하지 않는 손해

① 신체장해나 재물손해(→ 생산물책임보험의 담보영역임)

② 고지하지 않은 신제품, 실험용 제품

③ 피보험자의 고의적인 불법, 범법행위 및 정부의 지침 위반

④ 담보제품과 유사한 경쟁사 제품의 리콜로 인한 회수

⑤ 사용설명서의 불이행

⑥ 벌금, 과태료, 징벌적 벌과금

⑦ 계약상 가중책임

⑧ 법률비용

⑨ 간접손실비용

4. 언더라이팅 시 고려사항

담보조건	보상한도액 및 공제금액은 보험료에 직접 영향을 주는 요소이며 피보험자의 영업규모에 적정하도록 설정하여야 함
담보제품	리콜의 빈도가 큰 장난감, 제약 및 화장품 관련 제품, 자동차 관련 제품에 대해서는 판매 예정지역을 확인할 필요가 있음
리콜계획서	리콜사고 발생 시 기업이 대응하는 조치사항에 대한 운용지침을 확인하기 위해 리콜계획서를 반드시 요청
판매제품의 확인 및 추적	• 제품결함사고 발생 시 예상되는 손실의 추정액을 확인하기 위해 배치 사이즈 자료를 요구 • 배치 사이즈나 바코드를 통해 결함제품의 추적이 가능하며, 이를 통해 리콜보험의 비용을 최소화할 수 있음
위기관리능력	시장 상황에 맞는 전담 위기관리팀을 사전에 운영할 필요가 있음

과거사고 경험	사고의 원인이 제품결함으로 동일하므로 생산물배상책임의 사고 이력도 같이 파악하는 것이 좋음

TOPIC 02 | 환경오염 배상책임

1. 개요

(1) 누락

① 환경오염배상책임보험은 '급격한 오염이나 점진적 오염을 구분하지 않고 오염사고로 인한 손해배상금, 오염제거비용 및 소송방어비용'을 독립적으로 담보한다.

② 오염손해 특별약관과 달리 독립적인 보험으로 담보한다.

③ 책임법리는 무과실책임주의를 적용하고, 피해자 보호를 위해 피해자의 입증책임 완화와 피해자의 정보청구권을 부여한다.

(2) 적용대상

대기오염물질 배출시설/폐수배출시설 또는 폐수무방류배출시설/폐기물처리시설/건설폐기물처리시설/가축분뇨배출시설/토양오염관리대상시설/소음·진동배출시설/잔류성 유기 오염물질 배출시설/해양시설 중 대통령령으로 정한 시설 등

(3) 적용법리와 책임한도

구분	가군	나군	다군
배상책임한도	2,000억원	1,000억원	500억원
의무가입한도	300억원	100~80억원	50~30억원

2. 담보위험

보상하는 손해는 일반배상책임보험과 마찬가지로 오염피해에 대하여 제3자가 청구한 법률상 손해배상금 및 소송방어비용이 있으며, 추가로 오염제거비용(사업장 내 오염정화비용은 보상 ×)을 담보한다.

3. 담보약관

(1) 보험사고 기준

배상청구기준으로 '보험기간 중에 피보험자에게 최초로 배상청구가 제기되고 보험회사에 서면으로 통지한 사고'를 담보한다.

PART 01

PART 02

PART 03

PART 04

PART 05

PART 06

(2) 보상하는 손해 및 보상하지 않는 손해

보상하는 손해	보상하지 않는 손해

• 법률상 손해배상금
• 손해방지경감비용 → 사업장 내 오염정화
  비용은 보상하지 않음
• 제3자로부터 권리보전 및 행사비용
• 피보험자가 지급한 소송비용 등
• 공탁보증보험료(보상한도액 내)
• 회사협력비용
	• 계약자, 피보험자 또는 이들의 법정대리인의 고의로 생긴 손해
	• 전쟁, 핵물질, 지진·홍수·해일 등 손해
	• 계약상 가중책임
	• 벌과금 및 징벌적 손해
	• 석면, 소음, 진동으로 생긴 손해
	• 피보험자의 임원, 근로자가 업무종사 중 환경오염에 노출된 결과로
	  입은 신체장해
	• 부동산 가격 하락 손해에 대한 배상청구
	• 자동차손해배상 보장법에서 보상하는 손해

(3) 기타 조건

① 손해배상청구권자의 직접청구 조항 : 피해자는 보험회사가 피보험자에게 지급 책임을 지는 금액
   한도 내에서 보험금의 지급을 직접 청구할 수 있다.
② 손해배상청구권자에 대한 선지급 : 보험금 지급청구일로부터 <u>30일이 경과</u>한 경우 지급할 보험금이
   결정되기 전이라도 추정보험금의 <u>50%를 선지급</u>할 수 있다.

4. 언더라이팅 시 고려사항

담보하는 약관의 보상범위 (→ 환경책임보험은 <u>의무가입</u>이므로 책임보험의 담보범위를 초과하여 인수하는 임의보험의 경우)	• 자체시설 및 제3자 시설의 오염제거비용 • 신체장해 및 재물손해에 대한 손해배상금 • 제3자의 시설 사용 중지로 인한 상실이익 • 벌금 및 과태료 • 자연상태에 미친 손해 • 법률적 방어비용 • 피보험자의 기업휴지비용
위험도 조사 보고서	위험조사보고서를 확인하여 임의계약의 보상범위를 명확히 규정하여 분쟁 소지를 제거할 수 있다.
기타 고려사항	피보험자의 사업종류 및 영역, 담보시설의 토지 및 시설상태 등

1. 개요

개인정보를 보관, 관리하는 사업체나 기업체의 경우 개인정보의 유출, 도난, 분실 등 사고로 인해서 정보 주체로부터 소송을 당하거나 기업의 평판 훼손, 영업의 중단, 막대한 배상금 지급 등 손해가 발생하는데 이러한 위험을 담보하기 위해 '개인정보보호 배상책임보험'이 등장하였다.

2. 개인정보의 정의

생존하는 개인에 관한 정보로서 성명, 주민등록번호 등에 의하여 특정한 개인을 알아볼 수 있는 부호, 문자, 음성, 음향, 및 영상 등의 정보'를 말한다.

3. 법적 근거 및 의무보험

① 징벌적 손해배상청구 : 개인정보보호법을 위반하여 정보 주체에게 손해가 발생할 경우 손해액의 3배까지 징벌적 손해배상을 청구할 수 있다.
② 법정손해배상청구 : 개인정보보호법을 위반하고 정보 주체에게 손해가 발생하지 않더라도, 300만원 이하의 손해배상청구를 할 수 있다.
③ 정보통신서비스 제공자의 보험의무가입 대상자 : 전년도 매출액이 5천만원 이상&전년도 말 기준 직전 3개월간 개인정보 이용자 수가 일일 평균 1천명 이상
④ 손해배상책임의 이행을 위한 최저가입금액 기준

구분	매출액	이용자수	최저가입금액
최저	5천만원 이상~50억원 이하	1천명 이상~10만명 미만	5천만원
최고	800억원 초과	100만명 이상	10억원

4. 담보약관

(1) 담보기준

보험기간 중에 최초로 제기된 손해배상 청구에 대하여 보상하는 배상청구기준 약관으로서 소급담보일자를 반드시 두어야 한다.

(2) 담보위험

피보험자의 업무수행과정이나 그러한 목적으로 소유, 사용, 관리하는 개인정보의 우연한 유출·분실·도난·위조·변조 또는 훼손으로 인해 피보험자가 정보 주체에게 지는 법률상의 손해배상금 및 제반 비용을 보상한다.

(3) 주요 면책위험

① 기명피보험자나 기명피보험자의 임원·직원의 고의 또는 범죄 행위로 생긴 손해

② 피보험자가 소유, 관리 또는 점유하는 재물이 손해를 입었을 경우 그 재물에 대하여 정당한 권리를 가진 사람에게 부담하는 손해

③ 재물의 멸실, 훼손, 오손, 분실 또는 도난으로 생긴 손해(단, 재물의 멸실 등으로 인해 개인정보의 유출·분실·도난 등이 발생하고 그로 인해 생긴 손해는 보상함)

④ 구두 또는 문서에 의한 비방, 중상에 따른 인격권 침해로 생긴 손해

⑤ 개인정보 이외의 정보의 유출·분실·도난·위조 등으로 생긴 손해

⑥ 초년도 계약의 보험개시일 이전에 발견된 개인정보의 유출·분실·도난·위조·변조 또는 훼손으로 인한 손해

⑦ 원인의 직간접을 불문하고, 피보험자가 제공하는 전문직업과 관련한 일체의 손해배상청구

⑧ 원인의 직간접을 불문하고, 오염물질의 검사, 청소, 제거 등에 기인한 손해

⑨ 피보험자에게 지급한 보수 등의 반환을 요구하는 손해배상청구

⑩ 제3자에 대한 차별에 기인한 손해배상청구

⑪ 특허권, 저작권, 상표권 등 지적재산권의 침해로 생긴 손해

⑪ 주주대표소송에 의한 손해배상청구

⑫ 계약의 조항, 보증 또는 합의에 근거하는 손해배상청구

⑬ 피보험자의 도난(또는 파산)으로 인한 손해배상청구

5. 언더라이팅 시 고려사항

개인정보보호 배상책임보험은 <u>의무보험</u>이지만 계약 인수 시 기본적인 고려사항은 다음과 같다.

① 약관상 담보조건 및 매출액

② 청약서 및 질문서상 기재사항

③ 예상되는 배상책임위험의 성격

④ 피보험자가 관리하는 보유개인정보 수

⑤ 관리하고 있는 고객의 정보 내용 및 전체 물량

⑥ 과거 개인정보 유출사고 경험 및 재발 방지 조치사항

1. 재난배상책임보험

(1) 의의

① 화재 · 폭발 · 붕괴 등 재난사고로 인해 피해자에 대한 막대한 배상책임이 발생하여 관리자는 경제적인 어려움을 겪게 되는데 이를 대비하기 위한 의무적 보험이 필요하다.

② 법적 근거는 '재난 및 안전관리 기본법(2017)'이다.

③ 담보기준 : 손해사고 기준증권으로 보험기간 중에 발생한 사고를 보상한다.

(2) 담보위험

재난배상책임보험 의무가입업소의 화재 · 폭발 · 붕괴사고로 인해 제3자가 입은 생명, 신체 및 재산 피해에 대하여 피보험자가 부담하는 법률상 손해배상금과 제반비용(변호사비용, 협력비용, 손해경감비용 등)을 보상한다.

(3) 가입대상

① 숙박업소, 경마장, 도서관, 음식점(1층 100m² 이상), 미술관, 물류창고, 여객자동차터미널, 주유소, 지하상가, 장례식장, 15층 이하 공동주택 등 20종

② 가입대상 제외 : '화보법'상의 특수건물, '다중법'상의 다중이용업소

(4) 보상한도

대인손해			대물손해
사망	부상	후유장해	
최고 1억 5천만원 (최저 2천만원 보장)	최고 3천만원 (상해 1급~14급)	최고 1억 5천만원 (장해 1급~14급)	1사고당 10억원

(5) 보험가입 의무자

① 소유자와 점유자가 동일한 경우 : 소유자

② 소유자와 점유자가 다른 경우 : 점유자

③ 법령에 따라 관리자로 규정된 자가 있는 경우 : 관리자

(6) 주요 면책위험(공통면책사항 포함)

① 계약자, 피보험자 또는 이들의 법정대리인의 고의로 인한 손해

② 전쟁, 혁명, 지진, 분화, 홍수, 해일 또는 이와 비슷한 천재지변으로 생긴 손해

③ 피보험자가 소유, 관리 또는 점유하는 재물이 손해를 입었을 경우 그 재물에 대하여 정당한 권리를 가진 사람에게 부담하는 손해 → 보관자배상책임에서 담보

④ 티클, 먼지, 석면, 분진 또는 소음으로 생긴 손해

⑤ 전자파, 전자장(EMF)으로 생긴 손해

⑥ 벌과금 및 징벌적 손해에 대한 배상책임

⑦ 에너지 및 관리할 수 있는 자연력, 상표력, 특허권 등 무체물에 입힌 손해

⑧ 통상적이거나 급격한 사고에 의한 것인가의 여부에 관계 없이 공해 물질의 배출, 방출, 누출, 넘쳐 흐름 또는 유출로 생긴 손해에 대한 배상책임 및 오염제거비용

⑨ 배출시설에서 통상적으로 배출되는 배수 또는 배기로 생긴 손해

⑩ 선박 또는 항공기의 소유, 관리 또는 점유로 생긴 손해

⑪ 화재사고를 수반하지 않은 자동차 사고로 인한 손해 등

2. 다중이용업소 화재배상책임보험

(1) 의의

① 다중이용업소의 화재보험 가입비율이 낮아 피해자에 대한 보상이 어려움에 따라 이를 해결하기 위한 의무적 보험이 필요하다.

② 법적 근거는 '다중이용업소의 안전관리에 관한 특별법(2013, 다중법)'이며, 2021년 법 개정으로 화재 피해가 발생한 경우 영업주의 과실이 없어도 손해를 배상하는 '무과실책임주의'로 전환되었다.

(2) 담보위험

다중이용업소의 화재·폭발로 인한 제3자의 신체 및 재산상의 피해에 대하여 피보험자가 부담하는 법률상 손해배상금과 제반비용(변호사비용, 협력비용, 손해경감비용 등)을 보상한다.

(3) 가입대상

① 단란주점, 유흥주점, 영화상영관, 비디오감상실, 학원, 목욕장, 게임제공업, 복합유통게임제공업, 복합영상제공업, 안마시술소, 노래연습장, 산후조리원, 고시원, 전화방, 화상대화방, 수면방, 콜라텍, 실내권총사격장, 골프연습장, 방탈출카페업, 키즈카페업, 만화카페업

② '일반음식점, 휴게음식점, 제과점'은 '바닥면적 합계가 지상 100m² 이상(1층 제외), 지하 66m² 이상'일 경우 의무가입대상

③ 가입대상 제외 : '화보법'상의 특수건물에 입점된 다중이용업소

(4) 보상한도

'재난배상책임보험'의 한도와 동일하다.

(5) 주요 면책위험

'재난배상책임보험'의 주요 면책위험과 동일하다.

3. 승강기 배상책임보험

(1) 의의

① "승강기 관리 주체는 승강기의 사고로 승강기 이용자 등 다른 사람의 생명, 신체 또는 재산상의 손해를 발생하게 하는 경우 그 손해에 대한 배상을 보장하기 위하여 보험에 가입하여야 한다"고 '승강기안전관리법'에서 규정하고 있다.

② 승강기 관리주체란 '승강기소유자, 다른 법령에 따라 승강기 관리자로 규정된 자, 계약에 따라 승강기를 안전하게 관리할 책임과 권한을 부여받은 자'를 말한다.

③ 보험가입 시기는 설치검사를 받은 날, 관리주체가 변경된 날, 책임보험 만료일 이내이다.

(2) 승강기의 범위

엘리베이터, 에스컬레이터, 휠체어리프트

(3) 담보위험

보험증권상의 보장지역 내에서 보험기간 중에 피보험자가 소유, 사용, 관리하는 승강기로 생긴 우연한 사고로 발생한 타인의 생명, 신체나 재산상의 손해에 대하여 피보험자가 부담하는 법률상 손해배상금과 제반비용(변호사비용, 협력비용, 손해경감비용 등)을 보상한다.

(4) 보상한도

대인손해			대물손해
사망	부상	후유장해	
최고 8천만원 (최저 2천만원 보장)	최고 1천 5백만원 (상해 1급~14급)	최고 8천만원 (장해 1급~14급)	1사고당 1천만원

(5) 주요 면책위험

'재난배상책임보험'의 주요 면책위험과 동일하며 다음을 추가한다.

① 승강기의 수리, 개조, 점검, 유지, 보수, 신축 또는 철거공사 중 발생한 손해에 대한 배상책임

② 승강기 자체 손해에 대한 배상책임

PART 01
PART 02
PART 03
PART 04
PART 05
PART 06

1. 개요

① 계속되는 중대한 산업재해와 중대한 시민재해의 발생으로 인해 ESG 경영에 대한 사회적 관심이 늘어가고 있다.

② 국회는 중대재해를 예방하고 시민과 종사자의 생명과 신체를 보호하기 위하여 "중대재해처벌법"을 입법하였다.

2. 중대재해처벌법

(1) 중대재해처벌법이란?

① 사업장에서 중대재해가 발생했을 경우 사업주 등 경영책임자에 대한 형사처벌을 강화하고 기업에 징벌적 손해배상책임을 부과하는 내용의 법을 말한다.

② 적용 기업 : 5인 미만 사업장은 제외한다.

③ 적용 시기 : 2022년 1월 27일 시행(50인 미만 사업장은 2024년 1월 시행)

(2) 기업의 주요 의무

① 재해예방 인력/예산 등 안전보건관리체계 구축

② 재발 방지 대책 수립 및 이행

③ 정부와 지자체의 개선 및 시정사항 이행

(3) 가입대상

법인/기관, 법인/기관의 사업주 및 경영책임자 등

※ 사업주 : 자신의 사업을 영위하는 자, 타인의 노무를 제공받아 사업하는 자

※ 경영책임자 : 사업을 대표하고 사업을 통괄하는 권한과 책임이 있는 사람

(4) 중대재해란

① 중대산업재해 : 산업재해 중 사망자 1인 이상 또는 동일한 사고로 6월 이상 치료가 필요한 부상자 2면 이상인 재해 등을 의미한다(예 이천 물류센터 화재 사고 등).

② 중대시민재해 : 특정 원료 또는 제조물, 공중이용시설 등 이용자 중 사망자 1인 이상 또는 동일한 사고로 2개월 이상 치료가 필요한 부상자 10명 이상인 재해 등을 의미한다(예 세월호 참사 등).

(5) 중대재해처벌법 위반 시 처벌

대상	중대산업재해	중대시민재해
사업주 또는 경영책임자 처벌	사망 → 징역 1년 이상과 벌금 10억원 이하 **병행 부과** 부상, 질병 → 징역 7년 이하 또는 벌금 1억원 이하	
	5년 이내 재발생 시 : 50% 가중처벌	가중처벌 없음
	안전보건교육 미이수 : 과태료 5천만원	교육 및 과태료 없음
법인 또는 기관 양벌규정	벌금	사망 → 50억원 이하 벌금 부상, 질병 → 10억원 이하 벌금
	징벌적 손해배상	중대재해 발생 시 손해액의 최대 5배 배상책임

PART 01
PART 02
PART 03
PART 04
PART 05
PART 06

3. 담보약관

(1) 담보기준

배상청구기준 증권으로 보험기간 중에 제기된 손해배상청구에 대하여 보상한다.

(2) 담보위험

보험회사는 중대재해가 발생한 경우 손해를 입은 피해자로부터 보험기간 중에 손해배상청구가 제기되어 피보험자가 민사상 배상책임을 부담함으로써 이에 따른 법률상 손해배상금과 제반비용(변호사비용, 협력비용, 손해경감비용 등)을 보상한다.

(3) 주요 면책위험(재난배상책임보험의 주요 면책위험과 동일하며 다음을 추가함)

피보험자가 피고인 또는 피의자가 된 경우로서
① 산업안전보건법을 위반하여 도급한 경우
② 산업안전보건법을 위반하여 금지물질을 제조, 수입, 양도, 제공 또는 사용하는 경우
③ 산업안전보건법을 위반하여 허가대상물질을 허가받지 않고 제조하거나 사용하는 경우
④ 산업안전보건법을 위반하여 석면을 해체, 제거하는 경우

(4) 기업 중대사고 배상책임보험 특별약관

① 징벌적 손해배상책임 특별약관
② 중대사고 형사방어비용 특별약관
③ 기업 중대사고 위기관리실행비용 특별약관
④ 민사상 배상책임 보장제외 특별약관
⑤ 공중교통수단 보장확대 특별약관
⑥ 오염손해 보장확대 특별약관

01 기업이 제조, 판매한 제품에 결함이 있는 경우, 결함제품을 사용하던 소비자가 신체장해나 재물 손해를 입은 경우 소비자의 피해손해를 보상해주는 보험상품은 <u>생산물배상책임보험</u>이며, 문제의 제품으로 발생할 수 있는 추가적인 피해를 방지하기 위해 결함제품을 시장에서 회수하는 데 소요되는 비용을 담보하는 보험상품을 <u>리콜보험(생산물회수비용보험)</u>이라 한다.

02 리콜보험이 담보하는 위험은 '<u>제품의 결함, 즉 제조상의 결함, 설계상의 결함, 지시 또는 경고상의 결함</u>으로 소비자가 피해를 입거나 입을 우려가 있는 것'을 말하는데, 이는 생산물배상책임보험에서 담보하는 위험과 동일하다.

03 생산물회수비용보험과 금융기관종합보험에서 택하고 있는 담보기준은 <u>배상청구기준</u>이다.

04 담보손해의 범위는 '<u>회수비용, 상실이익, 상표신용회복비용, 대체비용, 자문비용, 협상금</u>'이다.

05 <u>상표신용회복비용</u>은 사고를 최초로 통지한 날로부터 연속 <u>90일</u> 동안 판매량 회복을 위해 지출한 임시비용을 보상하며, 1사고당 보상한도액의 <u>25%</u> 범위 내에서 보상한다.

06 리콜보험에서 소비자에게 판매한 결함제품을 <u>직접</u> 회수해야 하고 그로 인한 비용손해를 보상해 주는 것은 <u>1st Party Recall</u>이고, 완제품을 판매한 기업에서 먼저 소비자로부터 결함제품을 회수하고 그로 인한 경제적 손실을 결함부분품 공급자에게 손해배상청구를 하는데 이러한 손해를 보상하는 것을 <u>3rd Party Recall</u>이라 한다.

07 리콜보험계약을 인수할 때 언더라이터가 반드시 요구하는 자료는 <u>리콜계획서</u>와 예상손실액 추정을 위한 <u>배치사이즈</u>이다.

08 환경오염배상책임보험은 '<u>급격한 오염이나 점진적 오염을 구분하지 않고</u> 오염사고로 인한 손해배상금, 오염제거비용 및 소송방어비용'을 독립적으로 담보한다.

09 환경오염배상책임보험은 '가군, 나군, 다군'으로 나누어 배상책임한도를 부여하는데, 가군의 배상책임한도는 <u>2,000억원</u>이고, 의무가입한도는 <u>300억원</u>이다.

10 보상하는 손해는 일반배상책임보험과 마찬가지로 오염 피해에 대하여 제3자가 청구한 <u>법률상 손해배상금 및 소송방어비용</u>이 있으며 추가로 <u>오염제거비용</u>을 담보(사업장 내 오염정화비용은 보상 ×)한다.

11 개인정보란 <u>생존하는</u> 개인에 관한 정보로서 성명, 주민등록번호 등에 의하여 특정한 개인을 알아볼 수 있는 부호, 문자, 음성, 음향, 및 영상 등의 <u>정보</u>'를 말한다.

12 정보통신서비스 제공자의 보험의무가입 대상자는 전년도 매출액이 <u>3천만원 이상&전년도 말</u> 기준 직전 3개월간 개인정보 이용자 수가 일일 평균 <u>1천명 이상</u>인 경우에 해당하는 자이다.

13 개인정보보호 배상책임보험의 가입대상자로서 손해배상책임의 이행을 위한 최저가입금액 기준은 최저 <u>5천만원</u>에서 최고 <u>10억원</u>까지이다.

14 개인정보보호 배상책임보험의 담보기준은 보험기간 중에 최초로 제기된 손해배상 청구에 대하여 보상하는 <u>배상청구기준</u> 약관으로서 <u>소급담보일자</u>를 반드시 두어야 한다.

15 재난배상책임보험은 <u>손해사고 기준증권</u>으로 보험기간 중에 발생한 의무가입업소의 <u>화재 · 폭발 · 붕괴</u> 사고로 인해 제3자가 입은 생명, 신체 및 재산피해에 대하여 보상한다.

16 재난배상책임보험은 사망 및 후유장해 시 최고 <u>1억 5천만원</u>(사망의 경우 최저 <u>2천만원</u> 보장), 부상 시 <u>8천만원</u>을 보장하고, 대물손해는 1사고당 <u>10억원</u>을 보상한다.

17 다중이용업소 화재배상책임보험은 2021년 법 개정으로 화재 피해가 발생한 경우 영업주의 과실이 없어도 손해를 배상하는 '<u>무과실책임주의</u>'로 전환되었다.

18 승강기배상책임보험에서 승강기 관리주체란 '<u>승강기소유자, 다른 법령에 따라 승강기 관리자로 규정된 자, 계약에 따라 승강기를 안전하게 관리할 책임과 권한을 부여받은 자</u>'를 말한다.

19 승강기배상책임보험에서 승강기의 범위는 <u>엘리베이터, 에스컬레이터, 휠체어리프트</u>이다.

20 승강기배상책임보험은 사망 및 후유장해 시 최고 <u>8천만원</u>(사망의 경우 최저 <u>2천만원</u> 보장), 부상 시 <u>1천 5백만원</u>을 보장하고, 대물손해는 1사고당 <u>1천만원</u>을 보상한다.

21 승강기배상책임보험은 승강기의 <u>수리, 개조, 점검, 유지, 보수, 신축 또는 철거공사</u> 중 발생한 손해에 대한 배상책임 및 <u>승강기 자체 손해</u>에 대한 배상책임은 보상하지 않는다.

22 중대재해처벌법이란 사업장에서 중대재해가 발생했을 경우 사업주 등 경영책임자에 대한 형사처벌을 강화하고 기업에 <u>최대 5배의 징벌적 손해배상책임</u>을 부과하는 내용의 법을 말한다.

23 <u>중대산업재해</u>란 산업재해 중 <u>사망자 1인 이상 또는 동일한 사고로 6월 이상 치료가 필요한 부상자 2명 이상</u>인 재해 등을 의미한다.

24 <u>중대시민재해</u>란 특정 원료 또는 제조물, 공중이용시설 등 이용자 중 <u>사망자 1인 이상 또는 동일한 사고로 2개월 이상 치료가 필요한 부상자 10명 이상</u>인 재해 등을 의미한다.

25 사업주 또는 경영책임자의 중대재해처벌법 위반 시 사망은 <u>징역 1년 이상과 벌금 10억원 이하</u>를 병행 부과하고, 부상, 질병은 징역 7년 이하 또는 벌금 1억원 이하를 부과한다.

26 법인 또는 기관은 양벌규정에 의하여 사망은 <u>20억원</u> 이하의 벌금/부상, 질병은 <u>10억원</u> 이하의 벌금을 부과한다.

오답노트

03 생산물회수비용보험과 금융기관종합보험에서 택하고 있는 담보기준은 <u>손해사고 발견기준</u>이다.

12 정보통신서비스 제공자의 보험의무가입 대상자는 전년도 매출액이 <u>5천만원 이상</u>&전년도 말 기준 직전 3개월간 개인정보 이용자 수가 일일 평균 <u>1천명 이상</u>인 경우에 해당하는 자이다.

26 법인 또는 기관은 양벌규정에 의하여 사망은 <u>50억원</u> 이하의 벌금/부상, 질병은 <u>10억원</u> 이하의 벌금을 부과한다.

PART 03

출제예상문제

01 다음은 손해사고기준 증권(Occurrence Basis Policy)에 대한 설명이다. 옳지 않은 것은?

① 불법행위와 그 결과가 시간적으로 근접해 있을 때 적용이 어렵다.

② 손해사고가 발생하고 배상청구가 수년 이후에 제기될 경우 인플레위험에 노출될 수 있다.

③ 건축내장재로 인한 사고와 같이 사고 시기를 확정하기가 어려운 경우 손해사고기준이 적절하지 않다.

④ IBNR의 규모를 측정하기가 어려워 부적절한 준비금의 계상, 불합리한보험요율 산정의 문제가 있다.

해설 | 손해사고 발생기준은 불법행위와 그 결과가 시간적으로 근접해 있을 때 적용이 용이하다.

02 다음 중 배상청구기준 증권에서 보고연장 보장기간(ERP)의 전제 조건이 아닌 것은?

① 갱신된 증권이 손해사고기준 증권인 경우

② 보험기간 중 보험사고의 발생으로 보험금이 지급된 경우

③ 보험계약이 보험료 부지급 이외의 사유로 해지되거나 갱신되지 않는 경우

④ 갱신된 배상청구기준 증권의 소급담보일자가 이전 증권의 소급담보일자보다 후일로 되어 있는 경우

해설 | ERP의 전제조건
- 갱신한 증권이 손해사고기준 증권일 경우
- 보험계약이 보험료 부지급 이외의 사유로 해지되거나 갱신되지 않은 경우
- 갱신된 배상청구기준 증권의 소급담보일자가 이전 증권의 소급담보일자보다 후일로 되어 있는 경우

03 다음은 배상책임보험의 재물손해에 대한 설명이다. 적절하지 않은 것은?

① 물리적으로 망가뜨려진 유체물의 직접손해

② 물리적으로 망가뜨려진 유체물의 간접손해(사용가치의 손실)

③ 물리적으로 망가뜨려지지 아니한 유체물의 직접손해

④ 물리적으로 망가뜨려지지 아니한 유체물의 사용불능으로 인한 간접손해

해설 | 배상책임보험의 재물손해
- 물리적으로 손괴된 유체물의 직접손해(교환가치의 손실)
- 물리적으로 손괴된 유체물의 간접손해(사용가치의 손실)
- 물리적으로 손괴되지 않은 유체물의 간접손해(사용가치의 손실)
- 무체물은 해당 안 됨

04 다음 중 국문 영업배상책임보험 보통약관에서 보험금 지급한도에 대한 설명으로 옳은 것은?

① 권리보전비용은 보상한도액을 초과하더라도 전액 지급한다.

② 피보험자가 지급한 소송비용 및 변호사비용은 보상한도액을 초과하더라도 전액 지급한다.

③ 법률상 손해배상금과 사고처리에 소요되는 제비용의 합계액은 보상한도액 내에서 지급한다.

④ 피보험자가 손해방지 또는 경감을 위해 지출한 필요유익비용(응급처치비용, 긴급 호송비용 등)은 보상한도액을 초과하더라도 전액 지급한다.

해설 | 비용손해 **암기** 손대기소공

손해경감비용	응급처치비용/긴급호송비용/구조를 위한 잔존물제거비용	보상한도 초과 시 보상
대위권 보전비용	피보험자가 제3자로부터 손해배상을 받을 수 있는 경우 그 권리의 보전을 위해 필요한 비용	보상한도 내 보상
기타 협력비용	보험사 요청으로 협력하기 위하여 지출한 비용	
소송비용	소송비용/변호사비용/중재 및 화해에 관한 비용	
공탁보증 보험료	소송 관련 법원에 공탁금을 대신하는 보험료 비용	

PART 01

PART 02

PART 03

PART 04

PART 05

PART 06

정답   01 ①   02 ②   03 ③   04 ④

05 다음 중 국문 영업배상책임보험 보통약관의 보험금 분담 방식으로 옳은 것은?

① 균등액 분담방식
② 보상한도액 비례분담방식
③ 지급보험금 비례분담방식
④ 보험가입금액 비례분담방식

해설 | 보험금의 분담

국문약관	영문약관(CGL Policy)
배상책임보험은 보상한도액 외에 다양한 조건이 있으므로 지급보험금(독립책임액) 비례분담방식 사용(→ 중복보험사들 간의 계산방식이 다를 경우 사용)	균등액분담 방식이 원칙(→ 어느 한 계약이라도 균등액분담 방식을 택하지 않는 경우 '보상한도액 비례분담방식'을 사용)

06 다음은 배상책임보험의 보험료 책정방식에 대한 설명이다. 옳지 않은 것은?

① 확정보험료 방식은 보험기간 중 조정이 없다.
② 확정보험료 방식은 시설소유관리자 배상책임계약에 적용 가능하다.
③ 정산보험료 방식은 요율산정기초수(연간매출액)가 심하게 변하므로 생산물배상책임계약에 적용 가능하다.
④ 보험료 정산 시 용이한 처리를 위해 최소 및 예치보험료를 적용할 때 통상 80%의 보험료를 적용한 다음 확정매출액이 85% 이하이면 최소보험료를 적용하여 별도 정산하지 않는다.

해설 | 보험료 정산 시 용이한 처리를 위해 최소 및 예치보험료를 적용할 때 통상 85%의 보험료를 적용한 다음 확정매출액이 85% 이하이면 최소보험료를 적용하여 별도 정산하지 않는다.

07 다음은 시설소유관리자 배상책임보험에서의 책임법리 중 하나인 '일반불법행위책임'의 성립요건이다. 옳지 않은 것은?

① 가해자의 고의 또는 과실
② 가해자의 책임능력
③ 가해행위의 위법성
④ 위법성과 손해의 인과관계의 성립 및 피고의 입증책임

해설 | 입증책임은 원고인 피해자가 진다.

08 다음 중 시설소유관리자 배상책임보험의 책임법리를 옳게 묶은 것은?

> ㉠ 일반불법행위책임 　　　　　㉡ 특수불법행위책임
> ㉢ 무과실책임주의 　　　　　　㉣ 채무불이행책임

① ㉠, ㉡ 　　　　　　　　　　② ㉠, ㉢

③ ㉡, ㉢ 　　　　　　　　　　④ ㉡, ㉣

해설 | 시설소유관리자 배상책임 특약과 도급업자 배상책임 특약은 <u>일반불법행위책임+특수불법행위책임</u>이고, 보관자 배상책임 특약과 전문직업 배상책임 특약은 <u>일반불법행위책임+채무불이행책임</u>이다.

PART
01

PART
02

09 다음은 영업배상책임보험의 '시설소유관리자 특별약관'에 대한 설명이다. 옳지 않은 것은?

① 시설의 수리, 개조, 신축 또는 철거공사로 생긴 손해에 대한 배상책임은 담보하지 않는다.

② 이용사, 미용사 등 전문직업인의 직업상 과실로 생긴 손해에 대한 배상책임은 별도의 약정에 따라 추가로 담보할 수 있다.

③ 작업의 종료 후 작업의 결과로 부담하는 손해에 대한 배상책임 및 작업물건 자체의 손해에 대한 배상책임손해는 보상한다.

④ 담보위험은 피보험자가 소유, 사용 또는 관리하는 시설에 기인한 배상책임과 그 시설의 용도에 따른 업무의 수행에 기인한 배상책임으로 구분된다.

해설 | 작업의 종료 또는 폐기 후 작업의 결과로 부담하는 손해에 대한 배상책임 및 작업건물자체의 손해에 대한 배상책임은 <u>생산물배상책임보험</u>에서 보상한다.

PART
04

PART
05

PART
06

10 다음 중 골프장에서 고객으로부터 골프백을 인도받아 보관 관리 중 발생된 사고를 담보받기 위한 특별약관은?

① 임차자 특별약관 　　　　　　② 비행담보 추가특약

③ 운송위험담보 추가특약 　　　④ 물적손해 확장담보 추가특약

해설 | 시설소유관리자의 '부수적인 위험'일 경우에 한해 보관자책임도 담보하는데, 이때 첨부하는 것이 '물적손해확장담보 추가특약'이다.

정답　05 ③　06 ④　07 ④　08 ①　09 ③　10 ④

11 다음 중 국문 영업배상책임보험의 시설소유관리자 특별약관에 대한 설명으로 옳지 않은 것은?

① 티끌, 먼지, 석면, 분진 또는 소음으로 생긴 손해는 보상하지 아니한다.

② 물적손해확장 추가특별약관을 가입하면 피보험자 소유의 시설 자체도 보상한다.

③ 시설에 기인된 사고뿐만 아니라 시설을 이용한 업무 활동에 따른 사고도 보상한다.

④ 의무적으로 가입해야 하는 보험이 있는 경우에는 초과한 손해에 대해서만 보상한다.

해설 | 물적손해확장 추가특별약관은 시설소유자의 부수적인 위험으로써 피보험자가 보호, 관리, 통제하는 재물에 대한 손해배상책임을 담보하지만 피보험자의 시설 자체를 보상하지 않는다.

12 집에서 키우던 애완견의 목줄이 풀려 타인에게 신체장해를 입히거나 타인의 재물을 손괴하여 부담하게 되는 배상책임 위험을 담보하는 상품으로 가장 적합한 것은?

① 동물보험   ② 영업배상책임보험

③ 생산물배상책임보험   ④ 일상생활배상책임보험

해설 | 일상생활배상책임보험은 피보험자가 주거용으로 사용하는 주택의 소유, 사용 또는 관리에 기인하는 우연한 사고와 일상생활 중에 타인에게 손해를 입힘으로써 부담하게 되는 법률상 손해배상책임을 담보하는 보험을 말한다.

13 다음은 국문영업배상책임보험의 시설소유관리자 특별약관에 관한 설명이다. 옳지 않은 것은?

① 운송위험 추가특별약관은 피보험자가 소유, 점유, 임차, 사용 또는 관리하는 자동차로 화물을 운송하던 중 적재된 화물에 생긴 손해를 보상한다.

② 비행담보 추가특약은 피보험자의 구내에서 행하는 약정된 업무에 기인된 사고로 타인에게 신체상해를 입힘으로써 법률상 배상해야 할 책임있는 손해를 보상한다.

③ 구내치료비담보 추가특약은 피보험자의 법률상 배상책임 여부와 관계없이 피보험자의 업무 및 시설과 관련된 사고로 타인이 입은 신체상해에 대한 치료비를 보장한다.

④ 물적손해 확장담보 추가특약은 시설소유자의 부수적인 위험으로, 피보험자가 관리하는 재물이 손해를 입음으로써 그 재물에 대하여 정당한 권리를 가지는 사람에 대해서 배상책임을 부담함에 따라 입은 손해를 보상한다.

해설 | 운송위험 추가특별약관은 피보험자가 소유, 점유, 임차, 사용 또는 관리하는 자동차로 화물을 운송하는 도중 적재된 화물로 인하여 제3자에게 부담하는 배상책임손해를 보상한다.

14 다음은 영문영업배상책임보험(CGL Policy)의 면책사항에 대한 설명이다. 옳지 않은 것은?

① 오염손해(Pollution)

② 계약상 가중책임(Contractual Liability)

③ 징벌적 손해배상금(Punitive Damage)

④ 성능미달 및 지연손해(Business Risk)

해설 | 징벌적 손해배상금의 경우 국문약관은 면책이고, 영문약관은 부책이다.

Coverage A의 보상하지 않는 손해
- 보험계약자 또는 피보험자의 <u>고</u>의
- <u>전</u>쟁, 혁명, 내란, 사변, 테러, 폭동 등
- <u>계</u>약상의 가중책임
- <u>오</u>염사고(→ 절대 면책으로 규정)
- <u>근</u>로자가 근무 중 입은 신체장해(W/C, E/L)
- <u>자</u>동차, 항공기, 선박으로 생긴 손해배상책임
- 이동장비운송
- 보호, 관리, 통제하는 재물에 입힌 손해
- 생산물자체손해(→ 생산물보증보험)
- 완성작업자체손해(→ 조립보험, 건설공사보험)
- 성능미달 및 지연손해
- 생산물회수비용(→ 리콜보험)
- 주류배상책임

PART 01

PART 02

PART 03

PART 04

PART 05

PART 06

15 다음은 보관자 배상책임보험에 대한 설명이다. 옳지 않은 것은?

① 보험의 목적이 특정인의 재산으로 한정된다.

② 보험가액에 기초하여 보상한도액을 설정한다.

③ 일부보험 시에는 비례보상의 원리로만 보상금액이 결정된다.

④ 책임법리 중 가장 핵심적인 법리는 채무불이행책임(민법 제390조)이다.

해설 | 일부보험 시 <u>비례보상</u> 원리를 적용하는 것이 원칙이지만, PML에 기초하여 LOL을 설정한다면 LOL의 범위 내에서 <u>실손보상</u>을 한다.

정답 　11 ②　12 ④　13 ①　14 ③　15 ③

16 다음 중 국문 영업배상책임보험에서 보관자 배상책임과 제3자 배상책임을 함께 보상하는 특별약관은?

① 임차자 특별약관

② 도급업자 특별약관

③ 차량정비업자 특별약관

④ 시설소유관리자 특별약관

해설 | • 순수하게 보관자배상책임만 담보하는 경우 → <u>창고업자, 임차자특약, 화재배상특약</u>
　　　• 제3자배상책임 및 보관자배상책임을 동시에 담보하는 경우 → <u>주차장특약, 차량정비업자 특약, 항만하역업
　　　　자(싸이로), 경비업자</u>

17 국문 영업배상책임보험의 특별약관에서 보상한도액을 단일보상한도액(Combined Single Limit)으로 정하고자 하는 경우 적합하지 않은 것은?

① 임차자 특별약관

② 주차장 특별약관

③ 경비업자 특별약관

④ 차량정비업자 특별약관

해설 | 보관자 배상책임과 제3자 배상책임을 함께 보상하는 경우 단일보상한도액(Combined Single Limit)으로 정하는
　　　 것이 의미가 있다. 임차자 특별약관은 순수하게 보관자배상책임만 담보한다.

18 다음은 영업배상책임보험 주차장 특별약관에 대한 설명이다. 옳지 않은 것은?

① 주차시설의 통상적인 유지, 보수작업으로 생긴 손해에 대한 배상책임손해를 보상한다.

② 기계적, 전기적 고장으로 차량에 발생한 손해에 대한 배상책임손해를 보상하지 않는다.

③ 피보험자의 주차시설 및 주차업무의 수행으로 생긴 제3의 신체장해와 재물손해를 보상한다.

④ 도로교통법상의 공공도로에서 수행하는 주차대행업무로 생긴 손해에 대한 배상책임 손해는 보상
　 하지 않는다.

해설 | 주차시설의 통상적인 유지, 보수작업으로 생긴 손해에 대한 배상책임손해는 시설소유관리자 특별약관에서 보
　　　 상한다.

19 다음은 국문 영업배상책임보험의 '차량정비업자 특별약관' 면책위험에 대한 설명이다. 적절하지 않은 것은?

① 차량에 적재한 물건에 대한 손해

② 시험목적으로 시설 밖에서 차량의 운행 중 발생한 사고

③ 차량의 정비를 위해 견인하거나 정비차량을 인도하던 중에 생긴 손해

④ 차량부품의 수리, 대체 또는 통상적인 수리작업 중 발생한 사고로 차량에 입힌 손해

해설 | 시험목적이 아닌 시설 밖에서 차량의 운행 중 사고로 인한 손해는 보상하지 않는다. 피보험자의 종업원 이외의 사람이 피보험자의 허락을 얻어 차량의 운행 중 사고로 인한 손해는 특약 II에서만 적용된다.

PART 01

PART 02

PART 03

20 다음 중 영업배상책임보험의 '경비업자 특별약관(Ⅰ)'에서 '보상하는 손해'에 해당하는 것은?

① 경비견의 사용으로 생긴 손해에 대한 배상책임

② 단독주택의 경비업무로 생긴 손해에 대한 배상책임

③ 전기적 사고로 생긴 화재폭발손해에 대한 배상책임

④ 기계경비 시 기계설비의 고장으로 생긴 손해에 대한 배상책임

해설 | 주택은 면책이지만, 단독주택은 보상한다. 나머지는 보상하지 않는 손해에 해당한다.

PART 04

PART 05

PART 06

21 다음 중 도급업자배상책임보험의 책임법리를 옳게 묶은 것은?

㉠ 일반불법행위책임	㉡ 특수불법행위책임
㉢ 무과실책임주의	㉣ 채무불이행책임

① ㉠, ㉡

② ㉠, ㉢

③ ㉡, ㉢

④ ㉡, ㉣

해설 | 시설소유관리자 배상책임 특약과 도급업자 배상책임 특약은 일반불법행위책임+특수불법행위책임이고, 보관자 배상책임 특약과 전문직업 배상책임 특약은 일반불법행위책임+채무불이행책임이다.

정답   16 ③   17 ①   18 ①   19 ②   20 ②   21 ①

22 다음은 도급업자 배상책임보험에 대한 설명이다. 가장 적절하지 않은 것은?

① 도급업자의 주된 업무는 주로 피보험자의 시설 내에서 이루어진다.

② 보험료는 포괄계약의 경우 보험기간에 비례하나 개별계약의 경우 도급공사 금액으로 결정한다.

③ 도급업자 배상책임보험에서의 '시설'이라 함은 완성된 후의 시설이 아닌 공사가 진행 중인 시설을 말한다.

④ 보험기간은 포괄계약의 경우 1년을 기준으로 하고 개별계약은 당해 도급공사기간을 보험기간으로 한다.

해설 | 시설소유관리자 특약의 경우 주된 업무장소는 시설 내이고, 도급업자 특별약관의 경우 주된 업무장소는 시설 밖이다.

23 도급업자 배상책임보험에서 담보할 수 없는 손해 중에서 특별약관이나 추가특약으로도 담보할 수 없는 위험은?

① 석면으로 인한 손해

② 지하매설물로 인한 손해

③ 피보험자의 수급인이 수행하는 작업으로 생긴 손해에 대한 배상책임

④ 피보험자가 참여하는 공사가 전체공사의 일부인 경우 그 전체공사에 참여하는 근로자에 입힌 신체장해손해

해설 | ① 티끌, 먼지, 분진 및 소음 추가특약(→ 단, 석면은 담보 불가)
　　② 폭발, 붕괴 및 지하매설물 손해 추가특약
　　③ 발주자 미필적 배상책임 특별약관
　　④ 일부공사 추가특약

24 다음은 영업배상책임보험의 특별약관 중 도급업자 특별약관에 대한 설명이다. 옳지 않은 것은?

① 교차책임 특별약관은 공동피보험자 상호 간의 손해배상책임을 담보하기 위해 첨부하는 약관이다.

② 토지의 침하, 융기, 이동, 진동, 붕괴 등으로 생긴 토지의 공작물과 토지에 생긴 손해는 보상하지 않는다.

③ 피보험자가 수행하는 도급공사 중 사고로 타인에게 입힌 손해에 대한 배상책임을 약관에 기재된 보상하지 않는 손해를 제외하고는 포괄적으로 보상한다.

④ '일부공사 추가특약'은 피보험자가 수행하는 공사가 전체공사의 일부일 경우, 피보험자의 근로자를 포함하여 다른 공사의 근로자에 대한 신체장해손해를 담보한다.

해설 | '일부공사 추가특약'에서 피보험자의 근로자는 제외한다(→ 사용자배상책임담보특약으로 담보함).

25 다음은 영업배상책임보험의 특별약관 중 도급업자 특별약관에 대한 설명이다. 가장 거리가 먼 것은?

① 발주자 미필적 배상책임 특별약관은 발주자의 일반불법행위책임을 담보하기 위한 약관이다.

② 교차책임 특별약관은 공동피보험자 상호 간의 손해배상책임을 담보하기 위해 첨부하는 약관이다.

③ '일부공사 추가특약'은 피보험자가 수행하는 공사가 전체공사의 일부일 경우, 피보험자의 근로자를 제외한 다른 공사의 근로자에 대한 신체장해손해를 담보한다.

④ 피보험자가 수행하는 도급공사 중 사고로 타인에게 입힌 손해에 대한 배상책임을 약관에 기재된 보상하지 않는 손해를 제외하고는 포괄적으로 보상한다.

해설 | 도급인의 지시 등 도급인의 과실이 있음으로써 발생한 배상책임손해에 대해서는 도급인이 책임을 진다. 이를 담보하기 위해서는 '발주자 미필적 배상책임 특약'을 첨부해야 한다.

PART
01

PART
02

PART
03

PART
04

PART
05

PART
06

26 다음의 국문영업배상책임보험의 도급업자특별약관의 '보상하지 않는 손해' 중 추가특별약관을 첨부하여 담보할 수 있는 손해는?

① 공사 중 발생한 소음으로 현장주변에 발생한 민원

② 피보험자가 보호, 관리, 통제하는 재물에 발생한 손해

③ 공사물건 자체에 입힌 손해에 대한 배상책임

④ 공사 도중 발생한 진동으로 옆 건물에 입힌 손해

해설 | 주위재산 추가특약으로 공사 도중 발생한 진동으로 옆 건물에 입힌 손해를 보상한다.

27 생산물배상책임보험의 제품의 결함 중 신속히 회수하지 않으면 대규모 배상책임에 직면할 수 있는 결함은?

① 설계결함

② 제조 결함

③ 지시 · 경고결함

④ 표시상의 결함

해설 | 제조물의 결함

설계결함	제품의 설계 자체에서 안정성에 문제가 있는 것 → 대규모의 배상책임에 직면할 수 있음
제조결함	설계와 다른 제조가 이루어져 안정성에 문제가 생긴 것 → 특정시점에 제작된 결함 제품을 신속히 회수하면 추가적 사고 방지
지시 · 경고결함 (표시상의 결함)	제품에 적절한 지시나 경고를 부착하지 못함에 따른 위험 → 결함제품을 신속하게 회수하지 못하면 동일 사고가 반복됨

정답   22 ①   23 ①   24 ④   25 ①   26 ④   27 ①

28 다음은 제조물책임법에서 규정한 제조업자의 면책사유에 대한 내용이다. 옳지 않은 것은?

① 제조업자가 당해 제조물을 공급하지 아니한 사실을 입증한 경우

② 제조물을 공급한 후 3년이 경과하여 청구권 소멸시효가 완성된 경우

③ 제조업자가 당해 제조물을 공급할 때의 과학, 기술 수준으로는 결함의 존재를 발견할 수 없었다는 사실을 입증한 경우

④ 제조물의 결함이 제조업자가 당해 제조물을 공급할 당시의 법령이 정하는 기준을 준수함으로써 발생한 사실을 입증한 경우

해설 | 제조물책임법에서 규정한 제조업자의 면책사유 `알기` 공과법원
- 제조업자가 해당 제조물을 공급하지 아니하였다는 사실
- 제조업자가 해당 제조물을 공급한 당시의 과학·기술 수준으로는 결함의 존재를 발견할 수 없었다는 사실
- 제조물의 결함이 제조업자가 해당 제조물을 공급한 당시의 법령에서 정하는 기준을 준수함으로써 발생하였다는 사실
- 원재료나 부품의 경우에는 그 원재료나 부품을 사용한 제조물 제조업자의 설계 또는 제작에 관한 지시로 인하여 결함이 발생하였다는 사실

29 다음 중 생산물배상책임보험에 대한 설명으로 옳지 않은 것은?

① 제품 자체에 대한 손해나 결함제품을 찾아서 회수하는 비용은 보상되지 않는다.

② 제품의 설계상의 결함, 제조상의 결함, 지시 및 경고상의 결함으로 인한 배상책임을 담보한다.

③ 판매인이 제품을 추가로 가공, 변형하여 판매하는 경우에는 판매인 특별약관을 가입하여 판매인까지 피보험자를 확대할 수 있다.

④ 본 보험의 도급업자특별약관은 제품을 설치, 유지, 보수하는 업체의 경우 완성작업 위험뿐만 아니라 도급업자 위험도 같이 담보하기 위하여 사용한다.

해설 | 판매인 특별약관에서는 판매인이 제품을 추가로 가공, 변형하여 판매하는 경우에는 보상하지 않는다.

30 다음 중 현행 제조물책임법에 규정된 징벌적 손해배상(punitive damages)에 대한 설명으로 옳지 않은 것은?

① 징벌적 손해배상책임은 피해자가 입은 손해의 10배를 넘지 아니하는 범위로 한다.

② 제조업자의 악의적인 불법행위에 대한 제재적 성격이 반영된 것이기 때문에 공급업자에게는 적용되지 않는다.

③ 피해자의 생명 또는 신체에 중대한 손실이 발생한 경우에만 적용되고, 단순 재산상의 손해에 관하여는 징벌적 손해배상을 받을 수 없다.

④ 배상액을 정할 때 법원은 고의성의 정도, 해당 제조물의 결함으로 인하여 발생한 손해의 정도 등의 제반 사항을 고려하여야 한다.

해설 | 제조업자가 제조물의 결함을 알면서도 그 결함에 대하여 필요한 조치를 취하지 아니한 결과로 생명 또는 신체에 중대한 손해를 입은 자가 있는 경우에는 그 자에게 발생한 손해의 3배를 넘지 아니하는 범위에서 배상책임을 진다(제조물책임법 제3조).

PART 01

PART 02

PART 03

PART 04

PART 05

PART 06

31 다음은 생산물 배상책임 소송의 방어방법 중에 하나인 비교과실에 대한 설명이다. 옳지 않은 것은?

① Pure Form은 가해자의 과실비율에 따라 배상금액을 결정하는 순수한 과실상계 방법이다.

② 49% Form은 피해자의 과실비율이 가해자의 과실보다 적으면 전액 배상받는 방법이다.

③ 50% Form은 피해자의 과실비율이 가해자의 과실비율과 같으면 전액 배상받는 방법이다.

④ S/G Form은 피해자의 과실이 가해자의 과실보다 경미한 경우에만 전액 배상받는 방법이다.

해설 | 50% Form은 피해자의 과실비율이 가해자의 과실비율과 같거나 적으면 전액 배상받는 방법이다.

32 다음은 제조물책임법에 관한 설명이다. 빈칸에 알맞은 것은?

> 생산물배상책임보험의 손해배상청구권자는 손해배상책임을 지는 자를 안 날로부터 (　　　), 제조업자가 손해를 발생시킨 제조물을 공급한 날로부터 (　　　) 이내에 손해배상청구권을 행사해야 한다.

① 1년, 5년 　　　　　　　　　② 1년, 10년

③ 3년, 5년 　　　　　　　　　④ 3년, 10년

해설 | 생산물배상책임보험의 손해배상청구권자는 손해배상책임을 지는 자를 안 날로부터 3년, 제조업자가 손해를 발생시킨 제조물을 공급한 날로부터 10년 이내에 손해배상청구권을 행사해야 한다.

정답 28 ② 　 29 ③ 　 30 ① 　 31 ③ 　 32 ④

33 다음 중 'Long tail 보험'에 해당하는 것은?

① 화재보험

② 농작물보험

③ 날씨보험

④ 전문직업배상책임보험

해설 | 손해사고의 확정이 불명확하고, 손해액이 약관상의 손해액이 아니라 소송과정에서 판결금액으로 결정되는 배상청구기준증권은 'Long tail 보험에 해당한다.

34 다음 중 보험계약을 체결함에 있어 소급담보일자(Retroactive Date)를 설정하지 않는 보험은?

① 의사배상책임보험

② 선주배상책임보험

③ 생산물배상책임보험

④ 전문직업인배상책임보험

해설 | 소급담보일자와 보고기간 연장으로 보험자의 책임기간을 확장할 수 있는 배상청구기준 약관은 의약품, 건축내장재, 장기복용식품, 화학제품 등 사고발생과 손해배상청구 사이가 장기간인 <u>생산물 배상책임보험</u>, <u>의료과실배상책임보험</u>, 설계사, 회계사 등의 <u>전문직업배상책임보험</u>, <u>임원배상책임보험</u>에 사용한다.

35 다음은 전문인배상책임보험에 대한 설명이다. 옳지 않은 것은?

① 손해사고기준 보험증권이 일반적이다.

② 전문인의 예로는 의사, 변호사, 설계감리기술사, 회계사, 보험중개사 등을 들 수 있다.

③ 전문업무수행 중 과실로 제3자에게 손해를 끼친 결과 입게 되는 법률상 배상책임을 보상한다.

④ 다른 배상책임과 마찬가지로 입증책임은 피해자가 지게 되나 전문직업의 특성상 전환될 수도 있다.

해설 | 일반배상책임보험의 경우 일반적으로 <u>손해사고기준</u>으로 보상하는 데 반해 전문인배상책임보험은 일반적으로 <u>배상청구기준</u>으로 보상하며, 사고와 보상청구가 모두 보험기간에 이루어져야 한다.

36 다음 중 요양보호사의 부주의로 돌보던 환자가 부상을 입은 경우의 배상책임위험을 담보하는 상품으로 가장 적합한 것은?

① 보관자책임보험

② 전문인배상책임보험

③ 시설소유배상책임보험

④ 일상생활배상책임보험

해설 | 의료인 또는 전문의료인이 선량한 관리자로서의 주의의무를 이행하지 않은 경우 그 결과로서 고객인 환자에게 신체상의 손해를 발생시키는 행위를 전문인배상책임보험에서 담보한다.

37 다음은 건축사, 기술사 배상책임보험에 대한 내용이다. 빈칸에 알맞은 것은?

> 건축사, 기술사 배상책임보험의 보고기간 연장을 위해서 보험만기일 이후 (   ) 이내에 보험사고를 통지하면, 해당 보험사고에 대한 배상청구는 보험만기일 이후 (   )간 연장담보한다.

① 30일, 3년

② 30일, 5년

③ 60일, 3년

④ 60일, 5년

해설 | 일반 배상책임보험의 보고기간 연장은 '60일−5년(midi−tail)'인 반면, 건축사 및 기술사 배상책임보험의 보고기간 연장은 '30일−3년'이다.

PART 01

PART 02

PART 03

PART 04

PART 05

PART 06

38 다음은 국문 병원 및 의사배상책임보험의 언더라이팅 시 주의사항이다. 적절하지 않은 것은?

① 대형병원일수록 분쟁의 빈도가 많다.

② 내과나 이비인후과의 요율은 정형외과나 신경외과보다 높게 적용된다.

③ 과거 의료분쟁이력은 의료과실담보에서는 특히 중요한데, 이는 의사의 치료습관이나 인식은 잘 바뀌지 않기 때문이다.

④ 지나치게 공격적인 영업전략을 취하는 병원일수록 의료사고 발생확률이 높아지므로 영업보고서나 재무제표를 검토해야 하며, 전년 대비 매출액변동이 클 경우 그 사유를 검토해야 한다.

해설 | • 높은 요율 : 산부인과, 정형외과, 신경외과, 성형외과
　　　• 낮은 요율 : 내과, 이비인후과, 피부과, 방사선과, 정신과, 한방진료과

39 다음 중 임원배상책임보험에서 보상하지 않는 보험사고는?

① 부작위

② 허위진술

③ 배임 및 횡령

④ 부정확한 진술

해설 | **임원의 부당행위(Wrongful Act)**
　　　• 직무상 의무 불이행(Breach of Duty)
　　　• 부정확한 진술(Misstatement)
　　　• 선관주의의무 위반(Neglect)
　　　• 허위진술(Misleading Statement)
　　　• 부작위(Omission)
　　　→ 사기, 횡령, 배임 등의 형사범죄 제외

정답　33 ④　34 ②　35 ①　36 ②　37 ①　38 ②　39 ③

40 다음은 임원배상책임보험에 대한 설명이다. 적절하지 않은 것은?

① 다른 전문직업배상책임보험과 같이 배상청구기준으로 담보한다.

② 보고기간이 연장된 경우에도 보상한도액이 복원되거나 보험기간이 연장되는 것은 아니다.

③ 소급담보일자 이전에 발생된 사고에 대해서 보험기간 중에 최초로 제기된 배상청구만을 담보한다.

④ 보험기간만료일로부터 60일 내로 회사에 통지할 경우 통지된 건에 대해서 향후 5년간 손해배상 청구가 가능하다.

해설 | 소급담보일자 <u>이후</u>에 발생된 사고에 대해서 보험기간 중에 최초로 제기된 배상청구만을 담보한다.

41 다음은 국문 임원배상책임보험에 대한 설명이다. 옳지 않은 것은?

① 임원의 범죄행위에 기인하는 손해는 보상하지 않는다.

② 손해배상이 제기된 소송의 수에 관계없이 보험증권에 기재된 금액을 한도로 보상한다.

③ 소송으로 확정된 손해배상금, 소송비용 및 형사소송에 따른 벌금이나 과태료 등을 보상한다.

④ 임원으로서의 업무와 관련하여 행한 행위에 대하여 제기된 소송에서 임원이 부담하는 법률상 배상책임손해를 보상한다.

해설 | 형사소송에 따른 벌과금 및 징벌적 손해배상금은 보상하지 않는 손해이다.

42 다음은 임원배상책임보험의 보상한도에 대한 설명이다. 옳지 않은 것은?

① 보험사가 지급하는 보험증권상의 보상한도액은 피보험자의 법률상 손해배상금만을 한도로 한다.

② 보험사가 지급할 보상한도액은 피보험자의 수 및 손해배상청구의 건수를 불문하고 보험증권에 기재된 보상한도액을 한도로 한다.

③ 보험기간 중 모든 피보험자에 대하여 보상하는 금액에 대한 회사의 보상총액은 보험증권에 기재된 보상한도액을 한도로 한다.

④ 보험사는 1회의 배상청구에 대하여 손해배상금이 보험증권에 기재된 자기부담금을 초과하는 경우에 한하여 그 초과분에 대해 보험증권에 기재된 보상비율을 곱한 금액을 보상한다.

해설 | 법률상 손해배상금 및 방어비용을 포함한 모든 비용 전액을 보험증권에 기재된 보상한도액 내에서 보상한다.

43 다음의 사례를 가정할 때 임원배상책임보험의 지급보험금 산정금액은?

> • 손해배상금 및 방어비용의 보상한도액 100억원 • 자기부담금 4억원
> • 보상비율 90% • 손해배상금 판결금액 68억원
> • 벌금 5억원, 방어비용 6억원

① 57.6억원 ② 63억원

③ 63.8억원 ④ 76억원

해설 | (손해배상금 판결금액＋방어비용－자기부담금)×보상비율＝(68＋6－4)×90%＝63억원

44 다음은 임원배상책임보험의 특별약관 중 '주주대표 소송담보 특별약관'에 대한 내용이다. 빈칸에 알맞은 것은?

> 상법상 주주대표소송은 발행주식 총수 ( ) 이상의 요건을 충족해야 한다. 그러나 상장기업의 경우 자본
> 시장법상 특례로 그 요건이 크게 완화되는데, 자본금 1천억 원 이상인 상장기업은 ( ) 이상으로도 소송
> 을 제기할 수 있다. 자본금이 1천억 원 미만인 경우는 ( ) 이상으로 소송을 제기할 수 있다.

① 5%, 0.5%, 1% ② 5%, 0.5%, 2%

③ 3%, 1%, 2% ④ 3%, 1%, 3%

해설 | 주주대표소송은 소수주주가 회사를 대신하여 소송을 제기하는 점에서 '대위소송'이라 한다. 상법상 주주대표소송은 발행주식총수 5% 이상의 요건을 충족해야 하나, 상장기업의 경우 동 요건이 크게 완화되어 자본금 1천억원 이상이면 발행주식총수의 0.5% 이상으로도 이사 등의 책임을 물을 수 있다. 자본금이 1천억원 미만인 경우 1% 이상으로 주주대표소송을 제기할 수 있으며, 피고는 회사에 대해 책임이 있는 현재 이사 또는 과거 이사이다.

PART 01

PART 02

PART 03

PART 04

PART 05

PART 06

정답 40 ③ 41 ③ 42 ① 43 ② 44 ①

45 리콜보험에서 사고를 최초로 통지한 날로부터 연속 90일 동안 판매량 회복을 위해 지출한 임시비용을 보상하고, 1사고당 보상한도액의 25% 범위 내에서 보상하는 손해 항목은?

① 회수비용　　　　　　　　　　　② 상실이익
③ 상표신용회복비용　　　　　　　　④ 대체비용

해설 | 리콜보험에서 보상하는 손해의 범위　**알기** 회상상대자협상

회수비용	• TV나 라디오 등의 광고매체를 통한 광고, 통신비용 • 추가 인건비 및 편의시설 제공비용 • 정규직원에게 제공한 시간 외 작업비용 • 회수를 위한 운송비 • 회수된 제품의 결함 여부 확인, 검사비용
상실이익	사고를 최초로 서면통지한 날로부터 90일 동안의 통상적인 판매로 얻을 수 있는 이익을 상실이익으로 보상
상표신용회복비용	사고를 최초로 통지한 날로부터 연속 90일 동안 판매량 회복을 위해 지출한 임시비용을 보상 → 1사고당 보상한도액의 25% 범위 내에서 보상
대체비용	동일제품으로 대체하기 위한 소요비용(원가, 제세공과금 포함)을 보상
자문비용	제품 결함사고 발생 시 위기관리 전문가의 자문서비스 비용
협상금	기업의 판매제품(음료 및 식품)에 이물질을 주입하고 기업을 상대로 협박할 경우 문제해결을 위한 협상금을 보상

46 다음은 환경오염배상책임보험의 배상책임한도를 나타내는 표이다. 옳지 않은 것은?

구분	가군	나군	다군
배상책임한도	①	②	③
의무가입한도	④	100~80억원	50~30억원

① 1,500억원　　　　　　　　　　② 1,000억원
③ 500억원　　　　　　　　　　　④ 300억원

해설 | 가군의 배상책임한도는 2,000억 원이다.

47 다음은 개인정보보호 배상책임보험에서 '보상하지 않는 손해'에 대한 설명이다. 옳지 않은 것은?

① 구두 또는 문서에 의한 비방, 중상에 따른 인격권 침해로 생긴 손해에 대한배상책임손해

② 원인의 직간접을 불문하고, 피보험자가 제공하는 전문직업과 관련한 일체의 손해배상청구

③ 재물의 멸실 등으로 인해 개인정보의 유출·분실 등이 발생하고 그로 인해 생긴 손해에 대한 배상책임손해

④ 초년도 계약의 보험개시일 이전에 발견된 개인정보의 유출·분실·도난·위조·변조 또는 훼손으로 인한 손해에 대한 배상책임손해

해설 | '재물의 멸실, 훼손, 오손, 분실 또는 도난으로 생긴 손해'는 면책이지만, 재물의 멸실로 개인정보의 유출이 발생했을 경우 그로 인한 손해는 보상한다.

48 다음은 재난배상책임보험에 대한 설명이다. 가장 적절하지 않은 것은?

① 배상청구기준으로 담보하며 반드시 소급담보일자를 둔다.

② 보험가입 의무자는 시설의 소유자나 점유자, 관리자로서 가입시설에 대한 관계에 따라 보험가입자가 정해진다.

③ 법령에 따라 재난취약시설이 의무적으로 가입해야 하는 보험으로서, 화재·폭발·붕괴 등으로 인한 타인의 신체손해, 재물손해를 보상하는 상품이다.

④ 신체손해배상책임 특약부 화재보험 가입이 의무화된 특수건물이나 다중이용업소화재 배상책임보험에 가입이 의무화된 시설은 동 보험의 가입대상 시설에서 제외된다.

해설 | 재난배상책임보험은 손해사고기준으로서, 보험기간 중 발생한 사고를 보상한다.

PART
01

PART
02

PART
03

PART
04

PART
05

PART
06

49 다음은 승강기 배상책임보험에 대한 설명이다. 옳지 않은 것은?

① 승강기란 엘리베이터, 에스컬레이터, 휠체어리프트를 말한다.

② 승강기 사고로 발생한 승강기 자체 손해에 대해서는 보상하지 않는다.

③ 승강기 관리주체는 승강기의 사고로 승강기 이용자 등 타인의 신체손해 또는 재물손해가 발생한 경우 그 손해배상을 보장하기 위해 승강기 배상책임보험에 가입해야 한다.

④ 최고보상한도는 사망 시 1억 5천만원(최저 2천만원), 후유장해 시 1억 5천만원, 부상 시 3천만원, 대물사고는 1사고당 10억원으로서 재난배상책임보험이나 신체손해배상책임 특약부 화재보험과 보상한도가 동일하다.

해설 | 승강기배상책임의 보상한도는 사망 시 8천만원(최저 2천만원), 후유장해 시 8천만원, 부상 시 1,500만원, 재물손해는 1사고당 1천만원이다.

50 다음 중 중대재해처벌법 위반 시 처벌로서 옳지 않은 것은?

① 중대산업재해, 중대시민재해 사망 시 징역 1년 이상과 벌금 10억원 이하를 병행 부과한다.

② 중대산업재해는 5년 이내 재발생 시 50% 가중처벌되며, 중대시민재해는 가중처벌이 없다.

③ 법인의 경우 사망 시 50억원 이하, 부상 또는 질병 시 10억원 이하의 벌금을 부과한다.

④ 법인의 경우 중대재해 발생 시 손해액의 최대 10배의 징벌적 손해배상책임을 부과한다.

해설 | 법인의 경우 중대재해 발생 시 손해액의 최대 5배의 징벌적 손해배상책임을 부과한다.

PART 04

해상보험

합격으로 가는 하이패스

토마토패스

CHAPTER 01   해상보험의 기초

CHAPTER 02   해상보험의 보험조건과 보상범위

CHAPTER 03   해상보험 계약의 체결과 보험료의 결정

CHAPTER 04   해상보험의 사고처리와 손해사정

CHAPTER 01 해상보험의 기초

TOPIC 01 | 해상보험의 의의와 필요성

1. 해상보험의 의의

① 영국의 1906년 해상보험법(MIA ; Marine Insurance Act) : "보험자가 그 계약에 의하여 합의한 방법과 범위 내에서 해상손해, 즉 해상사업에 수반되는 손해에 대하여 피보험자에게 손해보상을 약속하는 계약이다."라고 정의한다.

② 우리나라 상법 제693조(해상보험자의 책임) : "해상보험계약의 보험자는 해상사업에 관한 사고로 인하여 생길 손해를 보상할 책임이 있다."라고 정의한다.

③ 해상보험계약은 손해보상계약으로 해상보험증권과 보험약관의 규정에 따라 보상할 것을 약속하는 계약이며, 해상위험만 아니라 <u>해륙혼합위험</u>으로 인한 손해를 보상하는 계약이다.

2. 해상보험의 필요성

(1) 해운회사와 선박보험의 역할

해운업을 영위함에 있어 선주는 선박의 좌초, 침몰, 화재, 충돌 또는 기타 원인에 의한 선박의 손상이나 멸실, 선박충돌에 따른 상대 선박이나 그 화물에 대한 손해배상책임위험에 노출되어 있으므로 이런 위험을 대비하기 위한 선박보험이 매우 중요한 역할을 한다.

(2) 무역회사와 적하보험의 역할

① 무역거래에 수반되는 화물의 운송은 <u>운송회사</u>가 책임지며, <u>화물대금의 결제</u>는 선적서류를 담보로 환어음할인의 형태로 <u>은행</u>을 통해 이루어지고, 해상운송 중 화물에 생기는 예측할 수 없는 손해는 <u>보험회사</u>에 의해 보상되는 메커니즘을 통해 국제무역이 이루어진다.

② 적하보험은 화주의 이익을 보호함은 물론 보험회사가 운송 중의 화물위험을 보장함으로써 은행도 안심하고 무역금융을 시행할 수 있어 무역거래에 매우 중요한 역할을 한다.

3. 해상보험의 대상(보험의 목적)

(1) 해상보험에서 보험의 목적

<u>선박(ship), 화물(goods)</u> 등이며 MIA에서는 이를 피보험재산(insurable property)이라 한다.

(2) 선박의 정의

① 선박이란 선체, 자재와 의장구, 선원을 위한 소모품과 식료품을 포함하고, 특수무역에 종사하는 선박의 경우 그 무역에 필요한 통상적인 의장을 포함한다.

② 기선(汽船)의 경우 기계, 보일러, 피보험자의 소유인 석탄과 기관용품을 포함한다.

(3) 화물의 정의

① 상품의 성질을 가지는 것을 의미하고, 사유물이나 선내에서 사용하기 위한 식료품과 소모품은 포함하지 아니한다.

② 갑판적화물과 생동물은 특별히 취지와 명칭을 기재하여 보험에 들어야 하고 화물이라는 포괄적인 명칭으로 보험에 가입해서는 안 된다.

TOPIC 02 | 해상보험의 기원과 발전

1. 해상보험의 기원

① 해상보험의 기원으로 함무라비법전 유래설, 공동해손설, 가족단체설, 코멘다설 등이 있으나 통설은 해상(모험)대차설이다.

② 선주나 화주들이 선박이나 화물을 담보물로 제공하고 자금을 빌려 항해를 떠나 선박과 화물이 무사히 도착하면 원금과 고율의 이자를 상환하고, 선박이 항해 중 해난 등으로 멸실되는 경우 채무자에 대한 채무일체가 면제되도록 하는 약정을 모험대차계약이라 한다.

2. 근대적 해상보험의 발견

① 14세기 초 르네상스 초기에 제노바, 피사, 베네치아 등 이탈리아의 상업도시에서 상인이 보험자가 되어 해상위험을 인수한 것을 해상보험의 시초로 간주하고 있다.

② 이탈리아인의 영향력을 따라 해상보험은 지중해연안의 스페인, 프랑스, 포르투갈 등에 전파되고 영국을 포함한 대서양 연안의 여러 국가에 전파되었다.

3. 로이즈(Lloyd's)의 시작과 발전

(1) 로이즈(Lloyd's)의 시작

1652년 영국의 Thames 강변의 Tower Street에서 에드워드 로이드(Edward Lloyd)가 경영하던 다방에서 오늘날 세계보험시장의 중심지라고 할 수 있는 로이즈의 역사가 시작된다.

(2) 로이즈(Lloyd's)의 특징

① 로이즈는 보험회사가 아니며 회원들에게 거래장소와 서비스를 제공하는 하나의 조합이다. 로이즈 자체는 보험을 인수하지 않으며, 회원들이 개별적으로 보험을 인수한다.

② 로이즈는 많은 신디케이트와 그 신디케이트의 회원들인 개별보험업자들(Individual underwriters)에 의해 운영된다.

③ 개별보험업자들은 자기가 인수한 보험에 대하여 무한책임을 지며, 다른 회원에 할당된 손해에 대하여는 책임을 지지 않는다.

④ 로이즈의 개별보험업자들은 엄격한 재정상의 요건을 갖추어야 하며, 언더라이팅 보증금을 예치하여야 한다.

(3) 보험회사의 발전

1720년 로이즈를 중심으로 하는 해상보험업의 독점이 중단됨에 따라 이후의 영국의 보험시장은 Lloyd's market과 Company market으로 구성되고 있다.

TOPIC 03 | 해상보험의 특성

1. 해상보험과 다른 손해보험과의 차이점

① 국제무역을 전제로 하는 해상보험은 국제성이 강하다.
② 해운회사와 무역회사가 주로 이용하는 해상보험은 기업보험시장에서 중요하다.
③ 해상보험증권의 기초가 되는 영국해상보험법(MIA)과 판례에 정통한 전문성이 요구된다.
④ 수많은 해상위험에 장기간 노출되므로 해상보험증권은 광범위한 위험을 부담한다.
⑤ 기평가보험증권인 해상보험증권에서 협정보험가액은 사기가 없는 한 결정적이다.

2. 해상보험의 국제성

(1) 국제무역업자와 운송업자의 보호필요성 충족

해상보험은 국제무역과 불가분의 관계를 가지며, 국제무역과 국제운송에 종사하는 상인과 선주를 보호하기 위한 수단으로 발전되어 왔다.

(2) 영국의 1906년 해상보험법의 적용

해상보험제도를 도입·발전시킨 영국의 1906년 해상보험법이 국제조약으로서의 역할을 수행하였으며 중요한 준거법이 되어 왔다. 우리나라의 선박보험과 적하보험도 이를 따르고 있다.

(3) 해상보험시장의 국제 경쟁성

① 선박보험의 경우 선주의 국적과 관계없이 선박의 국적을 취득할 수 있고(편의치적선제도), 보험계약도 국내 또는 해외보험사와 자유롭게 체결할 수 있다.
② 적하보험의 경우 무역 조건에 따라 적하보험계약을 체결하는 주체가 다르다.

1. 해상보험의 피보험이익

(1) 보험계약의 목적과 피보험이익

① 모든 적법한 해상사업은 해상보험계약의 목적이 될 수 있다(MIA 제3조 제1항).

② 피보험이익이란 보험의 목적의 멸실 또는 손상에 의해 경제적 피해를 입게 되는 특정인(피보험자)과 보험의 목적 사이에 존재하는 적법한 경제적 관계를 의미한다.

③ 피보험재산의 안전이나 예정시기의 도착으로 이익을 얻거나, 피보험재산의 멸실이나 손상 또는 억류로 손해를 입거나, 피보험재산에 관하여 배상책임을 발생시키는 자는 해상사업에 이해관계가 있는 자로서 피보험이익을 갖는다.

(2) 피보험이익의 목적(→ 손해보상의 원리를 실현하기 위한 것)

① 도박의 방지

② 도덕적 위험의 예방과 감소

③ 피보험자의 손해액 평가 및 보험자의 보상책임범위 결정

④ 초과위험과 중복위험의 폐단 방지

⑤ 보험계약의 동일성을 구분하는 표준

(3) 도박 또는 사행계약의 무효

영법상 사행이나 도박을 목적으로 하는 모든 해상보험계약은 무효이며, 해상보험계약은 다음의 경우 사행계약이나 도박으로 간주된다(MIA 제4조).

① 피보험자가 피보험이익을 갖지 않거나 그와 같은 이익을 취할 기대가능성이 없이 계약이 체결되는 경우

② 보험증권이 "이익의 유무 불문(interest or no interest)", 보험증권 이외에 이익의 추가증명 없음 (without further proof of interest than the policy itself)", "보험자에게 구조물의 권리 없음 (without benefit of salvage to the insurer)", 또는 이와 유사한 기타의 문언으로 작성되는 경우

> **참고** PPI 보험증권
> • 보험사고 발생 시 보험증권 자체가 피보험이익의 증명이 되고 보험증권 이외에 피보험이익을 추가로 입증할 필요가 없다는 "policy proof of interest" 등의 문언이 명시된 보험증권을 말한다.
> • 법률상 효력이 없는 보험증권으로 손해가 발생한 경우에 피보험자는 전적으로 보험자의 명예에 의존하기 때문에 "명예"보험증권(honour policy)이라 한다.

(4) 피보험이익의 존재 시기

해상보험계약에서 피보험자는 보험계약이 체결될 때 보험의 목적에 이해관계를 가질 필요는 없지만, 손해가 발생한 때 반드시 보험의 목적에 이해관계를 가져야 한다(MIA 제6조 제1항).

PART 01
PART 02
PART 03
PART 04
PART 05
PART 06

(5) 소급보험의 인정

보험의 목적이 "멸실 여부를 불문함(lost or not lost)'이란 조건으로 보험에 가입되는 경우에는 보험 계약을 체결한 때 피보험자는 손해 발생 사실을 알고 있었고 보험자가 그 사실을 모르고 있었던 경우를 제외하고, 피보험자는 손해 발생 후까지 자기의 피보험이익을 취득하지 못하였다 하더라도 보상받을 수 있다(MIA 제6조 제1항).

(6) 손해 발생 후 피보험이익의 취득 불가

피보험자는 손해가 발생한 때 피보험이익을 가지고 있지 않는 경우 손해 발생 사실을 알고 난 후에는 어떠한 행위나 선택에 의해서도 피보험이익을 취득할 수 없다(MIA 제6조 제2항).

2. 해상보험의 보험가액

(1) 기평가보험증권과 협정보험가액

① 기평가보험증권은 보험의 목적의 협정보험가액(agreed value)을 기재한 보험증권을 말한다(MIA 제27조 제1, 2항).
② 사기가 없는 경우 보험증권에 정해진 가액(협정보험가액)은 보험자와 피보험자 사이에는 손해가 전손이든 분손이든 관계 없이 보험의 목적의 보험가액으로서 결정적이다(MIA 제27조 제3항).

(2) 미평가보험증권과 법정보험가액

① 미평가보험증권은 보험증권에 보험의 목적의 가액을 기재하지 않고 보험금액의 한도에 따라 추후 보험가액을 확정하는 보험증권을 말한다(MIA 제28조).
② 보험가액의 평가(→ 협정보험가액인 경우를 제외하고 손해가 발생한 때와 곳)

선박보험의 보험가액	적하보험의 보험가액
위험개시 시의 선박가액+선박의 의장구+선원을 위한 식료품과 소모품+선원의 급료에 대한 선불금+기타선비+보험비용	위험개시 시의 피보험재산의 원가+운송비용+운송부수비용+그 전체에 대한 보험비용

3. 계약 전 고지의무와 담보

(1) 보험계약 체결 전 고지의무(the duty of fair presentation)

① 영국의 1906년 해상보험법 제17조 개정[→ MIA(2015)] : Utmost Good Faith(최대선의)를 Fair Presentation of Risk(위험의 공정한 표시)로 표현을 명확히 하고, 고지의무 위반의 경우 취소의 규정을 삭제하고 3가지 유형의 조치를 도입하였다.
② 고지의무 위반 시 3가지 유형의 조치

고의적이거나 무모한 위반의 경우	보험계약 취소+보험금 미지급+보험료 미환급
단순위반 – 보험자가 위반을 알았다면 절대 보험계약을 체결하지 않았을 경우	보험계약 취소+보험금 미지급+보험료 환급

단순위반 – 보험자가 위반을 알았더라도 보험조건을 변경해서 보험계약을 체결했을 경우	보험계약 유지+보험금비례보상[(실제부과보험료/부과했을 더 높은 보험료)×100]

(2) 담보(warrant)

① 담보의 의의 : 해상보험에서 어떤 사항이 행하여지거나 행하여지지 않을 것 또는 어떤 조건이 충족될 것을 피보험자가 약속하는 담보 또는 그것에 의해 피보험자가 특정한 사실상태의 존재를 인정하거나 부정하는 담보를 의미하며, 피보험자가 담보위반을 할 경우 보험자 면책이 될 수 있다.

② 담보의 형태 **알기** 안중해감법

구분	명시담보(express warranty)	묵시담보(implied warranty)
요건	담보의 의사가 추측되는 문구면 가능하고, 보험증권에 삽입되거나 그 일부를 구성하는 서류에 포함되어야 한다.	담보의 내용이 보험증권에 명시되지 않으나 피보험자가 반드시 충족시켜야 한다.
종류	• 안전담보 • 중립담보 • 항해담보	• 감항담보 • 적법담보

③ 담보위반의 효과

기존 법령	새로운 법령
담보가 정확히 충족되지 않으면, 보험증권 명시 규정이 있는 경우를 제외하고 보험자는 담보위반일로부터 책임이 해제된다(MIA 제33조 제3항).	담보를 정지조건으로 개선하여 담보위반 기간 중 사고에 대해서만 보험자 면책을 인정한다(→ 담보위반 발생 전 또는 담보위반 교정 후 사고에 대하여 보험자 부책).

④ 담보위반 효과의 완화 : 어떠한 손실이 발생하였고, 그러한 담보 또는 조건의 위반이 있더라도 그 위반이 실제 발생한 손실의 위험을 잠재적으로 증가시켰을 가능성이 없음을 피보험자가 입증하는 경우 보험자는 책임을 면할 수 없음을 규정하고 있다(→ 새로운 법령에서 담보위반 효과가 완화되었음을 의미).

4. 해상보험증권과 해상보험약관

(1) 보험증권과 보험약관

① 보험증권이란 보험계약의 설립과 그 내용을 증명하기 위하여 보험자가 작성하고 날인하여 피보험자에게 교부하는 증거증권이다. 해상보험계약은 해상보험증권에 기재하지 않으면 증거로서 인정되지 않는다(MIA 제22조).

② 보험약관이란 보험증권의 일부를 구성하고 보험계약과 관련한 보험자와 피보험자의 권리와 의무를 규정하고 있는 계약조항이다.

(2) 해상보험증권과 해상보험약관의 변천과정

① 로이즈보험증권(S.G Policy)과 협회약관

㉠ 1779년 로이즈 총회에서 하나의 통일된 표준 해상보험증권 양식을 제정하여 사용하였다.

PART
01

PART
02

PART
03

PART
04

PART
05

PART
06

ⓛ 로이즈보험증권은 보험증권 양식과 보험약관이 내용을 포함하고 있으므로 협회약관을 제정 또는 개정하여 증권에 첨부하여 사용하였다.

ⓒ 협회약관 중 주요 약관은 적하보험에 사용되는 <u>협회적하약관</u>(ICC ; Institute Cargo Clauses)과 선박보험에 사용되는 <u>협회기간약관</u>(ITC ; Institute Time Clauses)이 있다.

② MAR Form의 해상보험증권과 협회약관

ⓐ 로이즈보험증권(S.G Policy)은 1779년 이후 200년 동안 한번도 개정이 없었기 때문에 난해한 고어체, 난외약관 등의 문제가 있었다.

ⓑ 이에 대한 UNCTAD의 비판의 결과 1982.1.1부터 새로운 해상보험증권 <u>MAR Form</u>이 제정되었다. 그리고 새로운 해상보험증권에 첨부되어 사용되는 새로운 협회적하약관 <u>ICC(1982)</u>와 협회기간약관 <u>ITC-Hulls(1983)</u>이 도입되었다.

ⓒ MAR Form은 본문약관을 간소화하였기 때문에 신협회적화약관을 첨부하지 않으면 약관으로서의 기능이 어렵다.

ⓓ 협회적하약관 ICC의 비교

구증권(S.G Policy) 1963년 협회적하약관	신증권(MAR Form) 1982년 협회적하약관
ICC(A/R) ICC(WA) ICC(FPA)	ICC(A) ICC(B) ICC(C)

(3) 영법상 해상보험증권의 해석원칙

영법상 해상보험계약은 해상보험증권에 구체적으로 표시되지 않으면 증거로서 인정되지 않는다. 보험증권은 그 구조가 복잡하므로 해석을 돕기 위하여 MIA의 제1부칙 "보험증권의 해석에 관한 규칙"을 두고 있다.

5. 해상보험증권의 해석원칙과 재판선례의 법리

① 보험증권의 해석은 무엇보다 '재판선례의 법리'에 따른다.

② 어떤 문언이 법원에서 판결의 대상이 된 경우 계약당사자가 그 문언에 다른 의미를 채택하기로 명시적으로 규정하지 않는 한, 법원에서 부여된 의미는 그 이후의 사건에서도 <u>그 문언에 대한 동일한 의미</u>로 해석되어야 한다.

③ '보험증권의 해석에서 문제가 된 문언에 대하여 이전에 법원에서 해석된 일이 없거나 그에 관한 판례가 없는 경우/판례는 있으나 문언과 사정이 본질적으로 동일하지 않는 경우/MIA 제1부칙의 해석규칙과 같은 성문법상 어떤 지침도 없는 경우', 판사는 모든 계약에 적용되는 <u>해석의 일반원칙</u>에 따라야 한다.

6. 보험증권 해석의 주요 일반원칙

① 계약당사자의 의사가 우선하여야 한다.

② 보험증권의 전체가 고려되어야 한다.

③ 인쇄문언보다는 수기문언에 효력이 주어져야 한다.

④ 문언의 통상적인 의미가 채택되어야 한다.

⑤ 특정한 문언의 의미는 문맥에 의해 제한될 수 있다.

⑥ 애매모호한 경우 합리적인 해석이 우선하여야 한다.

⑦ 애매모호한 경우 최종적으로 '작성자 불이익의 원칙'이 적용될 수 있다.

PART
01

PART
02

PART
03

PART
04

PART
05

PART
06

01 해상보험계약은 손해보상계약으로 해상보험증권과 보험약관의 규정에 따라 보상할 것을 약속하는 계약이며, 해상위험만 아니라 <u>해륙혼합위험</u>으로 인한 손해를 보상하는 계약이다.

02 해상보험의 보험금 보상에 대하여 <u>영국의 법과 관습</u>을 따른다.

03 선주나 화주들이 선박이나 화물을 담보물로 제공하고 자금을 빌려 항해를 떠나 선박과 화물이 무사히 도착하면 원금과 고율의 이자를 상환하고, 선박이 항해 중 해난 등으로 멸실되는 경우 채무자에 대한 채무일체가 면제되도록 하는 약정을 <u>모험대차계약</u>이라 한다.

04 로이즈는 보험회사가 아니며 회원들에게 거래장소와 서비스를 제공하는 하나의 <u>조합</u>이며, 로이즈 자체는 보험을 인수하지 않고, 단지 회원들이 개별적으로 보험을 인수한다.

05 PPI보험증권이란 보험사고 발생 시 보험증권 자체가 <u>피보험이익의 증명</u>이 되고 보험증권 이외에 피보험이익을 추가로 입증할 필요가 없다는 "policy proof of interest" 등의 문언이 명시된 보험증권을 말하며 손해가 발생하는 경우에 피보험자는 전적으로 보험자의 명예에 의존하기 때문에 "명예"보험증권(honour policy)이라 하지만 법률상 효력이 없는 보험증권이다.

06 해상보험계약에서 피보험자는 보험계약이 체결될 때 보험의 목적에 이해관계를 가질 필요는 없지만, <u>손해가 발생한 때</u> 반드시 보험의 목적에 이해관계를 가져야 한다.

07 <u>선박보험의 보험가액</u>은 '위험개시 시의 피보험재산의 원가+운송비용+운송부수비용+그 전체에 대한 보험비용'이다.

08 새로운 법령인 MIA(2015)에서 단순위반−보험자가 위반을 알았다면 절대 보험계약을 체결하지 않았을 경우 '보험계약 취소+보험금 미지급+보험료 환급'의 조치가 가능하다.

09 담보에는 명시담보와 묵시담보가 있으며, 명시담보는 '<u>안전담보, 중립담보, 항해담보</u>'가 있고, 묵시담보에는 '<u>감항담보, 적법담보</u>'가 있다.

10 <u>묵시담보</u>는 담보의 의사가 추측되는 문구면 가능하고, 보험증권에 삽입되거나 그 일부를 구성하는 서류에 포함되어야 한다.

11 담보위반의 효과에 있어서 MIA(2015)에서 담보를 <u>정지조건</u>으로 개선하여 <u>담보위반 기간 중</u> 사고에 대해서만 보험자 면책을 인정함으로써 그 위반 효과를 완화하였다.

12 해상보험증권은 기본적으로 불요식 증거증권이지만 영국의 MIA에서는 해상보험증권에 구현되지 않으면 증거로서 인정되지 않으므로 <u>요식성</u>을 가지고 있다. 따라서, 난외약관이나 수기문언 등의 추가되어 있다.

13 로이즈보험증권(<u>S.G Policy</u>)의 적하약관은 <u>ICC(A/R), ICC(WA), ICC(FPA)</u>이며, 새로운 해상보험증권 <u>MAR Form</u>의 적하약관은 <u>ICC(A), ICC(B), ICC(C)</u>이다.

14 로이즈보험증권(S.G Policy)은 보험증권 양식과 보험약관의 내용을 포함하고 있으므로, 협회약관을 제정 또는 개정하여 증권에 첨부하여 사용하지만, 신 보험증권 MAR Form은 본문약관을 간소화하였기 때문에 신협회적화약관을 첨부하지 않으면 약관으로서의 기능이 어렵다.

오답노트

07 적하보험의 보험가액은 '위험개시 시의 피보험재산의 원가+운송비용+운송부수비용+그 전체에 대한 보험비용'이다.

10 명시담보는 담보의 의사가 추측되는 문구면 가능하고, 보험증권에 삽입되거나 그 일부를 구성하는 서류에 포함되어야 한다.

CHAPTER 02 해상보험의 보험조건과 보상범위

TOPIC 01 해상보험의 종류(→ 적하보험, 선박보험, P&I보험)

1. 적하보험

국제운송 중 화물사고가 발생한 때 운송계약서인 선하증권(B/L)상에서 각종 면책사유를 규정하고 있고, 운송인의 귀책사유로 인한 손해라도 일정금액으로 책임이 제한된다. 따라서, 화주가 화물손해의 전액을 보상받기 위해서는 적하보험 가입이 필수적이다.

2. 선박보험

(1) 선체보험(Hull&Machinery Insurance)

① 선체 자체, 자재, 의장선구, 기타 비품을 포함하는 피보험선박의 물적손해와 비용손해를 보상한다.
② 선박 간 충돌사고가 발생한 경우에 상대선박에 지급해야 하는 법적 충돌손해배상금을 보상한다.

(2) 선비 및 증액보험(Disbursement and Increased Value Insurance)

① 선박의 시장가액 변동에 따라 선체보험에서 보상받지 못하는 비용을 보상하는 보험으로 다음의 손해를 보상한다.
　㉠ 선박이 전손된 경우 선체보험에 추가하여 보상
　㉡ 구조료, 손해방지비용, 공동해손비용이 선체보험에서 비례보상되어 받지 못한 부분을 보상
　㉢ 충돌배상금의 경우 선체보험의 보험금을 초과하는 부분을 보상
② 이 보험은 선체보험에 부가하여 선체보험가액의 25% 한도 내에서 가입할 수 있다.

(3) 불가동 손실보험(Loss of Earning/Hire Insurance)

선체손상의 결과 선박이 수리되는 기간 동안 가동 불가능 상태가 되는 경우 선주의 예상수익의 손실을 보상하는 보험이다.

(4) 계선보험(Port Risk Insurance)

항해 중이 아닌 휴항 시에 가입하는 보험으로서, 선박충돌배상책임의 보험금 전액을 보상하고 부두손상 등 P&I 위험도 보상한다.

(5) 운임보험

선박이 사고가 발생하지 않았다면 취득하였을 운임의 손실을 선주에게 보상한다. 불환급조건의 선불운임의 피보험이익은 화주에게 있고, 적하보험증권에서 화물의 보험가액에 포함되어 보상 가능하다.

(6) 건조보험(Bulider's Risk Insurance)

① 선박의 건조에서부터 진수, 시운전 및 인도까지 제반 육상위험 및 해상위험을 보장함으로써 건조자의 경제적 손실을 보험자에게 전가시키는 보험이다.

② 국내는 1988년의 영국 협회건조보험약관을 많이 사용한다.

참고 영국 협회건조보험약관의 주요 내용

- 보험기간 : 건조자의 시운항이 종료된 날로부터 30일을 초과해서는 담보하지 않는다.
- 보상하는 손해
  - 보험기간 중 발견된 잠재적 하자로 불량이 된 하자 부분을 수리, 교체 또는 대체하는 비용을 보상한다(→ 단, 조악한 용접으로 인한 대체비용은 보상 안 함).
  - 진수 실패의 경우 진수를 완료하는데 소요되는 실제 비용을 보상한다.
  - 피보험목적물의 어느 부분의 설계결함으로 인해 피보험목적물의 다른 부분에 보험기간 중 발생되고 발견된 멸실 또는 손상을 보상한다(→ 단, 설계결함이 있는 부분에 대한 수리 또는 교체비용, 설계의 개선비용은 보상 안 함).
  - 선체보험에서 보상하지 않는 P&I 위험도 일부 보상한다.
- 보상하지 않는 손해 : 지진 및 화산분화로 인한 멸실, 손상, 배상책임은 보상하지 않는다.
- 배상금의 한도액 : 선체보험약관에서는 보험금액의 3/4을 충돌배상금의 한도액으로 하지만, 이 약관에서는 보험금액 전액(4/4)을 충돌배상금의 한도액으로 한다.

---

(7) 전쟁 및 동맹파업보험(War&Strike Insurance)

모든 선박보험에서는 전쟁 위험과 동맹파업 등으로 인한 손실을 면책하므로 이러한 위험으로 인한 선박의 손실을 담보하는 보험이다.

TOPIC 02 | 적하보험의 보험조건과 보상범위

1. 구약관(S.G.Policy+1963년 협회적하약관)

(1) S.G.Policy(→ 구증권＝본문약관+이태리서체약관+난외약관)

증권의 전면	본문약관 (20개 세부약관)	모두문언약관, 여백, 양도약관, 소급약관, 출발항약관, 보험의 목적약관, 선박명약관, 선장명 및 선박명 변경약관, 보험기간약관, 기항정박약관, 보험평가약관, 부담위험약관, 손해방지약관, 포기약관, 보험증권 구속력약관, 보상약관, 약인약관, 소손해면책율약관, 영법준거약관, 선서약관
	이탈리서체약관	포획나포부담보약관, 동맹파업폭동부담보약관, 포획나포 등 담보준칙약관
	난외약관	손해방지의무 규정
증권의 이면	특별약관	ICC(1963), ITC(1888)

PART 01
PART 02
PART 03
PART 04
PART 05
PART 06

① 본문약관

제4조 소급약관(lost or not lost)

보험계약이 체결되기 전에 손해가 발생하였다 하더라도 계약체결 당시에 <u>피보험자가 그 사실을 몰랐다면</u> 계약체결이 유효하다.

제6조 보험의 목적약관

- 영법에서 단지 Goods라 하면 상품으로서의 화물을 의미하며, <u>선원 및 승객의 소지품이나 식량 기타 소모품을 포함하지 않는다.</u>
- 반대의 관습이 없는 한 갑판적하나 동물은 Goods라는 명칭으로 가입할 수 없다.

제8조 선장명 및 선박명 변경약관

선박이나 선장의 이름이 변경되더라도 보험계약에는 <u>영향을 주지 않는다</u>는 취지를 규정한 약관이다.

제9조 보험기간약관

- 위험개시는 화물이나 동산이 <u>선적될 때</u>이며, 특별약관 ICC의 운송약관 및 부선약관에는 보험자의 책임을 <u>본선에 선적되기 이전으로</u> 확장하고 있다.
- 위험의 종료는 화물이나 동산이 <u>안전하게 양륙될 때</u>이며, 특별약관 ICC의 운송약관 등에는 보험자의 책임을 <u>수하주에게 인도하는 등의 경우로</u> 확장하고 있다.

제10조 기항정박약관

- 기항(정박)을 허용하고 있지만, 기항은 <u>피보험항해의 통상의 항로에 있는 항구</u>여야 한다. 이를 위반하면 위험의 변동으로 보고 보험자는 면책된다.
- 특별약관 ICC의 운송약관에서는 <u>피보험자가 좌우할 수 없는 지연, 이로, 부득이한 양하, 해상 운송계약에 의거 선주 등에게 부여된 재량권에 행사는 면책되지 않는다.</u>

제12조 부담위험약관

부담위험약관에 피보험위험의 종류를 '13개 항목 및 기타 일체의 위험'으로 열거하고 있다(→ 참고사항으로 후술).

제13조 손해방지약관

손해보험금과 <u>손해방지비용</u>의 합계가 보험가입금액을 초과할 수 있으나, <u>구조료나 공동해손비용</u>은 보험금을 포함하더라도 보험가입금액을 한도로 보상한다.

제14조 포기약관

피보험자가 보험자에게 위부를 통지하고 보험자가 이를 거절한 때에 피보험자가 피보험재산에 대한 손해방지행위를 한 경우, 이는 <u>위부의 포기로 간주하지 않는다.</u>

제17조 약인약관

보험계약자는 보험자에게 보험료를 지불하고, 보험자는 그 대가로 위험을 부담한다는 약속을 말한다. 그리고 약관의 공백란에 협정보험요율을 기재한다.

제18조 소손해면책율 약관
- S.G. Policy에는 '좌초'의 경우에만 면책율과 상관없이 보상한다고 규정하고 있다.
- 우리나라에서 사용하는 S.G. Policy에서 설탕 등과 그 밖의 화물의 경우에는 '공동해손, 선박의 침몰 · 좌초 · 대화재(SSB)'의 경우 면책률과 상관없이 보상한다고 규정하고 있다.

제19조 영법준거법약관
클레임에 다툼이 있는 경우는 '영국의 법률과 관습'에 따른다고 되어 있고, 클레임 이외 사항에 대한 규정은 없다.

② 이태리서체약관

제1조 포획나포 부담보약관
- 국제법상의 전쟁 및 내란의 위험을 포함하는 해상보험보험상의 <u>전쟁위험</u>을 면책한다.
- 평시위험으로서의 <u>포획나포의 위험</u>, 평시의 <u>촉뢰위험 및 해적위험</u>도 면책한다.

제2조 동맹파업소요폭동 부담보약관
- 동맹파업, 기타 노동쟁의로 인한 손해를 면책한다.
- 1911년부터 1912년에 유럽과 미국에서 노동쟁의가 많음으로 해서, 선적전과 양륙 후의 육상위험을 보험자가 부담하는 약관이 삽입되어 동맹파업 등으로 인한 적하위험이 증가되었고, 이를 우려하여 본 약관을 창안하였다.

제3조 포획나포 등 담보준칙약관
- 제1조 '포획나포부담보약관'에서 제외된 위험을 당해 약관 말소로 담보위험으로 복구된다.
- 국왕, 군주, 국권찬탈자 또는 찬탈을 기도하는 자 등에 의한 강류, 억지 또는 억류 등에 발생하는 어떤 보상청구에도 부책하지 않는다.

③ <u>난외약관</u> : 보험증권의 좌측 난외에 손해통지약관이 인쇄되어 있다. 이 약관을 편의상 <u>난외약관</u>이라 칭한다.

참고	제12조 부담위험약관
Perils of the sea (해상고유의 위험)	• 해상의 <u>우연한 사고 또는 재난만을</u> 의미하고, 바람과 파도의 통상적 인 작용은 포함하지 않는다. • 해상고유의 위험이란 '풍파의 이상적인 작용으로 파선, 침몰, 좌초, 교사, 촉초, 충돌 및 선박과 적하의 행방불명 등'을 말한다.
Men of war(군함)	• 군함은 피보험위험으로서 <u>전쟁위험과 해상위험</u>의 두 가지가 있다. • 해상위험으로서 군함의 위험은 <u>군함과 선박의 충돌</u>이며 <u>해상고유의 위험</u>으로 처리되어야 한다.
Fire(화재)	• 해상고유의 위험은 아니지만, 해상위험(perils on the sea)에 속한다. • 화재(대화재는 Burning이라 함)는 소실뿐 아니라 화재로 인한 그을음, 연기 또는 열로 인한 손해 등도 포함한다.
Enemies(외적)	적의 <u>군함을 제외한</u> 전쟁에 종사하는 적의 일체의 선박, 물건 및 사람을 의미하며 외적에 의한 포획, 나포, 습격, 격침 등을 보상한다.

PART 01
PART 02
PART 03
PART 04
PART 05
PART 06

Rovers(표도)	해적의 일종으로서 '무어인이나 아라비아인의 해적'을 지칭한다.
Pirates(해적)	• 국제법상의 해적행위는 약탈을 목적으로 공해에서 사선으로 행하는 각종의 폭행을 의미한다. • 영국 해상보험법상의 해적은 폭동을 일으킨 승객이나 육상으로부터 선박을 공격하는 폭도를 포함한다.
Thieves(강도)	폭력을 수반하는 도난을 말하며, 선원이든 승객이든 승선자에 의한 도난은 포함하지 않는다.
Jettison(투하)	화물 등을 선박 외로 투기하는 것을 말하는데, 선박과 화물이 공동위험에 놓인 경우 이 위험을 면하기 위한 투하는 공동해손행위로 인정된다.
Letters of Mart and Countermart (포획면허장&보복포획면허장)	• 포획면허장은 적의 상선을 습격하고 이를 포획할 권리를 국가가 개인에게 부여한 권리면허서이다. • 국가 간에 포획면허장이나 보복포획면허장을 가지고 행하는 포획, 나포, 격침 등의 가해행위로 인한 위험을 담보한다.
Surprisals(습격)	• 습격은 포획뿐만 아니라 타 선박에 대한 방화, 포격, 격침 등의 가해행위를 말하는데 포획(Capture)인 것으로 해석해도 무방하다. • 포획(capture)은 화물의 소유권과 재산권을 탈취하는 것을 말하는데, 전시나 평시를 불문하고 국제법이나 국내법상 적법 여부도 불문한다.
Taking at sea (바다에서의 점유탈취)	• 근대어로 나포(Seizure)에 해당한다. • 해상보험법상 나포는 피보험자로부터 피보험재산의 지배권 또는 점유권을 탈취하는 강제적 조치를 말하는데, 그 조치가 영구적 또는 일시적, 적법 또는 부적법인지를 불문한다.
Arrest, Restraints, etc (국왕, 국민의 억류 등)	국왕, 군주 및 국민의 강류, 억지 및 억류라는 말은 정치상이나 행정상의 행위를 말하며, 소요나 재판에 의한 손해는 포함하지 않는다.
Barratry of master&mariner (선장 · 선원 악행)	선장 또는 선원의 악행으로 선주나 용선자에게 끼친 손해뿐만 아니라 선원의 고의적인 일체의 부정행위도 담보위험에 포함된다.
All other perils (기타 일체의 위험)	• 위험약관의 최후에 기재된 위험이다. • 포괄책임주의을 약관화한 것처럼 보여 열거되지 않은 모든 위험을 담보하는 것처럼 보이지만, 사실은 보험증권에 기재된 위험과 유사한 종류의 위험을 말한다(→ '동종제한의 원칙'이 적용됨).

(2) 협회적하보험약관 – ICC(1963)

① ICC(1963)의 보장위험과 보상손해

물적손해	전손	직접손해	현실전손
			추정전손
	분손		단독해손
비용손해		간접손해	공동해손 희생손해
			공동해손 비용손해
			순수구조료(구조비용)
			단독비용(특별비용)
			손해방지비용
배상책임손해			충돌배상책임손해

ⓐ ICC(FPA) → 현실전손, 추정전손, 공동해손, 비용손해를 보상하고 '예외적'으로 다음을 보상

- 침몰(Sinking), 좌초(Stranding), 화재(Burning) 및 폭발(Explosion)로 발생된 단독해손
- 선박, 부선 또는 운송용구의 충돌과 접촉(얼음 포함, 물 제외)으로 인해 발생된 단독해손
- 선적, 환적, 양하 중의 추락으로 인한 포장당 전손 **알기** SSBCE+포피중
- 피난항에서 적하의 하역작업에 정당하게 기인된 단독해손
- 중간기항항이나 피난항에서 양하, 창고보관 및 계반을 위한 특별비용

ⓑ ICC(WA) → ICC(FPA)+악천후, 투하나 강도로 인한 단독해손 **알기** 악투강

> **참고** WA 3%와 WAIOP
>
> - WA 3%(with average 3%) : 악천후 등으로 손해가 가입금액의 3% 이상이면 전액보상 조건
> - WAIOP(with average irrespective of percentage) : 손해 발생 시 공제 없이 전액보상 조건

ⓒ ICC(A/R) → 포괄담보하고, 다음의 법정면책사항 – MIA 제55조를 제외

- 피보험자의 고의의 불법행위(→ 중과실은 보상함)
- 지연(→ 피보험위험으로 인한 지연 포함)
- 보험의 목적의 통상의 자연소모(자연마모), 통상의 누손과 파손
- 보험의 목적의 고유의 하자나 성질
- 쥐나 해충에 근인한 손해
- 해상위험에 근인하지 않는 기관의 손상

② ICC(1963)의 약관조항

1. 운송약관	9. 수탁자약관
2. 운송종료약관	10. 보험이익불공여약관
3. 부선약관	11. 쌍방과실충돌약관
4. 항해변경약관	12. 포획나포부담보약관
5. 전위험약관	13. 동맹파업폭동소요부담보약관
6. 추정전손약관	14. 신속조치약관
7. 공동해손약관	15. 유의사항
8. 감항성 승인약관	

제1조 운송약관(Transit Clause)[→ ICC(1982) 제8조 운송약관과 동일]

제1항 : 보험기간의 시기	화물이 운송개시를 위하여 보험증권에 기재된 지역의 창고 또는 보관장소를 떠날 때
제2항 : 보험기간의 종기	아래 3가지 중 어느 하나가 먼저 도래하는 때 • 목적지의 수하인 창고 또는 최종창고에 인도된 때 • 비상보관/화물할당을 위해 임의 보관장소에 인도된 때 • 외항선으로부터 화물이 양륙된 후 60일이 경과된 때
제3항 : 위험의 변동	위험 변경이 있어도 보험기간이 계속될 수 있는 경우 ⑩ 피보험자가 좌우할 수 없는 지연, 일체의 이로, 강제양륙, 재선적 및 환적, 운송인 등의 자유재량권행사에 의한 위험 변경 등

PART 01
PART 02
PART 03
PART 04
PART 05
PART 06

제2조 운송종료약관(Termination of Adventure Clause)

천재지변이나 불가항력 등 피보험자가 좌우할 수 없는 사정으로 운송계약이 도중에 종료될 수 있는 경우 추가보험료지급조건으로 담보를 계속할 수 있다(→ 피보험자를 보호하는 규정).

제3조 부선약관(Craft&C. Clause)

"각 부선 또는 뗏목은 각각 별도로 부보된 것으로 간주한다"는 규정은 손해가 전손인지 여부 또는 손해가 면책비율에 도달했는지 여부를 결정함에 있어서 부선 또는 뗏목별로 계산하려는 의도이다.

제4조 항해변경약관(Change of Voyage Clause)

- MIA 제45조에 '항해의 변경'이 있는 경우 그 변경시점으로부터 보험자는 면책이라는 성문법 규정을 배제하고, 이 약관은 추가보험료 징수를 요건으로 담보를 계속하는 약관이다.
- '보험의 목적, 적재선박 또는 항해'에 관하여 오기 또는 탈루가 있을 경우 무효가 원칙이나, 추가보험료징수를 요건으로 보험보호를 계속하고자 하는 약관이다.

제5조 전위험약관(All Risks Clause)

이 약관은 법률 및 약관에 의해 보험자가 면책되는 위험 이외의 모든 위험을 담보한다.

→ 면책위험은 법정면책사항 : MIA 제55조, 이탤릭체약관 : 포획나포부담보약관 등이다.

제6조 추정전손약관(Constructive Total Loss Clause) → MIA 제60조, 제61조와 동일

- 피보험자가 보험사고로 인하여 자기의 선박 또는 적하의 점유를 상실하여 이를 회복할 가능성이 없거나 회복하기 위한 비용이 회복하였을 때의 가액을 초과하리라고 예상될 경우
- 선박이 보험사고로 인하여 심하게 훼손되어 이를 수선하기 위한 비용이 수선하였을 때 가액을 초과하리라고 예상될 경우
- 적하가 보험사고로 인하여 심하게 훼손되어서 이를 수선하기 위한 비용과 그 적하를 목적지까지 운송하기 위한 비용과의 합계액이 도착하는 때의 적하의 가액을 초과하리라고 예상될 경우
- 위 3가지 중 하나에 해당되면 추정전손이 된다. 추정전손의 경우 피보험자는 그 손해를 분손으로 처리할 수도 있고, 보험목적물을 보험자에게 위부하고 보험금을 청구할 수 있음

제7조 공동해손약관(General Average Clause)

공동해손의 정산에 대해서 요크앤트워프규칙(York-Antwerp Rules)을 따른다고 규정하고 있다(→ 운송계약서상 준거법과 일반적 준거법인 영국해상법과 달라 다툼의 여지가 있으므로).

제8조 감항성 승인약관(Seaworthiness Admitted Clause)

- 보험자와 피보험자 사이에 선박이 감항성이 있음을 승인한다. 선박의 감항능력담보는 묵시담보(→ 불감항은 면책)인데, 이 약관에서는 이러한 MIA규정상의 선박의 감항능력담보를 명시적으로 배제한다.
- 이는 피보험자인 화주는 선박이 감항능력을 지니고 있는지 여부를 알기 어렵고, 또한 선박의 감항능력 충족에 관여할 권한 및 수단이 없으므로 선박에 대한 감항능력담보를 적용하는 것은 가혹하기 때문이다.

제9조 수탁자약관(Bailee Clause)

- MIA 제78조(피보험자의 손해방지의무)를 재현한 약관으로, 피보험자 및 그 대리인은 손해방지 경감을 위해 인정되는 모든 조치를 취할 의무를 요구하고 있다.
- 이 약관에서는 보험자가 부담해야 할 손해가 운송인, 수탁자, 기타 제3자의 고의나 과실로 발생 된 경우에는 그들에 대한 손해배상청구권을 적절히 보존하고 또 확보해 두는 것을 피보험자 및 그 대리인의 의무로 규정하고 있다.
- 피보험자는 헤이그/비스비츠규칙상 화주에게 요구되는 클레임통지기간(화물인도부터 3일 이내) 및 제소기간(화물인도부터 1년 이내)을 준수하여 손해배상청구권이 확보되도록 해야 한다.

제10조 보험이익불공여약관(Not to Inure Clause)

- 제9조 수탁자약관에 추가하는 약관으로, 운송인, 수탁자의 고의나 과실로 담보위험이 발생하고 그 담보위험을 근인으로 손해가 발생한 경우 그 손해를 보상한 보험자가 제3자에 대한 청구권 (대위권)을 보존할 수 있도록 만들어진 약관이다.
- 선하증권 등에서 운송인과 화주가 '보험이익약관(즉, 운송인은 화주가 적하보험으로 보상받는 손해에 대해서 책임지지 않는 규정)'을 체결할 경우 보험자의 구상권행사가 불가하므로 이를 배 제하기 위한 약관이다.
- 보험계약의 내용을 운송인이 유리하게 원용하는 것을 허용하지 않겠다는 취지의 약관이다.

제11조 쌍방과실충돌약관(Both to Blame Collision Clause)

- 선박이 쌍방과실에 의해 충돌한 경우 화주에 대한 배상책임의 방법을 규정한 약관이다.
- 운송계약서상의 쌍방과실 충돌약관에 의해 피보험자가 선주에게 법률상 지게 되는 배상책임액을 보험자가 추가로 보상하는 약관이다.
- Toluma호 사건이 계기가 되었으며, 최대 화주국인 미국과 최대 선주국인 영국의 해상법 간의 차이로 인해 창안된 약관이다.

제12조 포획나포부담보약관(F.C.& S. Clause)

제13조 동맹파업폭동소요부담보약관 면책약관(F.S.R&C.C. Clause)

- 약관 제12조, 제13조는 구보험 증권에 이탤릭체로 기재된 약관과 내용이 동일하다.
- ICC(A/R)은 동 약관 제12조, 제13조, 그리고 MIA 제55조의 법정면책사항을 제외한 모든 위험 에 대해서 보상한다.

제14조 신속조치약관(Reasonable Despatch Clause)

제1조 운송약관, 제2조 운송종료약관, 제4조 항해변경약관에서 위험의 변동이 있어도 담보가 계 속될 수 있다고 규정하고 있기 때문에 피보험자로 하여금 여러가지 사정에 신속히 대응하는 조치 를 취할 것을 의무로 규정하는 약관이다.

※ 유의사항(Note) : 협회적하약관은 위험의 변동이 있어도 담보가 계속될 수 있다고 규정하고 있는 바 보험자로서 보험 보호를 계속할 사정이 생긴 경우, 보험자가 보험료를 추가 징수할 수 있도록 피보험자가 사정의 발생을 알았을 때 지 체 없이 통지할 것을 규정하는 약관이다(→ 통지 지체 시는 담보하지 않음).

PART 01

PART 02

PART 03

PART 04

PART 05

PART 06

2. 신약관(Mar Form+1982년 협회적하약관)

(1) Mar Form(→ 신증권＝본문약관+난외약관)

본문약관	• 준거법약관 • 타보험약관 • 약인약관 • 선언약관
난외약관	• 중요사항약관 • 손해사정을 위한 지침약관 • 보상청구 서류에 관한 사항

① 본문약관

제1조 준거법약관

이 보험은 모든 보상청구에 대한 책임과 정산에 대해서는 영국 법률과 관례를 따른다.

제2조 타보험약관

• 동 보험증권이 다른 해상보험증권 또는 화재보험증권과 중복관계가 될 경우 다른 보험증권의 후순위가 됨을 정하는 약관이다. 즉, 1순위로 보상할 책임을 면하고자 하는 약관이다.
• 다른 보험증권에서 보상한 금액을 공제한 후 잔액이 있으면 그 잔액을 보상해 주고, 다른 보험증권에서도 타보험증권 조항이 있으면 중복보험원칙에 따라 보상한다.

제3조 약인약관

보험료를 당 회사에 납부함으로써 보험금을 보험증권의 규정에 따라 지급하기로 합의한다.

제4조 선언약관

동일한 해상보험계약에 있어서 복수의 보험증권이 발행된 경우, 그 중 1부에 대해 보상의무가 이행되었을 때에는 나머지 증권은 효력을 상실한다는 내용의 약관이다.

② 난외약관

제1조 중요사항 약관

보험자가 부책하게 될지 모르는 멸실 및 손상의 경우의 절차와 수송인, 수탁자, 기타 제3자의 책임에 관하여 규정하고 있다.

제2조 손해사정을 위한 지침 약관

이 보험에서 보상청구할 멸실이나 손상이 있을 경우에는 이 보험증권이나 증명서에 명기된 보험회사나 그 대리점에 즉시 사고통보를 하고 검정보고서를 얻어야 한다.

제3조 보상청구서류에 관한 약관

보상청구가 신속히 처리되도록 피보험자가 그 대리인들은 지체 없이 모든 구비서류(→ 보험증권, 선적송장, 선하증권, 검정보고서 등)들을 제출해야 한다.

(2) ICC(1963)와 ICC(1982)의 비교

구분	ICC(A)[신약관]			ICC(A/R)[구약관]			
	약관 번호	약관명		약관 번호	동일 표현	표현 변경	신설 조항
부담위험	1	위험약관(Risk Clause)		5		○	
	2	공동해손약관(General Average Clause)		25		○	
	3	쌍방과실충돌약관(Both to Blame Clause)		11	○		
면책위험	4	일반면책약관(General Exclusion Clause)		5		○	
	5	불내항성 및 부적합성 면책약관 (Unseaworthiness and Unfitness Exclusion Clause)		8		○	
	6	전쟁면책약관(War Exclusion Clause)		12		○	
	7	동맹파업면책약관(Strike Exclusion Clause)		13		○	
보험기간	8	운송약관(Transit Clause)		1	○		
	9	운송계약종료약관 (Termination of Contract of Carriage Clause)		2		○	
	10	항해변경약관(Change of Voyage Clause)		4		○	
손해사정	11	피보험이익약관(Insurable Interest Clause)					○
	12	계반비용약관(Forwarding Charges Clause)					○
	13	추정전손약관(Constructive Total Loss Clause)		6	○		
	14	증액약관(Increased Value Clause)					○
보험이익	15	보험이익불공여약관(Not to Inure Clause)		10	○		
손해경감	16	피보험자의무약관(Duty of Assured Clause)		9		○	
	17	포기약관(Waiver Clause)					○
지연방지	18	신속조치약관(Reasonable Dispatch Clause)		14	○		
법률관습	19	영국의 법률 및 관습조항 (English Law and Practice Clause)					○

(3) ICC(1982)의 위험약관 **알기** 지갑유포

인과관계	부담위험	C 약관	B 약관	A 약관
상당 인과관계	1. 화재 또는 폭발	○	○	면책 이외의 모든 위험 담보
	2. 본선이나 부선의 좌초, 좌주, 침몰 또는 전복	○	○	
	3. 육상운송용구의 전복 또는 탈선	○	○	
	4. 본선, 부선 또는 운송용구의 외부 물체와의 충돌이나 접촉	○	○	
	5. 피난항에서의 적하의 양하	○	○	
	6. 지진, 화산의 폭발, 낙뢰	×	○	

PART
01

PART
02

PART
03

PART
04

PART
05

PART
06

인과관계	부담위험	C 약관	B 약관	A 약관
단순 인과관계	7. 공동해손희생	○	○	면책 이외의 모든 위험 담보
	8. 투하	○	○	
	9. 갑판유실	×	○	
	10. 본선, 부선, 선창, 운송용구, 콘테이너 등 보관장소에 해수, 호수 또는 하천수의 유입	×	○	
관계 없음	11. 본선이나 부선의 하역 중 낙하하거나 갑판에서 멸실된 매 포장당 전손	×	○	

(4) ICC(1982)의 면책약관

제4조 일반면책약관

- 피보험자의 고의적인 비행
- 피보험위험으로 인한 지연일지라도 지연을 근인으로 손해
- 보험목적물의 고유의 하자나 성질
- 보험목적물의 통상의 누손, 중량이나 용적상의 통상의 손해 또는 통상의 자연소모
- 보험목적물의 포장이나 준비의 불완전 또는 부적합(NEW)
- 선박의 소유자, 관리자, 용선자의 금전상의 채무불이행(NEW)
- 여하한 자의 불법행위에 의한 고의적 손상 또는 파괴(NEW)
- 일체의 핵 관련 무기의 사용(NEW)

제5조 불감항 부적합 면책약관

구협회적하약관에서는 보험자와 피보험자 사이에 선박이 감항성이 있는 것으로 승인한다는 약관이지만, 신협회적하약관에서는 선박의 불감항에 의한 손해는 보험자의 면책사항으로 인정하지만, 피보험자가 불감항 사실을 모르고 있었던 경우에는 담보한다. 결국, 두 약관은 효과 면에서는 동일하다.

제6조 전쟁면책약관(→ 구증권의 위험약관과 이탤릭체약관이 삭제되고 변경된 것임)

- 전쟁, 내란, 혁명 등 면책
- 포획, 나포, 강류 등 면책(단, 해적행위 제외)
- 기뢰, 어뢰, 폭탄 등 면책

제7조 동맹파업면책약관(→ 구증권의 이탤릭체약관이 삭제되고 변경된 것임)

- 동맹파업 및 동맹파업자에 기인한 손해 면책
- 테러리스트, 정치적 동기에 기인한 손해 면책(NEW)

(5) ICC(1982)의 신설약관 (암기) 계피증포법

제11조 피보험이익약관

- MIA 제6조 1항과 SG Policy 본문에 있던 소급약관(lost or not lost clause)을 흡수하여 신설된 것이다.

- 피보험자는 보험계약 체결 시 피보험이익을 갖고 있을 필요는 없지만 손해 발생 시 피보험이익을 갖고 있어야 한다.
- 보험계약 이전에 피보험손해가 발생하였을 지라도 피보험자가 그 손해 발생 사실을 알고 보험자가 모르는 경우를 제외하면, 보험계약체결 이전에 발생한 화물손해에 대해서는 보험자가 보상책임을 진다고 규정하고 있다.

제12조 계반비용약관
- 구증권 본문의 손해방지약관과 MIA 제64조에 규정하는 특별비용 등에 의하여 보험자가 실무상 보상해 왔던 계반비용을 명확히 한 것이다.
- 목적지 이외의 항구에서 항해가 종료된 경우 피보험자는 화물을 양륙, 보관하고 원래의 목적지까지 계속 운반하는 비용을 보험자로부터 보상받을 수 있다.
- 단, 항해중단의 원인은 제4조 일반면책약관, 제5조 불감항 및 부적합 면책약관, 제6조 전쟁면책약관, 제7조 동맹파업 면책약관에 규정된 면책사유가 아니어야 하며, 피보험자 또는 그 사용인의 과실 · 태만 · 지급불능 또는 재정상의 채무불이행으로부터 생긴 비용은 포함하지 않는다.

제14조 증액약관
보험기간 중에 보험가액의 현저한 변동이 있는 경우 별도의 증액보험을 붙일 수 있다고 규정하고 있다(→ 보험가액불변경주의의 불합리성을 보완하려는 의미).

제17조 포기약관
- 피보험자가 위부를 한 후 손해방지행위를 한 경우 이를 위부의 포기로 보지 않고, 반대로 보험자가 손해방지행위를 한 경우에도 이를 위부의 승낙으로 보지 않는다.
- 이 약관은 피보험자와 보험자로 하여금 보험목적물의 보전을 위해 최선을 다하도록 하고, 그로 인한 비용은 위부와 관계 없이 손해방지비용 또는 특별비용으로 보험자가 부담하도록 하고 있다.

제19조 영국의 법률 및 관습조항
MAR Form의 준거법약관은 "이 보험증권의 규정 또는 첨부된 어떠한 반대 규정에도 이 보험은 모든 보험청구에 대한 책임과 정산에 대하여만 영국법률과 관례에 따를 것을 합의한다."고 규정하고 있다.

3. 2009년 협회적하약관(ICC)

① ICC(2009)의 보장위험과 보상손해는 ICC(1982)와 동일하지만, 보험기간이 확장되었다.
② 보험기간의 확장

구분	ICC(1982)	ICC(2009)
시기	화물이 운송개시를 위하여 보험증권에 기재된 장소의 창고를 떠날 때	운송이 창고(또는 보관창고) 내에서도 보험의 목적이 운송차량 또는 기타 운송용구에 적재를 위해 처음 이동될 때
종기	수하주 또는 최종창고나 보관장소에 인도된 때	최종창고 또는 창고 안에서 운송차량이나 기타 운송용구로부터 하역이 완료된 때

PART 01

PART 02

PART 03

PART 04

PART 05

PART 06

4. 전쟁 및 동맹파업 등을 부담하는 약관

1963년과 1982년 ICC는 해상위험만을 부담하고 전쟁 및 동맹파업 등의 위험을 면책으로 하고 있다. 따라서, 전쟁 및 동맹파업 등의 위험을 부담하기 위한 약관으로 구적하보험 증권용으로 Institute War Clauses-1/1/63, 신적하보험증권용으로 Institute War Clauses-1/1/82 등의 약관을 두고 있다.

5. 부가 및 기타 특별약관

(1) 부가위험(→ A/R 또는 A조건으로 보험에 가입해도 담보되지 않는 위험)

파손 (breakage)	파손의 부가위험을 보험에 붙여야 한다. 예 유리, 요업제품 등
한습손 및 열손 (Sweat&Heating)	습기와 열에 의한 부가위험을 보험에 붙여야 한다. 예 곡물류, 사료 및 유채류(Oil seeds) 등
누손 및 부족손 (Leakage&Shortage)	용기나 포장으로부터 누손/부족손의 부가위험을 보험에 붙여야 한다. 예 유리병속의 의약품, 액체화물 등
혼합손 (Contamination)	혼합에 의한 외관상 더러움의 부가위험을 보험에 붙여야 한다. 예 유류화물의 해수 또는 담수의 혼입, 곡물이 광석류와 혼합 등

⑤ 기타의 부가위험 : 우담수손(RFWD ; Rain and/or Fresh water damage)/도난발하불착손(TPND ; Theft, Pilferage, Non-delivery)/곡손(Denting&Bending)/갈고리손(Hook&Hole)/공동해손 희생이 아닌 투하 및 갑판유실(JWOB ; Jettision&Washing Overboard)/오염손(Contamination)/쥐 및 벌레손(Rats&Vermin)

(2) 기타 특별약관

Inland Storage Extension (내륙장치보관 기간연장 담보조건)	• 최종양하장에서 최항선으로부터 피보험화물의 하역완료 후 60일(수입적하는 30일)을 초과하여 계속 보관하는 경우 그 보관기간에 발생하는 손해를 담보한다. • 담보위험은 기본조건과 동일하며 보험기간만 연장된다.
Country Damage Clause (원산지손해약관)	• 수입면화의 원산지손해를 담보한다. • 선적을 위한 대기 중 원산지에서의 비나 지면의 습기에 의해 발생할 수 있는 비교적 경미한 손해를 원산지손해라 한다. • 외항선 적재 전의 홍수, 해일, 호우로 인한 손해와 적재될 때의 명백한 손해에 대해서 면책이다.
Special Replacement Clause (기계류수선약관)	• 보험목적물인 기계가 일부 손상인 경우 대체비용에 재조립비용을 가산한 금액을 보상한다. • 손상부품의 신규 구입 시 관세를 지불한 때는 관세가 보험가입금액에 포함된 경우에 한해 보상한다.
Special Replacement Clause for Secondhand Machinery (중고기계수선 약관)	기계가 중고품일 경우에 첨부되는 약관이다.

Refrigerating Machinery Clause (냉동기계약관)	육류 및 생선에 첨부하는 약관이며, 냉동기의 고장이나 파열로 인한 멸실이나 손상을 보상한다. ※ 24시간 이상 냉동장치가 고장일 경우에 보상하는 약관은 '냉동화물약관 (Refrigerated Cargo Clause)'이다.
Livestock Clause(B) [생동물 약관(B)]	생동물의 사망을 담보하는 약관으로, 검역소에서 30일 한도로 담보되며 최종 목적지의 수하주에게 인도될 때까지 그리고 도착 후 7일 동안의 사망위험까지 담보한다.
Label Clause (상표약관)	• 통조림이나 술 등 라벨이 붙은 화물에 이 약관이 첨부된다. • 상표만 손상되었을 경우 신상표 및 상표 재부착 비용만을 보상
Rejection Clause (통관거부위험약관)	• 식품류에 첨부되어 사용되며, 수입국 등의 품질검사로 통관이 거부됨에 따라 발생하는 피보험자의 경제적 손실을 보상한다. • 무사고로 통관된 때에는 납입한 보험료의 일정비율을 환급한다.
On-deck Clause (갑판적약관)	• 적하가 선창에 보관되지 않고 갑판에 적재된 경우 적용되는 보험의 조건에 제한이 있다. • 갑판에 적재될 경우에 동 약관을 첨부하면 ICC(WA), ICC(A/R) 조건은 ICC (FPA)+JWOB(투하, 갑판유실손 포함) 조건으로, ICC(B), ICC(A) 조건은 ICC (C)+WOB(갑판유실손 포함) 조건으로 변경되어 보장을 받는다. • 동 약관은 밀폐된 컨테이너 화물에는 이를 적용하지 않는다.

PART
01

PART
02

PART
03

PART
04

PART
05

PART
06

6. 항공으로 운송되는 적하보험의 기본약관

① 항공운송 화물에 사용되는 적하보험의 기본약관은 구증권용으로 ICC(A/R)약관[→ 협회항공화물 약관, ICC(Air, 1965)]과 신증권용으로 ICC(A)약관[→ 협회항공화물약관, ICC(Air, 1982)]이 있다.

② 협회적하약관의 보험기간은 최종양하장소에서 외항선 및 항공기로부터 피보험화물의 양하가 완료 된 후 ICC(A)는 60일을 경과한 때에, 협회항공화물약관 ICC(Air)는 30일이 경과한 때에 보험기 간이 종료되는 것으로 규정한다.

TOPIC 03 | 선박보험의 보험조건과 보상범위

1. 선체보험에서의 보험조건별 담보손해

(1) ITC(Institute Time Clauses)조건

ITC-Hulls(1/10/83)에 열거하고 있는 13항목의 담보위험으로 발생한 현실전손, 추정전손, 단독해 손, 공동해손, 순수구조료, 계약구조료, 손해방지비용, 충돌책임손해를 보상한다.

(2) FPL(Free from Partial Loss unless etc.)조건

① FPL은 '단독해손부담보조건'이므로, 13항목의 담보위험 중에서 단독해손을 제외한 손해인 현실 전손, 추정전손, 공동해손, 순수구조료, 계약구조료, 손해방지비용, 충돌책임손해를 보상한다.

② 선박의 좌초, 침몰, 화재, 폭발, 충동, 접촉으로 인한 손해에서는 전손 및 분손도 보상하지만, 이들 특정위험을 제외한 다른 위험(→ 악천후)으로 인한 손해는 전손만 보상한다.

(3) TLO, SC/SL(Total Loss Only including Salvage, Salvage Charges&Sue&Labor)조건

13항목의 담보위험 중에서 <u>단독해손, 공동해손, 충돌책임손해를 제외</u>한 현실전손, 추정전손, 순수구조료, 계약구조료, 손해방지비용을 보상한다.

(4) 조건별보상한도 비교표

구분	전손	손해방지비용	구조료	공동해손	단독해손	충돌배상책임
ITC	○	○	○	○	○	○
FPL unless etc.	○	○	○	○	△	○
TLO SC&SL	○	○	○	×	×	×

※ △ : 좌초, 침몰, 화재, 폭발, 충동, 접촉으로 인한 단독해손만 보상

2. ITC-Hulls(1/10/83)약관(=모두문언+전문 26개)

모두문언(→ 전적으로 영국법이 준거법)	15. 선저처리(Bottom Treatment)
1. 항해약관(Navigation)	16. 급여와 유지비약관(Wage and Maintenance)
2. 계속약관(Continuation)	17. 대리점 수수료 약관(Agency Commitment)
3. 담보위반약관(Breach of Warranty)	18. 미수리손상약관(Unpaired Damage)
4. 종료약관(Termination)	19. 추정전손약관(Constructive Total Loss)
5. 양도약관(Assignment)	20. 운임포기약관(Freight Waiver)
6. 위험약관(Perils)	21. 선비담보약관(Disbursement Warranty)
7. 오염손해약관(Pollution Hazard)	22. 휴항 및 해약환급금약관(Return for Lay-up&Cancellation)
8. 충돌손해배상책임약관(3/4thsCollision Liability)	
9. 자매선약관(Sistership)	지상약관(최우선약관, Paramount Clause) **암기** 전파약핵
10. 사고&입찰통지약관(Notice of Claim&Tender)	
11. 공동해손구조약관(GeneralAverage&Salvage)	23. 전쟁면책약관
12. 공제액조항(Deductible)	24. 동맹파업면책약관
13. 피보험자 의무약관(Duty of Assured)	25. 악의행위면책약관
14. 신구교환차익약관(New for Old)	26. 핵 면책약관

제1조 항해약관(Navigation)

제1항	• 항해 중 발생하는 부득이한 위험의 변경을 허용
	  - 도선사 승선 여부와 관계 없이 항행 가능
	  - 수선 전 또는 수선 후의 시운전도 가능
	  - 조난당한 선박 등의 임의구조, 인명구조를 위한 이로
	  - 관습상의 예인 또는 구조필요상 최초의 가장 가까운 항구까지의 예인
	• 임의구조가 아닌 사전의 계약구조는 배제

제2항	• 부두에 접안하지 않고 타 선박과 접현하여 환적작업 등을 하는 것은 원칙적으로 금지(→ 추가보험료 납부 시 담보 가능) • 해상에서의 타 선박과의 접현 중 발생하는 선박의 손상을 보상하지 않음(→ 연료 공급을 위한 경우는 보상) • 타 선박과의 접현 중 충돌이 발생한 경우 충돌배상책임을 부담하지 않지만, 타 선박의 적하에 대한 책임은 면제되지 않음
제3항	• 해체대상선박의 항해 중 선박에 대한 손상이 발생할 경우 보상한도액은 해체선의 <u>고철로서의 시장가격</u>으로 제한됨 • 선박 해체를 위한 항해 중 <u>충돌배상, 공동해손 및 구조에 대한 클레임은 이 약관의 적용을 받지 않음</u>(→ 정상적인 가격으로 보상을 함)

제2조 계속약관(Continuation)

선주에게 부보기간을 확대하여 선박의 무보험상태를 방지하려는 것과 부보기간과 사고발생시점의 불확실성을 제거하는 의미가 있다(→ 월할보험료를 지불하며 담보지속 가능).

제3조 담보위반약관(Breach of Warranty)

적하, 운항, 항해구역, 예인항해, 구조작업 또는 출항일자에 관한 담보위반이 생기면 그 사실을 인지한 후 보험자에게 통지하고 보험자가 요구하는 보험조건과 추가보험료에 대해 합의가 이루어지면 보험자의 보험금 지급책임이 계속 유지된다.

제4조 종료약관(Termination)

선주와 관리자, 선적, 선급 등의 변경은 보험자의 입장에서 위험측정의 근간이 되므로 이러한 요소의 변동은 단순한 위험의 변경이 아니므로, <u>보험자의 서면동의</u> 없이는 보험계약이 자동종료된다.

제5조 양도약관(Assignment)

• 보험증권의 양도는 보험자에게 양도에 관한 확정일자 및 당사자 간의 서명이 있는 통지를 송부하고, 해당 내용이 보험증권에 배서되어야 함을 명시하고 있다.
• MIA 제50조는 해상보험증권은 배서 또는 기타의 관습적 방법에 의해서 양도될 수 있다고 규정함과 동시에 양수인은 자기명의로 보험증권에 관한 소송을 제기할 수 있다고 규정하고 있다. 즉, 이 약관의 규정은 MIA에 따른 자유로운 양도를 <u>제한하는</u> 내용이다.

제6조 위험약관(Perils)(→ 선체보험은 열거책임주의를 채택)

상당한 주의의무가 요구되지 않는 위험	상당한 주의의무가 요구되는 위험
해상고유의 위험, 화재·폭발, 폭력을 수반한 침입강도, 투하, 해적행위, 핵 장치나 원자로의 고장 또는 사고, 외부 물체와의 접촉, 지진, 화산의 분화, 낙뢰	하역 및 이동 중의 사고, 보일러의 파열, 차축의 파손 또는 선체의 잠재적 하자에 의한 <u>결과적 손실, 선원,</u> 도선사, 수리업자 또는 용선자의 과실, 선장 또는 선원 악행

※ 해적위험은 구약관은 <u>전쟁위험</u>, 신약관은 <u>해상위험에서</u> 담보, 적하보험은 <u>ICC(A)</u>에서 담보
※ 보일러의 파열 등은 결과손만 보상하며, 자체손해는 '<u>협회추가위험약관</u>'에서 담보

제7조 오염손해약관(Pollution Hazard)

- 보험자가 책임질 선박손상의 직접적 결과로 발생한 오염사고를 방지 또는 경감시키기 위해 정부차원의 <u>조치로 인해 생긴 선박의 손상</u>을 보상한다. 단, 정부당국의 조치가 피보험자의 상당한 주의의무 위반의 결과가 아님을 조건으로 한다.
- 1967년 3월 좌초된 <u>Torry Canyon</u>호에서 계속 기름이 새어 나오자, 영국 정부가 선내에 남아있는 기름을 태울 목적으로 선박에 폭격을 가해 선박이 파손되었기 때문에 이러한 경우를 담보하고자 도입되었다.

제8조 ¾ 충돌손해배상책임약관

- 충돌의 결과로 발생한 <u>피보험자의 법률상의 손해배상금</u>을 담보해 주는 것을 목적으로 한다.
- 타 선박의 충돌로 발생한 '타 선박과 적재된 화물의 손상 또는 멸실, 타 선박과 적재된 화물의 지연, 사용이익의 상실, 타 선박과 적재된 화물의 공동해손, 임의구조, 계약구조 등으로 발생한 손해배상금과 책임소재에 대한 분쟁, 법적조치에 대한 비용 등의 타인에게 지급할 금액의 ¾을 지급한다(→ 쌍방과실의 경우 선주가 상대방에게 지급한 금액을 상쇄시키지 않고 지급).
- 보상하는 손해
  - 충돌로 발생한 <u>타 선박</u>, 타 선박에 적재된 <u>화물의 손상</u> 등으로 발생한 법률상의 손해배상금
  - 타 선박 또는 타 선박에 적재된 재산에 대한 <u>오염</u>
- 보상하지 않는 손해
  - 장애물, 난파선 또는 적하 등의 제거비용
  - 타 선박에 적재된 재산 이외의 부동산, 동산
  - 피보험선박의 선체손상 및 멸실
  - 피보험선박에 적재된 적하 또는 기타 재산
  - 피보험선박 승선인명의 사망, 질병, 부상, 부동산 또는 동산의 오염

제9조 자매선약관(Sistership)

- 동일 선주 또는 동일 관리자에 속한 선박 간에는 법적인 배상책임이 발생할 수 없는 경우가 생기는데, 이와 같은 경우에도 타 선박과의 충돌, 구조와 같이 보상받도록 하는 약관이다.
- 그 보상금액은 피보험자와 보험자의 합의에 의한 1명의 중재인이 결정한다.

제10조 사고통지와 입찰약관(Notice of Claim and Tenders)

- 선박사고가 발생한 때 피보험자가 수리회사나 수리장소를 일방적으로 결정할 경우 부당수리비가 발생하여 보험자에게 피해를 줄 수 있는데, 이를 방지하기 위하여 도입한 약관이다.
- 보험사고 발생 시 로이드대리점에 사고통보를 해야 하고, 보험자는 <u>수리항구결정권, 피보험자가 정한 수리항구에 대한 거부권</u>이 있으며, <u>수리에 관하여 입찰에 붙일 수 있다</u>(→ 입찰이 보험자의 승인 후 지체 없이 낙찰될 것을 조건으로 보험금의 <u>30% 비율</u>로 보상).
- 사고신고 등 본 약관을 불이행하면, 확정된 <u>보험금의 15%의 금액</u>을 공제한다.

제11조 공동해손 및 구조약관(General Average and Salvage)

- 공동해손이 발생하면 피해자는 공동위험단체를 구성한 선박의 소유자, 기타 화주들에게 공동해손 분담금을 청구할 수 있다. 선박보험자는 이때 선박의 소유자가 부담하는 분담금을 지급한다.
- 정산은 선박이 <u>도착하는 장소의 법률과 관습</u>에 따르고, 해상화물운송계약에 Y.A.R에 따른다고 명시되어 있으면 그에 따른다.
- 본 조항에서의 담보위험을 피하기 위한 <u>구조료와 공동해손의 경우에만</u> 보상해 준다.

제12조 공제액조항(Deductible)

- 1969년부터 Franchise 방식에서 보험자가 손해액의 일정액을 선주가 부담하는 Deductible 제도로 전환하였다.
- 두 개의 왕복항 구간에서 발생한 악천후로 인한 손해는 한 사고로 간주하여 공제를 적용하며, 악천후가 보험기간을 넘어서 지속되는 경우는 보험기간에 대한 악천후기간의 비율로 공제를 적용한다.
- 손해의 회수금은 이자를 제외하고 <u>보험금과 공제액과의 차액 범위</u> 내에서 전액 보험자에게 귀속하며, 회수금에 포함된 이자는 보험금 지급일자를 감안하여 <u>보험자와 피보험자가 분배</u>하고 이 경우 보험자의 회수금이 보험금을 <u>초과</u>할 수도 있다.
- 공제의 적용
  - 공제가 적용되는 경우 → 공동해손, 구조비, 충돌손해배상책임
  - 공제가 적용되지 않는 경우 → 전손, 좌초 시 선저비용

제13조 피보험자 의무약관(Duty of Assured)

- 손해방지 및 경감의무는 모든 보험에서 보험계약자, 피보험자, 보험수익자의 의무이고 이 의무를 태만하여 손해가 확대되었을 경우에 보험자에게 확대된 손해액에 대한 보상책임이 없다.
- 손해경감을 위해 합리적으로 발생한 비용은 보험자가 분담보상하고, '공동해손이나 구조비, 충돌손해배상을 방어 또는 청구하는 비용(3/4충돌배상약관 적용)'은 보상해주지 않는다.
- 보험목적물을 구조보호하기 위해 취해진 보험자, 피보험자의 조치는 위부의 포기나 승낙으로 간주되지 않는다.
- 책임액은 보험가액에 대한 부보금액의 비율로 하고, 손해 발생 시 선박가액이 보험가액을 초과하면 그 정상가액에 대한 보험금액의 비율로 책임진다.
- 피보험선박이 전손으로 처리되고 손해방지비용이 구조된 재산의 가액을 초과하는 경우, 그 <u>초과분에 대해서만 비례보상</u>을 한다.
- 본 약관에서 보상받을 수 있는 총금액은 이 보험에 의해 보상될 타 손해에 추가되지만 어떤 경우에도 선박보험가입금액을 초과할 수 없다.

제14조 신구교환차익약관(New for Old)

- 선박을 수리할 때 낡은 부품을 신품으로 바꾸게 될 경우에 그 차익을 신구교환차익이라 한다.
- 실손보상을 원칙으로 하는 해상보험에서는 신구교환차익을 공제하는 것이 관습이며, MIA 제69조에서도 선박수리부품의 교환으로 인한 신구교환차익을 공제하도록 규정하고 있으나 본 약관에서는 신구교환차익의 <u>공제 없이 보험금을 지급한다고 규정</u>한다.

PART 01

PART 02

PART 03

PART 04

PART 05

PART 06

제15조 선저처리약관(Bottom Treatment)

㉠ Scraping, Painting비용(선저부분의 부착물청소, 도장) → 보상 ×

㉡ Grit blasting비용(모래분출기로 부착물을 제거) → 보상 ○

㉢ Primer coating비용[A/C(방청도료), A/F(방오도료) 도장 전에 하는 초도처리공정] → 보상 ○

㉣ 방청도료(A/C)의 도장 1회분 → 보상 ○(합리적 수리비로 간주)

2회분 이상의 방청도료와 방오도료(A/F)의 도장 → 보상 ×

제16조 급여와 유지비약관

선원의 급료 등은 공동해손 이외에는 보험자가 보상하지 않는다. 그러나 보험자가 보상하는 수리만을 위해 어떤 항구로 이동할 때와 수리 후에 시운전을 위해 항해 중에 지급한 선원의 급료 및 유지비는 보상한다.

제17조 대리점수수료약관

피보험자는 사고 초기에 증거 확보를 위해 변호사와 같은 제3자를 고용함으로써 많은 시간과 비용이 발생하게 되는데, 본 약관은 이러한 비용에 대해서 보상하지 않는다는 것을 명확히 하였다.

제18조 미수리손상약관(Unrepaired Damage)

• 미수리손상에 대한 보상금액은 미수리손상으로 인한 보험종료시점에서의 선박의 시장가액의 합리적인 감가액으로 하되 합리적인 수리비를 초과하지 않는다.

• 보험기간 중 미수리손상상태로 전손이 발생하면 미수리손상은 보상하지 않으며, 전손보험금만을 수령할 수 있다.

• 미수리손상에 대한 보상액은 보험계약의 종료 시의 보험가입금액으로 제한한다.

제19조 추정전손약관(Constructive Total Loss)

• MIA 제60조는 보험증권에 명시된 경우를 제외하고는 비용이 비용지출 후의 가액을 초과하는 경우 추정전손이 있다고 규정하고 있다(→ 단, '가액'에 대한 명확한 내용이 없다).

• 동 약관은 MIA 제60조의 보완규정으로써 수리 후의 가액을 협정보험가액으로 명시하여 분쟁소지를 제거하였으며, 선박이 추정전손인지 여부를 판단함에 있어 부보선박이나 난파선의 손상가액 또는 해체가액은 포함하지 않는다.

• 선박의 회복 및 수리비용이 협정보험가액을 초과하는 경우에 추정전손의 보험금을 지급한다고 규정하고 있다. 여기에서 비용은 수리비, 수리항까지의 예인비용, 선원의 급료와 부양비, 항비, 연료 등의 회항비용 등이 포함된다.

제20조 운임포기약관(Freight Waiver)

• MIA(1906, 제63조 제1항)상으로 위부 시 보험자에게 모든 권리가 승계되므로 운임에 대한 권리도 보험자에게 승계된다.

• 본 약관은 보험자가 이를 포기하도록 하는 약관이다(→ 선주가 운임을 취득).

제21조 선비담보(Disbursement Warranty)

- 선비 외에도 운임, 보험료, 용선료 등 부수적으로 발생되는 비용이 있는 데 선박이 전손되면 해당 비용을 보상받을 수 없는 데, 선박 자체의 손해는 아니지만 선박 전손 시 부속되어 발생하는 손해로 보아 해당 비용을 추가로 보험에 가입하도록 하고 있다.
- 선비, 관리자의 수수료, 선체의 초과액에 대한 보험금은 동 보험증권에 기재된 가액의 <u>25%</u>를 초과할 수 없다.

제22조 휴항해약환급금 약관(Return for lay up cancellation)

- 부보선박이 수리 또는 기타 불가피한 사유로 일정기간 휴항하게 되거나 보험자의 합의 하에 보험계약을 해약하는 경우의 보험료 환급에 관한 규정이다.
- 합의해지의 경우에는 미경과월에 대한 <u>월할 정미보험료</u>(Net Premium)를 지급하면 간단하지만, 휴항(lay-up)의 경우에는 휴항항구 또는 지역을 보험자가 승인한 경우 <u>30일 연속의 매 기간</u>에 대하여 정미보험료의 <u>약정 Percentage</u>를 환급한다.
- 환급 조건
  - 보험기간 중에 전손이 발생하지 말아야 한다.
  - 어떤 경우에도 보험자가 승인하지 않은 보호되지 않는 항구나 지역에서 계선하면 보험료 환급은 없다.
  - 화물의 보관, 해상하역작업의 목적으로 사용되는 기간의 보험료는 환급되지 않는다.

※ 지상약관(최우선약관, Paramount Clause) **알기** 전파악핵

제23조 전쟁면책약관 (war exclusion)	전쟁, 내란, 포획, 나포, 기뢰, 어뢰(<u>선원의 악행과 해적행위 제외</u>)
제24조 동맹파업 면책약관 (strikes exclusion)	동맹파업, 노동쟁의나 폭동에 가담한 자, 테러리스트 등
제25조 악의행위 면책약관 (malicious exclusion)	악의적으로 또는 정치적 동기로 행한 폭발물의 폭발 등
제26조 핵 면책약관 (nuclear exclusion)	원자력, 핵분열, 방사성 물질로 인한 손해(→ 무기가 아닌 원자로의 파괴는 제6조 위험약관에서 담보)

3. 선체보험의 특별약관

(1) 협회추가위험담보약관

① 특약이므로 당연히 <u>추가보험료</u>를 납부하여 파열된 기관 또는 파손된 차축의 수리 또는 교체비용, 선박의 멸실 또는 손상을 야기한 결함부분, 여하한 관계인의 과오, 무능력 또는 판단착오에 의한 선박의 멸실 또는 손상 등을 보상한다.

② 동 약관은 '상당한 주의의무 이행'을 전제로 하며, 선박의 멸실이나 손상을 야기하지 않는 여하한 부분의 수리 또는 교체비용은 보상하지 아니한다.

PART 01

PART 02

PART 03

PART 04

PART 05

PART 06

(2) 기계류손상추가면책금액

① 기계류, 차축, 전기장비 또는 배선, 기관, 콘덴서 등이 멸실 또는 손상이 ITC−Hulls(1983) 제6조 위험약관(Perils) 중 일부위험(6.2.2~6.2.5)에 의해 발생하고, 이를 보상할 때 특별약관에 해당하는 면책 금액을 공제한다.

② 이 약관은 선박의 전손 또는 추정전손에 대하여는 적용하지 아니한다.

TOPIC 04 | 적하P&I와 항공보험의 보험조건과 보상범위

1. P&I(Protection&Indemnity)보험

(1) 의의

① 해상보험회사가 아닌 <u>선주책임상호조합(P&I Club)</u>에 의해 별도의 보험증권으로 인수한다.

② P&I Club은 선주들이 조합원으로 가입하여 운영되며, <u>비영리상호보험</u>의 형태를 취한다.

③ 조합원들이 P&I Club의 <u>운영에는 직접 참여하지 않고</u> 전문관리자에게 운영을 위탁한다.

(2) 주요 배상책임

화물에 관한 책임 및 비용	• 운송인이 상당한 주의의무를 위반하여 발생하는 화물의 멸실, 손상 등에 대한 책임 • 손상화물의 하역 또는 처분과 관련된 추가비용
선원에 관한 책임 및 비용	• 선원의 사망, 질병, 부상으로 인한 보상금, 치료비 등 • 선박 전손으로 실업 중인 선원에게 지급하는 임금 등 • 해난사고로 선원의 소지품 상실 보상(현금, 귀금속 제외) • 선원의 부상, 질병 등으로 발생하는 <u>교체선원 파견비용, 이로비용, 송환비용</u> 등
충돌에 관한 책임 및 비용	선박보험에서 부담보인 <u>1/4RDC(Running Down Clause)</u>
제3자 재산 등에 관한 책임 및 비용	• 해상의 고정물 및 부유물 손해 • 선체잔해제거 비용
제3자의 인명사상에 관한 책임	• 선원 및 여객 이외의 제3자(하역인부)의 사상 • 선원가족, 견습선원, 공무감독 등 조합원의 지시로 승선한 자에 대한 책임(선원에 관한 책임이 담보될 때에 한함)
유류오염사고에 대한 책임	유류오염으로 제3자에 가한 손해/오염제거비용
밀항자 또는 난민에 관한 비용	밀항자 또는 난민의 감호, 하선, 송환을 위함 비용
예인계약상의 책임	타선박에 의한 가입선박의 예인/가입선박에 의한 예인
검역에 관한 비용	전염병에 대하여 소독 및 검역을 위해 지출한 비용
공동해손	회수 불가능한 화주 또는 선주의 공동해손분담금
벌금 및 과태료	안전작업기준위반, 밀수 또는 관세법위반, 출입국관리위반, 오염규칙위반, 선원의 업무상 과실 등
Club 지시에 의해 발생한 비용	변호사비용, 검정료(Survey Fee) 등
Omnibus Rule	Club이사회에서 승인한 책임 및 비용

2. 항공보험

(1) 의의

항공보험은 항공사업자의 위험보장과 사고피해자 보호라는 2가지 목적이 있다.

(2) 종류

기체보험	• 충돌, 추락, 지진, 풍수재, 도난 등 우연한 사고에 의한 손해 보상/항공기가 행방불명되어 비행개시일로부터 60일이 경과하여도 소식을 알 수 없을 때에도 보상 • 면책사유 : 피보험자의 악의, 기계적 고장에 의한 손해, 자연소모, 전쟁, 폭동, 노동분쟁, 원자력재해 등 • 보험가액은 협정보험가액, 피보험자 부담의 면책금액 설정
제3자 배상책임보험	항공기의 우연한 사고로 제3자에 신체 및 재산에 손해를 입힌 때 피보험자(항공기 운영자 및 조종사)가 부담하는 법률상의 손해배상책임 → 소송비도 보상
승객배상책임보험	• 항공기의 우연한 사고로 승객에 신체 및 재산에 손해를 입힌 때 피보험자가 부담하는 법률상의 손해배상책임 → 소송비도 보상 • 승객배상은 여객운송약관이나 '바르샤바 약관' 등으로 규제함
화물배상책임보험	• 항공기의 우연한 사고로 수탁화물의 손해에 부담하는 배상책임 • 화물의 가액은 신고가액에 따르고 무신고일 경우는 1kg당 US$20을 한도로 배상금을 정한다.
탑승자 상해보험	지정석에 탑승하는 불특정 대상자를 자동적으로 피보험자로 함
항공화물운송보험	항공운송과 이후의 육상운송을 포괄담보하는 운송보험
수색구조비보험	사고로 인한 수색구조비, 손해방지비용, 잔해운반제거비용을 보상
관리자배상책임보험	항공기 및 부품의 정비, 수리를 위하여 피보험자(항공기 정비수리업자)의 관리하에 있는 동안의 우연한 사고로 인한 배상책임

PART
01

PART
02

PART
03

PART
04

PART
05

PART
06

01 국제운송 중 화물사고가 발생한 때 운송계약서인 선하증권(B/L)상에서 각종 면책사유를 규정하고 있고, 운송인의 귀책사유로 인한 손해라도 일정금액으로 책임이 제한되므로, 화주가 화물손해의 전액을 보상받기 위해서는 <u>적하보험</u> 가입이 필수적이다.

02 선비 및 증액보험은 선체보험에 부가하여 <u>선체보험가액의 25% 한도</u> 내에서 가입할 수 있다.

03 항해 중이 아닌 <u>휴항 시</u>에 가입하는 보험으로서, <u>선박충돌배상책임</u>의 보험금 전액을 보상하고 부두 손상 등 <u>P&I 위험도 보상</u>하는 보험은 <u>계선보험</u>이다.

04 건조보험의 보험기간은 건조자의 시운항이 종료된 날로부터 <u>20일</u>을 초과해서는 담보하지 않는다.

05 선박불가동 손실보험과 운임보험은 <u>예상수익 또는 상실수익</u>을 담보한다.

06 불환급조건인 <u>선불운임</u>의 피보험이익은 화주에게 있고, 적하보험증권에서 화물의 보험가액에 포함되어 보상 가능하다.

07 건조보험은 보험기간 중 발견된 잠재적 하자로 불량이 된 하자부분을 수리, 교체 또는 대체하는 비용을 보상하지만, <u>조악한 용접으로 인한 대체비용</u>은 보상하지 않는다.

08 S.G.Policy(구증권)는 증권의 전면에 표시되는 3개의 약관으로 구성되는 데 3개의 약관은 <u>본문약관, 이태리서체약관, 난외약관</u>이며, MAR Form(신증권)은 2개의 약관으로 구성되는 데 2개의 약관은 <u>본 문약관과 난외약관</u>이다.

09 영법에서 단지 Goods라 하면 상품으로서의 화물을 의미하며, <u>선원 및 승객의 소지품이나 식량 기타 소모품을 포함하지 않는다</u>. 또한, 반대의 관습이 없는 한 갑판적하나 동물은 Goods라는 명칭으로 가입할 수 없다.

10 피보험자가 보험자에게 위부를 통지하고 보험자가 이를 거절한 때에 피보험자가 피보험재산에 대한 손해방지행위를 한 경우, 이는 <u>위부의 포기로 간주하지 않는다</u>고 규정하는 약관은 '포기약관'이다.

11 포획나포 부담보약관 등 본문약관에 대한 부담보약관이 기재된 약관을 '<u>이탤릭서체약관</u>'이라 한다.

12 S.G.Policy 본문약관에서 해상고유의 위험(Perils of the sea)이란 해상의 <u>우연한 사고 또는 재난</u>만을 의미하고, 바람과 파도의 통상적인 작용은 포함하지 않는다.

13 S.G.Policy 본문약관에서 외적(Enemies)이란 적의 <u>군함을 제외한</u> 전쟁에 종사하는 적의 일체의 선박, 물건 및 사람을 의미한다.

14 S.G.Policy 본문약관에서 담보하는 해적위험(Pirates)에서 영국 해상보험법상의 해적은 <u>폭동을 일으 킨 승객이나 육상으로부터 선박을 공격하는 폭도</u>를 포함한다.

15 구증권상의 <u>기타 일체의 위험(All other perils)</u>은 동종제한의 원칙이 적용되어 보험증권에 기재된 위험과 유사한 종류의 위험을 말한다.

16 '강도, 해적, 외적, 습격' 중에서 S.G.Policy의 포획나포부담보위험약관을 고려할 때, 본문약관에서 실질적으로 담보하는 위함은 '<u>해적</u>'이 해당된다.

17 ICC(1963)의 제1조 : 운송약관에 의하면 보험기간의 종기는 외항선으로부터 화물이 <u>양륙된 후 60일</u>이 경과된 때이며, 우리나라는 <u>30일</u>이 경과하면 종료한다.

18 ICC(1963)의 제1조 : 운송약관에 따르면 보험자가 좌우할 수 없는 지연, 일체의 이로, 강제양륙, 재선적 및 환적, 운송인 등의 자유재량권행사에 의한 위험 변경 등의 위험 변경이 있더라도 <u>보험기간이 계속</u>될 수 있다.

19 ICC(1963)의 제2조 : 운송종료약관에 따르면 천재지변이나 불가항력 등 <u>피보험자가 좌우할 수 없는 사정</u>으로 운송계약이 도중에 종료될 수 있는 경우 추가보험료 지급조건으로 담보를 계속할 수 있다.

20 '보험의 목적, 적재선박 또는 항해'에 관하여 <u>오기 또는 탈루가 있을 경우</u> 무효가 원칙이나, 추가보험료 징수를 요건으로 보험보호를 계속하고자 하는 약관은 '<u>항해변경약관</u>'이다.

21 공동해손의 정산에 대해서 요크앤트워프규칙(York–Antwerp Rules)을 따른다고 규정하고 있는 약관은 '<u>공동해손약관</u>'이다.

22 '<u>감항성승인약관</u>'은 피보험자인 화주는 선박이 감항능력을 지니고 있는지 여부를 알기 어렵고, 또한 선박의 감항능력 충족에 관여할 권한 및 수단이 없으므로 화주가 적하보험에 가입 시 편의상 감항성이 있다고 전제하는 약관이다.

23 피보험자 및 그 대리인은 손해방지경감을 위해 인정되는 모든 조치를 취할 의무와 보험자가 부담해야 할 손해가 운송인, 수탁자, 기타 제3자의 고의나 과실로 발생된 경우에는 그들에 대한 손해배상청구권을 적절히 보존하고 또 확보해 둘 의무를 규정하는 약관은 '<u>수탁자약관(Bailee Clause)</u>'이다.

24 제9조 수탁자약관에 추가하는 약관으로 운송인, 수탁자의 고의나 과실로 담보위험이 발생하고 그 담보위험을 근인으로 손해가 발생한 경우 그 손해를 보상한 보험자가 제3자에 대한 청구권(대위권)을 보존할 수 있도록 만들어진 약관은 '<u>보험이익불공여약관</u>'이다.

25 <u>Toluma호 사건</u>이 계기가 되었으며, 최대 화주국인 미국과 최대 선주국인 영국의 해상법 간의 차이로 인해 창안된 약관은 '쌍방과실충돌약관'이다.

26 제1조 운송약관, 제2조 운송종료약관, 제4조 항해변경약관에서 위험의 변동이 있어도 담보가 계속될 수 있다고 규정하고 있기 때문에 피보험자로 하여금 여러 가지 사정에 신속히 대응하는 조치를 취할 것을 의무로 규정하는 약관은 '<u>신속조치약관</u>'이다.

27 '지진, 갑판유실, 하천수의 유입, 투하' 중에서 ICC(B)과 ICC(C)에서 모두 보장하는 위험은 '<u>지진</u>'이다.

28 ICC(C)에서만 면책으로 하는 사항인 <u>지진 또는 화산의분화, 갑판유실, 하천수의 유입, 하역 중 매포장당 전손</u> 중 인과관계를 따지지 않고 면책으로 하는 것은 '<u>하역 중 매포장당 전손</u>'이다.

29 <u>통상의 파손이나 쥐나 해충에 근인한 손해</u>는 구협회적하약관에서만 면책으로 한다.

30 보험목적물의 포장이나 준비의 불완전 또는 부적합, 선박의 소유자, 관리자, 용선자의 금전상의 채무불이행, 여하한 자의 불법행위에 의한 고의적 손상 또는 파괴, 일체의 핵 관련 무기의 사용은 <u>신협회적하약관인 ICC(1982)</u>의 면책약관에 해당한다.

31 구협회적하약관과 신협회적하약관 모두에서 해적행위를 담보하는 약관은 <u>ICC(A)</u>이다.

32 신협회적하약관에서 MIA 제6조 제1항과 SG Policy 본문에 있던 소급약관(lost or not lost clause)을 흡수하여 신설된 약관은 '<u>피보험이익약관</u>'이다.

33 <u>보험가액불변경주의</u>의 불합리성을 보완하려는 취지의 약관은 '<u>증액약관</u>'이고, 피보험자와 보험자로 하여금 <u>보험목적물의 보전을 위해 최선</u>을 다하도록 하려는 취지의 약관은 '<u>포기약관</u>'이다.

34 2009년 협회적하약관(ICC)은 보장위험과 보상손해는 ICC(1982)와 동일하지만, 운송용구에 <u>적재를 위해 이동될 때부터</u> 운송용구로부터 <u>하역이 완료된 때까지로</u> 보험기간이 확장되었다.

35 곡물류, 사료 및 유채류(Oil seeds) 등에서 발생하는 위험으로 내부와 외부의 기온차로 수분응결이 발생함에 따라 화물이 입는 손해를 담보하기 위해 <u>한습손 및 열손</u> 부가위험 약관을 첨부해야 한다.

36 냉동기계약관과 비슷한 약관으로 <u>24시간 이상</u> 냉동장치가 고장일 경우에 보상하는 약관은 '<u>냉동화물약관(Refrigerated Cargo Clause)</u>'이다.

37 생동물 약관(B)은 생동물의 사망을 담보하는 약관으로, 검역소에서 <u>30일</u> 한도로 담보되며 최종목적지의 수하주에게 인도될 때까지 그리고 도착 후 <u>7일</u> 동안의 사망위험까지 담보한다.

38 '갑판적약관'을 첨부하면 갑판에 적재될 경우에 ICC(WA), ICC(A/R)조건은 ICC(FPA)+JWOB(투하 및 갑판유실손 포함)조건으로, ICC(B), ICC(A)조건은 ICC(C)+WOB(갑판유실손 포함)조건으로 변경되어 보장을 받는다.

39 협회적하약관의 보험기간은 최종양하장소에서 외항선 및 항공기로부터 피보험화물의 양하가 완료된 후 <u>ICC(A)는 60일</u>을 경과한 때에, 협회항공화물약관<u>ICC(Air)는</u> 30일이 경과한 때에 보험기간이 종료되는 것으로 규정한다.

40 FPL은 '<u>단독해손부담보조건</u>'이며, 선박의 좌초, 침몰, 화재, 폭발, 충동, 접촉으로 인한 손해에서는 <u>전손 및 분손</u>도 보상하지만 이들 특정위험을 제외한 다른 위험(→ <u>악천후</u>)으로 인한 손해는 <u>전손만</u> 보상한다.

41 TLO, SC/SL은 13항목의 담보위험 중에서 <u>단독해손, 공동해손, 충돌책임손해를 제외한</u> 현실전손, 추정전손, 순수구조료, 계약구조료, 손해방지비용을 보상한다.

42 ITC-Hulls(1983)의 항해약관에서 <u>도선사 승선여부와 관계없이</u> 항해하거나 <u>임의구조를 위한 항해</u> 중 발생하는 부득이한 위험의 변경은 허용한다.

43 타 선박과의 접현 중 충돌이 발생한 경우 충돌배상책임을 부담하지 않지만, <u>타 선박의 적하</u>에 대한 책임은 면제되지 않는다.

44 해체대상선박의 항해 중 선박에 대한 손상이 발생할 경우 보상한도액은 해체선의 <u>시장가격</u>으로 제한된다.

45 선주와 관리자, 선적, 선급 등의 변경은 보험자의 입장에서 위험측정의 근간이 되므로 이러한 요소의 변동은 단순한 위험의 변경이 아니므로, 보험자의 서면동의 없이는 보험계약이 자동종료된다.

46 ITC-Hulls(1983)의 '양도약관'에서는 보험증권의 양도는 보험자에게 양도에 관한 확정일자 및 당사자 간의 서명이 있는 통지를 송부하고, 해당 내용이 보험증권에 배서되어야 함을 명시하고 있다는데, 이 약관의 규정은 MIA에 따른 자유로운 양도를 제한하는 내용이다.

47 해상고유의 위험, 해적행위는 상당한 주의의무가 요구되지 않는 위험이고, 선체의 잠재적 하자에 의한 결과적 손실, 선원, 도선사, 수리업자 또는 용선자의 과실, 선장 또는 선원 악행은 상당한 주의의무가 요구되는 위험에 해당한다.

48 위험약관에서 보일러의 파열 등은 결과손만 보상하며, 자체손해는 '협회추가위험약관'에서 담보한다.

49 선원은 과실과 악행을 모두 담보하고, 도선사나 용선자는 과실만 담보하며, 선주는 과실과 악행 모두 담보하지 않는다.

50 선장 또는 선원의 악행이나 과실, 도선사나 용선자의 과실은 피보험자의 상당한 주의의무 이행을 전제로 보상한다.

51 '오염손해약관'은 1967년 3월 좌초된 Torry Canyon호와 관련된 약관으로, 보험자가 책임질 선박손상의 직접적 결과로 발생한 오염사고를 방지 또는 경감시키기 위해 정부차원의 조치로 인해 생긴 선박의 손상을 보상한다.

52 ITC-Hulls(1983)의 ¾ 충돌손해배상책임약관은 충돌로 발생한 타 선박, 타 선박에 적재된 화물의 손상 등으로 발생한 법률상의 손해배상금과 타 선박 또는 타 선박에 적재된 재산에 대한 오염을 보상한다.

53 ITC-Hulls(1983)의 사고입찰통지약관에 따르면 보험사고 발생 시 로이드대리점에 사고통보를 해야 하고 보험자는 수리항구결정권, 피보험자가 정한 수리항구에 대한 거부권이 있으며, 수리에 관하여 입찰에 붙일 수 있다. 이때 입찰이 보험자의 승인 후 지체 없이 낙찰될 것을 조건으로 보험금의 30% 비율로 보상한다.

54 ITC-Hulls(1983)의 사고입찰통지약관에 따르면 사고신고 등 본 약관을 불이행하면 확정된 보험금의 25%의 금액을 공제한다.

55 공제액조항(Deductible)에 따르면 공동해손, 구조비, 충돌손해배상책임의 경우 공제가 적용되나 전손, 좌초 시 선저비용의 경우 공제가 적용되지 않는다.

56 손해의 회수금은 이자를 제외하고 보험금과 공제액과의 차액 범위 내에서 전액 보험자에게 귀속하며, 회수금에 포함된 이자는 보험금 지급일자를 감안하여 보험자와 피보험자가 분배하고, 이 경우 보험자의 회수금이 보험금을 초과할 수도 있다.

57 ICC(A) 제17조 포기약관과 유사한 ITC-Hulls(1983)의 약관은 제13조 피보험자의무약관으로 손해방지 및 경감의무에 관하여 규정하고 있다.

58 실손보상을 원칙으로 하는 해상보험에서는 신구교환차익을 공제하는 것이 관습이며, MIA 제69조에서도 선박수리부품의 교환으로 인한 신구교환차익을 공제하도록 규정하고 있으나, '신구교환차익약관'에서는 신구교환차익의 공제 없이 보험금을 지급한다고 규정한다.

59 ITC-Hulls(1983)의 '선저처리약관'에 따르면, 방청도료(A/C)의 도장은 합리적 수리비로 간주하여 1회분에 한해서 보상하며, 2회분 이상의 방청도료와 방오도료(A/F)의 도장은 보상하지 않는다.

60 ITC-Hulls(1983)의 급여와 유지비 약관에 따르면 선원의 급료 등은 공동해손 이외에는 보험자가 보상하지 않는다. 그러나 보험자가 보상하는 수리만을 위해 어떤 항구로 이동할 때와 수리 후에 시운전을 위해 항해 중에 지급한 선원의 급료 및 유지비는 보상한다.

61 추정전손약관은 MIA 제60조의 보완규정으로써 수리 후의 가액을 협정보험가액으로 명시하여 분쟁소지를 제거하였으며, 선박이 추정전손인지 여부를 판단함에 있어 부보선박이나 난파선의 손상가액 또는 해체가액은 포함하지 않는다.

62 운임포기약관은 MIA(1906, 제63조 제1항)상으로 위부 시 보험자에게 모든 권리가 승계되므로 운임에 대한 권리도 보험자에게 승계되지만, 이 약관은 보험자가 이를 포기하도록 하는 약관이다.

63 ITC-Hulls(1983)의 선비담보에 따르면 선비, 관리자의 수수료, 선체의 초과액에 대한 보험금은 동 보험 증권에 기재된 가액의 25%를 초과할 수 없다.

64 ITC-Hulls(1983)의 휴항해약환급금 약관에 따르면 합의해지의 경우에는 미경과월에 대한 월할 정미보험료(Net Premium)를 지급하면 간단하지만, 휴항(lay-up)의 경우에는 휴항항구 또는 지역을 보험자가 승인한 경우 30일 연속의 매 기간에 대하여 정미보험료의 약정 Percentage를 환급한다.

65 ITC-Hulls(1983)의 최우선약관은 다른 조항에 우선하여 적용되는 약관으로서 면책조항에 해당하며 전쟁면책약관, 동맹파업 면책약관, 악의행위 면책약관, 핵 면책약관으로 구성되어 있다.

66 ICC(A)의 제6조 전쟁면책약관에서 "해적행위 제외"라는 문구가 있어 해적행위를 보상하며, ITC-Hulls(1983)은 제6조 위험약관에서 해적을 '상당한 주의의무가 수반되지 않는 위험'으로 열거하고, 제23조 전쟁면책약관에서 '해적행위 제외'를 명시하여 해적행위 위험을 담보하고 있다.

67 협회추가위험담보약관은 특약이므로 당연히 추가보험료를 납부하여 파열된 기관 또는 파손된 차축의 수리 또는 교체비용, 선박의 멸실 또는 손상을 야기한 결함부분, 여하한 관계인의 과오, 무능력 또는 판단착오에 의한 선박의 멸실 또는 손상 등을 보상한다.

68 협회추가위험담보약관은 '상당한 주의의무 이행'을 전제로 하며, 선박의 멸실이나 손상을 야기하지 않는 여하한 부분의 수리 또는 교체비용은 보상하지 아니한다.

69 선박의 충돌로 배상책임이 발생할 경우 P&I 보험에서 배상책의 3/4을 지급한다.

70 항공기 기체보험에서 충돌, 추락, 지진, 풍수재, 도난 등 우연한 사고에 의한 손해뿐만 아니라 항공기가 행방불명되어 비행개시일로부터 60일이 경과하여도 소식을 알 수 없을 때에도 보상한다.

오답노트

04 건조보험의 보험기간은 건조자의 시운항이 종료된 날로부터 <u>30일</u>을 초과해서는 담보하지 않는다.

16 '강도, 해적, 외적, 습격' 중에서 S.G.Policy의 포획나포부담보위험약관을 고려할 때, 본문약관에서 실질적으로 담보하는 위험은 '<u>강도</u>'가 해당된다.

27 '지진, 갑판유실, 하천수의 유입, 투하' 중에서 ICC(B)와 ICC(C)에서 모두 보장하는 위험은 '<u>투하</u>'이다.

44 해체대상선박의 항해 중 선박에 대한 손상이 발생할 경우 보상한도액은 해체선의 <u>고철로서의 시장가격</u>으로 제한된다.

54 ITC-Hulls(1983)의 사고입찰통지약관에 따르면 사고신고 등 본 약관을 불이행하면, 확정된 <u>보험금의 15%의 금액</u>을 공제한다.

69 선박의 충돌로 배상책임이 발생할 경우 P&I보험에서 <u>배상책의 1/4</u>을 지급한다.

해상보험 계약의 체결과 보험료의 결정

TOPIC 01 | 적하보험계약

1. 적하보험의 필요성

(1) 개요

① 국제무역 활성화를 위한 운송인 보호장치로 선박의 침몰, 좌초, 충돌 등의 <u>항해과실</u>을 면책으로 하고 운송화물의 선적, 보관, 인도 등의 <u>상업 과실</u>에 대한 운송인의 책임을 <u>일정금액 한도</u> 내에서 부책으로 하고 있다.

② 운송계약에 따라 운송인의 책임은 제한되고, 운송 중의 모든 책임을 부담하지 않기 때문에 화주의 입장에서는 <u>손해의 전부를 보상받기 위하여</u> 적하보험이 필요하다.

(2) 무역조건의 해석에 관한 국제규칙(Incoterms)

구분	약호	인도조건	부보주체	비용부담
E조건 (선적지 인도)	EXW	Ex Works 공장인도조건(복합운송)	매수인 (수입상)	
F조건 (운송비 미지급)	FCA	Free Carrier 운송인인도조건(복합운송)	매수인 (수입상)	• 수입상 부담이 큼 • 매도인이 유리 • EXW에서 DDP로 갈수록 　매도인 부담이 커짐
	FAS	Free Alongside Ship 선측인도조건(해상운송)	매수인 (수입상)	
	FOB	Free On Board 본선인도조건(해상운송)	매수인 (수입상)	
C조건 (운송비 지급)	CFR	Cost&Freight 운임포함인도조건(해상운송)	<u>매수인</u> <u>(수입상)</u>	• 수출상 부담이 큼 • 매수인이 유리 • EXW에서 DDP로 갈수록 　매도인 부담이 커짐
	CIF	Cost, Insurance&Freight 운임 · <u>보험료</u>포함인도조건(해상운송)	<u>매도인</u> <u>(수출상)</u>	
	CPT	Carriage Paid To 운송비지급인도조건(복합운송)	<u>매수인</u> <u>(수입상)</u>	
	CIP	Carriage and Insurance Paid To 운송비 · <u>보험료</u>지급인도조건(복합운송)	<u>매도인</u> <u>(수출상)</u>	

구분	약호	인도조건	부보주체	비용부담
D조건 (도착지 인도)	DPU	Delivered At Place Unloading 양하지인도조건(복합운송)	매도인 (수출상)	• 수출상 부담이 큼 • 매수인이 유리 • EXW에서 DDP로 갈수록 매도인 부담이 커짐
	DAP	Delivered At Place 관세미지급도착지인도조건(복합운송)	매도인 (수출상)	
	DDP	Delivered Duty Paid 관세지급인도조건(복합운송)	매도인 (수출상)	

※ 인코텀즈는 강제규칙이 아니므로 당사자 간 합의에 따라 필요한 내용을 추가할 수 있고, 당사자 사이에 특약이 있으면 특약이 우선한다.

① 수출상의 부담이 가장 작은 조건은 EXW이고, 수출상의 부담이 가장 큰 조건은 DDP이다.

② 소유권의 이전 시점이 '본선 선상에 인도할 때'인 조건의 경우는 FOB, CFR, CIF이다.

③ 매도인이 보험에 가입하는 조건의 경우는 CIF, CIP, DPU, DAP, DDP이다.

④ '육상 – 해상 – 육상'의 전 구간을 보험에 부보하는 조건의 경우는 FCA, CPT, CIP이다.

2. 해상운송계약 및 적하보험계약

(1) 의의

운송계약[운송계약서 : B/L(선하증권)]에 운송인은 모든 책임을 부담하지 않기 때문에 결국 화주가 부담해야 하는 운송 중 위험의 대부분을 적하보험에서 보상하고 있다.

(2) 운송인의 귀책사유

① 상업과실 : 화물의 선적, 취급, 적부, 보관, 관리, 양하 등 화물의 취급에 관한 과실, 즉 상업과실은 운송인에게 책임이 있다.

② 불감항 : 운송인은 발항 당시 감항능력 주의의무를 부담한다.

(3) 운송인의 면책사유

① 항해과실(→ 선장, 선원, 도선사 또는 선박 사용인의 태만 또는 과실로 인한 손해를 말함)

② 선박의 화재 : 적하보험(ICC)에서 보장

③ 해상고유의 위험(Perils of the sea)

④ 불가항력 : 천재지변(지진, 낙뢰 등)을 의미, 지진, 낙뢰는 ICC(A), (B)에서 보장, ICC(C)는 면책

⑤ 전쟁, 폭동 또는 내란 : 협회전쟁약관(IWC)에 의해서 보장

⑥ 해적 기타 이에 준하는 행위 : ICC(A)에서 보장, ICC(B), (C)는 특약으로 보장 가능

⑦ 재판상의 압류, 검역상의 제한, 기타 공권력에 의한 제한 : 협회전쟁약관(IWC)에서 보장

⑧ 송하인, 운송물의 소유자 또는 그 사용인의 행위 : 적하보험에서도 면책

⑨ 동맹파업 기타의 쟁의행위 또는 선박 폐쇄 : 동맹파업약관(ISC)에서 보장

⑩ 해상에서 인명이나 재산의 구조행위 또는 정당한 이유로 인한 이로(Deviation)

⑪ 운송물의 포장의 불완전 또는 기호표시의 불완전 : 적하보험에서도 면책

⑫ 화물의 고유의 결함, 성질, 하자, 자연소모로 인한 멸실이나 손상 : 적하보험에서도 면책

3. 적하보험계약의 체결

(1) 계약체결 시 알려야 할 사항(고지의무) → 청약서의 기재사항

① Assured(피보험자)	⑥ Reference No.(참고번호)
② Applicant(보험청약자)	⑦ Vessel/Aircraft(선박/항공기명)
③ At&From(출발항)	⑧ Sailing on about(출항일자)
④ Arrived at(도착항)	⑨ Condition(보험조건)
⑤ Amount Insured(보험금액)	⑩ Subject-matter Insured(보험의 목적)

(2) 계약체결 후 알려야 할 사항(통지의무)

① 청약내용 중 일부가 변경되었을 때에는 계약자는 보험자에게 신속하게 그 내용을 통지하여야 한다.

② 만일 위험이 현저히 증가하였는데도 불구하고 통지가 없을 경우에는 보험계약이 실효되는 경우도 있고, 보험자는 계약의 해지를 요청할 수도 있다.

③ 보험계약내용의 변경이 있을 경우 기발행된 보험증권을 회수한 후 보험증권을 재발행하거나 배서를 원본에 첨부하여 사용할 수 있다.

4. 적하보험요율의 산정요소

① 화물의 종류, 성질 및 상태

② 운송구간 : 항로, 계절, 기후 등의 위험사정(특수지역은 지역할증)

③ 보험조건 : 피보험위험, 보험기간, 공제액 등

④ 적재선박

⑤ 보험가입금액

⑥ 환적여부

⑦ 과거의 손해율과 보험자의 경험 등

5. 협회선급약관(Institute Classification Clause)

① 협회선급약관은 화물을 적재하는 선박의 적격성을 규정하는 것으로 모든 적하보험계약에 적용되어 보험증권에 첨부된다.

② 협회약관상의 적격선

부정기선	선령 15년 미만
정기선(용선된 선박, 1천톤 미만 선박)	선령 15년 미만
정기선	선령 25년 미만

※ 항구 내에서 선적 및 양하를 위하여 사용되는 부선에는 선급약관이 적용되지 않는다.

1. 선박보험계약의 체결 절차(청약 → 심사 → 승낙 → 보험료납입 → 증권발급)

① 선박보험요율 산출자료 작성 및 관련 서류 제출
② 선박보험요율 산출 또는 구득 및 보험요율 안내
③ 선박보험 청약서 작성
④ 선박보험 계약 체결
⑤ Invoice(보험료청구서) 발급 및 전달
⑥ 보험료 납입 및 납입영수증 전달
⑦ 선박보험증권 발급

2. 선박보험 요율 산출

① 선박보험 요율 산출자료 작성 : 선명/선종/건조연도/총톤수/국적/항해구역/선급/소유관리내역/
보험가액/보험기간/보상범위
② 관련 서류 제출 : 선박국적증서/국제톤수증서/리스계약서/관리계약서/용선계약서/건조계약서 등
③ 선발보험 요율 산출 또는 구득 : 요율은 보험가입금액에 대한 보험료의 백분율로 표시되며, 보험
회사가 직접 산출하거나 재보험자로부터 구득하여 적용한다.

3. 청약서의 기재사항

① Name of assured(보험계약자 등)	⑧ Premium Rate(보험요율)
② Application Date(청약일)	⑨ Premium(보험료)
③ Period(보험기간)	⑩ Installment(분납사항)
④ Vessel Name, etc.(선박명세)	⑪ Endorsing Bank(질권은행)
⑤ Condition(보험조건)	⑫ Co-insurance(공동보험사항)
⑥ Insurable Value(보험가액)	⑬ Signature(확인날인)
⑦ Insured Amount(보험금액)	

4. 국내 선박보험요율 운영 현황

통계요율	참조요율	보험업계 전체의 계약정보 및 보험금 지급정보를 통합·집적해 이를 기반으로 보험개발원에서 산출하는 요율
	자사요율	보험회사의 자체 경험통계를 활용하여 산출하는 요율
판단요율		보험회사가 내부통제기준에 따라 자체 판단한 요율
협의요율		재보험자로부터 제공받은 요율(구득요율이라고 함)

※ 총톤수 500톤 또는 1,000톤 미만 선박으로, 한국 국적선이거나 선박의 소유자나 관리자가 국내법인 또는 개인인 선
박으로서 국내연안, 일본연안 등 연안에서 취항하는 선박과 원양어선, 원양어업훈련선에는 <u>통계요율</u>을 적용한다.

PART 01

PART 02

PART 03

PART 04

PART 05

PART 06

핵심 빈출 지문

| 해상보험 계약의 체결과 보험료의 결정

01 선박의 침몰, 좌초, 충돌 등의 <u>항해과실</u>을 면책으로 하고 운송화물의 선적, 보관, 인도 등의 <u>상업과실</u>도 제한적으로 인정하는 등 운송인은 운송 중의 모든 책임을 부담하지 않기 때문에 화주의 입장에서는 <u>손해의 전부를 보상받기 위하여 적하보험</u>이 필요하다.

02 인코텀즈는 <u>강제규칙이 아니므로</u> 당사자 간 합의에 따라 필요한 내용을 추가할 수 있고, 당사자 사이에 특약이 있으면 특약이 우선한다.

03 수출상의 부담이 가장 작은 조건은 <u>EXW</u>이고, 수출상의 부담이 가장 큰 조건은 <u>DDP</u>이다. 반면, 수입상의 부담이 가장 큰 조건은 <u>EXW</u>이고, 수입상의 부담이 가장 작은 조건은 <u>DDP</u>이다.

04 소유권의 이전 시점이 '본선 선상에 인도할 때'인 조건의 경우는 <u>FOB, CFR, CIF</u>이다.

05 매도인이 보험에 가입하는 조건의 경우는 <u>CIF, CIP, DAT, DAP, DDP</u>이다.

06 '육상-해상-육상'의 전 구간을 보험에 부보하는 조건의 경우는 <u>FCA, CPT, CIP</u>이다.

07 운송인에게는 <u>감항능력 주의의무</u>가 부과되지만, 화주에게는 부과되지 않는다.

08 선장, 선원, 도선사 또는 선박사용인의 태만 또는 과실로 인한 손해는 항해과실로 운송인의 면책사유에 해당한다.

09 불가항력 중에서 지진, 낙뢰 등은 <u>운송계약서(B/L)와 ICC(C)</u>에서는 면책이고 ICC(A), ICC(B)에서는 부책이다.

10 '운송물의 포장의 불완전 또는 기호 표시의 불완전'은 <u>운송계약서(B/L)와 적하보험</u>에서 면책이다.

11 적하보험계약 체결 시 <u>Assured</u>는 보험청약자(보험계약자)로서 보험을 청약하고 보험료를 지불하는 자를 말하며, <u>Applicant</u>는 피보험자로서 보험사고 발생 시 보험금을 수령하는 자를 말한다.

12 청약 내용 중 <u>일부가 변경</u>되었을 때에는 계약자는 보험자에게 신속하게 그 내용을 <u>통지</u>하여야 한다.

13 협회선급약관상 적격선이 되기 위한 선령 요건은 <u>일반 정기선</u>은 25년 미만, <u>용선된 선박이나 1천톤 미만 선박의 정기선</u>은 15년 미만, 부정기선은 15년 미만이어야 한다.

14 국내의 선박보험에 사용하는 요율은 <u>참조요율, 자사요율, 판단요율, 협의요율</u>이며 판단요율과 협의요율을 <u>통계요율</u>이라 한다.

15 보험회사가 내부통제기준에 따라 자체 판단한 요율을 <u>판단요율</u>이라 하고, 재보험자로부터 제공받은 요율을 <u>협의요율(구득요율)</u>이라고 한다.

오답노트

11 적하보험계약 체결 시 <u>Applicant</u>는 보험청약자(보험계약자)로서 보험을 청약하고 보험료를 지불하는 자를 말하며, <u>Assured</u>는 피보험자로서 보험사고 발생시 보험금을 수령하는 자를 말한다.

14 국내의 선박보험에 사용하는 요율은 <u>참조요율, 자사요율, 판단요율, 협의요율</u>이며 참조요율과 자사요율을 <u>통계요율</u>이라 한다.

CHAPTER 04 해상보험의 사고처리와 손해사정

PART
01

PART
02

PART
03

PART
04

PART
05

PART
06

TOPIC 01 해상보험의 손해사정의 기초

1. 영업상 보상손해와 면책손해

(1) 영국해상보험법(MIA) 제55조1항

본 조항에서는 보험자는 피보험위험에 근인하여 발생하는 모든 손해에 대하여 보상책임이 있다고 규정하고 있다.

(2) 영국해상보험법(MIA)상 보상하지 않는 손해(MIA 제55조 제2항)

- 피보험자의 고의의 불법행위(→ 중과실은 보상함)
- 지연(피보험위험으로 인한 지연 포함)
- 보험의 목적의 통상의 자연소모(자연마모), 통상의 누손과 파손
- 보험의 목적의 고유의 하자나 성질
- 쥐나 해충에 근인한 손해
- 해상위험에 근인하지 않는 기관의 손상

2. 근인원칙의 적용과 예외

(1) 영법상 근인의 의미

① 보험자는 피보험위험에 <u>근인하여 발생하는 손해에 대하여 책임(근인설)</u>이 있지만, 피보험위험에 근인하여 발생하지 않은 손해에 대하여는 책임이 없다(MIA 제55조 제1항).

② 근인은 <u>효과상으로 가까운</u> 원인(최유력조건설)이며, 반드시 시간상으로 가장 가까운 원인(최후조건설)은 아니다(→ 우리나라는 '상당인과관계설'이 통설).

(2) 근인원칙의 예외

① 영법상 근인원칙은 두 가지 예외로서 <u>본법의 별도의 규정이 있는 경우와 보험증권에 별도의 규정이 있는 경우</u>를 인정하고 있다(MIA 제55조 제1항).

② S.G.Policy는 근인주의 중 <u>최유력조건설</u>을 적용했으나, 현재 사용되고 있는 MAR Form에 첨부되는 협회약관에는 보험자가 근인원칙을 대부분 <u>포기</u>하고 있다.

3. 위험부담방식 및 입증책임

구분	열거위험증권	포괄위험증권
장점	필요한 범위만 선택적으로 가입이 가능	담보범위가 넓어 위험 누락의 우려 없음
단점	담보범위가 좁아 위험 누락의 우려 있음	불필요한 위험이 중복될 가능성 있음
보험료	저비용	고비용
입증책임	피보험자	보험자
입증내용	손해가 열거위험으로 발생했다는 것	손해가 면책위험으로 발생했다는 것
적용증권	• 적하보험약관ICC(B), ICC(C) • 선박보험약관ITC-Hulls	적하보험약관ICC(A)

TOPIC 02 해상손해의 유형

1. 해상손해의 분류

물적손해	전손	직접손해	현실전손
			추정전손
	분손		단독해손
비용손해		간접손해	공동해손 희생손해
			공동해손 비용손해
			순수구조료(구조비용)
			단독비용(특별비용)
			손해방지비용
배상책임손해			충돌배상책임손해

2. 손해보상한도

① 미평가보험의 경우 보험가액의 전액, 기평가보험의 경우 협정보험가액의 전액을 말한다.
② 일부 보험의 경우 피보험자는 나머지 잔액인 무보험금액에 대하여 자가보험자로 간주한다.

3. 전손

(1) 현실전손(→ 법률적인 전손, 사실상의 전손, 물리적인 전손)

① 보험의 목적의 실체적 파괴(→ 폭풍우나 충돌로 보험목적의 난파, 화재로 인한 전소 등)
② 원래 성질의 상실(→ 심한 손상으로 고철화된 선박, 심하게 부패된 과일 등)
③ 회복이 불가능한 점유박탈(→ 전시에 적에게 포획되었거나 적대국에 의한 압류 등)
④ 선박보험의 경우 상당 기간 행방불명

(2) 추정전손(→ **법률적인** 전손, **관습상의** 전손, **상업적인** 전손)

① 추정전손의 성립요건

    ㉠ <u>선박이나 화물의 점유박탈</u> : 회복의 가능성이 없을 경우 또는 회복비용이 회복 후의 가액을 초과할 경우

    ㉡ <u>선박의 손상</u> : 수리비용의 수리 후의 선박가액을 초과할 경우 → 수리비를 견적할 경우에 다른 이해관계자가 지불할 공동해손분담금이 수리비에서 공제되지 않아야 하고, 장래의 구조작업의 비용과 선박이 수리될 경우 선박이 부담하게 될 일체의 공동해손분담금은 수리비에 가산해야 한다.

    ㉢ <u>화물의 손상</u> : 수선비용과 목적지까지 계반운송비용의 합계액이 도착 시 화물가액을 초과할 경우

② 추정전손의 효과 : 피보험자가 추정전손으로 처리할 것을 선택한 경우 반드시 <u>위부의 통지</u>를 하여야 하고, 위부의 통지를 하지 않으면 손해는 <u>분손으로만</u> 처리한다.

(3) 타협전손

① 법률의 근거는 없지만 영국의 선박보험 실무에서는 법정소송를 피하기 위하여 존재한다.

② 보험증권에는 피보험자가 합법적을 타협전손를 청구할 수 있는 규정이 없으며 전적으로 언더라이터의 재량에 의존한다.

(4) 위부와 대위

구분	위부	대위
의의	보험사고 발생의 경우 피보험자가 보험의 목적에 대한 자기의 모든 권리를 보험자에게 이전하고 전손에 대한 보험금을 취득하는 행위(→ <u>해상보험 특유제도</u>)	보험자가 보험금을 지급한 경우 보험의 목적(잔존물)과 제3자에 대한 피보험자의 권리를 승계할 수 있는 권리(→ <u>이득금지의 원칙</u>을 실현하기 위한 것으로 모든 손해보험에 적용)
대상	추정전손	추정전손, 현실전손, 분손
특징	전손보험금을 받기 위한 선행조건	보험자가 보험금 지급 후 후속되는 권리
효과	위부의 통지와 보험자의 승낙 시 발생	보험금의 지급 시 발생
권리범위	잔존물에 대한 일체의 권리	보험금 지급의 범위 내 (일부 보험은 피보험자와 비례배분)

4. 단독해손

(1) 분손과 단독해손

① 분손은 영법상 전손(현실전손, 추정전손)이 아닌 손해를 말하며, 보험목적의 직접손해인 <u>단독해손</u>, 간접손해인 <u>공동해손</u>, <u>구조비용</u>, <u>단독비용</u>을 포함한다.

② <u>단독해손</u>은 <u>우연히</u> 발생한 분손이며 그 분손이 귀속되는 <u>당사자가 부담</u>하는 반면, <u>공동해손</u>은 공동안전을 위한 <u>임의</u>로 초래한 분손이며 모든 <u>이해관계자가 비례적으로</u> 부담한다.

③ 보험목적의 안전이나 보존을 위해 피보험자에 의하여 또는 피보험자를 대리하여 지출하는 비용으로 공동해손과 구조비용이 아닌 비용은 <u>단독비용</u>(particular charges)이다.

PART 01

PART 02

PART 03

PART 04

PART 05

PART 06

(2) 영국의 해손정산인협회 실무규칙

① 해손(average)이란 분손에 대한 해상보험의 용어로서 단독해손(particular average)과 공동해손 (general average)을 의미하며, 해손정산인(average adjuster)은 해상보험에서 손해정산의 전문 가이다(→ 우리나라는 재물손해사정사).

② 영국의 해손정산인 협회가 수립한 실무규칙은 보험증권에 요크 – 앤트워프 규칙(YAR)이 명시되지 않은 경우의 공동해손에 관한 분쟁을 해결하기 위한 기준으로 사용된다.

(3) 단독해손의 보상

선박의 단독해손	화물의 단독해손
• 손해보상액=합리적 수리비−관습상 공제 　단, 매1회의 사고당 보상한도는 보험금액이다(MIA 제69조 제1항). • 연속손해의 수리비 합계는 보험금액을 초과할 수 있다 (MIA 제77조 제1항). • 선박이 손상을 입고 수리되지 않은 상태에서 전손이 된 경우는 전손에 대한 책임만 진다(MIA 제77조 제2항).	• 미평가보험=법정보험가액×손상비율 • 기평가보험=협정보험가액×손상비율 • 법정보험가액이란 피보험재산의 원가에 선적비용 및 보험비용을 가산한 금액을 말한다(MIA 제16조 제3항). • 손상비율(감가율)이란 도착지의 총 정상품가액과 총 손상품가액과의 차액의 총 정상품가액에 대한 비율을 말한다(MIA 제71조 3항).

5. 공동해손

(1) 공동해손의 의의

① 공동해손행위의 목적은 고의로 적은 손해를 일으켜서 전손을 방지하기 위한 것으로 전손의 위험이 없으면 공동해손도 있을 수 없다.

② 요크 – 앤트워프 규칙(YAR)은 공동해손에 관한 국제통일규칙이다.

③ 공동해손의 성립요건 : YAR에 의하면 '공동의 안전을 위하여, 고의적으로, 이례적으로, 합리적으로 발생된 희생손해와 비용손해'가 있는 경우에 한하여 공동해손행위가 존재한다.

(2) 공동해손 희생손해와 공동해손 비용손해

① 선박의 공동해손 희생손해	② 적하의 공동해손 희생손해
• 선박의 의장 등의 투하 • 공동안전을 위한 희생에 의한 선박 손상 • 선내 소화작업에 의한 선박 손상 • 임의좌초(voluntary stranding) • 이초를 위한 기계와 보일러의 손상 • 연료로 사용된 선박의 자재 및 저장용품	• 적하의 투하 • 공동안전을 위한 희생에 의한 화물 손상 • 선내의 소화작업에 의한 화물 손상 • 선박부양을 위한 양하 시 적하의 멸실 · 손상 • 공동해손 기금 조성을 위한 화물의 매각

③ 운임의 공동해손 희생손해 : 화물의 손상이나 멸실로 인하여 발생한 운송인의 운임손해는 그것이 공동해손행위에 의해 발생한 때 또는 화물의 손상이나 멸실이 공동해손으로 인정되는 때 공동해손으로 배상된다.

④ 공동해손 비용손해 : 공동의 해상사업에서 선박 등의 재산을 전손으로부터 보존할 목적으로 선주가 지출한 비용이다. 예를 들어 <u>구조비용, 피난항 비용, 임시수리비, 대체비용, 공동해손 정산비용</u> 등이 있다.

⑤ 공동해손 희생손해와 비용손해와의 차이점

공동해손 희생손해	공동해손 비용손해
• 보험자는 희생손해에 대하여 <u>직접 보상</u> 책임이 있다. • 피보험자는 공동해손정산이 완료되기 전에 보험자에게 <u>직접 청구</u>할 수 있다.	• 보험자는 공동해손비용에 대해서는 직접적인 보상책임이 없다. • 공동해손정산이 모두 완료된 후 보험금이 지급된다.

(3) 공동해손의 정산

① 공동해손분담금이란 공동해손행위로 인하여 재산이 구조된 당사자들이 그들이 받은 혜택의 정도에 따라 공동해손<u>희생</u>과 <u>비용</u>을 분담하는 금액을 말한다.

② 정산하거나 확정하는 시기는 <u>항해의 종료 시</u>이고, 운송계약서에 반대의 규정이 있는 경우를 제외하고 정산에 적용되는 법률은 <u>목적지 항구의 법률</u>이다.

③ 중간항에서 항해가 중단된 경우에는 운송계약서에 반대의 규정이 있는 경우를 제외하고 항해가 <u>중단된 그 항구의 법률</u>에 따라 정산서가 작성되어야 한다.

④ 정산을 위해서 '<u>공동해손배상액</u>'(→ 공동해손행위로 희생이 발생하거나 비용을 지출한 당사자가 공동해손으로 배상받아야 할 금액)이 결정되어야 한다.

⑤ 공동해손배상액을 지급하기 위하여 모든 타 이해관계자의 분담금에 의해 조성되는 기금을 '<u>공동해손기금</u>'이라 한다.

⑥ 공동해손행위로 전손을 모면한 당사자들이 공동해손배상액을 분담할 재산의 가액을 '<u>공동해손분담가액</u>'이라 한다.

⑦ 공동해손의 정산방법은 <u>공동해손배상액의 총액을 분담가액의 총액으로 나누어 '공동해손분담율'</u>을 산출하여 각각의 분담가액에 적용하면 각 이해당사자가 분담할 공동해손분담금이 결정된다.

(4) 공동해손의 정산절차와 관계서류

① 선박이 항구에 입항할 때는 선장에 의해 "공동해손하에서" 입항하는 것으로 선언된다. 선주는 공동해손확정통지서, 공동해손 맹약서, 공동해손 지불보증서를 화주에게 통보하고 화물가액신고서를 화주에게 요청한다.

② 선주와 그 대리인은 모든 공동해손분담금이 정산되고 회수되도록 조치를 취할 의무가 있으며 분담금의 회수가 완료될 때까지 적하에 대한 유치권을 갖는다.

③ 수하인이 유치권을 해제하고 화물을 인수하기 위해서는 최종분담금에 상당하는 공동해손 공탁금을 지불하거나 공동해손지불보증서를 제공해야 한다.

④ 공동해손정산인을 선임하는 책임은 선주에게 있으나 손해의 보상책임이 보험자에게 있으므로 보험자와 협의하여 공동해손정산인을 결정하는 것이 관례이다.

PART 01
PART 02
PART 03
PART 04
PART 05
PART 06

6. 비용손해

(1) 구조비용

① 구조비용이란 계약과 관계없이 해상법상 구조자가 보상받을 수 있는 비용을 의미하며, 영법상 '순수구조'를 의미한다.

② 구조비용의 종류

    ㉠ 순수구조(pure salvage) : 계약과 관계없이 공동항해사업의 이해당사자가 아닌 제3자에 의해 임의로 수행되는 구조를 말한다[→ 구조가 성공한 경우에만 인정(No Cure No Pay)].

    ㉡ 계약구조(salvage under contract) : 선주와의 계약에 의해 구조의 성패와 관계없이 일정한 보수를 받고 수행되는 구조를 말한다.

③ 로이즈 표준구조계약서 : 현대는 통신시설과 해운산업의 발달로 계약과 관계없이 제공되는 순수구조는 기대할 수 없으므로, 대부분 로이즈 표준구조계약서양식(LOF ; Lloyd's Open Form)에 의한 구조가 이루어진다(→ No Cure No Pay 조건을 기초로 중재에 의해 재정액을 결정하기로 규정하지만 예외적으로 구조에 성공하지 못하더라도 특별보상금을 지급하기로 규정하기도 한다).

④ 개정된 표준서식LOF80의 도입(→ No Cure No Pay 조건의 수정) : 이 예외는 "safety net clause"라고 하는데, 구조된 자산이 유류를 선적한 유조선에 한하여 적용되고 구조 행위가 성공하지 못한 경우에도 구조자의 과실이 없으면 구조자가 합리적으로 지출한 비용의 지급을 보장한다는 내용이다.

⑤ 1989년 국제구조협약 제14조 : 구조자가 환경손해를 발생시킬 위험에 있는 상황에서 구조작업에 의하여 환경손해를 방지·경감하는데 성공한 경우에는 구조자가 발생한 비용의 30~100%까지 증액된 특별보상을 받을 수 있다.

(2) 단독비용

① 보험의 목적의 안전이나 보존을 위하여 피보험자 및 그 대리인이 지출한 비용으로서 공동해손과 구조비용이 아닌 비용은 단독비용(particular charges)이라 한다. 단독비용은 단독해손에도 포함되지 아니한다(MIA 제64조 제2항).

② 단독비용은 피보험재산의 안전이나 보존을 위해 지출한 비용이라는 점에서 실제 피보험재산 자체에 발생한 손해인 단독해손 손해와는 구별된다.

③ 단독비용은 피보험재산의 안전이나 보존을 위해 지출한 비용이라는 점에서, 공동의 항해사업에서 공동의 안전과 보존을 위해 지출한 공동해손비용과 구별된다.

④ 단독비용은 주로 적하를 보존하는 데 지출한 비용으로서 창고보관비용, 건조비용, 재포장비용 등이 있다.

(3) 손해방지비용

① 손해방지비용의 의의 : 영법상 손해방지비용은 보험증권상 손해방지약관에 따라 손해방지의무를 이행하는 데 피보험자가 지출한 비용, 즉 손해방지약관에 의해 보험자가 추가로 부담하는 간접손해를 말한다.

② 손해방지비용의 성질 : 손해확대를 방지하기 위하여 합리적인 조치를 취하는 것은 <u>피보험자 또는 그 대리인의 의무</u>이며, 이러한 손해방지비용은 분손에 해당하지 않고 해상보험계약에 추가되는 별개의 보험계약으로 간주된다(MIA 제78조 제1항).

③ 구조비용 vs 단독비용 vs 손해방지비용

구분	구조비용	단독비용	손해방지비용
행위주체	임의 개입한 제3자	피보험자 또는 그 대리인	피보험자 또는 그 대리인
의무여부	자발적	의무적	의무적
보상한도	보험금액의 한도 내	보험금액의 한도 내	보험금액의 초과 허용

7. 선박충돌 배상책임손해

(1) 의의

① 1836년 Salvador사건에서 법원은 충돌손해배상금은 바다위험의 결과로 인한 것이 아니므로 보험자로부터 보상받을 수 없다고 판결하였다.

② 선박보험증권의 보장범위를 확대하기 위하여 1/4을 선주가 부담하는데 합의(→ P&I 보험)한 후에 선주의 배상책임을 추가 부담하는 충돌약관이 하나의 별도의 표준약관으로 선박보험에 도입되었다(→ 3/4 충돌배상책임약관).

(2) 충돌배상책임의 보상범위

① 타 선박 또는 타 선박에 적재된 재산의 멸실 또는 손상

② 타 선박 또는 타 선박에 적재된 재산의 지연이나 사용이익의 상실

③ 타 선박 또는 타 선박에 적재된 재산의 공동해손, 구조 또는 계약구조

④ 손해배상금의 이자

⑤ 피보험자의 소송비용의 3/4을 보상

(3) 공제액과 3/4 한도의 적용

① 공제액 적용 : 매 사건당 충돌배상책임 보험금에 다른 분손의 보험금을 가산한 합계액에 대한 공제액은 한 번만 적용한다.

② 보험자가 지급하는 보험금은 충돌배상책임과 협정보험가액 중 적은 금액의 3/4에 해당하는 금액이며, 그 보험금에 공제액을 적용한다.

(4) 충돌배상책임약관상 보험자의 면책사항

① 난파선 등의 제거 또는 처분

② 타 선박 또는 타 선박에 적재된 재산을 제외한 재산

③ 피보험선박에 적재된 재산

④ 사망이나 상해 또는 질병

⑤ 오염 또는 오탁

PART 01

PART 02

PART 03

PART 04

PART 05

PART 06

(5) 자매선 약관(Sistership)

선박보험약관상 충돌배상책임약관은 오직 피보험선박과 타 선박의 충돌의 결과로 피보험자에 의해 발생된 법률상의 배상책임만을 보상한다. 이러한 경우에 자매선(동일한 소유자의 재산인 선박)을 소유하는 피보험자를 보호하기 위해 선박보험약관에 자매선 약관을 삽입하고 있다.

TOPIC 03 │ 해상보험의 사고처리 절차

1. 적하보험

(1) 사고처리 절차

화물인수/사고 확인 → 보험회사에 사고 통보 → 손해검정인(surveyor) 선임/검정 실시 → 검정보고서 접수 → 손해액/손해원인 검토(면책위험의 경우 종결) → 보험금 지급 → 대위권 행사

(2) 사고 발생 시 피보험자의 조치사항

① 현장 확인 및 보존
② 운송인에 대한 서면 사고 통보
③ 보험회사 또는 검정기관에 사고 통보

(3) 보험금 청구 시 구비서류

필수 제출 서류	요청 가능 서류
• 보험증권원본 • 선하증권원본 • 포장명세서 • 상업송장 • 귀책사유자에 대한 사고통보서한 및 회신 • 본선협정서 • 입고협정서	• 수입승인신청서사본 • 신용장사본 • 해난보고서 • 질권설정은행의 양도증 • 수입면장 • 용선계약서 • 본선인수증 또는 선적지 Tally sheet • 화물인수도증

2. 선박보험

(1) 사고처리절차

보험사고의 발생통지 → 손해의 방지 → 선박의 수리에 관한 보험자와의 협의 → 해난보고서(Note of Protest) 작성 → 보험금의 청구

(2) 보험사고의 발생 통지

① 보험사고 발생 시 선장은 손해방지조치를 취해야 하고 선장으로부터 보고받은 선주는 보험회사에 지체 없이 통지하여야 한다.

② 피보험자가 손해검정을 하기 전에 사고통지가 보험자에게 주어져야 하며, 선박이 해외에 있는 경우에는 사고발생장소에서 가까운 로이즈대리점(Lloyd's agent)에 사고를 통지하여야 한다.

③ 사고통지의무를 위반할 경우 확정된 보험금에서 <u>15%</u>를 공제당하는 불이익을 받는다.

(3) 손해의 방지

보험사고 발생의 통지와 함께 피보험자는 손해의 확대를 방지하거나 경감시키기 위한 합리적인 조치를 취하여야 할 의무가 있으며, 이러한 의무이행을 위해 지출한 비용은 손해보상액에 추가하여 보상된다.

(4) 선박의 수리에 관한 보험자와의 협의

① 보험자는 손상을 입은 피보험선박의 수리를 위한 항구를 결정할 권한이 있고 피보험자가 선택한 수리장소에 대한 거부권이 있다.

② 피보험자가 자신이 손해조사를 실시하기 전에 보험자에게 사고통지를 하지 않거나 수리회사에 대한 거부권을 행사할 기회를 주지 않을 경우 확정된 보험금에서 15%가 공제된다.

(5) 해난보고서(Note of Protest) 작성

① 선원법 제21조에 의하면 선장은 해운관청에 해난에 관하여 보고할 의무가 있다.

② 해난보고서는 보험회사, P&I 조합 등에 대한 보험금 청구를 위한 입증자료이고, 공동해손정산서에도 필요하며, 상대선과의 손해배상청구소송과 해난심판에도 제출되는 중요한 서류이다.

PART
01

PART
02

PART
03

PART
04

PART
05

PART
06

01 영국해상보험법(MIA)에서 보험자는 피보험위험에 근인하여 발생하는 모든 손해에 대하여 보상책임이 있다고 규정하고 S.G.Policy는 근인주의 중 <u>최유력조건설</u>을 적용해 왔지만, 현재 사용되고 있는 MAR Form에 첨부되는 협회약관에는 보험자가 근인원칙을 대부분 <u>포기</u>하고 있다.

02 영국해상보험법(MIA)상 <u>피보험자의 중과실</u>과 해상위험에 <u>근인한 손상</u>은 부책이다.

03 적하보험약관ICC(B), ICC(C), 선박보험약관ITC-Hulls은 <u>열거위험증권</u>이며, 적하보험약관ICC(A)는 <u>포괄위험증권</u>이다.

04 해상손해는 분류의 기준에 따라 <u>직접손해와 간접손해, 전손과 분손, 물적손해와 비용손해, 배상책임손해</u>로 구분한다.

05 <u>전손은 현실전손과 추정전손</u>으로 구분하고, <u>분손은 공동해손, 단독해손, 구조비용, 특별비용</u>으로 구분한다.

06 추정전손의 판단을 위하여 수리비를 견적할 경우에 다른 이해관계자가 지불할 공동해손분담금이 수리비에서 <u>공제되지 않아야</u> 하고, 장래의 구조작업의 비용과 선박이 수리될 경우 선박이 부담하게 될 일체의 공동해손분담금은 수리비에 <u>가산해야</u> 한다.

07 피보험자가 추정전손으로 처리할 것을 선택한 경우 반드시 <u>위부의 통지</u>를 하여야 하고, 위부의 통지를 하지 않으면 손해는 <u>전손으로만</u> 처리한다.

08 <u>단독해손은 우연히</u> 발생한 분손이며 그 분손이 귀속되는 <u>당사자가 부담</u>하는 반면, <u>공동해손</u>은 공동안전을 위한 <u>임의</u>로 초래한 분손이며 모든 <u>이해관계자가 비례적으로</u> 부담한다.

09 보험목적의 안전이나 보존을 위해 피보험자에 의하여 또는 피보험자를 대리하여 지출하는 비용으로 공동해손과 구조비용이 아닌 비용은 <u>단독비용</u>이다.

10 공동해손행위의 목적은 고의로 적은 손해를 일으켜서 전손을 방지하기 위한 것으로 <u>전손의 위험</u>이 없으면 공동해손도 있을 수 없다.

11 공동해손정산은 운송계약서상에 별도의 규정이 없으면 공동해손에 관한 국제통일규칙인 <u>요크-앤트워프 규칙(YAR)</u>을 적용한다.

12 YAR에 의하면, '<u>공동의 안전을 위하여, 고의적으로, 이례적으로, 합리적으로 발생된 희생손해와 비용손해</u>'가 있는 경우에 한하여 공동해손행위가 존재한다.

13 공동안전을 위한 희생에 의한 선박손상과 선박부양을 위한 양하 시적하의 멸실·손상은 <u>공동해손희생손해</u>에 해당한다.

14 <u>구조비용, 피난항 비용, 임시수리비, 대체비용, 공동해손 정산비용</u> 등 선주가 지출한 비용은 <u>공동해손 비용손해</u>에 해당한다.

15 공동해손 희생손해의 경우 보험자는 희생손해에 대하여 <u>직접 보상</u> 책임이 있으며, 피보험자는 공동해손정산이 완료되기 전에 보험자에게 <u>직접 청구</u>할 수 있다.

16 공동해손분담금을 정산하거나 확정하는 시기는 <u>항해의 종료 시</u>이고, 운송계약서에 반대의 규정이 있는 경우를 제외하고 정산에 적용되는 법률은 <u>목적지 항구의 법률</u>이다.

17 공동해손행위로 희생이 발생하거나 비용을 지출한 당사자가 공동해손으로 배상받아야 할 금액을 '<u>공동해손배상액</u>'이라 하고, 공동해손행위로 전손을 모면한 당사자들이 공동해손배상액을 분담할 재산의 가액을 '<u>공동해손분담가액</u>'이라 한다.

18 공동해손의 정산방법은 <u>공동해손배상액의 총액</u>을 <u>분담가액의 총액</u>으로 나누어 '<u>공동해손분담율</u>'을 산출하여 각각의 분담가액에 적용하면 각 이해당사자가 분담할 공동해손분담금이 결정된다.

19 <u>단독해손</u>의 손해보상액은 합리적 수리비에서 관습상 공제를 차감한 금액이며, 연속손해의 수리비 합계는 보험금액을 <u>초과</u>할 수도 있다.

20 해상손해의 유형에서 비용손해에는 <u>공동해손희생손해, 구조비용, 단독비용, 손해방지비용</u>이 있다.

21 <u>순수구조</u>는 계약과 관계없이 공동항해사업의 이해당사자가 아닌 <u>제3자</u>에 의해 임의로 수행되는 구조를 말하며, <u>계약구조</u>는 선주와의 계약에 의해 구조의 성패와 관계없이 일정한 <u>보수를 받고 수행</u>되는 구조를 말한다.

22 영법상 인정되는 구조비용은 <u>순수구조</u>이며, 구조가 성공한 경우에만 인정(No Cure No Pay)된다.

23 <u>표준계약서식 LOF80</u>를 "safety net clause"라고 하는데, 구조된 자산이 유류를 선적한 유조선에 한하여 적용되고 구조행위가 <u>성공하지 못한 경우에도</u> 구조자의 과실이 없으면 구조자가 합리적으로 <u>지출한 비용의 지급을 보장</u>한다는 내용이다.

24 구조자가 환경손해를 발생시킬 위험에 있는 상황에서 구조작업에 의하여 환경손해를 방지 · 경감하는 데 성공한 경우에는 구조자가 발생한 <u>비용의 30~100%까지</u> 증액된 특별보상을 받을 수 있도록 한 협약은 '<u>국제구조협약</u>'이다.

25 <u>단독비용</u>은 피보험재산의 안전이나 보존을 위해 지출한 비용이라는 점에서, 공동의 항해사업에서 공동의 안전과 보존을 위해 지출한 공동해손비용과 구별된다.

26 단독비용은 주로 적하를 보존하는 데 지출한 비용으로서 <u>창고보관비용, 건조비용, 재포장비용</u> 등이 있다.

27 손해확대를 방지하기 위하여 합리적인 조치를 취하는 것은 <u>피보험자 또는 그 대리인의 의무</u>이며, 이러한 손해방지비용은 분손에 해당하지 않고, 해상보험계약에 추가되는 <u>별개의 보험계약</u>으로 간주된다.

28 1836년 <u>Salvador 사건</u>으로 도입되었으며, 선박보험증권의 보장범위를 확대하기 위하여 1/4을 선주가 부담하는데 합의(→ <u>P&I 보험</u>)한 후에 선주의 배상책임을 추가 부담하는 충돌약관이 하나의 별도의 표준약관(→ <u>3/4 충돌배상책임약관</u>)으로 선박보험에 도입되었다.

29 선박보험의 경우 피보험자가 <u>손해검정을 하기 전</u>에 사고통지가 보험자에게 주어져야 하며, 사고통지 의무를 위반할 경우 확정된 보험금에서 <u>25%</u>를 공제당하는 불이익을 받는다.

30 적하보험의 보험금청구 시 필수제출서류는 <u>보험증권, 선하증권, 포장명세서, 상업송장</u> 등이며, 선박
보험의 보험금청구 시 필수제출서류는 <u>선박국적증서, 선급유지증서, 선급협회 검사보고서 해난보고서</u>
(→ 공동해손정산서에도 필요하며, 상대선과의 손해배상청구소송과 해난심판에도 제출되는 중요한 서
류) 등이다.

오답노트

07 피보험자가 추정전손으로 처리할 것을 선택한 경우 반드시 <u>위부의 통지</u>를 하여야 하고, 위부의 통지를 하지
않으면 손해는 <u>분손으로만</u> 처리한다.

20 해상손해의 유형에서 비용손해에는 공동해손비용손해, 구조비용, 단독비용, 손해방지비용이 있다.

29 선박보험의 경우 피보험자가 손해검정을 하기 전에 사고통지가 보험자에게 주어져야 하며, 사고통지의무를
위반할 경우 확정된 보험금에서 <u>15%</u>를 공제당하는 불이익을 받는다.

출제예상문제

PART 01

PART 02

PART 03

PART 04

PART 05

PART 06

01 다음은 해상보험의 특징에 대한 설명이다. 옳지 않은 것은?

① 국제성이 강하다.

② 기업보험시장에서 중요하다.

③ 해상보험증권은 광범위한 위험을 부담한다.

④ 해양사고의 특성상 미평가보험으로 체결된다.

해설 | 해상보험은 보험가액불변경주의에 따라 보험계약을 체결할 때 보험가액을 미리 확정하는 <u>기평가보험</u>으로 체결된다.

02 다음은 해상보험의 피보험재산(insurable property)에 대한 설명이다. 옳지 않은 것은?

① 선박(ship), 화물(goods) 등을 말한다.

② 선박이란 선체, 자재와 의장구, 선원을 위한 소모품과 식료품을 포함한다.

③ 화물이란 상품의 성질을 가지는 것을 의미하고, 사유물이나 선내에서 사용하기 위한 식료품과 소모품은 포함한다.

④ 갑판적화물과 생동물은 특별히 취지와 명칭을 기재하여 보험에 들어야 하고 화물이라는 포괄적인 명칭으로 보험에 가입해서는 안 된다.

해설 | 화물이란 상품의 성질을 가지는 것을 의미하고, <u>사유물</u>이나 선내에서 사용하기 위한 <u>식료품</u>과 <u>소모품</u>은 포함하지 <u>아니한다</u>.

03 다음은 적하보험에 대한 설명이다. 옳지 않은 것은?

① 화주가 화물손해의 전액을 보상받기 위해서는 적하보험 가입이 필수적이다.

② 국제운송 중 수반되는 각종 위험으로 인한 화물의 물적손해, 비용손해, 책임손해를 보상한다.

③ 피보험자의 소유에 속하는 선체, 기관, 선용품, 의장품, 기타 비품 등을 보험목적물로 하고 있다.

④ 국제운송 중 화물사고가 발생한 때 운송계약서인 선하증권(B/L)상에서 각종 면책사유를 규정하고 있고, 운송인의 귀책사유로 인한 손해라도 일정금액으로 책임이 제한된다.

해설 | 피보험자의 소유에 속하는 선체, 기관, 선용품, 의장품, 기타 비품 등을 보험목적물로 하는 것은 선박보험 중 <u>선체보험</u>에 해당한다.

04 선박보험이 보상하지 않는 비용손해 및 제3자에 대한 배상책임을 보장받기 위하여 선주들이 운영하는 비영리의 상호보험을 무엇이라 하는가?

① 운임보험

② 기대이익보험

③ 충돌배상책임보험

④ 선주책임상호보험(P&I보험)

해설 | 선주책임상호보험(P&I보험)이란 선주의 법률상배상책임 가운데 부두에 대한 손상, 선원이나 타인의 신체상해 또는 사망, 오염이나 오탁으로 인한 법률상배상책임을 보상하는 보험을 말한다.

05 다음은 해상보험의 피보험이익에 대한 설명이다. 옳지 않은 것은?

① 피보험자와 보험의 목적 사이에 존재하는 적법한 경제적 관계를 의미한다.

② 피보험이익의 목적은 손해보상(이득금지)의 원리를 실현하기 위한 것이다.

③ 해상보험계약에서 피보험자는 보험계약이 체결될 때 보험의 목적에 이해관계를 가져야 한다.

④ 보험계약을 체결한 때 피보험자는 손해 발생사실을 알고 있었고 보험자가 그 사실을 모르고 있었던 경우를 제외하고, 피보험자는 손해 발생 후까지 자기의 피보험이익을 취득하지 못하였다 하더라도 보상받을 수 있다.

해설 | 해상보험계약에서 피보험자는 보험계약이 체결될 때 보험의 목적에 이해관계를 가질 필요는 없지만, <u>손해가 발생한 때</u> 반드시 보험의 목적에 이해관계를 가져야 한다(MIA 제6조 제1항).

06 보험계약 체결 전 고지의무 위반 시 3가지 유형의 조치가 있다. 그중 단순위반 − 보험자가 위반을 알았다면 절대 보험계약을 체결하지 않았을 경우의 효과에 해당하는 것은?

① 보험계약 취소+보험금 미지급+보험료 미환급

② 보험계약 취소+보험금 미지급+보험료 환급

③ 보험계약 취소+보험금 지급+보험료 환급

④ 보험계약 유지+보험금비례보상[(실제부과보험료/부과했을 더 높은 보험료)×100]

해설 │ 고지의무 위반 시 3가지 유형의 조치

고의적이거나 무모한 위반의 경우	보험계약 취소+보험금 미지급+보험료 미환급
단순위반 − 보험자가 위반을 알았다면 절대 보험계약을 체결하지 않았을 경우	보험계약 취소+보험금 미지급+보험료 환급
단순위반 − 보험자가 위반을 알았더라도 보험조건을 변경해서 보험계약을 체결했을 경우	보험계약 유지+보험금비례보상[(실제부과보험료/부과했을 더 높은 보험료)×100]

07 다음 중 묵시담보(implied warranty)에 해당하는 것으로 묶인 것은?

> ㉠ 안전담보 ㉡ 감항담보
> ㉢ 중립담보 ㉣ 적법담보
> ㉤ 항해담보

① ㉠, ㉢   ② ㉡, ㉣

③ ㉢, ㉣   ④ ㉣, ㉤

해설 │ 담보의 형태 **암기** 안중해감법

구분	명시담보(Express warranty)	묵시담보(Implied warranty)
요건	담보의 의사가 추측되는 문구면 가능하고, 보험증권에 삽입되거나 그 일부를 구성하는 서류에 포함되어야 한다.	담보의 내용이 보험증권에 명시되지 않으나 피보험자가 반드시 충족시켜야 한다.
종류	안전담보/중립담보/항해담보	감항담보/적법담보

PART 01
PART 02
PART 03
PART 04
PART 05
PART 06

08 다음은 해상보험증권의 해석원칙에 대한 설명이다. 적절하지 않은 것은?

① 계약당사자의 의사우선의 원칙이 적용된다.

② 인쇄문언이 수기문언보다 우선적인 효력이 주어진다.

③ 보험증권상 문언의 의미가 모호한 경우에는 "작성자불이익의 원칙"이 적용된다.

④ 보험증권상 문언은 보험계약자의 입장에서 일반적으로 이해하고 있는 통상적인 의미로 해석되어야 한다.

해설 | 수기문언이 인쇄문언보다 우선적인 효력이 있다. 즉, 효력은 수기문언＞첨가문언＞인쇄문언 순이다.

09 다음 빈칸의 내용이 알맞지 않은 것은?

> (①)은/는 1779년 이후 200년 동안 한 번도 개정이 없었기 때문에 난해한 고어체, 난외약관 등의 문제가 있었으며, 이에 대한 UNCTAD의 비판의 결과 새로운 해상보험증권 (②)이/가 제정되었다. 그리고 새로운 해상보험증권에 첨부되어 사용되는 새로운 협회적하약관(③)와/과 협회기간약관(④)이/가 도입되었다.

① S.G. Policy   ② MAR Form

③ ICC(A), ICC(B), ICC(C)   ④ IHC(2003)

해설 | 협회기간약관인 ITC-Hulls(1983)이 가장 표준화된 선박약관이다. IHC(2003)는 국제선박보험약관으로 ITC-Hulls(1983)를 유지하되, 현 시장상황과 실무에 맞게 수정된 약관이다.

10 다음은 S.G Policy의 본문약관에 대한 설명이다. 적절하지 않은 것은?

① 보험평가약관은 약관의 공백란에 보험가액을 기재하면 기평가보험, 기재하지 않으면 미평가보험이 됨을 의미한다.

② 피보험자가 위부를 한 후에 적하에 대한 손해방지행위를 한 경우 이를 위부의 포기로 간주한다는 것을 규정한 약관은 포기약관이다.

③ 보험계약이 체결되기 전에 이미 손해가 발생하였다 하더라도 피보험자가 그 사실을 몰랐다면 계약체결이 성립된다는 약관은 소급약관(lost or not lost)이다.

④ 보험의 목적약관에 따르면 보험의 목적은 Goods와 Mechandises와 같은 것으로 규정하는 데, Goods는 상품의 성질을 갖는 화물을 의미하며 반대의 관습이 없는 한 갑판적하나 동물은 Goods라는 명칭으로 가입할 수 없다.

해설 | 포기약관은 '피보험자가 위부를 한 후에 적하에 대한 손해방지행위를 하더라도 <u>위부의 포기로 간주하지 않는다</u>는 것'을 규정한 약관이다.

11 구협회적하약관(1963) 중 ICC(A/R)의 면책 위험에 해당하지 않는 것은?

① 항해의 지연

② 피보험자의 중대한 과실

③ 쥐나 해충에 근인한 손해

④ 보험목적의 통상적인 누손과 파손

해설 | ICC(A/R)의 면책사항
- 피보험자의 고의의 불법행위(→ 중과실은 보상함)
- 지연(피보험위험으로 인한 지연 포함)
- 보험의 목적의 통상의 자연소모(자연마모), 통상의 누손과 파손
- 보험의 목적의 고유의 하자나 성질
- 쥐나 해충에 근인한 손해
- 해상위험에 근인하지 않는 기관의 손상

12 구협회적하약관(1963) 중 ICC(FPA)에서 보장하지 않는 위험은 무엇인가?

① 투하나 강도로 인한 단독해손

② 침몰, 좌초, 화재 및 폭발로 발생된 단독해손

③ 선적, 환적, 양하 중의 추락으로 인한 포장당 전손

④ 선박이나 부선 또는 운송용구의 여하한 충돌과 접촉으로 인해 발생된 단독해손

해설 | 구협회적하약관 ICC(FPA)는 단독해손부담보조건을 의미하지만 ②, ③, ④와 같은 특정사고로 인한 단독해손은 보상한다. 악천후, 투하, 강도로 인한 단독해손은 ICC(WA), ICC(A/R)에서는 보상한다.

13 다음은 ICC(WA)에 대한 설명이다. 가장 적절하지 않은 것은?

① 해상위험 중에서는 투하나 강도에 의한 단독해손을 담보한다.

② 보험료 관점에서 FPA>WA 3%>WAIOP>A/R 순서이다.

③ 해상고유의 위험 중에서는 단독해손부담보 조건에서 보상하지 않는 악천후에 의한 단독해손도 보상한다.

④ WA 3%와 WAIOP의 두 조건이 있는데, 'WA 3%'는 손해금액의 3%를 넘게 되면 모두 보험자가 보상하는 프랜차이즈 방식이다.

해설 | ICC(WA)는 '분손담보약관'이라 하는 데, 보험료관점에서 FPA<WA 3%<WAIOP<A/R 순서이므로 분손담보조건 중 보험료가 가장 낮은 것은 WA 3%이다.

PART
01

PART
02

PART
03

PART
04

PART
05

PART
06

정답 08 ② 09 ④ 10 ② 11 ② 12 ① 13 ②

14 구협회적하약관(1963)의 제1조 : 운송약관에 따르면 보험기간의 종기에 해당하지 않는 것은?

① 목적지의 수하인 창고 또는 최종창고에 인도된 때

② 비상보관을 위한 임의의 보관장소에 인도된 때

③ 외항선으로부터 화물이 양륙된 후 30일 경과된 때

④ 화물 할당을 위해 임의의 보관장소에 인도된 때

해설 | 외항선으로부터 화물이 <u>양륙된 후 60일</u> 경과된 때이다.

15 ICC(1963)의 제1조 운송약관에서는 '보험자에 대한 지체 없는 통지나 추가보험료의 납부 없이도 위험변경 기간 중 보험이 계속된다고 인정'하는 위험변경 사유에 해당하는 것으로 묶인 것은?

㉠ 피보험자가 좌우할 수 없는 지연	㉡ 이로(deviation)
㉢ 강제양육	㉣ 재선적 및 환적

① ㉠, ㉡, ㉢

② ㉠, ㉡, ㉣

③ ㉠, ㉢, ㉣

④ ㉠, ㉡, ㉢, ㉣

해설 | 피보험자가 좌우할 수 없는 지연, 이로(deviation), 강제양육, 재선적 및 환적 모두가 해당된다.

16 다음은 구증권 ICC(A/R)의 약관에 대한 설명이다. 가장 적절하지 않은 것은?

① 제2조 운송종료약관은 운송이 해당 피보험자의 불가항력적인 이유로 운송이 종료되었을 경우 추가보험료 징수 없이 일정 기간 담보가 계속되는 것을 규정한 약관이다.

② 제3조 부선약관은 부선에 의한 선적과 양륙이 당해 항구의 관습인 경우 부선운송에 수반되는 위험을 담보하는데, 각 부선 또는 뗏목은 개별적으로 부보되는 것으로 간주한다.

③ 제4조 항해변경약관은 MIA(1906) 제55조의 면책규정을 배제하는 것으로서, 항해변경이 있더라도 추가보험료징수를 요건으로 담보를 계속할 수 있음을 규정한 약관이다.

④ 제5조 전위험약관은 법률 및 약관으로 면책되는 사항 외의 모든 위험에 대해서는 보험자가 담보한다는 규정이다.

해설 | 제2조 운송종료약관은 운송이 해당 피보험자의 불가항력적인 이유로 운송이 종료되었을 경우 <u>추가보험료 징수를 요건으로</u> 일정기간 담보가 계속되는 것을 규정한 약관이다.

17 다음은 ICC(A/R) 제8조(감항성 승인약관)에 대한 설명이다. 옳지 않은 것은?

① 선박의 감항능력담보는 묵시담보이다.

② 감항능력담보를 위반하면 담보위반일로부터 보험계약이 해지된다.

③ 감항성 승인약관은 감항능력을 반드시 갖추라는 의미에서 명시적인 담보화를 한 것이다.

④ 감항능력(seaworthiness)은 선박이 자체 안정성을 확보하기 위해 갖추어야 하는 능력을 말한다.

> **해설** | 제8조 감항성 승인약관은 '감항능력담보'를 배제하는 특약이다. 화주(cargo-owner)의 경우 선박의 감항능력 여부를 확인하기 어려우므로, 동 규정을 엄격히 규정하는 것은 큰 부담이므로 적하보험의 경우 감항능력담보를 배제하는 동 약관을 두고 있다.

PART
01

PART
02

PART
03

PART
04

PART
05

PART
06

18 다음의 ICC(A/R) 약관 중 '제10조 보험이익불공여 약관'을 의미하는 것은 어느 것인가?

① 피보험자 및 그 대리인에게 피보험위험이 발생한 경우 또는 그 발생을 피하기 어려운 경우 그로 인한 손해방지경감을 위해 필요하다고 인정되는 모든 조치를 취할 것을 요구하는 약관이다.

② '제9조 수탁자 약관'에 의해 추가되는 약관으로써 '운송인, 수탁자의 고의나 과실에 의해 손해가 발생하고 이를 보상한 보험자가 취득한 대위권을 보존할 목적으로 규정된 것이다.

③ 쌍방과실 충돌이 발생할 경우 화주에 대한 배상책임과 선주에 대한 배상책임이 다를 수 있는 바, 피보험자가 선주에 대한 법률상 배상책임액이 있는 경우 보험자가 추가로 보상하는 약관이다.

④ 적하보험에서는 위험이 발생한 경우에도(운송약관, 운송종료약관, 항해변경약관) 보험자로부터 담보를 계속해서 받기 위해서는 피보험자가 상황인지 후 지체 없이 보험자에게 통지해야 하는 의무를 규정한 약관이다.

> **해설** | ① 제9조 수탁자약관
> ③ 제11조 쌍방과실충돌약관
> ④ 제15조 유의사항

19 다음 중 구협회적하약관에는 없지만, 신협회적하약관에만 있는 신설 조항은?

① 쌍방과실충돌약관   ② 추정전손약관

③ 계반비용약관   ④ 보험이익불공여약관

> **해설** | 신설약관은 계반비용약관, 피보험이익약관, 증액약관, 포기약관, 영국법률 및 관례약관이다.

정답   14 ③   15 ④   16 ①   17 ③   18 ②   19 ③

20 선박소유자 등의 파산 또는 금전상의 채무불이행으로 인한 화물의 멸실, 손상 또는 비용을 보험자의 면책손해라고 명시적으로 규정하고 있는 신협회적하약관은 다음 중 어느 것인가?

① ICC(All Risks)   ② ICC(WA)

③ ICC(A)   ④ ICC(FPA)

해설 | ICC(1982)의 제4조 일반면책약관
- 피보험자의 고의적인 비행
- 피보험위험으로 인한 지연일지라도 지연을 근인으로 손해
- 보험목적물의 고유의 하자나 성질
- 보험목적물의 통상의 누손, 중량이나 용적상의 통상의 손해 또는 통상의 자연소모
- <u>보험목적물의 포장이나 준비의 불완전 또는 부적합(NEW)</u>
- <u>선박의 소유자, 관리자, 용선자의 금전상의 채무불이행(NEW)</u>
- <u>여하한 자의 불법행위에 의한 고의적 손상 또는 파괴(NEW)</u>
- <u>일체의 핵 관련 무기의 사용(NEW)</u>

21 MIA(1906) 제55조에 의한 면책사항이면서 동시에 ICC(A)의 제4조 일반면책 약관에 의해서도 면책이 되는 것은?

① 지연에 인한 손해(피보험위험으로 인한 지연 포함)

② 포장의 불완전으로 인한 화물손해

③ 통상의 파손

④ 쥐나 벌레에 의한 손해

해설 | 구협회적하약관과 신협회적하약관의 면책사항

면책사항	구협회적하약관	신협회적하약관
포장의 불완전	×	○
선박소유자 등의 채무불이행	×	○
제3자의 불법행위에 의한 손상	×	○
통상의 파손	○	×
쥐나 해충에 근인한 손해	○	×

22 다음은 피보험이익약관(Insurable Interest Clause)에 대한 설명이다. 옳지 않은 것은?

① ICC(1982) 약관의 조항이다.

② 보험가액 불변의 원칙과 관련이 있다.

③ MIA 제6조 1항과 SG Policy 본문에 있던 소급약관(lost or not lost clause)을 흡수한 것이다.

④ 보험계약 이전에 피보험손해가 발생하였을지라도 피보험자가 그 손해 발생 사실을 알고 보험자가 모르는 경우를 제외하면 보험계약체결 이전에 발생한 화물손해에 대해서는 보험자가 보상한다.

해설 | 보험가액불변경주의의 불합리성을 보완하는 의미의 약관은 증액약관(신약관, 제14조)이다. 증액약관에 따르면 보험기간 중에 보험가액의 현저한 변동이 있는 경우 보험금을 증액할 수 있다.

PART
01

PART
02

PART
03

PART
04

PART
05

PART
06

23 ICC(1982)의 제12조 계반비용약관에 따르면 항해중단의 원인은 다음에 규정된 면책사유가 아니어야 한다. 이것에 해당하지 않는 것은?

① 제4조 일반면책약관　　　　　　　② 제5조 불감항 및 부적합 면책약관

③ 제7조 동맹파업 면책약관　　　　　④ 제10조 항해변경약관

해설 | 제12조 계반비용약관에 따르면 항해중단의 원인은 제4조 일반면책약관, 제5조 불감항 및 부적합 면책약관, 제6조 전쟁면책약관, 제7조 동맹파업 면책약관에 규정된 면책사유가 아니어야 하며, 피보험자 또는 그 사용인의 과실 · 태만 · 지급불능 또는 재정상의 채무불이행으로부터 생긴 비용은 포함하지 않는다.

24 다음은 ICC(1982)의 제17조 포기약관에 대한 설명이다. 옳지 않은 것은?

① 소급보험과 가장 관련이 있는 약관이다.

② 피보험자가 위부를 한 후 손해방지행위를 한 경우 이를 위부의 포기로 보지 않는다.

③ 보험자가 손해방지행위를 한 경우에도 이를 위부의 승낙으로 보지 않는다.

④ 이 약관은 피보험자와 보험자로 하여금 보험목적물의 보전을 위해 최선을 다하도록 하고, 그로 인한 비용은 위부와 관계없이 손해방지비용 또는 특별비용으로 보험자가 부담하도록 하고 있다.

해설 | 소급보험과 가장 관련이 있는 약관은 피보험이익약관(Insurable Interest Clause)이다.

정답　20 ③　21 ①　22 ②　23 ④　24 ①

25 다음은 원산지손해약관(Country Damage Clause)에 대한 설명이다. 옳지 않은 것은?

① 수입면화의 원산지손해를 담보한다.

② 외항선 적재 전의 홍수, 해일, 호우로 인한 손해를 보장한다.

③ 외항선에 적재될 때의 명백한 손해에 대해서 면책이다.

④ 선적을 위한 대기 중 원산지에서의 비나 지면의 습기에 의해 발생할 수 있는 비교적 경미한 손해를 원산지손해라 한다.

해설 | 외항선 적재 전의 홍수, 해일, 호우로 인한 손해와 적재될 때의 명백한 손해에 대해서 면책이다.

26 다음 중 ICC(C)에서는 담보하지 않지만, ICC(FPA)에서는 담보하는 위험은 무엇인가?

① 지진, 분화, 낙뢰

② 파도에 의한 갑판상의 유실

③ 해수 또는 하천수의 유입

④ 양하작업 중 갑판에서 멸실된 매 포장당 전손

해설 | ICC(FPA)에서 예외적으로 보상하는 단독해손
- 침몰(Sinking), 좌초(Stranding), 화재(Fire) 및 폭발(Explosion)로 발생된 단독해손
- 선박이나 부선 또는 운송용구의 충돌과 접촉(얼음 포함, 물 제외)으로 인해 발생된 단독해손
- 선적, 환적, 양하 중의 추락으로 인한 포장당 전손
- 피난항에서 적하의 하역작업에 정당하게 기인된 단독해손
- 중간기항항이나 피난항에서 양하, 창고보관 및 계반을 위한 특별비용

27 다음은 신협회적하약관(1982)의 면책조항에 대한 내용이다. 옳지 않은 것은?

① 본선 또는 부선의 불감항

② 피보험위험으로 인한 지연

③ 전쟁, 내란, 나포, 포획, 해적행위

④ 동맹파업, 노동쟁의에 기인한 손해

해설 | 신협회적하약관(1982)에서는 ICC(A)에서만 해적행위를 담보한다.

28 신협회적하약관(1982) 중 ICC(C)의 부담위험은 4가지의 위험을 제외하고 ICC(B)와 동일하다. 4가지의 위험에 해당하지 않는 것은?

① 지진, 화산의 폭발, 낙뢰

② 피난항에서의 적하의 양하

③ 본선, 부선, 선창, 운송용구, 콘테이너 등 보관장소에 해수, 호수 또는 하천수의 유입

④ 본선이나 부선의 하역 중 낙하하거나 갑판에서 멸실 된 매 포장당 전손

해설 | ICC(B)에서는 보상하지만 ICC(C)에서는 보상하지 않는 위험은 지진, 화산의 분화, 낙뢰(위험과 손해의 상당인과관계)/갑판유실(위험과 손해의 단순인과관계)/해수의 유입(위험과 손해의 단순인과관계)/하역 중 매 포장당 전손(인과관계 요구 안 함) 4가지이다. 피난항에서의 적하의 양하는 신협회적하약관(1982)을 모두 보상한다.

29 다음 중 최소한 24시간 이상 계속된 냉동기기, 냉동장치 등의 교란 및 고장으로 인해 화물이 입은 멸실이나 손상을 확장담보를 받기 위하여 냉동육류 및 냉동어획물과 같은 화물의 부보 시에 첨부하는 적하보험 특별약관은?

① Refrigerated Machinery Clause   ② Special Survey Clause

③ Refrigerated Cargo Clause   ④ Special Replacement Clause

해설 | 24시간 이상 냉동장치가 고장일 경우에 보상하는 약관은 '냉동화물약관(Refrigerated Cargo Clause)'이다.

30 밀폐되지 않은 컨테이너에 적입된 화물을 ICC(A) 조건으로 보험에 가입하였다. 이 화물이 갑판에 적재된 경우 On Deck Clause(B)에 의하여 보험조건이 변경된다. 동 특별약관에 명기되어 있는 변경된 보험조건은?

① ICC(B) including the risk of Washing Overboard

② ICC(B) including the risk of Jettison&Washing Overboard

③ ICC(C) including the risk of Washing Overboard

④ ICC(C) including the risk of Jettison&Washing Overboard

해설 | ICC(A)나 ICC(B)로 가입하면 'ICC(C)+W.O.B'으로 변경된다. 만약 ICC(A/R)이나 ICC(WA)로 가입하였다면 'ICC(FPA)+J.W.O.B' 조건으로 변경된다.

PART 01

PART 02

PART 03

PART 04

PART 05

PART 06

31 현재 국내에서 통용되고 있는 적하보험 요율서 상 구약관(1963)의 ICC(A/R) 및 ICC(Air), 신약관 (1982)의 ICC(A) 및 ICC(Air) 요율이라고 하더라도 이들 요율에는 화물별로 특수위험에 대한 담보요 율이 제외되어 있음을 명시하고 있는 경우가 있다. 만약 이 특수위험을 담보받기 위하여는 요율서에 서 별도로 정한 적용특칙 및 부가요율을 적용하여야 한다. 다음 중 화물별 특수위험이 잘못 짝지어진 것은?

① 유리 : Breakage
② 곡물류 : Sweat&Heating
③ 요업제품 : Leakage&Shortage
④ 곡물이 광석류와 혼합 : Contamination

해설 | 부가위험(→ A/R 또는 A조건으로 보험에 가입해도 담보되지 않는 위험)

파손 (breakage)	파손의 부가위험을 보험에 붙여야 한다. ◉ 유리, 요업제품 등
한습손 및 열손 (Sweat&Heating)	습기와 열에 의한 부가위험을 보험에 붙여야 한다. ◉ 곡물류, 사료 및 유채류(Oil seeds) 등
누손 및 부족손 (Leakage&Shortage)	용기나 포장으로부터 누손/부족손의 부가위험을 보험에 붙여야 한다. ◉ 유리병속의 의약품, 액체화물 등
혼합손 (Contamination)	혼합에 의한 외관상 더러움의 부가위험을 보험에 붙여야 한다. ◉ 유류화물의 해수 또는 담수의 혼입, 곡물이 광석류와 혼합 등

32 1982년 제정된 신협회적하약관 ICC(A) 및 신협회항공 화물약관 ICC(Air)의 운송조항(Transit Clause)에 명시된 바에 따르면 최종 양하장소에서 외항선 및 항공기로부터 피보험화물의 양하가 완 료된 후 각각의 약관별로 "(   )일"이 경과한 때에 보험(보험자의 책임)이 종료된다고 규정하고 있다. 다음 중 ICC(A) 와 ICC(Air)의 약관별로 (   ) 안에 들어갈 숫자가 올바르게 짝지어진 것은?

① ICC(A) : 60, ICC(Air) : 60
② ICC(A) : 30, ICC(Air) : 60
③ ICC(A) : 60, ICC(Air) : 30
④ ICC(A) : 30, ICC(Air) : 30

해설 | 협회적하약관의 보험기간은 최종양하장소에서 외항선 및 항공기로부터 피보험화물의 양하가 완료된 후 ICC(A) 는 60일을 경과한 때에, 협회항공화물약관 ICC(Air)는 30일이 경과한 때에 보험기간이 종료되는 것으로 규정 한다.

33 다음 중 국내에서 사용하고 있는 ITC-Hulls(1983) FPL unless etc. 조건하에서 보상하지 않는 손해는?

① 좌초(Stranding)로 인한 분손

② 폭발(Explosion)로 인한 분손

③ 빙산과의 접촉(Contact with Ice)으로 인한 분손

④ 악천후(Heavy Weather)로 인한 분손

해설 | 선박의 <u>좌초, 침몰, 화재, 폭발, 충동, 접촉</u>으로 인한 손해에서는 <u>전손 및 분손</u>도 보상하지만, 이들 특정위험을 제외한 다른 위험(→ <u>악천후</u>)으로 인한 손해는 <u>전손만</u> 보상한다.

PART 01

PART 02

34 다음 중 협회기간약관(1983)의 TLO SC&SL 요건에서 담보하는 손해는?

① 공동해손   ② 단독해손

③ 구조비   ④ 충돌배상책임

해설 | TLO SC&SL 요건에서 담보하는 손해 중 <u>공동해손, 단독해손, 충돌배상책임</u>을 제외한다

PART 03

PART 04

PART 05

35 다음은 ITC-Hulls(1983)에 관한 설명이다. 옳지 않은 것은?

① 보험의 만기 시에 선박이 항해 중, 조난 중 또는 피난항이나 기항항에 있는 경우에는 보험자에게 사전통지가 주어지는 조건으로 월할보험료로써 목적항에 도착할 때까지 계속 담보된다.

② 선박이 해체 또는 해체를 위한 매각을 위해 항해하는 경우, 그러한 항해에 부수하여 발생하는 선박의 멸실 및 손상과 충돌배상책임에 대한 보상은 선박의 고철가액을 한도로 보상한다.

③ 선박은 예인되어서는 안 되지만, 구조의 필요상 최초 안전항까지의 피예인 또는 화물의 적재와 양하에 관련된 관습적인 피예인은 허용된다.

④ 보험자가 책임지는 선박손상의 직접적인 결과로 발생한 오염의 위험 또는 위협을 방지하거나 완화하기 위하여 권한을 위임받은 정부당국이 취한 행위로 인한 선박의 멸실이나 손상이 발생하면 담보가 가능하다.

PART 06

해설 | 제1조 항해약관(Navigation) 제3항에 따르면, 해체대상선박의 항해 중 선박에 대한 손상이 발생할 경우 보상한도액은 해체선의 <u>고철로서의 시장가격</u>으로 제한된다. 단, 선박해체를 위한 항해 중 <u>충돌배상, 공동해손 및 구조에 대한 클레임</u>은 이 약관의 적용을 받지 않는다(→ 정상적인 가격으로 보상을 함).

정답   31 ③   32 ③   33 ④   34 ③   35 ②

36 다음 중 협회기간약관-선박(ITC-Hulls, 1983) 제4조 종료조항(Termination)에서 규정하고 있는 보험계약의 자동 종료 사유가 아닌 것은?

① 선급(Class)의 변경

② 항해용선계약(Voyage Charterparty)의 체결

③ 선박관리자(Manager)의 변경

④ 선박소유자(Owner)의 변경

해설 | 선주와 관리자, 선적, 선급 등의 변경은 보험자의 입장에서 위험측정의 근간이 되므로 이러한 요소의 변동은 단순한 위험의 변경이 아니므로, 보험자의 서면동의 없이는 보험계약이 자동종료된다.

37 1983년 협회기간약관-선박(ITC-Hulls) 제6조 위험조항(Perils)에 열거된 위험 가운데 피보험자, 선주, 관리자의 상당한 주의의무(Due Diligence) 결여로 인해 발생하지 않을 것을 조건으로 보험자가 담보하는 피보험위험들로만 올바르게 짝지어 놓은 것은?

① 좌초/화재 및 폭발

② 해적행위/항공기나 항만시설과의 접촉

③ 보일러의 파열/적하 또는 연료의 적재, 양하 또는 이동 중 사고

④ 기계나 선체의 잠재적 하자/핵장치나 원자로의 고장 또는 사고

해설 | 제6조 위험약관(Perils)(→ 선체보험은 열거책임주의를 채택)

상당한 주의의무가 요구되지 않는 위험	상당한 주의의무가 요구되는 위험
해상고유의 위험, 화재·폭발, 폭력을 수반한 침입강도, 투하, 해적행위, 핵 장치나 원자로의 고장 또는 사고, 외부물체와의 접촉, 지진, 화산의 분화, 낙뢰	하역 및 이동 중의 사고, 보일러의 파열, 차축의 파손 또는 선체의 잠재적 하자에 의한 결과적 손실, 선원, 도선사, 수리업자 또는 용선자의 과실, 선장 또는 선원 악행

38 1983년 협회기간약관-선박(ITC-Hulls) 제8조 선박충돌배상 책임조항(3/4ths Collision Liability)에서 보험자가 보상하는 손해가 아닌 것은?

① 충돌한 상대 선박에 적재되어 있던 재산의 멸실이나 손상에 대한 배상책임 손해

② 충돌한 상대 선박에 승선하여 근무 중이던 선원의 사망, 상해 또는 질병에 대한 배상책임 손해

③ 충돌한 상대 선박의 불가동으로 인한 사용 이익 상실에 대한 배상책임 손해

④ 충돌한 상대 선박의 구조를 위해 지출된 비용에 대한 배상책임 손해

해설 | 제8조 선박충돌배상 책임조항에서 보상하지 않는 손해
- 장애물, 난파선 또는 적하 등의 제거비용
- 타 선박에 적재된 재산 이외의 부동산, 동산
- 피보험선박의 선체손상 및 멸실
- 피보험선박에 적재된 적하 또는 기타 재산
- 피보험선박 승선인명의 사망, 질병, 부상, 부동산 또는 동산의 오염

PART 01
PART 02
PART 03
PART 04
PART 05
PART 06

39 1983년 협회기간약관-선박(ITC-Hulls) 제10조 사고통지와 입찰조항(Notice of Claim and Tender)에 관한 다음의 설명 중 옳지 않은 것은?

① 피보험자는 보험사고 발생사실을 보험자에게 통지할 의무가 있으며, 사고통지는 보험자가 손해 검정을 하기 이전에 이루어져야 한다.

② 보험사고 발생시 선박이 해외에 있는 경우에는 그곳에서 가장 가까운 로이즈 대리점에 사고사실을 통지하여야 한다.

③ 보험자의 요구로 수리 입찰에 붙여지고, 입찰이 낙찰되었을 경우에는 입찰안내장 발송시점부터 낙찰일까지 소요기간에 대하여 보험금액의 연 30%의 비율로 사용이익 상실을 보상한다.

④ 피보험자가 이 조항의 조건을 불이행하였을 경우에는 벌칙으로서 공제금을 적용한 확정된 보험금에서 25%를 공제하고 보상한다.

해설 | 사고신고 등 본 약관을 불이행하면 확정된 <u>보험금의 15%</u>의 금액을 공제한다.

40 협회기간약관－선박(ITC－Hulls, 1983) 제12조 공제액조항(Deductible)에 의해 보험자의 지급보험금 산정 시 공제 금액이 적용되는 것은?

① 현실전손이나 추정전손에 대한 보험금

② 손해방지행위가 성공하여 전손을 방지한 경우의 손해방지비용

③ 손해방지행위가 성공하지 못하여 전손이 된 경우의 손해방지비용

④ 좌초 후에 선저검사를 실시하였으나 실제 손상이 발견되지 않은 경우의 합리적으로 지출된 선저 검사 비용

해설 | 제12조 공제액조항(Deductible)의 적용

공제가 적용되는 경우	공제가 적용되지 않는 경우
공동해손, 구조비, 충돌손해배상책임	전손, 좌초 시 선저비용

41 다음은 제15조 선저처리약관(Bottom Treatment)에 대한 설명이다. 옳지 않은 것은?

① 선저 부분의 부착물 청소, 도장 등 Scraping, Painting 비용은 보상한다.

② 모래분출기로 부착물을 제거 Grit blasting 비용은 보상한다.

③ 방청도료, 방오도료 도장 전에 하는 초도처리공정의 Primer coating 비용은 보상한다.

④ 방청도료(A/C)의 도장 1회분은 합리적 수리비로 간주하여 보상하지만, 2회분 이상의 방청도료와 방오도료의 도장은 보상하지 않는다.

해설 | 선저 부분의 부착물 청소, 도장 등 Scraping, Painting 비용은 보상하지 않는다.

42 협회기간약관－선박(ITC－Hulls 1983) 제18조 미수리손상(Unrepaired Damage)에 관한 설명 중 잘못된 것은?

① 미수리손상의 보상액은 그러한 미수리손상으로 인한 이 보험종료시점에서의 선박 시장가액의 합리적인 감가액으로 한다.

② 미수리손상의 보상액은 합리적인 수리비를 초과하지 아니한다.

③ 미수리손상이 발생한 사고 이후에 이 보험기간 중 또는 그 연장기간 중에 전손이 발생하면 미수리손상은 보상하지 아니한다.

④ 보험자는 미수리손상에 대하여 이 보험종료시점에서의 보험가액을 초과하더라도 보상해야 한다.

해설 | 미수리손상에 대한 보상액은 보험계약의 종료 시의 <u>보험가입금액(Insured value)</u>으로 제한된다.

43 1983년 협회기간약관−선박(ITC−Hulls)상의 아래 약관조항 중 최우선조항(Paramount Clause)에 해당하는 것은?

① 계속조항(Continuation)

② 담보위반조항(Breach of Warranty)

③ 오염위험조항(Pollution Hazard)

④ 악의행위면책조항(Malicious Acts Exclusion)

해설 | **지상약관**(최우선약관, Paramount Clause) 암기 전파악핵

제23조 전쟁면책약관 (war exclusion)	전쟁, 내란, 포획, 나포, 기뢰, 어뢰(선원의 악행과 해적행위 제외)
제24조 동맹파업 면책약관 (strikes exclusion)	동맹파업, 노동쟁의나 폭동에 가담한 자, 테러리스트 등
제25조 악의행위 면책약관 (malicious exclusion)	악의적으로 또는 정치적 동기로 행한 폭발물의 폭발 등
제26조 핵 면책약관 (nuclear exclusion)	원자력, 핵분열, 방사성 물질로 인한 손해 (→ 무기가 아닌 원자로의 파괴는 제6조 위험약관에서 담보)

PART
01

PART
02

PART
03

PART
04

PART
05

PART
06

44 인코텀즈(2020)에 따른 무역조건에서 매도인이 부보하는 조건만으로 묶인 것은?

① CIF, CIP, DPU

② FOB, CFR, CIF

③ FCA, CPT, CIP

④ FAS, FOB, CFR

해설 | • 매도인이 보험에 가입하는 조건의 경우는 CIF, CIP, DPU, DAP, DDP이다.
    • 소유권의 이전 시점이 '본선 선상에 인도할 때'인 조건의 경우는 FOB, CFR, CIF이다.
    • '육상−해상−육상'의 전 구간을 보험에 부보하는 조건의 경우는 FCA, CPT, CIP이다.
    • 운송구간에서 해상운송만 활용하는 조건의 경우는 FAS, FOB, CFR, CIF이다.

정답 40 ② 41 ① 42 ④ 43 ④ 44 ①

45 전손에는 현실전손과 추정전손이 있다. 다음 중 추정전손에 해당하는 것은?

① 선박이 나포된 경우

② 포도주가 발효되어 식초가 된 경우

③ 도난 사고와 선박의 행방불명이 2개월 이상 계속된 경우

④ 적하의 점유를 상실하여 이를 회복할 가능성이 없거나 회복하기 위한 비용이 회복하였을 때의 가액을 초과하리라고 예상될 경우

해설 | **추정전손에 해당하는 경우**
- 피보험자가 보험사고로 인하여 자기의 선박 또는 적하의 점유를 상실하여 이를 회복할 가능성이 없거나 회복하기 위한 비용이 회복하였을 때의 가액을 초과하리라고 예상될 경우
- 선박이 보험사고로 인하여 심하게 훼손되어 이를 수선하기 위한 비용이 수선하였을 때 가액을 초과하리라고 예상될 경우
- 적하가 보험사고로 인하여 심하게 훼손되어서 이를 수선하기 위한 비용과 그 적하를 목적지까지 운송하기 위한 비용과의 합계액이 도착하는 때의 적하의 가액을 초과하리라고 예상될 경우

46 다음은 보험의 위부와 대위에 대한 설명이다. 옳지 않은 것은?

① 위부는 추정전손일 경우에 가능하고, 대위는 현실전손일 경우에 가능하다.

② 위부는 전손보험금을 받기 위한 선행조건이고, 대위는 보험자가 보험금 지급 후 후속되는 권리이다.

③ 위부는 위부의 통지와 보험자의 승낙 효과가 발생하고, 대위는 보험금의 지급 시 효과가 발생한다.

④ 위부는 잔존물에 대한 일체의 권리를 행사하고, 대위는 보험금 지급의 범위 내에서 권리를 행사한다.

해설 | 위부는 추정전손일 경우에 가능하고, 대위는 추정전손, 현실전손, 분손 모든 경우에 가능하다.

47 다음은 공동해손의 성립요건에 관한 설명이다. 옳지 않은 것은?

① 우연히 발생한 분손이어야 한다.

② 위험이 현실적으로 절박해야 한다.

③ 위험이 피보험목적물 공동의 안전을 위협하는 것이라야 한다.

④ 인위적이고 합리적인 희생 또는 비용이 발생하여야 한다.

해설 | YAR에 의하면 '공동의 안전을 위하여 *고의적*으로, *이례적*으로, *합리적*으로 발생된 희생손해와 비용손해'가 있는 경우에 한하여 공동해손행위가 존재한다. 우연히 발생한 분손을 단독해손이라 한다.

48 다음 중 공동해손희생손해에 해당하지 않는 것은?

① 좌초된 선박의 중량을 경감하기 위해 화물을 투하한 경우

② 화재를 진압하기 위해 화물에 물을 퍼부어 적하에 손상이 발생한 경우

③ 좌초된 선박의 부양을 위한 화물의 양하를 위한 부선 또는 예인선을 사용하는 비용

④ 선박이 태풍으로 인하여 지연될 경우 엔진과 펌프의 가동을 위하여 화물을 연료로 사용한 경우

해설 | 좌초된 선박의 부양을 위한 화물의 양하를 위한 부선 또는 예인선을 사용하는 비용은 공동해손의 <u>비용손해</u>에 해당한다.

PART
01

PART
02

PART
03

PART
04

PART
05

PART
06

49 다음은 구조비용, 단독비용, 손해방지비용에 대한 설명이다. 적절하지 않은 것은?

① 구조비용은 자발적인 반면, 단독비용과 손해방지비용은 의무적이다.

② 구조비용의 보상한도는 보험금액의 한도 내이다.

③ 단독비용과 손해방지비용의 보상한도는 보험금액의 초과를 허용한다.

④ 행위주체의 경우 구조비용은 제3자이며, 단독비용과 손해방지비용은 피보험자 또는 그 대리인 이다.

해설 | 단독비용은 구조비용과 마찬가지로 보상한도는 보험금액의 한도 내이다.

50 다음은 구조비용에 대한 내용이다. 가장 적절하지 않은 것은?

① 구조는 제3자에 의해 임의로 수행되는 순수구조(무계약관계)와 선주와의 계약에 의한 계약구조 로 구분되는데, 영법상 인정되는 구조비용은 순수구조를 말한다.

② 계약구조하의 구조비용이나 계약구조가 아니라도 구조작업이 공동의 항해사업에 연관된 재산을 위험으로부터 보존할 목적으로 합리적으로 구조를 행한 구조비용은 공동해손 비용손해에 속한다.

③ 순수구조에 의한 구조자는 구조된 재산에 대해 해상유치권을 가지며, 구조재정액이 지급되기 전까지는 유치권을 해제하지 않을 수 있다. 따라서 순수구조에 의한 구조비용은 성공한 경우에만 인정된다고 할 수 있다(No cure, No pay 원칙).

④ 1989년 국제구조협약 제14조에 따르면, 구조자가 환경손해를 발생시킬 위험에 있는 상황에서 구조작업에 의하여 환경손해를 방지·경감하는 데 성공한 경우에는 구조자가 발생한 비용의 20~50%까지 증액된 특별보상을 받을 수 있다.

해설 | 1989년 국제구조협약 제14조에 따르면, 구조자가 환경손해를 발생시킬 위험에 있는 상황에서 구조작업에 의 하여 환경손해를 방지·경감하는 데 성공한 경우에는 구조자가 발생한 비용의 30~100%까지 증액된 특별보 상을 받을 수 있다.

정답 45 ④ 46 ① 47 ① 48 ③ 49 ③ 50 ④

MEMO

PART 05

실전모의고사

토마토패스
합격으로 가는 하이패스

제1회 실전모의고사

제2회 실전모의고사

제3회 실전모의고사

PART   01   재산보험 [01~25]

01 다음 중 국문화재보험에 관한 설명으로 옳지 않은 것은?

① 물건의 종류를 주택물건, 일반물건, 공장물건으로 구분한다.

② 보험요율 적용의 기간 단위는 1년을 원칙으로 하고, 기간보험에 해당한다.

③ 보험기간 중 보험가액이 변경되지 않는 보험가액불변경 주의가 적용된다.

④ 보통약관에서는 보상하는 손해의 종류를 열거하는 방식을 채택하고 있다.

02 다음 중 국문화재보험 특별약관에 대한 설명으로 옳지 않은 것은?

① 구내폭발위험담보 특별약관은 기관, 기기, 증기기관, 내연 기관 등의 물리적인 폭발로 인한 손해는 보상하지 아니한다.

② 도난위험담보 특별약관은 강도 또는 절도로 보험의 목적에 생긴 도난 또는 망가진 손해를 보상하며, 공장물건에 대해서는 첨부할 수 없다.

③ 풍수재위험담보 특별약관은 태풍, 회오리바람, 폭풍, 해일, 범람, 눈, 우박, 얼음 등에 기인한 손해를 담보한다.

④ 확장위험담보 특별약관(II)은 보험의 목적에 폭발, 폭풍, 우박, 항공기, 차량, 연기, 소요 및 노동쟁의로 생긴 손해를 보상한다.

03 다음 중 국문화재보험 지진위험담보 특별약관에서 보상하는 손해가 아닌 것은?

① 지진 또는 분화로 생긴 화재 및 그 연소 손해

② 손해방지 및 긴급피난에 필요한 조치로 인한 손해

③ 지진 또는 분화로 생긴 파열 또는 폭발손해

④ 지진 또는 분화로 생긴 붕괴, 파손 및 파묻힘 등의 손해

04 다음 중 특수건물의 소유자가 가입하는 화재보험에 대한 설명으로 옳지 않은 것은?

① 화재로 인한 재해보상과 보험가입에 관한 법률에 따라 특수건물의 소유자는 반드시 화재보험에 가입하여야 한다.

② 특수건물의 소유자가 가입하는 화재보험에는 신체손해 배상책임 특별약관과 화재대물배상책임 특별약관을 반드시 첨부하여야 한다.

③ 특수건물의 소유자는 특약부화재보험에 부가하여 풍재, 수재 또는 건물의 무너짐 등으로 인한 손해를 담보하는 보험에 반드시 가입하여야 한다.

④ 손해보험회사는 특약부화재보험계약의 체결을 거절하지 못한다.

PART 01

PART 02

05 다음 중 국문화재보험 특별약관에 해당하지 않는 것은?

① 풍수재위험 특별약관 　　　　　② 유리손해 특별약관

③ 상품포괄 특별약관 　　　　　　④ 지진위험 특별약관

PART 03

PART 04

PART 05

06 다음 중 국문화재보험 보통약관에서 보험증권에 기재하여야만 보험의 목적이 되는 것으로 적합하지 않은 것은?

① 실외 및 옥외에 쌓아 둔 동산

② 소프트웨어, 설계서, 도안, 장부, 증서, 금형

③ 귀금속, 귀중품, 보수, 보석, 글, 그림, 골동품

④ 건물 외벽에 설치된 보일러 또는 냉방설비

PART 06

07 다음 중 국문화재보험 보통약관에서 보상하는 손해가 아닌 것은?

① 화재진압과정에서 발생하는 손해

② 화재사고현장에서 잔존물을 차에 싣는 비용

③ 화재사고현장의 토양오염물질 제거에 합리적으로 지출한 비용

④ 잔존물을 보전하기 위하여 지출한 유익한 비용

08 국문화재보험에서 아래의 조건에 따라 지급보험금을 산출할 경우 옳은 것은?

- 영위업종 : 일반 판매시설
- 보험가입금액 : 건물 800만원, 재고자산 800만원
- 보험가액 : 건물 1,000만원, 재고자산 1,000만원
- 손해액 : 건물 200만원, 재고자산 300만원

① 건물 200만원, 재고자산 240만원

② 건물 200만원, 재고자산 300만원

③ 건물 160만원, 재고자산 300만원

④ 건물 160만원, 재고자산 240만원

09 아래의 조건에 따라 지급보험금을 산출할 경우 옳은 것은?

- 보험종목 : 국문화재보험(보통약관)
- 계약사항
  - 보험가입금액 : 40만원
  - 영위업종 : 일반업무시설
- 보험가액 : 100만원
- 손해액 : 40만원
- 잔존물제거비용 : 10만원
- 손해방지비용 : 2만원

① 200,000원   ② 250,000원

③ 260,000원   ④ 270,000원

10 국문화재보험의 할인·할증요율로 주택, 일반 및 공장 모두에 적용 가능한 것으로 옳지 않은 것은?

① 고층건물할증   ② 소화설비할인

③ 불연내장재할인   ④ 특수건물할인

11 다음 중 동산종합보험으로 담보할 수 있는 보험의 목적에 해당하는 것은?

① 동물이나 식물

② 비타이어식 굴삭기

③ 공장 내에 장치된 기계

④ 하나의 공장 구내에서만 소재하는 동산의 포괄계약

PART
01

PART
02

PART
03

PART
04

PART
05

PART
06

12 다음 중 동산종합보험에서 보상하는 손해가 아닌 것은?

① 연기로 인한 손해

② 홍수나 해일로 인한 손해

③ 화재나 벼락으로 인한 손해

④ 항공기와의 추락, 접촉 및 차량과의 충돌, 접촉으로 인한 손해

13 다음 중 동산종합보험에 관한 설명으로 옳은 것은?

① 공장 내 장치된 기계 중 리스물건의 기계는 인수할 수 있다.

② 담보위험은 열거위험 담보방식으로 화재, 도난, 파손, 폭발 등의 사고를 보상한다.

③ 전기적 사고 또는 기계적 사고는 보통약관상의 담보위험이다.

④ 기평가보험으로서 재조달가액을 기준으로 보상하며 감가는 적용되지 않는다.

14 다음 중 패키지보험의 제1부문 재산종합위험담보와 제2부문 기계위험담보의 공통된 확장위험담보 조항에 해당하지 않는 것은?

① 일시적인 철거위험(Temporary Removal)

② 긴급추가비용(Expediting Expenses)

③ 건축가, 조사자, 자문기술자 용역비용(Architects, Surveyors and Consulting Engineers)

④ 추가재산(Capital Additions)

15 다음 중 패키지보험 PAR Cover의 '보상하지 않는 손해'에 대한 내용으로 옳지 않은 것은?

① 전쟁위험

② 종업원의 악의적 행위

③ 작업철회, 태업 또는 조업 중단

④ 원인을 불문하고 누출 및 오염과 관련된 손해

16 다음 중 패키지보험 제1부문의 확장담보조항에 대한 설명으로 옳지 않은 것은?

① 일시적 철거위험 담보조항 : 보험목적물이 청소, 개량, 수리 또는 이와 유사한 목적으로 일시적으로 철거되어 같은 구내 또는 장소로 이동하는 도중에 발생한 손해를 보상한다.

② 공공기관 조항 : 보험에 가입한 재산이 손해를 입어 복구할 경우 손해복구와 관련된 제규정 및 법령을 준수함으로써 발생한 추가비용을 보험가입금액을 한도로 보상한다.

③ 추가재산 담보조항 :보험기간 중 취득하거나 보험가입 전 누락된 추가재산은 재산취득일 또는 누락재산을 발견한 날로부터 3개월 이내에 그 명세서를 제출할 경우 사고 발생 시 보험목적물에 포함된 것으로 본다.

④ 특별비용 담보조항 : 손해를 입은 보험목적물의 일시적 수리나 긴급한 수리 및 대체에 소요되는 시간 외 수당, 야근수당, 휴일수당, 급행운임을 보상하며, 긴급한 수리 및 대체에 합리적으로 소요된 경우 항공운임도 보상한다.

17 다음 중 패키지보험(Package Insurance Policy)의 담보내용에 대한 설명으로 옳지 않은 것은?

① 제1부문 재물위험담보에서는 보험의 목적에 급격하고 우연하게 발생한 직접적인 재물손해를 보상한다.

② 제2부문 기계위험담보에서는 보험의 목적에 발생한 기계적, 전기적 위험을 보상한다.

③ 제3부문 기업휴지담보에서는 제1부문 및 제2부문과 관련 없는 사고로 인한 기업휴지에 따른 상실이익을 보상한다.

④ 제4부문 배상책임위험담보에서는 담보지역에서 발생한 제3자에 대한 대인대물배상책임을 보상한다.

18 다음 중 패키지보험 GL Cover의 담보위험에 대한 설명으로 옳지 않은 것은?

① 점진적이고 누적적으로 진행된 오염이나 오탁사고를 담보하지 않는다.

② 배상책임보험의 피보험자가 2인 이상인 경우 피보험자 상호 간에 입힌 손해에 대한 배상책임을 담보한다.

③ 피보험자가 소유 또는 관리하는 시설물의 하자 또는 운영상의 부주의로 인하여 제3자가 입은 인적 또는 물적손해를 담보한다.

④ 피보험자의 제품의 생산물손해 그 자체뿐만 아니라 동 제품을 사용하는 국내·외 수요자(중간 수요자, 최종소비자 모두 포함)가 제품 품질상의 결함을 직접적인 원인으로 하여 인적 또는 물적피해를 담보한다.

PART
01

PART
02

PART
03

PART
04

PART
05

PART
06

19 다음 중 패키지보험 MB Cover의 담보위험에 대한 설명으로 옳지 않은 것은?

① 재조달가액 또는 신품재조달가액으로 부보해야 한다.

② 재산종합보험의 담보위험은 MB Cover에서는 면책이다.

③ 기계적 사고뿐만 아니라 그로 인한 물적 손해를 보상한다.

④ 작동 중일 때뿐만 아니라 휴지 시에도 물적 손해를 일으킨다면 보상한다.

20 다음 중 패키지보험 BI Cover의 담보위험에 대한 설명으로 적절하지 않은 것은?

① 공사지연에 따른 기업휴지손해를 담보한다.

② 화재사고에 따른 기업휴지손해를 담보한다.

③ 고부가가치 산업일수록 기업휴지보험의 가입수요가 증가한다.

④ 보상기간 중 지출이 감소된 비용은 손해액에서 공제되어 보상되지 않는다.

21 다음 중 기업휴지손해 담보의 전제조건에 대한 설명으로 옳지 않은 것은?

① 담보하는 위험에 의하여 보험의 목적에 물적손해가 발생하여야 한다.

② 물적손해가 발생하고 그로 인한 기업활동이 중단된 결과 영업수익이 감소해야 한다.

③ 영업수익의 감소에 기인하여 부보된 이익 또는 비용에 대한 금전적 손실이 발생해야 한다.

④ 물적손해가 발생하고 그 물적손해에 기인하여 판매활동이나 생산활동 등의 기업 활동이 전면적으로 중단되어야 한다.

22 다음 중 기업휴지보험의 '보험가액' 산정금액은 얼마인가?

> • 손해발생직전 12개월 간의 매출액은 1,000억원이다(약정복구기간은 12개월).
> • 직전 회계연도 매출액은 600억원, 영업이익은 200억원, 보험가입 경상비는 100억원이다.

① 300억원   ② 400억원

③ 500억원   ④ 600억원

23 20 line의 surplus특약(surplus reinsurance treaty)을 운영하고 있는 보험회사가 보험가입금액이 각각 US$ 200,000인 A와 B 2개의 계약을 인수하였다. A와 B에 대한 보유금액이 아래와 같을 때 동 특약에서의 출재금액은 각각 얼마인가? [단, 특약한도액(treaty limit)은 US$ 200,000이며, 특약한도액을 초과하는 부분에 대하여는 별도의 임의재보험방식으로 출재하는 것으로 가정한다.]

구분	A계약	B계약
보험가입금액	US$ 200,000	US$ 200,000
보유액(retention)	US$ 20,000	US$ 8,000
특약출재금액	( )	( )

① A계약 : US$ 200,000, B계약 : US$ 200,000

② A계약 : US$ 180,000, B계약 : US$ 200,000

③ A계약 : US$ 180,000, B계약 : US$ 192,000

④ A계약 : US$ 180,000, B계약 : US$ 160,000

24 다음 중 초과손해율재보험(Stop Loss Cover)에 대한 설명으로 옳지 않은 것은?

① 손해율로 layering을 한다.

② 위험기간이 짧은 short-tail 종목에 보다 적합하다.

③ 비례적 재보험(proportional Reinsurance) 방식이다.

④ 아직 경험률이 증명되지 않은 신상품이나 손해의 양태가 어떠한 방향으로 발전할지에 대한 예측이 쉽지 않은 농작물재해보험에 주로 사용된다.

25 다음 중 재보험의 종류에 대한 설명으로 옳지 않은 것은?

① 초과액재보험 특약(Surplus Treaty)은 원보험사의 보유가 크면 클수록 재보험자의 보상책임도 늘어나는 구조이다.

② 초과손해율재보험(Stop Loss)은 손해율로 Layering을 하며, 아직 경험률이 증명되지 않은 신상품이나 손해의 양태가 어떤 방향으로 발전할지에 대한 예측이 쉽지 않은 농작물재해보험 등에 주로 사용된다.

③ 초과손해액재보험(Excess of Loss Cover)은 자연재해나 대형재해에 대한 protection으로 주로 이용되며, 각 Layer별로 각각의 재보험료가 산출되며 Layer별로 재보험 리더가 지정되어 다수의 재보험자가 참여하게 된다.

④ 임의재보험(Facultative Reinsurance)은 재보험특약 한도를 초과하는 거대위험이나 재보험특약에서 담보되지 않은 위험들을 개별 건으로 처리하는 방법인데, 출재사의 시간과 비용을 절감하는 차원에서 비례적재보험으로만 거래된다.

PART
01

PART
02

PART
03

PART
04

PART
05

PART
06

26 다음 중 건설공사보험의 보험의 목적에 대한 설명으로 옳지 않은 것은?

① 공사용 중장비는 선택담보이다.

② 주위재산도 선택담보에 해당한다.

③ 거푸집이나 비계(飛階)는 기본담보이다.

④ 공사의 목적물은 기본담보이며 공사의 가설물은 선택담보이다.

27 다음 중 건설공사보험의 보험기간에 대한 설명으로 옳지 않은 것은?

① 보험회사의 책임은 보험증권 발행지의 표준시각에 따라 보험기간의 첫날 00:00에 시작하여 마지막 날 24:00에 끝나는 것이 원칙이다.

② 보험기간이 시작된 후일지라도 보험의 시기는 공사의 개시 또는 보험의 목적이 건설현장에 하역이 끝난 직후에 시작된다.

③ 보험회사의 책임은 보험기간의 마지막 날 또는 공사목적물의 인도일 중 먼저 도래하는 시점에서 종료한다.

④ 보험의 목적의 일부가 발주자에게 인도되는 경우에도 전부가 인도되거나 사용되기 전에는 보험회사의 책임이 종료되지 않는다.

28 다음은 건설공사보험의 '재물손해조항'에 대한 설명이다. 적절하지 않은 것은?

① 폭풍우, 태풍, 홍수 등의 자연재해로 보험목적물에 발생한 손해는 보상이 된다.

② 공사목적물의 일부로 설치된 기계설비에 발생한 전기적 손해는 보상이 된다.

③ 재질 또는 제작결함으로 직접적인 영향을 받은 보험목적물의 손해는 보상이 된다.

④ 설계결함으로 인해 직접적인 영향을 받은 보험목적물 및 결함 없는 다른 보험목적물이 입은 손해는 보상하지 않는다.

29 다음 중 건설공사보험의 보험가액과 보험가입금액에 관한 설명으로 적절하지 않은 것은?

① 공사용 기계와 장비는 동종·동능력을 가진 기계, 장비의 신품재조달가액을 기준으로 보험가입금액을 정하여야 한다.

② 공사용 가설물과 공구는 별도의 보험가입명세서를 작성하여 신품재조달가액을 기준으로 보험가입금액을 정하여야 한다.

③ 잔존물제거비용은 사고 발생 시 잔존물을 제거하는데 소요되는 비용을 추정하여 보험가입금액의 10% 범위 내에서 설정하며, 이를 보험가입금액에 추가할 필요는 없다.

④ 건설공사현장이나 그 주위에 있는 피보험자가 소유, 임차, 사용 또는 보호, 관리, 통제하는 재산을 주위 재산이라 하며, 이를 보험목적에 추가할 경우 사고로 발생 가능한 추정최대손해액(E.M.L.)을 고려하여 보험 가입금액을 설정한다.

30 건설공사보험의 지급보험금 계산할 때 일부보험일 경우 사용되는 공식으로 알맞은 것은?

① (손해액 – 잔존물가액) × (보험가입금액/보험가액) – 자기부담금

② (손해액 – 잔존물가액) × (보험가입금액/완성가액) – 자기부담금

③ (손해액 – 잔존물가액) × (보험가입금액/재조달가액) – 자기부담금

④ (손해액 – 자기부담금) × (보험가입금액/보험가액) – 잔존물가액

31 다음 중 국문 조립보험 보통약관의 담보 내용에 해당하지 않는 것은?

① 잔존물 제거비용 ② 주위재산담보

③ 제3자 배상책임담보 ④ 확장유지담보

32 다음 중 조립보험에서 예정이익상실(ALOP) 담보부문의 피보험자는?

① 기자재 공급업자 ② 시공업자

③ 발주자 ④ 설계업자

PART
01

PART
02

PART
03

PART
04

PART
05

PART
06

33 다음 중 건설공사보험과 조립보험에 대한 설명으로 옳지 않은 것은?

① 건설공사보험에서 주위재산담보는 별도의 특약과 함께 가입금액을 별도로 설정하여야 한다.

② 조립보험의 보통약관에서 제작자 결함으로 발생한 손해는 직접 또는 간접을 묻지 않고 보상이 되지 않는다.

③ 건설공사보험에서 사고에 따른 보험목적물의 잔존물제거비용은 복구를 위해 합리적으로 소요된 경비에 한하여 가입금액의 10% 한도로 자동 보상한다.

④ 건설공사보험과 조립보험 간의 영역 구분에 있어 토목이나 건축공사 비중이 많으면 건설공사보험으로 가입하고, 기계나 강구조물의 설치에 대한 공사가 많으면 조립보험으로 가입한다.

34 다음 중 기계보험에서 보상하는 손해액에 포함되지 않는 것은?

① 전부 손해의 경우 잔존물 철거비용

② 본 수리의 일부가 아닌 임시수리비

③ 손상된 부분을 수리하는 데 필요한 분해, 청소비용

④ 손해를 입은 보험의 목적을 손해발생 직전의 가동 상태로 복구하기 위하여 필요한 비용

35 다음 중 기계보험에 대한 설명으로 옳지 않은 것은?

① 전위험담보방식을 채택하고 있으므로 보상하지 아니하는 손해에 해당되지 않은 한 모든 원인에 의한 손해를 보상한다.

② 조업을 목적으로 하는 경우에는 시운전의 완료 여부와 관계없이 정비하기 위한 분해상태의 기계를 기계보험의 목적으로 할 수 있다.

③ 주변재산담보 특약에서 명기된 주변재산의 물리적 폭발, 파손 또는 원심력에 의한 파열로 생긴 직접적인 손해를 보상한다.

④ 보험가액은 신품재조달가액으로 설정하나 전손사고 시에는 시가로 보상하고, 분손사고 시에는 신품교체가액을 기준으로 보상하는 보험이다.

36 다음은 기계보험의 특별약관을 나열한 것이다. 그 구분 기준이 다른 것은?

① 특별비용담보 특약

② 윤활유 냉매담보 특약

③ 내용물 손실담보 특약

④ 용광로, 보일러의 내화물 및 석조물 담보 특약

PART
01

PART
02

PART
03

PART
04

PART
05

PART
06

37 다음 중 도난보험에서 필수적으로 첨부해야 하는 특약은?

① 귀중품담보 특약

② 보관시설 파손담보 특약

③ 수탁물 배상책임담보 특약

④ 현금 및 유가증권 운송위험 담보 특약

38 다음 중 도난보험의 보통약관상 '보상하지 않는 손해'에 해당하지 않는 것은?

① 불법침입자의 도난행위로 입은 파손손해

② 절도, 강도행위로 발생한 화재 및 폭발손해

③ 보관장소를 72시간 이상 비워둔 동안에 생긴 도난손해

④ 보험의 목적이 보관장소를 벗어나 보관되는 동안에 생긴 도난손해

39 다음에 해당하는 도난보험의 특별약관은 무엇인가?

> • 현금 및 유가증권이 운반인에 의해 운송되는 동안 발생한 도난손해를 담보한다.
> • 호위인은 피보험자의 지시를 받아 운반인을 호위하는 18세 이상 65세 이하의 남자를 말하며, 운전자는 호위인이 될 수 없다.

① 부재담보 특별약관

② 귀중품 등 담보 특별약관

③ 현금 및 유가증권 특별약관

④ 현금 및 유가증권 운송위험담보 특별약관

40 다음 중 도난보험의 보험가입금액에 대한 설명으로 적절하지 않은 것은?

① 시가 대신 신품재조달가액은 인정되지 않는다.

② 일부보험 시 보험가액에 대한 보험가입금액의 비율로 비례보상을 하는 것이 원칙이다.

③ 포괄 가입하는 경우에는 포괄가입대상의 보험가입금액은 전체의 15%를 초과할 수 없다.

④ 현금 및 유가증권담보 특별약관에 대해서는 일부보험이라도 보상한도액 내에서 실손보상한다.

41 다음은 납치 및 인질 보험에 대한 설명이다. 가장 적절하지 않은 것은?

① 피보험자의 범위는 계약자와 계약자의 직계존비속으로 한정된다.

② 위험관리전문가 비용은 그 한도액을 별도로 설정하지 않고 담보하는 것이 일반적이다.

③ 무력 또는 폭력의 사용 또는 그에 의한 위협으로 피보험자 본인이 직접 몸값을 건네준 경우는 보상하지 않는다.

④ 몸값(Ransom)은 피보험자의 석방을 위하여 제공된 몸값으로서 시장성 있는 상품이나 용역으로 제공한 경우 제공 시점의 시장가격으로 지급한다.

42 다음은 테러보험(Terrorism Insurance)에 대한 설명이다. 옳지 않은 것은?

① 30일 이상 비워둔 건축물 및 그 안에 있는 재물은 담보제외 물건에 해당한다.

② 배상책임부문에서 신체장해를 수반하지 않는 정신적 고통, 분노 또는 쇼크는 보상하지 않는다.

③ 보험기간은 통상 1년을 기준으로 하며, 보고연장기간은 보험종료일로부터 60일로 제한하고 있다.

④ 재물손해담보에서는 테러로 인한 직접적 손해가 아닌 것으로서 데모, 폭동 시민소요로 인한 손해는 보상하지 않는다.

43 다음은 레저종합보험에 대한 설명이다. 옳지 않은 것은?

① 레저용품손해위험은 레저활동장비에 대한 손해를 포괄주의 담보방식으로 보상한다.

② 상해위험은 레저활동 중 급격하고 우연한 외래의 사고로 피보험자가 상해를 입었을 경우 사망보험금, 후유장해보험금 및 의료비 보험금을 지급한다.

③ 레저종합보험의 보험기간은 담보위험의 성격상 구간보험으로서의 보험기간인데, 기간보험으로서의 보험기간도 설정하며 이 보험기간은 보험기술상 1년을 기준으로 한다.

④ '레저활동 중'이라 함은 보험약관에서 정한 레저활동을 직접 행하고 있는 동안만을 의미하는 것은 아니며, 레저활동을 하기 위한 준비행위 또는 레저활동 사이의 휴식 시간도 포함하는 개념이다.

44 다음 중 법률비용보험에서 '보상하지 않는 손해'에 대한 설명으로 옳지 않은 것은?

① 지적재산권에 관련된 소송

② 노동쟁의 행위 및 시위행위와 관련된 소송

③ 민사소송법에서 정한 청구의 포기, 소의 취하 및 소의 각하

④ 일반 개인이 예기치 못한 각종 분쟁이나 사고로 인하여 민사, 형사 또는 행정소송이 제기될 경우 법률서비스를 제공받는데 소요되는 비용

45 다음 중 법률비용보험에서, 소송제기 시 보험자가 사전에 승인한 변호사 중에서 피보험자가 선택하여 선임하는 방식은?

① Open Panel 방식　　　　　　　　② Closed Panel 방식

③ 절충식 방식　　　　　　　　　　④ 정답 없음

46 다음 중 지적재산권보험이 보상하는 4가지 담보에서 피보험자의 지적재산권 관계자들이 제기한 소송에 대한 방어소송을 담보하는 것은?

① 계약 클레임(agreement claims)

② 방어 클레임(defense claims)

③ 보호 클레임(protection claims)

④ 소송제기 클레임(persuit claims)

47 다음은 임상시험 보상보험에 대한 설명이다. 가장 거리가 먼 것은?

① 배상청구기준과 손해발견기준의 두 가지 담보기준을 택하고 있다.

② 의사 및 의료전문인의 전문 직업배상책임보험과 유사한 담보기준을 설정하고 있다.

③ 모든 약품은 부작용을 내재하고 있어 1년 이상의 장기계약일 경우 신중하게 언더라이팅 자료를 검토하고 결정해야 한다.

④ 피보험자(임상시험기관)가 피해자에게 부담하는 보상책임과 피보험자가 부담할 수 있는 법률상의 손해배상책임을 주 담보로 한다.

PART
01

PART
02

PART
03

PART
04

PART
05

PART
06

48 다음 중 반려동물보험의 담보위험에 대한 설명으로 옳지 않은 것은?

① 장례비는 반려동물이 보험기간 중 사망 시 발생하는 장례비를 보상한다.

② 치료비는 기본담보이며 반려동물의 상해 또는 질병으로 인한 치료비(입원, 통원, 수술치료비)를 보상한다.

③ 배상책임은 기본담보이며 우연한 사고로 타인의 신체에 장해 또는 타인의 반려동물에 손해를 입혀 발생한 법률상 배상책임 손해를 보상한다.

④ 탈구/피부병/구강 내 질환은 선택담보이며 보통약관에 보상하지 않는 질병인 탈구, 피부병, 구강 내 질환 등에 대한 치료비를 보상한다.

49 다음의 행사취소보험 중에서 행사개최와 관련된 위험을 가장 포괄적으로 담보하는 약관은?

① 국문약관 행사종합보험

② 영문약관 Event Package Insurance Policy

③ 영문약관 Intellectual Property Rights Insurance

④ 영문약관 Cancellation of Event Indemnity Insurance

50 다음 중 날씨보험에 대한 설명으로 옳지 않은 것은?

① 날씨는 매 순간 다양한 경제 주체에 다양한 영향을 준다.

② 보험계약자의 청약은 보험기간 개시일로부터 최소 20일 전에 이루어져야 한다.

③ 1지수는 날씨지수의 최소단위 값으로 보험가입금액 및 지급보험금 계산에 적용한다.

④ 총 보험가입금액은 피보험자의 최근 3년 평균 매출액의 30% 또는 최근 3년 평균 지출비용의 100%를 초과할 수 없다.

51 다음은 사고발생기준보험과 배상청구기준보험으로 연결된 것이다. 가장 적절한 것은?

① 화재보험 – 자동차보험

② 범죄보험 – 의사배상책임보험

③ 상해보험 – 의사배상책임보험

④ 의사배상책임보험 – 금융기관종합보험

PART
01

PART
02

PART
03

PART
04

PART
05

PART
06

52 다음 중 배상청구기준 약관에서의 보고기간연장(ERP)에 대한 설명으로 가장 거리가 먼 것은?

① 몇 가지 전제조건을 충족하는 경우 담보공백을 배제하기 위한 조항이 보고기간연장(ERP) 조건이다.

② ERP의 단기자동연장담보(mini tail)는 소급담보일자와 만기일 사이에 발생한 사고에 대해서 손해배상청구를 만기일 이후 60일 이내에 제기한 경우, 그 배상청구가 만기일에 제기된 것으로 간주한다.

③ ERP의 중기자동연장담보(midi tail)는 소급담보일자와 만기일 사이에 발생한 사고를 만기일 이후 60일 이내에 통지한 경우, 그 사고에 대한 배상청구를 만기일 이후 10년 이내에 제기하면 된다.

④ 선택담보연장은 보험기간 만료일 이후 60일 이내에 보험계약자의 청구와 기존보험료의 200% 이내의 추가보험료를 납부로 배상청구기간을 무제한 연장할 수 있으며, 보험자는 이 연장담보를 거절할 수 없다.

53 다음 중 전문직배상책임보험에 대한 설명으로 올바르지 않은 것은?

① 통상 1 사고당 한도액과 함께 연간 총 보상한도액을 설정하고 있다.

② 전문직배상책임보험은 일반적으로 사고발생기준이기 때문에 사고와 보상청구가 모두 보험기간 안에 이루어져야 한다.

③ 의사, 변호사 등 전문직업인이 업무의 특수성으로 말미암아 타인에게 지게 되는 배상책임을 보장하는 보험상품을 말한다.

④ 사람의 신체에 관한 전문직 리스크뿐만 아니라 변호사, 공인회계사 등의 과실, 태만 등으로 인한 경제적 손해도 담보한다.

54 다음 용어 중 배상청구기준 배상책임보험과 관련이 없는 것은?

① Claim – made Basis Policy

② Incurred But Not Reported Loss

③ Retroactive Date

④ Extended Reporting Period

55 다음 중 국문 영업배상책임보험의 시설소유관리자특별약관에서 '보상하지 않는 손해'에 대한 설명으로 옳지 않은 것은?

① 피보험자의 근로자가 피보험자의 업무에 종사 중 입은 신체장해에 대한 배상책임

② 피보험자와 타인 간에 손해배상에 관한 약정이 있는 경우 그 약정에 의해 가중된 손해배상책임

③ 피보험자가 소유, 점유, 임차, 사용 또는 관리하는 자동차, 항공기, 선박으로 생긴 손해에 대한 배상책임

④ 피보험자가 소유, 사용 또는 관리하는 시설 및 시설의 용도에 따른 업무 수행으로 생긴 우연한 사고로 인해 타인에 대한 신체 또는 재물 손해에 대한 법률상 배상책임

56 다음 중 영업배상책임보험 보통약관에서 '보상하는 손해'에 대한 설명으로 옳지 않은 것은?

① 손해경감비용

② 지연손해비용

③ 중재, 화해 또는 조정비용

④ 피해자에게 지급한 법률상 손해배상금

57 다음 중 영업배상책임보험 보통약관에서 '보상하지 않는 손해'에 대한 설명으로 옳지 않은 것은?

① 지하매설물 손해

② 무체물에 입힌 손해

③ 소송발생 시 공탁보증보험료

④ 공해물질의 배출 및 유출로 인한 오염사고 배상책임손해 및 오염제거비용

58 다음 중 영문 영업배상책임보험(C.G.L Policy)에 관한 설명으로 옳지 않은 것은?

① 담보 A, B는 배상청구기준으로 담보한다.

② 담보 C의 경우 국문약관의 구내치료비담보 추가특약과 동일하다.

③ 담보 B의 인격침해는 피보험자의 영업업무와 관련된 모든 사고를 담보하지만, 광고침해는피보험자의 제품광고로 발생하는 손해사고로 제한된다.

④ C.G.L Policy는 담보 A(신체장해 및 재물손해에 대한 배상책임부문), 담보 B(인격침해 및 광고침해 담보부문) 및 담보 C(의료비 담보부문) 그리고 담보 A와 B에만 적용되는 Supplementary Payments로 구성된다.

59 다음 중 보관자배상책임보험의 책임법리에 대한 설명으로 옳지 않은 것은?

① 채무불이행책임은 반대채권이 있을 경우 상계 가능하지만 불법행위책임은 상계 불가하다.

② 불법행위책임과 채무불이행책임 중 유리한 것을 선택하여 행사하며, 시효소멸 등의 이유로 어느 하나의 책임이 소멸할 경우 나머지 책임을 물을 수 있다.

③ 불법행위책임이나 채무불이행책임 모두 과실책임을 원칙으로 하고 있지만 불법행위책임은 피해자가 가해자에게 과실을 입증해야 하는데, 채무불이행책임은 가해자인 채무자가 본인에게 과실이 없음을 입증해야 한다.

④ 불법행위책임과 채무불이행책임의 소멸시효는 둘 다 10년인 것은 동일하나 불법행위책임의 경우 '그 사실을 안 날로부터 5년'의 요건이 있어 가해자 입장에서는 계약책임의 행사가 더 유리하다.

60 다음의 영업배상책임보험 특별약관 중 보관자 배상책임과 제3자 배상책임을 함께 보상하는 특별약관에 해당하는 것은?

① 주차장 특별약관

② 임차자 특별약관

③ 도급업자 특별약관

④ 시설소유 관리자 특별약관

PART
01

PART
02

PART
03

PART
04

PART
05

PART
06

61 다음 사례의 경우 창고업자특별약관(1)과 창고업자특별약관(2)의 지급보험금은 각각 얼마인가?

> 보상한도액 4천만원, 수탁화물가액 1억원, 실제손해액 4천만원

① 1,000만원 – 2,000만원
② 2,000만원 – 4,000만원
③ 3,000만원 – 2,000안원
④ 4,000만원 – 4,000만원

62 다음 중 영업배상책임보험의 도급업자 특약에 대한 설명으로 옳지 않은 것은?

① 소음으로 생긴 배상책임 손해는 보상하지 않는다.
② 점진적인 오염사고는 보상하지 않으나 급격한 사고에 따른 오염사고는 보상한다.
③ 폭발로 생긴 손해에 대한 배상책임은 별도의 추가 특약을 첨부한 경우에 한해 보상한다.
④ 피보험자가 소유, 사용, 관리하는 재물 손해에 대한 배상책임은 보상하지 않는다.

63 다음은 도급업자 배상책임보험과 시설소유관리자 배상책임보험을 비교한 것이다. 옳지 않은 것은?

	구분	도급업자 배상책임보험	시설소유관리자 배상책임보험
①	시설 정의	신축 등 공사가 진행 중인 시설과 그 공사에 이용되는 사무소 등 시설	완성된 후 그 시설이 본래의 용도에 이용되는 시설
②	업무장소	피보험자의 시설 내	피보험자의 시설 밖
③	보험기간	포괄계약은 1년, 개별계약은 도급공사기간	1년
④	요율책정	포괄계약은 보험기간에 비례, 개별계약은 도급공사금액에 의해 결정	보험기간에 비례

64 다음 중 하청업자 배상책임 특약에 대한 설명으로 옳지 않은 것은?

① 보관자위험을 담보하므로 보상한도액은 보험사고가 발생한 때와 곳의 시가를 한도로 한다.
② 재고조사 시 또는 원청자에게 인도된 후에 발견된 손해 등은 보상하지 않는 손해이다.
③ 보상한도액이 임가공물 가액의 80% 이상이면 전액보상하고, 80% 미만이면 비례보상한다(→ 창고업자 특별약관 I 과 유사).
④ 피보험자가 임가공을 목적으로 수탁받아 보험증권에 기재한 시설 내에서 보관 및 가공하는 물건에 대한 손해를 담보하며 화재, 절도 및 도난, 폭발, 파손 사고, 부패, 변색만을 보상한다.

65 다음 중 생산물배상책임보험의 손해방지의무에 해당하지 않는 것은?

① 피해자에 대한 응급처치, 긴급호송 또는 그 밖의 긴급 조치를 행하는 것

② 피보험자가 보험계약 청약서에 기재된 사업을 양도하였을 때 보험회사에 알리는 일

③ 손해배상책임에 관하여 피보험자가 소송을 제기하려고 할 때 미리 보험사의 동의를 받는 일

④ 제3자로부터 손해의 배상을 받을 수 있는 경우에는 그 권리를 지키거나 행사하기 위하여 필요한 조치를 취하는 일

PART
01

PART
02

PART
03

PART
04

PART
05

PART
06

66 다음 중 생산물 배상책임보험의 특징으로 옳지 않은 것은?

① 판매업자도 가입이 가능하다.

② 결함 있는 제품의 회수비용도 보상한다.

③ 제품의 결함에 기인된 사고로 소비자 등이 입은 손해를 보상한다.

④ 사고의 방지 또는 경감을 위하여 지급한 손해방지비용도 보상한다.

67 다음 중 가해자의 과실에 따른 배상책임을 면제 또는 경감하기 위하여 적용하는 법리가 아닌 것은?

① 위험인수(Assumption of Risk)

② 기여과실(Contributory Negligence)

③ 비교과실(Comparative Negligence)

④ 최종적 명백한 기회(Last Clear Chance)

68 다음은 일반배상책임보험과 전문직업배상책임보험을 비교한 것이다. 옳지 않은 것은?

	구분	일반배상책임보험	전문직업배상책임보험
①	사용약관	표준약관, Ready-made policy	주문식약관, Tailor-made policy
②	담보기준	손해사고 발생기준	배상청구기준
③	보상한도액	연간 총 보상한도액의 제한이 없음	연간 총 보상한도액의 제한이 있음
④	책임법리	채무불이행책임+일반불법행위책임	일반불법행위책임

69 다음 전문직배상책임보험(professional liability insurance)의 종류 중 그 분류기준이 나머지 셋과 다른 것은?

① 의사(doctors)배상책임보험

② 공인회계사(certified public accountants)배상책임보험

③ 신탁자(fiduciaries)배상책임보험

④ 정보처리업자(data processors)배상책임보험

70 다음 중 국문 의사 및 병원배상책임보험에 대한 설명으로 옳지 않은 것은?

① 의사나 병원의 채무불이행책임과 불법행위책임을 동시에 부담한다.

② 공인되지 아니한 특수 의료행위를 함으로써 생긴 손해는 보상하지 아니한다.

③ 피보험자의 지시에 따르지 않은 의료기사의 행위로 생긴 손해라 할지라도 불법행위요건을 만족하면 담보한다.

④ 의료행위의 결과 환자에게 나쁜 결과가 발생하고, 그 나쁜 결과는 객관적으로 예견하고 회피할 수 있는 사고이어야 한다.

71 다음 중 임원배상책임보험에 대한 설명으로 옳지 않은 것은?

① 임원의 불법적인 사적 이익 취득 또는 범죄행위에 기인한 배상청구는 보상하지 아니한다.

② 임원배상책임보험은 보험기간 중에 손해배상청구가 제기되는 손해에 대해서만 담보를 제공하는 배상청구 기준(Claims－made Policy)증권이다.

③ 임원배상책임담보조항(D&O Liability Coverage)에서는 임원의 부당행위로 제3자에게 배상책임이 생겨 회사가 부담해야 하는 손해배상금과 방어비용을 담보한다.

④ 임원배상책임보험에서 제3자가 청구하는 손해배상의 원인 행위 자체는 보험증권 상에 표기된 소급담보일자(Retroactive Date) 이후에 일어나야 보험 담보를 받을 수 있다.

72 다음 중 임원배상책임보험 국문약관의 '법인보상담보 특별약관'과 동일한 영문약관의 담보조항은 어느 것인가?

① Coveage A(임원배상책임조항)　　② Coverage B(회사보상조항)

③ Coverage C(법인담보조항)　　④ 정답 없음

73 다음 중 생산물회수비용보험(리콜보험)에서 보상해주는 손해가 아닌 것은?

① 회수 사실을 홍보하기 위해 투입된 광고 및 통신비용
② 회수된 제품의 결함 여부를 확인하는데 들어가는 검사비용
③ 결함 있는 회수 제품을 수리 후 반환하는데 소요되는 운송비용
④ 결함 제품으로 인해 인적 피해를 입은 소비자에 대한 손해배상금

74 다음은 환경오염배상책임보험에 대한 설명이다. 옳지 않은 것은?

① 오염손해 특별약관과 달리 독립적인 보험으로 담보한다.
② 담보기준의 배상청구기준이고, 책임법리는 과실책임주의를 적용한다.
③ 피해자 보호를 위해 피해자의 입증책임완화와 피해자의 정보청구권을 부여한다.
④ 환경오염배상책임보험은 '급격한 오염이나 점진적 오염을 구분하지 않고 오염사고로 인한 손해 배상금, 오염제거비용 및 소송방어비용'을 독립적으로 담보한다.

75 다음 중 다중이용업소 화재배상책임보험에 대한 설명으로 옳지 않은 것은?

① 과실이 없는 무과실의 경우에도 피해자에게 배상책임을 져야 하는 무과실책임주의 규정이 도입 되었다.
② 배출시설에서 통상적으로 배출되는 배수 또는 배기로 생긴 손해에 대한 배상책임은 면책인데, 면책사항은 재난배상책임보험과 동일하다.
③ 피보험자가 소유, 사용, 관리하는 다중이용시설의 화재, 폭발, 붕괴로 인하여 타인의 신체손해나 재물손해가 발생한 경우 이에 대한 법률상 손해배상금, 제반 비용을 보상한다.
④ 최고보상한도는 사망 시 1억 5천만원(최저 2천만원), 후유장해 시 1억 5천만원, 부상 시 3천만 원, 대물사고는 1사고당 10억원으로써 재난배상책임보험이나 신체손해배상책임 특약부 화재보 험과 보상한도가 동일하다.

PART
01

PART
02

PART
03

PART
04

PART
05

PART
06

76 다음 중 해상보험의 특징에 대한 설명으로 옳지 않은 것은?

① 기업보험성이 강하다.

② 영국의 해상보험법이 준거법이다.

③ 최대선의의 원칙이 적용되는 보험이다.

④ 개별요율 중 경험요율을 주로 적용한다.

77 다음 중 해상보험의 보험가액 평가에 대한 설명으로 옳지 않은 것은?

① 해상보험은 기평가보험 또는 미평가보험일 수 있다.

② 기평가보험은 보험의 목적의 협정보험가액을 기재한 보험증권이다.

③ 협정보험가액은 계약당사자뿐만 아니라 제3자에게도 구속력이 있다.

④ 사기가 없는 경우 보험증권에 정해진 가액은 전손 또는 분손과 관계없이 보험의 목적의 보험가액으로서 결정적이다.

78 다음 중 국내에서 가장 많이 사용하는 협회건조보험(Institute Clause for Builder's Risks)에 대한 설명으로 옳지 않은 것은?

① 보험기간의 만료는 시운전 종료 후 30일을 초과할 수 없다.

② 조악한 용접에 대한 대체비용은 보상하지 않는다.

③ 선체보험과 달리 충돌배상금의 한도를 보험금의 3/4으로 한다.

④ 보험기간 중에 발생하고 발견된 보험목적물의 설계결함으로 인해 피보험목적물의 다른 부분에 발생한 멸실이나 손상을 보상하지만 설계하자 부분에 대한 교체비용은 보상하지 않는다.

79 다음 중 P&I 보험에 대한 설명으로 옳지 않은 것은?

① 조합원들은 P&I Club 운영에 직접 참여하지는 않는다.

② 해상책임보험으로써 해상보험회사가 아니라 P&I 클럽에서 인수한다.

③ P&I 보험은 회수불능의 채권, 도산 및 대리인의 사기행위로 발생한 손해도 보상한다.

④ P&I 클럽은 세계 각국의 선주들이 조합원으로 가입하여 운영이 되는 비영리상호 보험의 형태이다.

80 다음 중 항공기체보험의 면책사유에 대한 내용으로 옳지 않은 것은?

① 60일을 초과한 항공기의 행방불명

② 기계적 고장으로 인한 기체의 분손

③ 항공기의 사용목적이나 지리적 제한의 위반

④ 전쟁, 폭동, 노동분쟁, 원자력, 법령위반, 자연소모 등

81 MIA 제55조의 법정면책위험, ICC 제12조의 포획나포부담보약관, ICC 제13조의 동맹파업폭동소요부담보약관'의 면책위험을 제외한 모든 손해를 보상하는 약관은 무엇인가?

① ICC(FPA) ② ICC(WA)

③ ICC(A/R) ④ ICC(A)

82 ICC(WA 3%) 조건으로 100억원의 보험에 가입했다면, 담보위험으로 7억원의 손해가 발생할 경우 보상하는 보험금은?

① 1억원 ② 3억원

③ 7억원 ④ 10억원

83 구협회적하약관ICC(1963)에서 위험의 변동이 생겨도 보험보호가 계속됨을 규정하는 약관에 해당하지 않는 것은?

① 제1조 운송약관 ② 제2조 운송종료약관

③ 제4조 항해변경약관 ④ 제9조 수탁자약관

84 다음 중 신증권 MAR Form의 본문약관이 아닌 것은?

① 준거법약관 ② 타보험약관

③ 약인약관 ④ 난외약관

PART 01

PART 02

PART 03

PART 04

PART 05

PART 06

85 다음 중 ICC(1982)에 대한 내용으로 적절하지 않은 것은?

① 항해변경약관은 보험의 목적, 선박 및 항해의 오기 또는 탈루가 있는 경우에 추가보험료의 징수를 조건으로 계속 담보한다는 구약관의 규정이 삭제된 약관이다.

② 피보험이익약관은 당해 보험이 운송인 또는 수탁자에게 이익이나 혜택을 주어서는 안 된다는 것을 규정한 약관이다.

③ 피보험자의무약관은 피보험자 및 그 대리인에게 수탁자로서의 손해방지의무를 명시한 약관이며, 보험자의 손해방지비용의 부담을 명시하고 있다.

④ 포기약관(Waiver Clause)은 피보험자가 손해방지행위를 한 경우 위부의 포기로 보지 않으며, 보험자가 손해방지행위를 한 경우 위부의 승인으로 보지 않음을 의미한다.

86 ICC(A) 조건에 파손(Breakage)을 담보하는 요율이 제외되어 있는 적하이므로 추가보험료를 부담하고 ICC(A) Breakage in excess of 5% 조건으로 보험에 가입하였다. 운송인의 과실로 인하여 동 적하의 7%가 파손(Breakage)된 경우 보험자의 보상은?

① 12%   ② 7%

③ 5%   ④ 2%

87 다음 중 적하보험 특별약관에 대한 설명으로 옳지 않은 것은?

① 상표약관 : 캔통조림, 병통조림, 술 등 라벨이 붙은 화물에서 상표만 손상이 되었을 경우 신상표 및 상표 재부착 비용만을 보상한다.

② 통관거부위험약관 : 수입국 정부 또는 대행기관의 품질검사에서 수입 불합격 판정을 받음에 따라 피보험자가 입는 경제적 손실을 보상한다.

③ 갑판적 약관 : 적하가 선창에 보관되지 않고 갑판에 적재될 경우 동 약관에 의해 'FPA+JWOB' 조건 또는 'C+WOB'조건으로 변경된다.

④ 생동물약관 : 생동물의 사망을 담보하며 검역소에서 15일을 한도로 담보되며, 최종목적지의 수하주에게 인도될 때까지 그리고 도착 후 30일 동안의 사망위험까지 담보된다.

88 다음 중 ITC-Hulls(1983)의 FPL조건에 대한 설명으로 옳지 않은 것은?

> 'ITC-Hulls-1/10/83 but free of any claim in respect of partial loss of and/or damage to Vessel unless caused by the Vessel being stranded ① sunk, ② burnt, ③ heavy Weather or Explosion, in ④ collisionor in contact with any external object other than water(but including ice) including general average damage.

PART
01

PART
02

PART
03

PART
04

PART
05

PART
06

89 다음 중 ITC(Hulls-1/10/83) 제1조 항해약관에 대한 설명으로 옳지 않은 것은?

① 도선사의 승선 여부에 관계없이 항행하는 것을 허용한다.

② 관습상의 예인 또는 구조필요상 최초의 가장 가까운 항구까지의 예인 허용된다.

③ 해상에서의 타선박과의 접현 중 발생하는 선박의 손상을 보상하지 않지만, 연료공급을 위해 다른 선박에 접현하는 것은 허용된다.

④ 선박을 해체하기 위해 항해하는 동안 타 선박과 충돌하여 충돌배상책임을 질 경우 보험자의 보상액은 해체선의 고철로서의 시장가격으로 제한된다.

90 다음 중 ITC(Hulls-1/10/83)의 약관조항에 대한 내용으로 적절하지 않은 것은?

① 계속약관(제2조)은 선주에게 부보기간을 확대하여 선박의 무보험상태를 방지하려는 것과 부보기간과 사고 발생 시점의 불확실성을 제거하는 의미가 있다.

② 담보위반약관(제3조)은 출항일자 등의 담보위반에 생길 경우 보험자에게 통지하고 변경된 담보조건과 추가보험료에 대해 협의해야만 보험자책임이 유지되는 약관이다.

③ 종료약관(제4조)은 선주와 관리자, 선적, 선급 등의 변경은 단순한 위험변경이 아닌 보험자체의 변동이라 할 수 있으므로, 이 경우 보험자의 서면동의가 있지 않는 한 보험계약이 자동종료된다는 약관이다.

④ 제5조 양도약관(Assignment)은 보험증권의 양도는 보험증권에 배서되어야 하고, 양도인의 서명이 있는 통지가 보험자에게 제출되어야 하며, 보험증권이 클레임의 지급 또는 보험료의 환급 이전에 제출되는 경우에만 보험자를 구속한다는 약관으로 동 규정은 MIA에 따른 자유로운 양도를 허용하는 약관이다.

91 다음 중 ITC(Hulls, 1/10/83)에서 담보하는 위험이 아닌 것은?

① 하역작업 중의 사고
② 수리업자나 용선자의 과실
③ 차축이 파손한 곳 및 잠재적 하자로부터의 결과 손
④ 차축이 파손한 곳 및 잠재적 하자가 있는 부분에 대한 교체비용

92 다음 중 ITC(Hulls, 1/10/83)에 대한 설명으로 옳지 않은 것은?

① 제7조 오염손해약관은 1967년 Torry Canyon호의 좌초사고에 연유하여 제정되었다.
② 오염방지를 위한 정부의 강제조치로 선박이 손해를 입을 경우 피보험자는 이에 대해 보상을 받을 수 있다.
③ 제8조 3/4 충돌손해배상책임은 쌍방과실의 경우 선주가 상대방에게 지급한 금액이 있다면 해당 금액을 상쇄하고 지급한다.
④ 약관에서 말하는 충돌이란 두 선박 사이의 실제적인 충돌을 말하는데, 과속으로 타 선박의 전복을 유도한 경우는 충돌로 보지 않는다.

93 다음 중 ITC-Hulls(1983) 제13조 피보험자의무약관에 대한 내용으로 적절하지 않은 것은?

① 보험자가 손해방지의 조치를 취했다고 해서 이를 위부의 승낙으로 간주하지 않는다.
② 손해경감을 위해 합리적으로 발생한 비용은 보험자가 분담보상하는데, 공동해손이나 구조비 그리고 충돌배상책임에 대한 방어비용 등은 동 약관상 보상하지 않는다.
③ 선박의 시장가액이 협정보험가액을 초과하는 경우의 손해방지비용은 선박의 협정보험가액에 대한 보험가입금액의 비율에 따라 비례보상한다.
④ 본 약관에서 보상받을 수 있는 총금액은 이 보험에 의해 보상하는 타 손해에 추가되지만, 어떠한 경우에도 선박보험가입금액을 초과할 수 없다.

94 다음 중 해적행위(Piracy)를 담보하는 위험을 모두 묶은 것은?

> ㉠ ICC(A/R) ㉡ ICC(A)
> ㉢ ICC(WA) ㉣ ICC(B)
> ㉤ ITC-Hulls(1983)

① ㉠, ㉡ ② ㉡, ㉤

③ ㉢, ㉣ ④ ㉣, ㉤

PART
01

PART
02

PART
03

PART
04

PART
05

PART
06

95 다음 중 매도인의 비용부담이 '인도비용+운임부담+보험료부담'으로서 가장 큰 것은?

① EXW ② FOB

③ CFR ④ CIF

96 다음 중 운송계약서상 운송인에 대한 면책사유가 아닌 것은?

① 선장이나 선원의 과실이나 태만

② 해적행위 또는 해적행위에 준하는 기타 행위

③ 운송물 포장의 불완전 또는 기호표시의 불완전

④ 화물의 선적, 취급, 적부, 보관 등 상업과실과 불감항

97 다음 중 추정적 전손을 의미하는 것으로 묶인 것은?

① 법률적인 전손, 관습상의 전손, 상업적인 전손

② 사실상의 전손, 물리적인 전손, 관습상의 전손

③ 물리적인 전손, 사실상의 전손, 상업적인 전손

④ 법률적인 전손, 물리적인 전손, 사실상의 전손

98 보험목적의 안전이나 보존을 위해 피보험자에 의해 또는 피보험자를 대리하여 지출된 비용으로써, 공동해손과 구조비용이 아닌 비용을 무엇이라 하는가?

① 공동해손(general actual loss)

② 단독해손(particular actual loss)

③ 특별비용(particular charge)

④ 손해방지비용(sue and labour charge)

99 다음 중 공동해손정산에 대한 설명으로 옳지 않은 것은?

① 공동해손정산은 공동해손분담금을 결정하는 것을 말한다.

② 공동해손손해를 입은 자는 그 행위로 인해 이득을 얻은 이해관계자들에게 분담금에 의해 그 손해를 배상받을 권리가 있다.

③ 공동해손기금은 공동해손행위로 인해 재산이 구조된 당사자들이 그들이 받은 혜택의 정도에 따라 공동해손손해를 분담하는 금액을 말한다.

④ 공동해손정산은 항해의 종료 시에 확정하며, 정산에 적용되는 법률은 목적지 항구의 법률이지만 국제통일규칙인 YAR에 따를 수 있다.

100 우리나라 적하보험 실무상 단독해손 보험금청구 시 필수 제출서류에 해당하지 않는 것은?

① 보험증권 원본　　　　　　　　② 선하증권

③ 용선계약서　　　　　　　　　　④ 포장명세서

실전모의고사

PART 01
PART 02
PART 03
PART 04
PART 05
PART 06

PART 01 재산보험 [01~25]

01 다음 중 국문화재보험에서 보험증권에 기재하여야만 보험의 목적에 포함되는 것은?

① 피보험자 소유의 대문, 담, 곳간 등 건물의 부속물

② 피보험자 소유의 옥외 또는 실외에 쌓아둔 동산

③ 피보험자 소유의 전기설비, 가스설비 및 이와 비슷한 설비

④ 피보험자 소유의 간판, 네온사인, 선전탑 등 건물의 부착물

02 다음 중 국문화재보험 보통약관에서 보험증권에 기재하지 않아도 다른 약정이 없으면 보험의 목적에 포함되는 것은?

① 통화, 유가증권, 인지, 우표 및 이와 비슷한 것

② 피보험자 또는 그와 같은 세대에 속하는 사람의 소유물

③ 실외 및 옥외에 쌓아둔 동산

④ 원고, 설계서, 도안, 물건의 원본, 모형, 증서, 장부, 금형(쇠틀), 목형(나무틀), 소프트웨어 및 이와 비슷한 것

03 다음 중 국문화재보험 보통약관에서 보상하는 손해에 대한 설명으로 옳지 않은 것은?

① 벼락으로 인하여 보험의 목적에 발생한 손해

② 화재의 진화 중 소방수에 의하여 발생한 수침손해

③ 화재 진압과정에서 발생하는 소방손해

④ 화재가 발생했을 때 생긴 도난 또는 분실로 인한 손해

04 다음 중 국문화재보험 보통약관에서 보상하는 손해에 해당하지 않는 것은?

① 화재 진압을 위하여 인위적으로 건물 벽면을 부순 경우 이에 해당하는 손해

② 화재에 따른 피난 손해(피난지에서 5일 동안에 생긴 화재 및 소방손해)

③ 잔존물을 해체, 청소, 상차 및 하차하는 데 소요되는 비용

④ 인근 건물의 화재로 보험목적물에 발생한 연기 손해

05 다음 중 국문화재보험 보통약관에서 보상하는 비용손해에 해당하지 않는 것은?

① 잔존물 제거비용   ② 대위권 보전비용

③ 손해예방비용   ④ 잔존물 보전비용

06 다음 중 국문화재보험 특별약관에서 보상하는 손해에 대한 설명으로 옳은 것은?

① 지진위험담보 특별약관 : 지진 또는 분화로 생긴 화재 및 그 연소손해를 보상하며, 붕괴나 파묻힘 등의 손해는 보상하지 않는다.

② 전기위험담보 특별약관 : 전기기기 또는 장치에 발생한 자연열화의 손해 또는 안전장치의 기능상 당연히 발생할 수 있는 손해를 보상한다.

③ 기업휴지손해담보 특별약관 : 기업휴지손해가 발생한 경우 그 손해가 발생한 때로부터 보험기간의 만료일에 관계없이 손해 발생이 없었더라면 얻을 수 있는 매출액 수준으로 복구되는 동안 피보험자가 입은 직접적인 기업휴지 손해를 보상한다.

④ 냉동(냉장)위험담보 특별약관 : 냉동(냉장)장치 또는 설비의 고장으로 냉각설비가 파괴, 변조되어 온도의 변화로 보험의 목적인 냉동(냉장)물에 생긴 손해를 보상한다.

07 다음 중 국문화재보험의 구내폭발위험담보 특별약관에 대한 설명으로 옳지 않은 것은?

① 보통약관에서는 화재로 생긴 것이든 아니든 파열 또는 폭발로 생긴 손해를 보상하지 않으므로 폭발로 인한 손해를 보상받기 위해서는 이 특별약관을 가입하여야 한다.

② 주택화재보험은 폭발 또는 파열로 인한 손해를 보통약관에서 보상한다.

③ 공장 내 기관, 기기, 증기기관, 내연기관, 수도관, 수관, 유압기, 수압기 등의 물리적인 폭발, 파열이나 기계의 운동부분 또는 회전부분이 분해되어 날아 흩어짐으로 인해 생긴 손해를 보상한다.

④ 급격한 산화반응을 포함하는 파괴 또는 그 현상에 의한 폭발로 보험의 목적에 생긴 손해를 보상한다.

08 다음 중 국문화재보험의 확장위험담보(Ⅰ) 특별약관과 확장위험담보(Ⅱ) 특별약관에서 공통으로 담보하는 손해로 옳지 않은 것은?

① 소요 및 노동쟁의로 생긴 손해

② 폭발로 생긴 손해

③ 항공기로 생긴 손해

④ 폭풍, 우박으로 생긴 손해

09 다음 중 국문화재보험의 도난위험담보 특별약관에 관한 설명으로 옳지 않은 것은?

① 보험의 목적이 강도 또는 절도로 생긴 도난, 훼손 또는 망가진 손해를 보상한다.

② 보험의 목적이 들어있는 건물을 계속하여 72시간 이상 비워둔 사이에 생긴 도난손해는 보상하지 않는다.

③ 보험회사가 보험금을 지급하였을 경우 도난당한 보험의 목적에 대한 소유권은 모두 보험회사에 귀속된다.

④ 보험회사는 손해액에서 1사고당 10만원을 빼고 지급 보험금을 계산한다.

10 다음 중 국문화재보험의 재조달가액 보장 특별약관의 적용대상 물건으로 옳지 않은 것은?

① 기계장치

② 공기구

③ 집기비품

④ 재고품

PART
01

PART
02

PART
03

PART
04

PART
05

PART
06

11 「화재로 인한 재해보상과 보험가입에 관한 법률」 및 그 시행령에 규정된 내용으로 올바르지 않은 것은?

① 특수건물의 소유자는 화재로 인한 손해배상책임을 이행하기 위하여 손해보험회사가 운영하는 특약부(附) 화재보험에 가입하여야 한다.

② 현행 특수건물 소유자의 손해배상책임은 대인배상은 피해자 1인당 1억원, 대물배상은 1사고당 10억원을 한도액으로 한다.

③ 특수건물 소유자가 가입하여야 하는 화재보험의 보험금액은 시가에 해당하는 금액으로 한다.

④ 특수건물 소유자는 건축물의 사용승인 준공인가일 또는 소유권을 취득한 날로부터 30일 이내에 특약부(附) 화재보험에 가입하여야 한다.

12 다음 중 국문화재보험에서 아래의 조건에 따라 산출된 지급보험금은?

- 보험의 목적 : 화공약품 제조공장 내 건물 및 재고자산
- 보험가액 : 건물 100억원, 재고자산 200억원
- 보험가입금액 : 건물 50억원, 재고자산 200억원
- 손해액 : 건물 20억원, 재고자산 100억원
※ 보험계약자 또는 피보험자가 부담한 다른 비용은 없는 것으로 한다.

① 건물 20억원, 재고자산 400억원

② 건물 12.5억원, 재고자산 200억원

③ 건물 10억원, 재고자산 100억원

④ 건물 8억원, 재고자산 50억원

13 다음 중 동산종합보험으로 담보할 수 있는 보험의 목적에 해당하는 것은?

① 수용장소가 특정되어 있는 상품

② 자동차, 선박, 항공기

③ 전시품, 전시상품

④ 특정구간 수송 중의 위험만을 대상으로 하는 동산

14 다음 중 동산종합보험의 잡위험 보장제외 특별약관에서 정하고 있는 잡위험에 해당되지 않는 것은?

① 우(雨), 담수유(淡水濡), 강설, 수해(태풍, 폭풍우, 해일, 범람에 기인하지 않은 것)

② 연기손해

③ 건물의 붕괴

④ 폭발, 파열

15 다음 중 동산종합보험에 대한 설명으로 적절하지 않은 것은?

① 보험 목적의 전기적 사고로 인한 화재사고는 보상한다.

② 보험 목적의 수리나 청소 등의 작업 중에 있어서 작업상의 졸렬로 생긴 손해는 보상하지 않는다.

③ 원인의 직접·간접을 묻지 않고 지진이나 분화, 홍수나 태풍 등의 풍수재로 생긴 손해는 보상하지 않는다.

④ 동산종합보험은 보험계약자의 수요가 전위험담보방식에서 담보위험 열거방식으로 바뀌어 감에 따라 보상하는 손해를 구체적으로 열거하고 위험을 담보한다.

16 다음은 패키지보험에 대한 설명이다. 가장 적절하지 않은 것은?

① 거대규모로 일시에 보험시장에 접근하기 때문에 보험료가 비싸다.

② 보험사고 시에도 강력한 협상력으로 자회사나 계열사의 이익보호가 가능해진다.

③ 해외 재보험시장이 악화되는 경우에는 영향을 최소화하여 안정적인 보험관리가 가능해진다.

④ 자산 규모가 작은 자회사나 계열사의 경우 실질적인 보상한도액 증액효과를 얻을 수 있는 동시에 광범위한 담보조건의 설정이 가능해진다.

17 다음 중 패키지보험(Package Insurance)의 재산종합 위험 담보부문(Property All Risks)에서 별도의 명시적인 합의가 없어도 보험의 목적에 포함되는 것은?

① 터널 및 그 내부의 파이프, 파이프 내의 수용물

② 입목 또는 재배 중인 곡물

③ 가공, 생산 및 제조과정 중에 투입된 촉매 및 소모성 재료

④ 동물, 새, 물고기 및 기타 살아있는 생명체

PART
01

PART
02

PART
03

PART
04

PART
05

PART
06

18 패키지보험(Package Insurance Policy)의 제2부문 기계 위험(Machinery breakdown)담보 부문의 보상하는 손해에 해당하지 않는 것은?

① 재질, 설계, 조립상의 결함

② 운전 중 기계의 과열로 인한 화재

③ 과전압, 절연체의 하자, 단락, 방전

④ 종업원 또는 제3자의 능력 부족, 기술 부족

19 다음 중 패키지보험(Package Insurance Policy) 소규모공사 조항(Minor Works Clause)에 대한 설명으로 옳지 않은 것은?

① 보험증권에 기재된 공사계약금액을 초과하는 건설 공사에는 적용되지 않는다.

② 통상적인 운전과정에서 발생하는 변경, 유지, 수정 작업에는 적용되지 않는다.

③ 소규모공사를 담보하는 다른 보험계약이 있는 경우 적용되지 않는다.

④ 소규모공사의 지연에 따른 예정이익상실은 보상하지 않는다.

20 다음 중 패키지보험(Package Insurance Policy)에 대한 설명으로 옳은 것은?

① 재조달가액기준으로 가입하면 전부손해 여부, 복구 여부에 상관없이 재조달가액으로 보상한다.

② 기업휴지담보의 보험가입금액은 약정복구기간에 상응하는 기간 동안의 총이익으로 설정한다.

③ 피보험자는 추가재산이 발생한 경우 그 명세를 1개월 내에 보험사에 제출하여야 한다.

④ 동산의 가입금액은 동종 · 동질의 것으로 대체 시 비용으로 하되 제비용 및 세금은 제외한다.

21 다음 중 패키지보험 GL Cover에 대한 설명으로 적절하지 않은 것은?

① 점진적이고 누적적으로 진행된 오염이나 오탁사고를 보상한다.

② 인격침해나 기타 광고로 인한 명예훼손은 보상하지 않는다.

③ 북미지역 수출 제품에 관한 생산물위험은 별도의 보험조건으로 담보한다.

④ 배상책임보험은 가장 난해한 보험분야 중의 하나이므로 포괄담보이지만 편의상 주요 담보위험을 먼저 열거한다.

22 다음 중 국문화재보험의 기업휴지손해 담보 특별약관에 대한 설명으로 옳지 않은 것은?

① 기업의 휴지라 함은 보험의 목적의 손해로 인하여 불가피하게 발생한 전부 또는 일부의 영업중단을 말한다.

② 기업휴지손해에 대하여 발생일로부터 증권에 명기한 약정복구기간까지의 손해만을 보상하며 어떠한 경우에도 이 기간을 초과하여 보상하지 않는다.

③ 기업휴지가 1개월 이상 계속되어 복구가 늦어지는 경우 피보험자의 청구가 있으면 매월 말에 보험사가 추정하는 가지급 보험금을 지급할 수 있다.

④ 보험회사가 손해를 보상한 경우에는 보험가입금액에서 보상액을 뺀 잔액을 손해가 생긴 후의 나머지 보험기간에 대한 잔존보험가입금액으로 한다.

PART
01

PART
02

PART
03

PART
04

PART
05

PART
06

23 다음 중 재보험과 관련된 설명으로 옳지 않은 것은?

① 재보험은 원보험자의 보험영업이익 안정화에 도움이 된다.

② 임의재보험은 자동적 재보험 담보가 아니므로 재보험 처리가 지연될 수 있다.

③ 특약재보험에서는 재보험자가 원보험자의 개별 청약에 대하여 인수 여부를 결정한다.

④ 비비례적 재보험에서는 원보험 계약에서 발생하는 사고의 손실 규모를 기준으로 원보험자와 재보험자의 보상책임액이 결정된다.

24 위험이 매우 낮은 우량물건은 출재하고 싶지 않지만 일정비율만큼 무조건 출재해야 하며, 위험이 매우 높은 불량물건을 모두 출재하고 싶지만 일정 비율만큼만 출재해야 하는 재보험거래방식을 무엇인가?

① 비례재보험특약 ② 초과액재보험특약
③ 초과손해액재보험 ④ 초과손해율재보험

25 갑보험회사는 아래와 같은 초과손해액재보험특약(Excess of Loss Reinsurance Treaty)을 체결하였다. 특약기간 중 사고일자를 달리하는 3건의 손해가 발생하였을 때 갑보험회사가 지급받을 재보험금의 합계액은?

1. 특약프로그램
   (1) 특약한도 : US$ 1,000,000 in excess of US$ 500,000
   (2) 연간누적 자기부담금 : US$ 1,000,000
   (3) 손해기준 : e.e.l.(each and every loss)
2. 3건의 발생손해 내역
   A : US$ 750,000, B : US$ 1,000,000, C : US$ 1,200,000

① US$ 450,000

② US$ 950,000

③ US$ 1,450,000

④ US$ 1,950,000

26 독일식 건설공사보험(Munich Re's CAR Policy) 보통약관의 물적손해(Material Damage) 담보조항에서 특별면책사항이 아닌 것은?

① 위약금 및 공사지연 손해
② 재고조사 시 발견된 손해
③ 가설공사용 자재 손해
④ 설계결함으로 인한 손해

PART 01

27 국문 건설공사보험에서 별도로 증권에 기재하지 않아도 보험의 목적에 포함되는 것은?

① 공사용 가설물
② 공사용 중장비
③ 공사용 기계기구
④ 잔존물제거비용

PART 02

PART 03

PART 04

28 다음 중 건설공사보험에서 '보상하는 손해'가 아닌 것은?

① 지면의 내려 앉음, 사태, 암석붕괴로 인한 손해
② 공사의 일부 또는 전부의 중단으로 인한 손해
③ 차량항공기와의 충돌 또는 그로부터 발생한 낙하물로 인한 손해
④ 피보험자의 종업원, 제3자의 취급 잘못 또는 악의적 행위로 인한 손해

PART 05

PART 06

29 다음 중 국문 건설공사보험의 특별약관이 아닌 것은?

① 확장유지담보 특별약관
② 제작자결함담보 특별약관
③ 설계결함담보 특별약관
④ 교차배상책임 특별약관

30 다음은 조립보험에 대한 설명이다. 적절하지 않은 것은?

① 제3자 배상책임, 잔존물제거비용, 주위재산은 조립보험 보통약관에서 선택담보할 수 있다.

② 조립보험 보통약관에서 공사목적물 자체에 대한 손해 중, 설계결함, 재질 또는 주조의 결함 및 제작결함으로 인한 손해는 보상하지 않는다.

③ 조립공사와 관련된 기초토목공사 및 건축공사는 조립보험의 가입대상이 될 수 없으므로 별도로 건설공사보험으로 가입하여야 한다.

④ 조립보험에서의 보험의 종기는 조립공사물이 발주자에게 인도되거나 시운전 또는 부하시험이 완료되는 시점이지만, 중고품인 경우는 시운전이 시작됨과 동시에 종료된다.

31 다음 중 조립보험 보통약관에서 '보상하는 손해'에 해당하지 않는 것은?

① 화학적 폭발로 인한 손해

② 조립작업의 결함으로 인한 손해

③ 재질 또는 제작의 결함으로 인한 손해

④ 폭풍우, 벼락 등 자연재해로 인한 손해

32 다음 중 조립보험에서의 책임기간에 대한 설명으로 적절하지 않은 것은?

① 중고품의 경우 시운전의 시작과 동시에 보험기간이 종료된다.

② 조립보험은 기간보험과 구간보험을 혼합한 중복 책임기간을 적용한다.

③ 조립의 완료시점과 보험기간의 말일 중 나중에 도래하는 시점이 책임의 종기가 된다.

④ 조립공사 현장에 보험의 목적이 하역이 완료되지 않으면 보험기간의 시작일시가 지났어도 책임기간이 시작된 것이 아니다.

33 다음 중 조립보험에 대한 설명으로 옳지 않은 것은?

① 제3자 배상책임, 주위재산, 잔존물제거비용은 보통약관에서 선택담보할 수 있다.

② 종업원 또는 제3자의 취급상의 잘못 또는 악의적 행위로 인한 손해는 재물손해부분에서 보상하는 손해이다.

③ 조립공사에 관련된 기초토목공사비나 건축공사비는 조립보험에서 담보할 수 있으므로 조립공사의 가입금액에 합산하여 가입한다.

④ 조립보험에서 보험의 종기는 일반적으로 시운전이 완료된 시점이지만 중고품인 경우는 시운전이 시작되는 때이며, 그리고 조립보험은 특별약관으로 시운전위험을 담보한다.

34 다음 중 조립보험의 특별약관 및 추가약관에 대한 내용으로 옳지 않은 것은?

① 확장유지담보특별약관은 조립기간 동안에 발생한 손해의 원인으로 유지기간 중에 발생한 손해도 보상하는 특별약관이다.

② 제작자결함담보 특별약관은 제작자결함 그 자체는 보상하지 아니하나, 이를 제거하거나 교정하는데 소요되는 비용을 보상하는 특별약관이다.

③ 방화시설에 관한 추가약관은 화재발생 가능성이 있는 자재나 기계류를 일시적으로 보관하는 창고 등에 첨부하며 일정한 조치를 전제로 화재위험을 담보하는 약관이다.

④ 지하매설 전선이나 배관에 관한 추가약관은 지하굴착공사가 포함되는 계약에 첨부할 수 있는 약관으로 지하매설물과 관련한 제3자 배상책임이나 주위재산에 대한 보상을 제한한다.

35 다음 중 기계보험에 대한 설명으로 옳지 않은 것은?

① 보험가입금액은 신조달가액을 기준으로 정한다.

② 사업장 구내에서 시운전이 끝난 기계를 가입하고 있다.

③ 화재위험은 보상하지 않으므로 화재보험을 별도로 가입하여야 한다.

④ 예비부품이나 연료 윤활유는 별도 명기하거나 특약으로 가입하지 않아도 기계에 포함된다.

PART 01

PART 02

PART 03

PART 04

PART 05

PART 06

36 다음 중 기계보험의 보험의 목적으로 적합하지 않은 것은?

① 시운전이 끝난 가동 중인 기계

② 수리를 위해 분해 상태에 있는 기계

③ 소모성 부품류 및 공구류, 형류, 조작유

④ 정비를 위해 공장 구내에서 이동 중인 기계

37 다음 중 기계보험의 보험금 지급 시 손해액 산정에 대한 내용으로 적절하지 않은 것은?

① 잔존물제거비용은 전손, 분손을 구분하지 않고 보상한다.

② 전손의 경우에는 신조달가격에 대해 신구교환에 따른 감가상각을 적용한다.

③ 분손의 경우에는 수리부품이 신품으로 교체되어도 감가상각을 적용하지 않는다.

④ 부분손해라 할지라도 수리비용이 시가(신품가격 − 감가공제액)를 초과할 경우에는 추정전손이라 하여 전부손해에 준하여 보상한다.

38 다음 사례의 경우 기계보험의 지급보험금은 얼마인가?

- 보험가액 1.5억원
- 손해액 3천만원
- 잔존물가액 1천만원
- 보험가입금액 1억원
- 신품조달가액 2억원
- 자기부담금 400만원

① 400만원

② 500만원

③ 600만원

④ 700만원

39 다음 중 도난보험에 대한 설명으로 적절한 것은?

① 수탁받은 일체의 유체동산은 도난보험에 가입할 수 없다.

② 귀금속은 동산담보 특별약관을 첨부하면 보장받을 수 있다.

③ 화재가 발생하였을 때 생긴 도난손해는 보상하지 않는다.

④ 현금은 보통약관에서 보장되나 유가증권은 특별약관을 첨부해야만 보상이 가능하다.

40 다음 중 도난보험 보통약관에 대한 설명으로 옳지 <u>않은</u> 것은?

① 화재가 발생했을 때 생긴 도난손해는 보상하지 않는다.

② 피보험자의 아들의 묵인하에 친구가 훔친 경우 그 손해는 보상한다.

③ 도난손해가 생긴 후 30일 이내에 발견하지 못한 손해는 보상하지 않는다.

④ 도둑이 가재도구를 훔치기 위해 문을 파손한 경우 보관시설 파손담보 특약에 가입되어 있으면 보험가입금액의 50% 한도 내에서 보상한다.

41 다음 중 금융기관종합보험(BBB)에서 담보하는 위험이 <u>아닌</u> 것은?

① 종업원의 횡령
② 화재, 폭발
③ 유가증권의 위·변조
④ 절도, 강도

42 다음 중 납치보험에서 '보상하는 손해'에 해당하는 것은?

① 피보험자의 사기적, 범법적 행위

② 요구받은 몸값을 건네주러 가던 중의 사고

③ 무력 또는 폭력의 사용 또는 그에 의한 위협으로 인해 본인이 직접 몸값을 건네준 경우

④ 한 명 이상의 피보험자가 납치된 장소 또는 협박이 처음 있었던 장소에서 몸값을 지불한 경우

43 다음 중 레저종합보험에 대한 설명으로 적절한 것은?

① 레저종합보험 중 장기보험의 형태로 판매되는 보험은 낚시보험이다.

② 구내에 있는 사고만을 담보하는 보험은 골프보험, 테니스보험, 낚시보험이 있다.

③ 신체상해, 용품손해, 제3자에 입힌 배상책임손해 중 보험가입금액의 한도를 보험가액으로 제한해야 하는 것은 용품손해이다.

④ 본인의 신체상해와 용품손해, 제3자에게 입힌 배상책임손해의 3가지 형태의 위험을 담보하는 것은 레저보험과 해외여행자보험이 있는데, 2가지 이상의 위험을 담보하므로 둘 다 종합보험으로 분류된다.

PART 01

PART 02

PART 03

PART 04

PART 05

PART 06

44 다음은 법률비용보험의 언더라이팅 시 고려사항이다. 역선택의 가능성이 가장 큰 것은?

① Open Panel 방식   ② Closed Panel 방식

③ 절충식 방식   ④ 정답 없음

45 다음 중 임상시험보상보험에 대한 설명으로 옳지 않은 것은?

① 북미지역 소송 클레임에 대해서는 담보하지 않는다.

② 배상청구기준과 손해발견기준의 두 가지를 담보기준으로 한다.

③ 다른 보험에서 보상하는 손해는 그 초과분에 대해서만 보상한다.

④ 피보험자가 피해환자에 대해 부담하는 보상책임을 주 담보로 하고, 경우에 따라 피보험자가 부담할 수 있는 법률상 손해배상책임을 선택담보로 할 수 있다.

46 다음은 동물보험(Livestock Insurance)에 대한 내용이다. 적절하지 않은 것은?

① 부보동물을 타인에게 양도하는 경우 보험자의 책임은 종료된다.

② 담보하는 동물에게 불임시술을 할 경우 시술일 직전에 보험자의 책임이 종료된다.

③ 보험자의 동의 없이 별도의 보험에 가입할 경우는 계약의 유효성과 관계없이 보험자의 책임은 종료된다.

④ 보험기간 중 경매 등 공개시장에서 가격평가를 받은 경우, 해당 가액과 보험증권상 기재한 보상한도금액 중 높은 가격으로 보상한다.

47 다음은 행사취소보험의 담보조건에 대한 내용이다. 옳지 않은 것은?

① 보상한도액이 실제 사고 시의 피보험자의 확정 순손실액보다 적은 경우 보상한도액을 전액 지급한다.

② 행사취소보험의 공제금액은 약관이 일정비율 또는 금액을 정하고 있지 않으므로 계약자와 보험자가 상호 협의하여 결정한다.

③ 행사취소보험의 보험가입금액은 행사의 전체예산을 기초로 하되, 보험사와 합의하여 행사가 정상적으로 개최되었을 경우의 상실수익도 포함할 수 있다.

④ 행사취소보험에서 담보하는 위험의 특성상 피보험자의 성공적인 행사개최 노력이 매우 중요하므로 다른 보험종목과 달리 3가지 특별준수의무를 요구한다.

48 다음 중 상금보상보험에 대한 설명으로 옳지 않은 것은?

① 피보험자의 재정부족 등 재무관리 부실로 인한 금융손실은 보상하지 않는다.

② 강우량, 강설량과 관련된 기상결과로 기준으로 담보할 경우 과거 3년 이상의 기상관측자료를 고려해서 보험조건을 결정해야 한다.

③ 보험요율이 10%를 상회하게 되면 보험계약의 성사가 어려우므로 공제금액을 상향하거나 공동부보비율을 낮추어 보험가입이 가능하도록 하는 것이 좋다.

④ 피보험자의 도덕적 위험을 최소화하기 위한 담보조건(warranties)으로는 '보험계약내용을 보험자의 사전 동의 없이 제3자에게 알리지 말아야 한다' 등이 있다.

49 다음 중 정치적 위험보험(Political Force Majeure Insurance)에서 면책하는 사항이 아닌 것은?

① 환율 변동
② 전쟁위험
③ 피보험자의 불법행위
④ 피보험자의 재정 부실

50 다음은 컨틴전시 보험의 언더라이팅이 전통보험보다 어렵고 위험하다고 판단하는 사유이다. 가장 적절하지 않은 것은?

① 담보하는 위험기간이 1년을 초과하는 경우가 드물다.

② 특정위험의 경우 과거 경험통계가 전혀 없을 수도 있다.

③ 평가하기 힘든 심각한 도덕적 위험이 숨겨져 있을 수도 있다.

④ 위험에 대한 기초통계의 부족으로 적정하고 합리적인 요율산정이 불가하다.

PART
01

PART
02

PART
03

PART
04

PART
05

PART
06

51 배상책임보험의 피보험이익은 피보험자의 적극적 · 소극적 전재산 관계이다. 이것과 거리가 먼 것은?

① 보관자배상책임보험   ② 생산물배상책임보험

③ 전문직업배상책임보험   ④ 시설소유관리자배상책임보험

52 다음 중 배상청구기준의 담보기준에 대한 설명으로 옳지 않은 것은?

① 적정한 책임준비금의 적립이 곤란한 단점이 있다.

③ 주로 생산물배상책임보험, 전문직업배상책임보험에서 사용되는 담보기준이다.

② 사고의 행위와 그 결과가 반드시 시간적으로 근접해 있지 않는 사고를 담보하기에 적절하다.

④ 보험기간 중에 최초로 피보험자가 청구한 사고를 기준으로 보험자의 보상책임을 정하는 방식이다.

53 다음 중 일반적으로 배상청구기준(claims-made basis)을 사용하는 배상책임보험이 아닌 것은?

① 자동차손해배상책임보험   ② 임원배상책임보험

③ 환경배상책임보험   ④ 전문직배상책임보험

54 다음 중 배상책임보험에서 의무보험이 아닌 것은?

① 수련시설배상책임보험   ② 임원배상책임보험

③ 유도선사업자배상책임보험   ④ 다중이용업소 화재배상책임보험

55 다음 중 시설소유관리자배상책임보험에 대한 설명으로 가장 거리가 먼 것은?

① 시설소유관리는 일반업무이므로 일반배상책임으로 담보하고, 전문직업업무는 전문직업배상책임으로 담보한다.

② 시설소유관리의 주된 업무가 고객의 요구에 따른 기계설치, 수리, 건축과 같이 시설 밖에서 수행하는 공사의 경우도 시설소유관리자배상책임보험으로 담보한다.

③ 시설 중 피보험자가 보호(care), 관리(custody), 통제(control)하는 시설에 대한 재물손해는 보관자배상책임보험에서 담보한다.

④ 시설소유관리자를 담당하던 중 피보험자의 종업원이 입을 수 있는 신체상해는 근로자재해보상책임보험(근재보험)에서 담보한다.

PART 01
PART 02
PART 03
PART 04
PART 05
PART 06

56 다음 중 영업배상책임보험의 시설소유관리자 특별약관에서 '보상하는 손해'는?

① 통상적인 수리 및 개조로 생긴 손해배상책임

② 피보험자가 양도한 시설로 생긴 손해에 대한 배상책임

③ 작업의 종료 또는 폐기 후 작업의 결과로 부담하는 손해에 대한 배상책임

④ 피보험자가 소유, 점유, 임차, 사용하거나 보호, 관리, 통제하에 있는 재물에 대한 손해

57 지하철역에서 스크린도어의 결함으로 인한 사고로 승객에게 입힌 배상책임 손해를 담보하기 위해 지하철 운영업자가 기본적으로 가입하는 영업배상책임보험의 특별약관은?

① 보관자배상책임 특별약관   ② 생산물배상책임 특별약관

③ 도급업자배상책임 특별약관   ④ 시설소유관리자배상책임 특별약관

58 다음 중 국문 영업배상책임보험에서 보관자 배상책임과 제3자 배상책임을 함께 보상하는 특별약관은?

① 임차자 특별약관   ② 도급업자 특별약관

③ 차량정비업자 특별약관   ④ 시설소유관리자 특별약관

59 다음 중 영업배상책임보험 창고업자 특별약관(Ⅰ)에서 '보상하는 손해'에 해당하는 것은?

① 수탁화물의 징발, 몰수 또는 국유화

② 수탁물이 위탁자에게 인도된 후에 발견된 손해에 대한 배상책임

③ 보관의 목적으로 수탁받은 청과류 및 채소류에 생긴 손해에 대한 배상책임

④ 보관의 목적으로 수탁받은 물건의 강도, 도난으로 인한 손해에 대한 배상책임

60 다음 중 국문 영업배상책임보험의 특별약관에 대한 설명으로 적절한 것은?

① 주차장 특별약관은 제3자배상책임만을 담보한다.

② 차량정비업자 특별약관은 보관자 배상책임만을 담보한다.

③ 창고업자 특별약관은 보관자배상책임과 제3자배상책임을 모두 담보한다.

④ 임차자 특별약관과 화재배상특별약관은 모두 보관자배상책임만을 담보한다.

61 다음 중 도급업자배상책임보험에서 담보하는 위험에 해당하는 것은?

① 티끌, 먼지, 소음, 석면, 분진으로 인한 손해

② 공사의 종료 후 공사의 결과로 부담하는 배상책임

③ 피보험자의 수급업자(하수급업자 포함)의 피용인이 입은 신체장해

④ 보험증권에 기재된 작업의 수행 또는 작업수행을 위해 소유, 사용, 관리하는 시설로 생긴 우연한
손해

62 다음 중 빈칸에 들어갈 내용으로 알맞은 것은?

하도급 공사 중 발생한 사고에 대하여 하수급인이 손해배상책임을 부담하므로 피보험자에게는 책임이 없지만, 피보험자가 수급인을 지휘, 감독하는 경우에는 민사상의 사용자 배상책임이 인정될 수 있다. 이러한 위험을 담보하기 위하여 (   )을 첨부한다.

① 계약상 가중책임 특약　　　　　　　　② 하청업체 배상책임 특약

③ 사용자배상책임 담보특약　　　　　　④ 발주자 미필적 배상책임담보특약

63 다음 중 국문 생산물배상책임보험의 보통약관상 용어의 정의에 대한 설명으로 옳지 않은 것은?

① 신체장해라 함은 신체의 상해, 질병 및 그로 인한 사망을 말한다.

② 생산물이란 피보험자가 제조, 가공 또는 공급한 생산물 및 시공한 작업(완성작업)을 말한다.

③ 재물손해라 함은 물리적으로 망가진 유체물의 직접손해와 그 유체물의 사용불능으로 생긴 간접손해만을 말한다.

④ 1회의 사고라 함은 하나의 원인 또는 사실상 같은 종류의 위험에 계속적, 반복적 또는 누적적으로 노출되어 그 결과로 발생한 사고로써 피보험자나 피해자 수 또는 손해배상청구의 수에 관계없이 1회의 사고로 본다.

64 다음 중 생산물배상책임보험에서 '보상하는 손해'에 해당하는 것은?

① 결함 있는 생산물 자체의 물적손해

② 생산물이 보증 또는 설계된 대로의 효능이나 성능의 미비로 인한 배상책임

③ 결함 있는 생산물의 회수, 검사, 수리 또는 대체비용 및 사용손실에 대한 배상책임

④ 생산물이 본래의 용도로 사용된 후에 그 생산물의 결함으로 급격하고 우연하게 물리적으로 파손되어 다른 재물이 입은 사용손실에 대한 배상책임

65 피해자가 제품의 문제점을 알고 있으면서 무리하게 사용하여 사고가 발생한 경우에 생산물 배상책임 소송의 방어방법은 무엇인가?

① 위험인수(Assumption of Risk) ② 기여과실(Contributory Negligence)

③ 비교과실(Comparative Negligence) ④ 최종적 명백한 기회(Last Clear Chance)

66 다음 중 전문직업 배상책임보험의 책임법리를 옳게 묶은 것은?

| ㉠ 일반불법행위책임 | ㉡ 특수불법행위책임 |
| ㉢ 무과실책임주의 | ㉣ 채무불이행책임 |

① ㉠, ㉡ ② ㉠, ㉣

③ ㉡, ㉢ ④ ㉡, ㉣

PART 01

PART 02

PART 03

PART 04

PART 05

PART 06

67 다음 중 국문 의사 및 병원배상책임보험에 대한 설명으로 옳지 않은 것은?

① 피보험자의 범위에는 의료기사, 간호사 등도 포함된 것으로 볼 수 있다.

② 피보험자가 당연히 해야 할 의료행위를 행하지 아니함으로써 타인에게 입힌 신체장해는 이 보험의 담보대상이다.

③ 피보험자가 음주상태에서 의료행위를 수행함으로써 생긴 손해에 대한 배상책임도 고의가 아닌 경우 보상한다.

④ 미용 또는 이에 준한 것을 목적으로 한 의료행위 후 그 결과에 관하여 생긴 손해에 대한 배상책임은 보상하지 아니한다.

68 다음 중 '건축사/설계사 배상책임보험'에서 Claims Series Event에 해당하지 않는 것은?

① 동일한 설계결함으로 여러 개의 공사물건에 손해사고를 유발한 경우

② 동일한 손해에 한 가지 이상의 과실, 부주의, 태만이 있는 경우

③ 피보험자를 포함하여 다른 공동피보험자에게 배상청구가 이루어진 경우

④ 피보험자의 법적 전문업무 권한을 벗어난 행위에 기인한 사고가 발생한 경우

69 최근 대기업을 대상으로 소액주주나 경제 시민단체에 의한 주주대표소송이 제기되는 사례가 늘고 있어 이를 담보하는 임원배상책임보험의 중요성이 증대되고 있다. 다음 중 국문임원배상책임보험 약관에서 규정하고 있는 피보험자로서의 임원의 범위에 대한 설명으로 옳지 않은 것은?

① 상법상 이사, 감사 및 이에 준하는 자를 의미한다.

② 보험기간 중 새로 선임된 임원은 피보험자에 포함되지만 퇴임한 임원은 피보험자에서 제외된다.

③ 이사는 아니지만 임원에 준하는 직무를 수행하는 직원의 경우 피보험자란에 기재하면 담보가 가능하다.

④ 대상 임원이 사망한 경우라도 그 임원의 상속인과 상속재산법인을 동일한 피보험자로 간주한다.

70 다음 중 국문 임원배상책임보험에 대한 설명으로 옳은 것은?

① 주주대표소송은 보통약관에서 담보한다.

② 1사고에 대한 다수의 손해배상청구는 그중 최초로 제기된 날을 손해배상 청구일자로 본다.

③ 피보험자가 사적 이득을 취하거나 범죄행위로 인한 배상청구도 피해자 보호를 위해 담보한다.

④ 피보험자는 법인의 모든 임원을 말하며 보험기간 중에 새로 선임된 임원은 포함하나 퇴임한 임원은 포함되지 않는다.

PART 01

71 다음 중 임원배상책임보험에서 보상하는 부당행위(Wrongful Act)에 해당하지 않는 것은?

① 직무상 의무 불이행   ② 부정확한 진술

③ 선관주의의무 위반   ④ 사기, 횡령, 배임

PART 02

PART 03

72 다음 중 생산물회수비용보험(리콜보험)에서 '보상하는 손해'에 해당하는 것은?

① 과태료   ② 간접손실비용

③ 법률비용   ④ 자문비용

PART 04

PART 05

PART 06

73 다음 중 환경오염배상책임보험에서 '보상하지 않는 손해'에 해당하지 않는 것은?

① 계약상의 가중책임

② 사업장 내 오염정화비용

③ 피보험자의 중과실 위법행위

④ 정부기관 명령 등의 고의적인 불응

74 다음 중 개인정보보호 배상책임보험에 대한 설명으로 적절하지 않은 것은?

① 개인정보란 '성명, 주민등록번호 및 영상을 통해 개인을 알아볼 수 있는 정보' 등 살아있는 개인에 관한 정보를 말한다.

② 정보통신서비스 제공자로서 '전년도 매출액이 5천만원 이상&전년도 말 기준 직전 3개월간 개인정보 이용자 수가 일일 평균 1천명 이상'인 경우, 개인정보보호 배상책임보험에 가입하거나 준비금을 적립해야 한다.

③ 개인정보보호 배상책임보험의 가입 대상자로서 손해배상책임의 이행을 위해 가입해야 하는 최저보험가입금액은 그 기준에 따라 5천만원에서 10억원까지 분포한다.

④ 개인정보보호 배상책임보험 약관의 담보기준은 보험기간 중에 최초로 제기된 손해배상 청구에 대하여 보상하는 배상청구기준 약관으로서, 소급담보일자는 두지 않아도 된다.

75 다음 중 기업중대사고 배상책임보험에서 특별약관을 첨부하는 경우에도 담보하지 않는 것은?

① 벌금 및 과태료　　　　　　　　② 형사방어비용
③ 위기관리실행비용　　　　　　　④ 징벌적 손해배상금

76 다음 중 해상보험에 대한 설명으로 적절하지 않은 것은?

① 피보험자는 선주 또는 용선자이다.

② 손해보상계약의 일종이다.

③ 해상위험뿐만 아니라, 해륙혼합위험으로 인한 손해도 보상하는 계약이다.

④ 해상보험계약은 보험자가 법률에 정해진 범위 내에서 해상손해에 대하여 보상하는 계약이다.

77 다음 중 해상보험의 피보험이익에 대한 설명으로 옳지 않은 것은?

① 손해보험에서 피보험이익이 없는 계약은 무효이다.

② 모든 적법한 해상사업은 해상보험계약의 피보험이익이 될 수 있다.

③ 모든 해상보험계약은 보험계약을 체결할 때 피보험이익의 존재를 증명해야 한다.

④ 피보험이익(Insuranble Interest)은 피보험자가 가지는 보험목적물에 대한 경제적 이해관계이다.

78 다음 중 해상보험에서의 담보 형태에 대한 설명으로 적절하지 않은 것은?

① 담보는 명시담보(express warrany)와 묵시담보(implied warranty)가 있다.

② 명시담보는 담보의 의사가 추측될 수 있는 문구이면 무엇이든지 가능하다.

③ 명시담보는 묵시담보와 서로 저촉되지 않는 한, 묵시담보를 배제하지 못한다.

④ 묵시담보는 보험증권에 담보 내용이 명시되지 않아도 피보험자가 반드시 충족시켜야 할 담보를 말하는데, MIA상 크게 안전담보와 중립담보, 항해담보로 구분한다.

79 개정 후 MIA(2015)에 따를 경우, 담보위반의 효과를 잘못 설명한 것은?

① 정지조건(Suspensive Condition)으로 완화하여 적용된다.

② 담보위반 기간 중 발생한 사고에 대해서만 보험자면책이 인정된다.

③ 담보가 정확히 충족되지 않으면 보험자는 담보위반일로부터 책임이 해제된다.

④ 담보위반이 발생하기 전 또는 담보위반이 교정된 이후 발생한 사고에 대해서는 보험자는 책임을 진다.

PART
01

PART
02

PART
03

PART
04

PART
05

PART
06

80 다음 중 선박보험에 대한 설명으로 적절하지 않은 것은?

① 불환급조건의 선불운임에 대한 피보험이익은 화주에게 있다.

② 선체보험은 대표적인 선박보험으로서 기간보험증권과 항해보험증권이 있다.

③ 선비 및 증액보험은 선체보험에 부가하며, 선체보험가액의 25% 한도 내에서 보상한다.

④ 선박이 일정항구 또는 일정한 안전해역에서 휴항을 하는 경우 가입하는 보험은 계선보험인데, 충돌배상책임이 발생할 경우 충돌배상책임의 3/4을 보험금으로 지급한다.

81 다음의 선박보험 중에서 P&I 위험을 담보하는 보험은?

① 선체보험   ② 선비보험

③ 계선보험   ④ 운임보험

82 다음 중 해상고유의 위험(perils of the sea)에 관한 설명으로 옳지 않은 것은?

① 해상 고유의 위험에 대한 입증책임은 피보험자가 부담한다.

② 해상의 우연한 사고나 재해만을 말하며, 우연성이 없는 사고는 해상고유의 위험이 될 수 없다.

③ 조수간만의 차가 있는 항구의 계류장소에 계류하고 있던 선박이 썰물로 인하여 좌초된 경우에는 해상고유의 위험에 해당된다.

④ 폭풍이나 악천후(heavy weather)의 경우는 예상 외의 강도를 지닌 것이어야만 해상고유의 위험이 되는 것은 아니며, 비록 예상할 수 있었던 정도의 폭풍이나 악천후라고 하더라도 해상고유의 위험이 된다.

83 ICC(A) 제4조 일반면책약관(General Exclusions Clause)에 관한 설명 중 옳지 않은 것은?

① 보험의 목적의 포장 또는 준비의 불완전 또는 부적합으로 인하여 발생한 멸실은 담보하지 않는다.

② 피보험자 이외의 여하한 자의 불법행위에 의한 고의적인 손상은 담보하지 않는다.

③ 본선 소유자의 재정상의 채무불이행으로부터 생긴 멸실은 담보하지 않는다.

④ 피보험위험으로 인하여 발생된 지연을 근인하여 발생한 멸실은 담보하지 않는다.

84 다음 중 신협회적하보험약관(ICC, 1982)의 담보내용에 관한 설명으로 옳지 않은 것은?

① ICC(A) 조건에서 우·담수 손해(Rain and/or Fresh Water Damage)를 담보한다.

② ICC(B) 조건에서 화산의 분화, 낙뢰 위험을 담보한다.

③ ICC(A) 조건에서 습기와 열에 의한 손해(Sweat&Heating Damage)를 담보한다.

④ ICC(C) 조건에서 본선, 부선으로의 하역작업 중 바다에 떨어지거나 갑판에 추락한 매 포장당 전손을 담보한다.

85 적하보험 인수 시 Country Damage Clause를 첨부하는 화물은 다음 중 어떤 것인가?

① 원면(Raw cotton) ② 원유(Crude oil)
③ 원당(Raw sugar) ④ 광산물(Minerals)

86 신협회적하보험약관(ICC, 1982)에서 손해방지비용(Sue&Labor Charge)을 보상한다는 내용이 포함된 조항은?

① 포기조항(Waiver Clause)

② 피보험자의무조항(Duty of Assured Clause)

③ 보험이익불공여조항(Not to Inure Clause)

④ 계반비용조항(Forwarding Charges Clause)

87 신협회적하보험약관(ICC, 1982)은 SG Policy를 사용하고 있지 않다. SG Policy 본문에서 명기하고 있던 "lost or not lost"의 효과 등을 유지하기 위하여 신협회적하보험 약관(ICC, 1982)에 이를 흡수하여 규정한 조항은?

① 운송조항(Transit Clause)

② 항해변경조항(Change of Voyage Clause)

③ 피보험이익조항(Insurable Interest Clause)

④ 피보험자의무조항(Duty of Assured Clause)

PART 01

PART 02

PART 03

PART 04

PART 05

PART 06

88 2009년 협회적하약관의 운송조항(Transit Clause)에서 보험이 개시되는 시점에 관한 내용 중 옳은 것은?

① 운송을 위하여 포장할 때　　　② 운송개시를 위하여 최초로 이동할 때

③ 운송선에 선적을 개시할 때　　　④ 운송선에 선적을 완료할 때

89 다음 중 포괄담보를 채택하는 약관으로 묶인 것은?

① ICC(A/R), ICC(A)　　　② ICC(B), ICC(C)

③ ICC(B), ITC-Hulls(1983)　　　④ ICC(C), ITC-Hulls(1983)

90 다음 중 선체보험의 보험조건별 담보 손해에 대한 설명으로 옳은 것은?

① FPL 조건의 경우 악천후로 인한 분손을 보상한다.

② FPL 조건의 경우 전손은 현실전손만 보상한다.

③ TLO SC/SL 조건의 경우 전손, 구조비, 손해방지비용만 보상한다.

④ ITC 조건의 경우 전손, 구조료, 손해방지비용, 공동해손, 단독해손, 충돌배상책임을 포괄 담보 조건으로 모두 보상한다.

91 1983년 협회기간약관-선박(ITC-Hulls) 제1조 항해(Navigation)에서 허용하고 있는 항해의 범위에 해당하지 않는 것은?

① 시운전항해

② 도선사의 승선 여부와 관계없이 항해

③ 선적과 양하작업에 관계되는 관습상의 예인

④ 선박소유자가 사전 결정한 계약에 따른 타선의 구조작업

92 다음 중 ITC-Hulls(1/10/83) 제12조 면책약관(Deductible)에 대한 설명으로 옳지 않은 것은?

① 한 사고의 손해합계액이 면책금액을 초과하지 않으면 보상하지 않고, 면책금액을 초과하면 그 금액을 공제한 후에 보상한다.

② 전손과 좌초 후 선저비용은 전체 면책을 적용하므로 보험금을 지급하지 않는다.

③ 두 개의 왕복항 구간에서 발생한 악천후(부빙 포함)로 인한 손해는 한 사고로 간주한다.

④ 손해의 회수금은 이자를 제외한 보험금과 면책금액의 차액의 범위 내에서 전액 보험자에게 귀속되며, 회수금에 포함된 이자는 보험금 지급일자를 감안하여 보험자와 피보험자가 분배한다.

PART
01

PART
02

PART
03

PART
04

PART
05

PART
06

93 다음 중 ITC-Hulls(1983)의 제13조 피보험자의무약관(Duty of Assured)에서 보장하지 않고 기본약관으로 보상하는 내용이 아닌 것은?

① 구조비
② 공동해손
③ 단독해손
④ 충돌손해배상을 방어 또는 청구하는 비용

94 다음 중 ITC-Hulls(1983) 약관에 대한 내용으로 옳지 않은 것은?

① 제14조 신구교환공제약관은 신구교환공제의 적용을 명시한 약관이다.

② 제12조 공제약관에서 전손이나 선저검사 시에는 공제액을 적용하지 않는다.

③ 제13조 피보험이익약관에서 공동해손, 구조비, 충돌손해배상 방어비는 동 약관의 보상 대상이 아니다.

④ 제22조 휴항해약환급금약관은 합의해지의 경우 미경과월에 대한 월할 정미보험료를 해지환급금으로 지급한다.

95 ITC-Hulls(1983)에서 선박가액의 일부만을 분손담보로 부보하고, 나머지 가액을 선비 및 증액보험의 명목으로 전손담보(TLO)로 부보할 경우 보험료가 절감되는데, 이렇게 낮은 보험료로 실질적인 전손보험의 효과를 낼 수 있는 불합리성을 방지하는 차원의 약관은 무엇인가?

① 제13조 피보험자의무약관
② 제14조 신구교환차익약관
③ 제15조 선저처리약관
④ 제21조 선비담보약관

96 다음의 인코텀즈(Incoterms)에 따른 무역조건 중에서 매도인(수출상)이 부보하는 것을 모두 묶은 것은?

> CIF, CIP, FAS, FOB, CFR, DPU

① FAS, FOB, DPU

② CIF, CIP, DPU

③ CFR, CIF, CIP

④ FAS, FOB, CFR

97 다음 중 협회선급약관에 대한 설명으로 적절하지 않은 것은?

① 부선에도 동 선급약관이 적용된다.

② 화물을 적재하는 선박의 적격성을 규정하는 것이므로 모든 적하보험 계약에 적용되어 보험증권에 첨부된다.

③ 적격선이란 선급협회로부터 선급을 받고 기계에 의한 저항능력을 가지는 강철선으로서, 부정기선의 경우 선령 15년 미만, 정기선은 선령 25년 미만의 선박을 말한다.

④ 정기선이라도 용선된 선박이나 1천톤 미만의 선박은 선령이 15년 미만이어야 한다.

98 다음 중 전손과 분손에 대한 설명으로 옳지 않은 것은?

① 추정전손은 법률적인 전손이다.

② 추정전손은 위부의 통지를 할 필요가 없다.

③ 보험목적에 대한 지배력의 항구적인 전부상실은 현실전손에 해당한다.

④ 분손이 발생하더라도 보험금액의 전부가 보험금으로 지급되는 경우가 있다.

99 다음 중 해상보험의 위험과 위험부담원칙에 대한 설명으로 적절하지 않은 것은?

① 단독해손(particular actual loss)은 비용손해이자 분손으로 분류된다.

② 보험자가 위험을 부담하는 방식으로 열거주의와 포괄주의가 있는데, 선박보험은 열거주의로 한다.

③ 해상보험에서 보험자가 담보하는 위험은 해상고유의 위험(perils of the sea)과 인위적인 해상 위험(perils on the sea)으로 구분할 수 있으며 좌초, 침몰, 충돌, 악천후는 해상고유의 위험에 속한다.

④ 보험자는 담보위험으로 생긴 손해에 대해서만 보상책임을 지는데, 담보위험과 손해 사이의 관계를 인과관계라고 하며 해상보험에서는 손해에 가장 가까운 조건인 근인(proximate cause)을 손해원인으로 한다.

100 다음 중 영국해상보험법(MIA, 1906)상의 손해방지비용(Sue&Labour Clause)에 대한 설명으로 적절하지 않은 것은?

① 손해방지행위는 피보험자는 물론 보험자의 의무이다.

② 공동해손분담금, 구조비용은 손해방지비용약관에 따라 보상하지 않는다.

③ 담보되지 않는 위험으로 야기된 손해의 손해방지비용은 보상하지 않는다.

④ 보험자가 전손보험금을 지급한 경우 또는 일정비율 미만의 단독해손면책조건의 경우에도 면책 비율에 관계없이 피보험자는 그 비용을 보상받을 수 있다.

PART
01

PART
02

PART
03

PART
04

PART
05

PART
06

PART 01 재산보험 [01~25]

01 다음 중 국문화재보험의 보험의 목적에 대한 설명으로 옳은 것은?

① 피보험자 소유의 간판, 네온사인, 안테나 등은 보험증권에 기재하여야만 보험의 목적이 된다.

② 동산을 보험에 가입할 경우 실외 및 옥외에 쌓아 둔 동산은 보험의 목적이 될 수 없다.

③ 글·그림, 골동품, 조각물 등은 객관적 가치 산정이 곤란하여 보험의 목적이 될 수 없다.

④ 집합된 물건을 일괄하여 보험에 가입하고 보험기간 중에 보험의 목적이 교체된 경우 사고가 발생한 때에 현존하는 물건은 보험의 목적에 포함된다.

02 다음 중 국문화재보험 보통약관에서 보상하는 손해에 대한 설명으로 옳지 않은 것은?

① 동산의 자연발화로 연소된 건물의 화재손해

② 기계 가동 중 압력상승으로 생긴 폭발손해

③ 외부에서 발생한 원인불명의 화재로 생긴 건물의 화재손해

④ 화재를 진압하기 위해 사용한 소화기 비용

03 다음 중 국문화재보험 보통약관에서 보상하는 손해에 대한 설명으로 옳은 것은?

① 폭발로 생긴 화재손해

② 자연 발화로 연소된 보험의 목적에 생긴 손해

③ 화재가 발생했을 때 생긴 도난손해

④ 지진 또는 분화로 생긴 화재손해

04 다음 중 국문화재보험 보통약관에서 보상하는 비용손해의 지급방식이 다른 것은?

① 손해방지비용
② 대위권 보전비용
③ 기타 협력비용
④ 잔존물 보전비용

PART
01

PART
02

PART
03

PART
04

PART
05

PART
06

05 다음 중 국문화재보험의 '지진위험보장 특별약관'에 대한 설명으로 옳지 않은 것은?

① 지진으로 생긴 화재 및 연소 손해를 보상한다.
② 지진 또는 분화로 생긴 해일, 홍수 그 밖의 손해를 보상한다.
③ 지진 또는 분화로 생긴 폭발 또는 파열 손해를 보상한다.
④ 1사고당 손해액에서 100만원을 빼고 보험금을 계산하여 지급한다.

06 다음 중 국문화재보험의 기업휴지손해담보 특별약관에 대한 설명으로 옳지 않은 것은?

① 증권에서 담보하는 사고의 원인으로 보험의 목적에 손해가 발생하고 그 결과로 영업활동의 일부 또는 전부가 중단됨으로써 입은 기업휴지손해를 보상한다.
② 기업휴지손해의 보험가액은 보험사고 발생 시 손해발생 직후 12개월의 매출계획에 따른 예상매출액에 이익률을 곱하여 산출한 금액을 말한다.
③ 보험가입금액은 영업이익 및 보험가입 경상비의 합계액을 말한다.
④ 복구기간은 보험의 목적이 손해를 입은 때로부터 그 손해가 영업에 미친 영향이 소멸하여 매출액이 복구될 때까지 필요한 기간을 말한다.

07 다음 중 국문화재보험 보통약관에서 보상하는 손해에 대한 설명으로 옳은 것은?

① 보험의 목적이 화재로 입은 직접손해, 소방손해 및 피난손해를 보상하며, 어떠한 경우에도 보험증권에 기재된 소재지에서 발생한 손해만을 보상한다.
② 사고현장에서의 잔존물 해체비용, 청소비용 및 차에 싣는 비용은 손해액의 10%를 한도로 지급하며, 약관에 따라 계산된 금액이 보험가입금액을 초과하는 경우에도 이를 지급한다.
③ 잔존물을 보전하기 위하여 지출한 비용은 보험회사가 잔존물을 취득한 경우에만 지급하며 약관에 따라 계산된 금액이 보험가입금액을 초과하는 경우에도 이를 지급한다.
④ 보험회사의 요구에 따르기 위하여 지출한 비용은 보험가입금액을 한도로 전액 지급한다.

08 다음 중 국문화재보험에서 아래의 조건에 따라 산출한 지급보험금으로 옳은 것은?

> - 보험종목 : 국문화재보험 보통약관/풍수재위험담보 특별약관
> - 계약사항
>   - 보험의 목적물 : 공장 내 제품
>   - 보험가입금액 : 800만원
> - 보험가액 : 1,000만원
> - 사고원인 : 집중호우
> - 손해액 : 500만원

① 350만원　　　　　　　　　　　② 360만원

③ 450만원　　　　　　　　　　　④ 460만원

09 다음 중 국문화재보험 보통약관에서 보험금 등의 지급한도에 대한 설명으로 옳지 않은 것은?

① 잔존물 제거비용은 보험증권에 기재된 보험가입금액을 한도로 지급하되 손해액의 10%를 초과할 수 없다.

② 손해의 방지 또는 경감을 위하여 지출한 필요 또는 유익한 비용은 보험가입금액 한도 내에서 지급하여야 한다.

③ 대위권 보전비용 및 잔존물 보전비용은 보험가입금액을 초과한 경우에도 이를 전액 지급하여야 한다.

④ 보험회사가 손해를 보상한 경우에는 보험가입금액에서 보상액을 뺀 잔액을 손해가 생긴 후의 나머지 보험기간에 대한 잔존보험가입금액으로 한다.

10 국문화재보험의 대위권에 대한 설명으로 옳지 않은 것은?

① 보험회사가 보험금을 지급한 때 보험회사가 계약자 또는 피보험자가 제3자에 대하여 가지는 손해배상 청구권을 취득한다.

② 보험회사가 보상한 금액이 피보험자가 입은 손해의 일부인 경우에도 계약자 또는 피보험자가 제3자에 대하여 가지는 손해배상 청구권 전부를 취득한다.

③ 계약자 또는 피보험자는 보험회사가 취득한 손해배상 청구권의 권리를 행사하거나 지키는 것에 관하여 필요한 조치를 취하여야 한다.

④ 보험회사가 취득할 권리가 계약자 또는 피보험자와 생계를 같이하는 가족에 대한 것인 경우에는 그 권리를 취득하지 못한다.

11 다음 중 국문화재보험에서 아래와 같은 조건에 따라 산출한 보험금으로 옳은 것은?

보험의 목적	보험가입금액	보험가액	손해액	손해방지비용
건물(편의점)	100백만원	250백만원	50백만원	10백만원
동산(편의점)	100백만원	250백만원	50백만원	

① 건물 : 20백만원, 동산 : 20백만원, 손해방지비용 : 4백만원

② 건물 : 25백만원, 동산 : 20백만원, 손해방지비용 : 5백만원

③ 건물 : 20백만원, 동산 : 25백만원, 손해방지비용 : 4백만원

④ 건물 : 25백만원, 동산 : 25백만원, 손해방지비용 : 5백만원

12 다음 중 국문화재보험에서 아래의 조건에 따라 산출한 보험금으로 옳은 것은?

보험가입사항	• 보험종목 : 국문화재보험 • 영위업종 : 사무실 • 가입금액 : 100,000,000원(건물)
보험가액 및 손해액	• 보험가액 : 250,000,000원 • 손해액 : 20,000,000원 • 잔존물제거비용 : 3,000,000원 • 손해방지비용 : 2,000,000원

① 11,500,000원

② 12,500,000원

③ 14,000,000원

④ 15,000,000원

13 다음 중 특수건물 화재보험에 대한 설명으로 옳지 않은 것은?

① "특수건물"이란 국유건물·공유건물·교육시설·백화점·시장·의료시설·흥행장·숙박업소·다중이용업소·공장·공동주택과 그 밖에 여러 사람이 출입 또는 근무하거나 거주하는 건물로서, 화재의 위험이나 건물의 면적 등을 고려하여 대통령령으로 정하는 건물을 말한다.

② 특수건물의 소유자는 "화재로 인한 재해보상과 보험가입에 관한 법률"에 따라 화재로 인하여 다른 사람이 사망하거나 부상을 입었을 때 또는 다른 사람의 재물에 손해가 발생하였을 때 그 손해배상책임을 이행하기 위하여 손해보험회사가 운영하는 특약부화재보험에 가입하여야 한다.

③ 특수건물의 소유권을 취득한 자는 그 건물의 소유권을 취득한 날부터 30일 이내에 "화재로 인한 재해보상과 보험가입에 관한 법률"에서 정한 특약부화재보험에 가입하여야 한다.

④ 특수건물의 소유자는 화재로 인하여 다른 사람이 사망하거나 부상을 입었을 때 또는 다른 사람의 재물에 손해가 발생한 때에는 과실이 있는 경우에 한하여 "화재로 인한 재해보상과 보험가입에 관한 법률"에서 정하는 보험금액의 범위 내에서 그 손해를 배상할 책임이 있다.

PART
01

PART
02

PART
03

PART
04

PART
05

PART
06

14 다음 중 국문화재보험의 일반물건 요율 적용대상에 해당하지 않는 것은?

① 점포, 사무실, 병용주택 및 이들에 수용되는 동산

② 영업용 보세창고로서 세관장의 승인을 얻어 보세화물 보관의 목적에 쓰이는 것

③ 주택 건물 내 일시적으로 수용된 재고자산

④ 창고업자의 건물로서 화물 보관의 목적으로 쓰이는 것

15 다음 중 공장물건에 적용할 수 있는 요율들로 묶인 것은?

⊙ 공지할인	ⓒ 불연내장재할인
ⓒ 방위산업체할인	② 우량물건할인

① ⊙, ⓒ

③ ⊙, ⓒ

② ⓒ, ②

④ ⓒ, ②

16 다음 중 동산종합보험 보통약관에서 담보하는 위험이 아닌 것은?

① 비, 눈, 담수로 인한 손해

② 파손, 폭발, 파열로 인한 손해

③ 항공기와의 추락, 접촉 및 차량과의 충돌로 생긴 손해

④ 보험목적의 수리, 청소 등의 작업 중에 작업상의 졸렬이나 기술의 졸렬로 생긴 손해

17 다음 중 국문 동산종합보험 보통약관에 관한 설명으로 옳지 않은 것은?

① 동산종합보험은 면책위험을 제외한 우연하게 발생하는 모든 위험을 담보하는 방식의 보험으로 열거위험담보방식(Named Perils Cover)보다는 전위험담보방식(All Risks Cover)이라 할 수 있다.

② 원칙적으로 모든 동산을 대상으로 하나 타 보험과의 영역조정 등의 이유로 수용장소가 특정된 상품, 자동차, 선박, 항공기, 공장 내 장치된 기계, 특정 구간 수송 중의 위험만을 대상으로 하는 물건 등의 경우에는 보험가입대상에서 제외된다.

③ 보험에 가입된 물건이 보관, 사용, 수송 중에 우연한 사고로 피해를 입은 경우에도 손해를 보상하고, 담보위험을 예시하면 화재, 폭발 또는 파열, 항공기의 추락이나 접촉 또는 항공기로부터의 물체낙하, 차량의 충돌 또는 접촉, 비, 눈, 담수로 인한 위험 등이 있다.

④ 보상하지 않는 손해를 예시하면 보험목적의 가공착수 후 내부적인 기계 자체 또는 조작 잘못으로 인한 손해, 보험목적의 수리, 청소 등 작업중의 과실로 생긴 손해, 보험목적의 전기적 사고 또는 기계적 사고로 생긴 손해 및 이로 인한 화재, 도난, 망실, 분실에 의한 손해 등이 있다.

18 다음 중 동산종합보험에서 보상하는 손해에 대한 설명으로 옳지 않은 것은?

① 범람, 해일, 태풍으로 인한 풍수재 손해는 보통약관에서 보상된다.

② 지진을 원인으로 하여 생긴 보험목적의 화재손해는 지진위험담보 특별약관으로 보상된다.

③ 전시를 목적으로 통상의 수송경로를 통하여 운송 중이거나 전시회장에서 보관 또는 전시 중에 입은 손해는 전시품포괄특별약관으로 보상된다.

④ 상품을 보험의 목적으로 하여 동산종합보험에 가입한 경우 보험목적에 생긴 손해는 상품포괄특별약관으로 보상된다.

19 다음 중 패키지보험(Package Insurance Policy)의 제1부문, 재산종합위험담보(Property All Risks) 부문에서 별도의 명시적인 합의가 없어도 보험의 목적에 포함되는 것으로 옳은 것은?

① 공장 내 부속창고에 보관된 촉매 및 소모성 재료

② 운송 중인 상품이나 재물

③ 자동차, 궤도차량, 해상 또는 항공용 운반구

④ 동물, 새, 물고기, 기타 살아 있는 생명체

PART
01

PART
02

PART
03

PART
04

PART
05

PART
06

20 다음 중 패키지보험(Korean Package Insurance Policy Form)의 제1부문 재산종합위험담보 (Property All Risks)에서 보상하는 손해에 해당하는 것은?

① 누출, 오염 및 오탁으로 인한 손해

② 재질결함으로 생긴 결함 제거 및 수리비용

③ 전류의 단락 또는 과전압으로 생긴 손해

④ 급격한 산화 반응에 의한 폭발로 인한 손해

21 다음 중 패키지보험(Package Insurance Policy)에서 별도의 명시적인 합의가 없어도 보험의 목적으로 할 수 있는 것은?

① 가공, 생산 및 제조과정 중에 투입된 원자재

② 자동차, 궤도차량, 해상 또는 항공용 운반구

③ 운송 중인 상품이나 재물

④ 통화, 금(은)괴, 동전, 수표, 인지, 보석, 미술품, 골동품

22 증권상에 명기된 원료공급업체 또는 납품업체 등에서 본 증권하의 보상범위에 속하는 손해의 결과로 조업이 중단되어 피보험자에게 기업휴지가 발생한 경우를 담보하는 확장담보조항은?

① 특별비용 담보조항(expediting costs clause)

② 구외동력시설 확장담보조항(off premise power clause)

③ 고객업체 확장담보조항(customer's extension clause)

④ 누적재고 확장담보조항(accumulated stocks clause

23 재보험의 일반원칙 중에서 임의재보험의 경우에 더욱 중요한 원칙은 무엇인가?

① 피보험이익의 존재   ② 최대선의의 원칙

③ 손해보상의 원칙   ④ 대위 및 분담

24 다음과 같이 초과손해액 특약재보험(excess of loss treaty cover)에 가입한 경우 하나의 보험사고로 인한 원수보험자의 지급보험금이 30억원일 때, 동 사고에 대해 재보험금 회수 후 출재사인 원수보험 자가 부담하게 되는 순보유손해금액은 얼마인가?

> 90% of 20억원 in excess of 5억원 per occurrence

① 12억원   ② 13억원

③ 17억원   ④ 18억원

PART 01
PART 02
PART 03
PART 04
PART 05
PART 06

25 다음은 재보험에 대한 설명이다. 가장 적절하지 않은 것은?

① 절차상의 차이에 따라 비례재보험과 비비례재보험으로 분류된다.

② 원보험자가 인수한 계약 중 미리 정한 조건에 부합되는 모든 계약에 대해 보험금액의 일정 비율 이 특약한도 내에서 재보험으로 처리되는 것은 비례재보험특약(Quota Share Treaty)이다.

③ 원보험자가 인수한 보험계약에 대하여 특약으로 미리 정해진 금액의 한도 내에서 매 계약별로 보유금액(line)을 결정한 후 그 초과액을 출재하는 방법은 초과액재보험특약(Surplus Treaty) 이다.

④ 일정한 범주에 속하는 모든 보험계약에 대하여 일정 기간의 누적손해율이 예정손해율을 초과 하게 될 때 그 초과율에 해당하는 금액을 재보험으로 보상받는 방법은 초과손해율 재보험특약 (Stop Loss Cover)이다.

26 독일식 건설공사보험의 보통약관에서 담보할 수 있는 위험이 아닌 것은?

① 공사목적물에 대한 손해

② 공사용 가설물에 대한 손해

③ 제3자 배상책임에 대한 손해

④ 진동, 지지대의 철거 및 약화로 발생한 손해

27 다음 중 건설공사보험에 대한 설명으로 적절하지 않은 것은?

① 재질 또는 제작결함으로 인해 결함 없는 다른 목적물이 입은 손해는 보상한다.

② 전부손해의 경우 보험목적물의 사고 발생 직전의 시가를 기준으로 손해액을 산정한다.

③ 임시수리비용은 본 수리의 일부로 인정되며 또한 총수리비용을 증가시키지 않는 경우에만 보상한다.

④ 한 사고로 인해 수 개의 보험의 목적인 각각 손해를 입었을 경우 자기부담금은 손해를 입은 목적물마다 적용한다.

28 다음 중 건설공사보험 보통약관의 제3자 배상책임조항에 대한 설명으로 적절하지 않은 것은?

① 진동, 지지대의 철거 또는 약화로 인하여 발생한 법률상 배상책임손해는 보상하지 않는다.

② 재물손해로 인한 사용불능 등의 간접손해에 대한 배상책임손해는 별도의 약정에 따라 보상한다.

③ 도급업자, 발주자, 공사와 관련된 자 및 이들의 고용인들과 그 가족에 입힌 상해나 질병은 보상하지 않는다.

④ 보험의 목적인 건설공사에 직접적으로 관련하여 발생한 사고로 인한 제3자에 대한 법률상 배상책임손해를 담보한다.

29 다음 중 건설공사보험(국문약관)과 조립보험(국문약관)의 보험금분담방식으로 옳은 것은?

① 재물손해의 경우 균등액 분담방식

② 재물손해의 경우 초과손해액 담보방식

③ 제3자 배상책임보험의 경우 균등액 분담방식

④ 제3자 배상책임손해의 경우 지급보험금 비례분담방식

30 다음 중 조립보험의 보통약관에서 '보상하는 손해'에 해당하는 것은?

① 재고조사 시 발견한 손해

② 조립작업의 결함으로 인한 손해

③ 조립공사의 일부 또는 전부의 중단으로 발생한 사고로 인한 손해

④ 도급업자, 발주자 또는 조립공사와 관련된 자 또는 이들 고용인들이 소유하거나 보관, 보호, 관리하에 있는 재산의 손해

PART 01

PART 02

PART 03

PART 04

PART 05

PART 06

31 다음은 조립보험에 대한 설명이다. 적절하지 않은 것은?

① 전위험 담보방식(all risk cover)의 보험이다.

② 보험가입금액은 보험목적이 완성될 때의 재조달가액이다.

③ 화재, 낙뢰, 폭발, 파열은 보상하는 손해이며 물리적 폭발을 보상한다.

④ 신품조립 시 시운전은 별도로 정한 경우를 제외하고는 4주일을 넘길 수 없다.

32 다음 중 조립보험 보통약관의 보험기간의 시기 및 종기에 관한 설명으로 옳지 않은 것은?

① 보험목적이 중고품인 경우에도 시운전이 끝남과 동시에 회사의 책임이 끝난다.

② 회사의 책임은 보험증권에 기재된 보험기간의 첫날 00:00에 시작하는 것이 원칙이다.

③ 보험기간이 시작된 후라도 회사의 책임은 보험목적이 조립공사 현장에 하역이 끝난 후에 시작된다.

④ 증권상의 보험기간이 만료되기 전이라도 최초의 시운전을 마칠 때 보험기간은 종료된다.

33 다음 중 조립보험에서 사고 발생 시 손해액의 사정에 대한 설명으로 옳지 않은 것은?

① 급행운임, 야근수당, 기타 비용은 별도 특약 없는 한 보상하지 않는다.

② 손해액은 재조달가액에서 사용 연수에 따른 감가상각금액을 뺀 금액으로 한다.

③ 임시 수리비는 최종 수리의 일부이며 총 수리비를 증가시키지 않는 범위 내에서 손해액에 포함된다.

④ 손해 발생 직전의 상태가 아닌 모양이나 성능을 바꿈으로써 추가된 비용 및 개선, 개량을 위해 추가적으로 지출한 비용은 손해액에서 제외한다.

34 다음 중 조립보험의 방화시설에 대한 추가약관에서 담보하는 화재손해의 사전조치사항에 대한 설명으로 적절하지 않은 것은?

① 건설현장에 충분한 방화설비, 소방기구가 비치되어 있어야 한다.
② 각 보관단위당 10m 이상의 공지거리나 방화벽으로 분리되어야 한다.
③ 시운전 시작 전 모든 소화시설 설치 및 즉시 가동상태를 유지해야 한다.
④ 가연성물질을 다룰 때는 소화작업이 능숙한 사람 1명 이상이 대기해야 한다.

35 다음 중 기술보험에서 설계결함담보와 관련된 설명으로 적절하지 않은 것은?

① 기계보험약관에서는 설계결함으로 인한 손해를 보통약관에서 담보한다.
② 독일식 조립보험약관에서는 설계결함으로 인한 손해는 보통약관상 담보되지 않고, 특별약관을 첨부해야 담보한다.
③ 설계결함이란 제작자위험의 4가지(설계결함, 주조결함, 재질결함, 제작결함) 중의 하나로 기술보험에서 가장 주요한 사고원인 중의 하나이다.
④ 국문 또는 독일식 건설공사보험에서는 특별약관을 첨부하여 담보하며, 이 경우 설계결함이 내재된 보험목적물의 간접적인 손해를 담보한다.

36 다음 중 조립보험의 제작자위험에 대한 설명으로 옳지 않은 것은?

① 조립보험 보통약관에서는 보상하지 않는 위험이다.
② 기계 또는 물품의 결함 제거 및 교정에 소요되는 비용을 보상한다.
③ 설계결함, 주조결함, 재질결함, 제작결함 등 4가지 유형의 위험을 통칭한 것이다.
④ 제작자위험담보 특별약관에서 결함이 없는 다른 목적물에 파급된 손해를 보상한다.

37 다음 중 기계보험의 보험의 목적이 될 수 없는 것은?

① 예비부품
② 설치 중에 있는 기계
③ 저장용 탱크와 같은 움직이지 않는 강구조물
④ 수리, 정비, 검사를 위하여 가동중지상태에 있는 기계

38 다음 중 기계보험약관에서 '보상하는 손해'에 해당하지 않는 것은?

① 지진, 홍수 등 자연재해에 기인한 물리적 손상으로 인한 손해

② 보일러의 급수 부족, 폭풍우에 기인한 물리적 손상으로 인한 손해

③ 종업원이 기술 부족 또는 부주의에 기인한 물리적 손상으로 인한 손해

④ 주조 및 재질의 결함 또는 설계, 제작 결함에 기인한 물리적 손상으로 인한 손해

PART
01

PART
02

PART
03

PART
04

PART
05

PART
06

39 다음 중 기계보험의 손해보상에 대한 설명으로 옳지 않은 것은?

① 잔존물이 있는 경우 그 가액은 손해액에서 공제한다.

② 잔존물제거비용은 부분손해의 경우 보상하지 않고 전부손해의 경우 보상한다.

③ 수리비용이 사고 발생 직전의 시가를 초과하는 경우 신조달가액을 기준으로 보상한다.

④ 특별약관에 의해 별도로 정한 경우 외에는 항공운임, 급행운임, 시간 외 근무수당 등은 손해액에 포함되지 않는다.

40 다음 중 기계보험의 '특별비용담보 특별약관'에 따라 보상받을 수 있는 비용에 해당하지 않는 것은?

① 수리에 필요한 기계부품을 신속히 조달하기 위한 급행운임

② 수리에 필요한 기계부품을 신속히 조달하기 위한 항공운임

③ 기계의 신속한 수리를 위해 추가로 지급한 수리 인력에 대한 야근수당

④ 기계의 신속한 수리를 위해 추가로 지급한 수리 인력에 대한 휴일수당

41 다음 중 '기계보험 특별약관'에 대한 내용으로 적절하지 않은 것은?

① 보일러를 매년 정기적으로 분해 · 검사를 하지 않은 경우 발생한 손해는 면책이다.

② 이동성기계담보 특별약관에서는 장소 이동을 위한 장치를 갖춘 기계에 대해서 보통약관에서 면책으로 하는 화재, 도난, 지진위험을 담보한다.

③ 항공운임담보 특별약관은 별도의 보상한도액을 설정하되, 보통약관상 보험가입금액의 20%를 초과할 수 없으며 매 사고당 자기부담금은 10%를 적용한다.

④ 대형전동기 유지관리 추가약관은 750KW 이상의 전동기를 담보할 때 첨부하고 일정기간 또는 일정횟수 이상 사용 시 분해 · 검사를 해야 하며, 이러한 분해 · 검사를 하지 않아 발생한 손해는 보상하지 않는다.

42 기술보험 등에 적용하는 72시간 조항(72 Hours Clause)에 대한 설명으로 옳은 것은?

① 보험기간이 개시되고 72시간이 경과된 때로부터 발생한 손해를 보상한다.

② 보험기간이 종료된 후 72시간이 경과할 때까지 발생한 손해를 보상한다.

③ 자연재해 등의 사고에 대하여 72시간 동안에 발생한 손해를 1사고로 간주한다.

④ 건물 등을 72시간 이상 비워둔 동안에 발생한 손해는 보상하지 않는다.

43 다음 중 도난보험 보통약관이 보상하지 않는 손해를 다른 특별약관을 첨부하여 담보할 수 있는 손해에 해당하는 것은?

① 재고조사 시 발견된 손해

② 사기 또는 횡령으로 인한 손해

③ 화재, 폭발이 발생했을 때 생긴 도난손해

④ 보관장소를 72시간 이상 비워둔 동안에 생긴 손해

44 다음 중 도난보험의 특별약관에 대한 설명으로 옳지 않은 것은?

① 부재담보특별약관은 보험의 목적의 보관장소를 72시간을 초과하여 비워둔 동안에 생긴 도난손해를 보상한다.

② 귀중품 등 담보특별약관은 귀중품을 담보하되, 회사가 승인하는 도난방지시설 안에 보관되어 있는 경우에 한해서 담보한다.

③ 실손보상특별약관은 보험기간 중 손해가 발생한 때와 곳에서의 보험가액의 80% 이상을 보험가입금액으로 한 경우 전부보험과 동일한 보험료를 받는다.

④ 보관시설 파손담보 특별약관은 불법침입자가 보험의 목적을 훔치기 위해 보험의 목적을 보관하고 있는 보관시설을 파손하는 경우 보험가입금액 한도 내에서 보상한다.

45 다음 중 금융기관종합보험(BBB)에 대한 설명으로 옳지 않은 것은?

① 손해사고발견기준으로 담보한다.

② 모든 간접적인 손해는 보상하지 않는다.

③ 중복보험이 될 경우 각자의 보상한도액 내에서 연대비례주의를 적용하여 보상한다.

④ 모든 직원은 1년에 최소 14일의 휴가를 연속해서 사용해야 하며, 그동안 해당 업무에 관여하지 말아야 한다.

46 다음은 법률비용보험(Legal Expense Insurance)의 특별약관에 대한 설명이다. 옳지 않은 것은?

① 가족가입 특별약관은 피보험자 본인 및 본인의 가족을 피보험자로 한다.

② 부부가입 특별약관은 피보험자 본인 및 본인의 배우자(사실혼 포함)를 피보험자로 한다.

③ 자동차 사고 변호사선임특별약관은 자동차사고로 타인에게 상해를 입혀 구속 또는 기소되는 경우 변호사 선임비용을 보험가입금액을 한도로 보상한다.

④ 교통사고처리지원금 특별약관(자가용)은 자동차사고로 타인에게 상해를 입힌 경우 부담한 형사합의금을 교통사고처리지원금을 보상하며, 1인당 5천만원 한도로 한다.

47 다음 중 지적재산권보험의 언더라이팅이 어려운 이유에 대한 설명으로 옳지 않은 것은?

① 향후 1년간의 지적재산권의 변동 가능성을 예측하기 어렵다.

② 지적재산권에 대한 전문적 지식과 관련 클레임에 대한 경험 및 자료를 보험자보다 더 많이 알고 있어 역선택 우려가 크다.

③ 지적재산권처럼 형체가 없는 무체물에 대한 손해의 유형은 예측하기 매우 어렵고 보험수리적 측면에서 통계적 관리가 어렵다.

④ 손해의 유형을 파악해도 손해의 규모를 추정하기 어려우므로 클레임 관리와 관련한 사업비의 부담을 적절히 요율에 반영하기 어렵다.

48 다음 중 동물보험(Livestock Insurance)에서 사망손해만을 담보하는 보험의 특징을 설명한 것으로 적절하지 않은 것은?

① 정부당국의 명령에 의한 도살은 면책위험이다.

② 동물 소유자의 잠재적 미래기대수익은 보상하지 않는다.

③ 보험부보 동물을 양도할 경우에는 보험자의 동의를 얻어야 한다.

④ 일종의 기평가보험으로써 사고가 발생한 경우 보상금액은 보험가입금액으로 한다.

PART
01

PART
02

PART
03

PART
04

PART
05

PART
06

49 행사취소보험의 경우 피보험자의 성공적인 행사개최 노력이 중요하므로 특별히 피보험자에게 준수 해야 할 3가지 의무사항을 부과하고 있다. 이와 관련되지 않은 것은?

① 법률적 요구사항　　　　　　　　　　② 필요한 준비 및 이행사항

③ 제3자에 대한 보안유지 사항　　　　　④ 계약상 요구조건 및 권한

50 다음은 날씨보험에 대한 설명이다. 빈칸에 들어갈 내용으로 알맞은 것은?

> 총보험가입금액은 피보험자의 최근 3개년 평균 매출액의 (㉠)% 또는 최근 3년 평균지출비용의 (㉡)%를 초과할 수 없다.

① ㉠ 30, ㉡ 50　　　　　　　　　　　② ㉠ 30, ㉡ 100

③ ㉠ 50, ㉡ 50　　　　　　　　　　　④ ㉠ 50, ㉡ 100

51 다음 중 보험가입금액과 보상한도액에 대한 설명으로 옳은 것은?

① 배상책임보험의 경우 보험가입금액으로 보상한다.

② 보험가입금액은 실손보상, 보상한도액은 비례보상의 법리를 따른다.

③ 보상한도액은 매사고당 지급하는 한도액인데, 보상한도액으로 보상하는 경우에도 이득금지원칙은 반드시 준수되어야 한다.

④ 사망보험은 보험가액이 무한하므로 보험자의 책임한도액은 정액으로 정할 수 밖에 없는데, 이때 정액으로 정하는 금액을 관습상의 보험가입금액이라 한다.

PART 01
PART 02
PART 03
PART 04
PART 05
PART 06

52 다음 중 의무보험이 아닌 것은?

① 풍수해보험
③ 재난배상책임보험
② 가스배상책임보험
④ 개인정보보호 배상책임보험

53 다음 중 배상책임보험의 보험금지급에 대한 내용으로 가장 거리가 먼 것은?

① 보험금청구서를 접수한 날로부터 원칙적으로 10일 이내에 보험금을 지급하여야 한다.

② 표준약관에는 보험금청구서를 접수하면 지체 없이 지급보험금을 결정하고 결정되면 7일 이내에 지급하도록 하고 있다.

③ 지급보험금이 결정되기 전이라도 피보험자의 청구가 있을 때에는 보험자가 추정한 보험금의 30% 상당액을 가지급보험금으로 지급한다.

④ 보험금청구권의 소멸시효는 사고가 발생한 날이 아니고 피보험자와 피해자 간의 합의나 판결로 손해배상금이 확정된 날로부터 3년이다.

54 다음 중 배상책임위험을 담보하지 않는 보험상품은?

① 골프보험
③ 동산종합보험
② 패키지보험
④ 유아교육기관종합보험

55 공연(公演)을 주최하는 자가 관객들의 안전사고에 따른 배상책임 손해를 담보하기 위하여 영업배상책임보험을 가입하고자 하는 경우 기본적으로 가입하여야 하는 특별약관에 해당하는 것은?

① 시설소유(관리)자 특별약관　　　　② 도급업자 특별약관

③ 교차책임 특별약관　　　　　　　　④ 인격침해담보 특별약관

56 국문 영업배상책임보험의 구내치료비 추가특별 약관에서 '보상하지 않는 손해'에 대한 내용으로 옳지 않은 것은?

① 사고일로부터 1년 후에 발생한 치료비는 보상하지 않는다.

② 피보험자의 구내에 상주하는 사람에 대한 치료비는 보상하지 않는다.

③ 제3자의 신체장해에 대해 피보험자가 치료하여 발생한 치료비는 보상하지 않는다.

④ 피보험자의 구내에서 발생한 피보험자에게 법률상 배상책임이 없는 치료비는 보상하지 않는다.

57 다음 중 국문영업배상책임보험의 보험금 등의 지급한도에 대한 설명으로 옳지 않은 것은?

① 손해방지의무와 관련하여 발생한 비용은 자기부담금을 초과한 전액을 보상한다.

② 손해배상금은 보상한도액을 한도로 보상하되 자기부담금이 약정된 경우에는 그 자기부담금을 초과한 부분만 보상한다.

③ 피보험자가 지급한 소송비용, 변호사비용, 중재, 화해 또는 조정에 관한 비용은 자기부담금을 적용하지 아니하며, 손해배상금과 합계하여 보상한도액 내에서 보상한다.

④ 보험기간 중 발생하는 사고에 대한 회사의 보상총액은 보험증권에 기재된 총 보상한도액을 초과하지 않는다.

58 영문 영업배상책임보험(CGL Policy)에서 보상하는 손해 중 인격침해(personal injury)에 해당하지 않는 것은?

① 불법체포, 불법감금　　　　　　　② 출판물에 의한 중상 또는 비방

③ 사생활침해　　　　　　　　　　　④ 사람이나 제품의 중상 또는 비방

59 다음 중 보관자배상책임보험의 책임법리에 대한 설명으로 옳지 않은 것은?

① 계약책임의 소멸시효는 원칙적으로 10년이므로 소멸시효의 관점에서는 피보험자에게 유리하다고 할 수 있다.

② 계약책임인 경우 가해자는 피해자에 대하여 가지는 반대채권으로 상계할 수 있으나, 고의로 인한 불법행위책임의 경우에는 상계할 수 없다.

③ 불법행위책임의 소멸시효기간은 사고가 발생하고 나서 10년이지만 피해자가 그 손해 및 가해자를 안 날로부터 3년간 손해배상청구권을 행사하지 않으면 시효가 소멸된다.

④ 불법행위책임이나 계약책임 모두 과실책임을 원칙으로 하지만 불법행위책임은 피해자가 가해자(피보험자)의 고의나 과실이 있음을 입증해야 하는 데 비하여, 채무불이행 책임에서는 채무자(피보험자)가 본인에게 고의나 과실이 없었음을 입증해야 한다.

60 다음 중 영업배상책임보험 창고업자 특별약관(Ⅰ)에 대한 설명으로 적절하지 않은 것은?

① 열거위험방식을 취하고 있다.

② 보상한도액 내에서 실손보상한다.

③ 수탁물의 가공 중 생긴 손해, 수탁물의 사용손실은 보상하지 않는다.

④ 수탁물이 위탁자에게 인도된 후에 발견된 손해에 대한 배상책임은 보상하지 않는다.

61 다음 중 경비업자 특별약관(Ⅱ)에서 '보상하지 않는 손해'에 해당하는 것은?

① 전기적 사고로 생긴 화재, 폭발손해

② 경보, 기계설비의 고장으로 생긴 손해

③ 총포류, 도검류, 경비견의 사용으로 생긴 손해

④ 불특정다수인의 출입 허용사업장에서의 근무시간 중 사고

PART
01

PART
02

PART
03

PART
04

PART
05

PART
06

62 다음 중 도급업자 배상책임보험에 대한 설명으로 옳지 않은 것은?

① 도급업자의 주된 업무는 성질상 대체적으로 피보험자의 시설 밖에서 이루어진다.

② 도급업자 배상책임보험에서의 '시설'이라 함은 완성된 시설이 아닌 공사가 진행 중인 시설을 말한다.

③ 보험료는 포괄계약의 경우 포괄계약의 경우 도급공사금액으로 하고 개별계약은 보험기간에 비례한다.

④ 보험기간은 포괄계약의 경우 1년을 기준으로 하고 개별계약은 당해 도급공사기간을 보험기간으로 한다.

63 다음 중 도급업자 배상책임보험에 대한 설명으로 적절하지 않은 것은?

① 피보험자의 지휘, 감독하에 있는 하수급인의 피용인이 입은 신체장해에 대한 손해배상책임을 담보하는 특약은 없다.

② 피보험자의 수급인이 수행하는 작업으로 생긴 손해에 대한 배상책임을 담보하기 위해서는 '발주자 미필적 배상책임특약'을 첨부하면 된다.

③ 피보험자의 공사현장 주위에 있는 피보험자가 직접적으로 작업하고 있지 않은 타인의 재물에 대한 손해배상책임을 담보하는 특약은 '주위재산 추가특약'이다.

④ 피보험자가 수행하는 공사가 전체공사의 일부일 경우 피보험자의 근로자는 제외하고 다른 공사의 근로자에 대한 신체장해 배상책임을 담보하는 특약은 '사용자 배상책임 특약'이다.

64 다음 중 생산물배상책임보험의 주 책임법리는 무엇인가?

① 일반불법행위책임　　　　　　② 특수불법행위책임

③ 무과실책임주의　　　　　　　④ 채무불이행책임

65 다음은 생산물 배상책임 소송의 방어방법 중 하나인 비교과실에 대한 설명이다. 제조업자의 부담이 가장 많은 것은?

① Pure Form　　　　　　　　　② 49% Form

③ 50% Form　　　　　　　　　④ S/G Form

66 생산물배상책임보험의 담보기준은 생산물배상책임Ⅰ의 손해사고기준과 생산물배상책임Ⅱ의 배상청구기준이 있다. 다음 중 옳지 않은 것은?

① 손해사고기준은 사고일자 확인이 불분명한 경우 담보하기에 부적합하다.

② 손해사고기준은 IBNR손해의 추정을 보수적으로 하므로 요율이 불합리하게 산정될 수 있다.

③ 배상청구가 피보험자와 보험자에게 각각 제기된 경우 손해배상청구가 먼저 제기된 쪽의 날짜를 처음 제기된 날짜(담보기준일자)로 인식한다.

④ 하나의 사고로 수인에게 입힌 인명피해 또는 재물피해에 대해 피해자별로 연속적으로 제기된 모든 청구 건은 최초로 제기된 손해배상청구일자에 제기된 것으로 간주한다.

PART 01

PART 02

PART 03

PART 04

PART 05

PART 06

67 다음은 의료분쟁조정법에 대한 설명이다. 빈칸에 들어갈 내용으로 알맞은 것은?

> • 의료분쟁의 당사자는 의료사고의 원인 행위가 종료된 날로부터 10년, 그 손해 및 가해자를 안 날로부터 (　　　) 이내에 조정중재원에 신청해야 한다.
> • 조정결정은 사건의 조정절차가 개시된 날로부터 90일 이내에 하여야 하지만, 필요할 경우 1회에 한하여 (　　　)까지 연장할 수 있다.

① 3년, 30일　　　　　　　　　② 3년, 15일
③ 1년, 30일　　　　　　　　　④ 1년, 15일

68 다음 중 병원 및 의사배상책임보험에서 첨부하는 특별약관에 해당하지 않는 것은?

> ㉠ 경호비용 담보특약　　　　　　㉡ 후천성면역결핍증 담보특약
> ㉢ 초빙의 및 마취의 담보특약　　　㉣ 형사방어비용 담보특약

① ㉠　　　　　　　　　　　　② ㉡, ㉢
③ ㉠, ㉡, ㉢　　　　　　　　④ ㉠, ㉡, ㉢, ㉣

69 다음 중 의료과실배상책임보험에서 담보하는 진료행위 중 분쟁빈도가 낮은 것으로 묶인 것은?

① 수술, 분만, 주사　　　　　　② 분만, 주사, 투약
③ 주사, 검사, 투약　　　　　　④ 검사, 응급처리, 투약

70 다음 중 국문 임원배상책임보험 약관에서 규정하고 있는 피보험자로서의 임원의 범위에 대한 설명으로 옳지 않은 것은?

① 상법상 이사, 감사 및 이에 준하는 자를 의미한다.

② 보험기간 중 새로 선임된 임원은 피보험자에 포함되지만 퇴임한 임원은 피보험자에서 제외된다.

③ 대상 임원이 사망한 경우라도 그 임원의 상속인과 상속재산법인을 동일한 피보험자로 간주한다.

④ 상법상 이사는 아니지만 임원에 준하는 직무를 수행하는 직원의 경우 피보험자란에 기재하면 담보가 가능하다.

71 다음 중 임원배상책임보험과 관련하여 임원의 회사에 대한 의무와 가장 거리가 먼 것은?

① 충실의무

② 비밀유지의무

③ 경업유지의무

④ 보고의무

72 다음의 임원배상책임보험의 주요 청구자(Claims Source) 등 중 클레임을 빈번하게 제기하는 순서로 옳은 것은?

① 주주 〉 직원 〉 고객 또는 경쟁사

② 주주 〉 고객 또는 경쟁사 〉 직원

③ 고객 또는 경쟁사 〉 주주 〉 직원

④ 고객 또는 경쟁사 〉 직원 〉 주주

73 다음 중 환경오염배상책임보험에 대한 설명으로 적절하지 않은 것은?

① 무과실책임주의를 책임법리로 한다.

② 급격한 오염 및 점진적 오염을 구분하지 않고 모두 담보한다.

③ 배상책임한도는 가군 2천억원, 나군 1천억원, 다군 500억원이다.

④ 보상하는 손해는 '법률상 손해배상금, 오염제거비용, 사업장 내의 오염정화비용 등'이다.

74 다음 중 개인정보보호배상책임에 대한 설명으로 옳지 않은 것은?

① 개인정보보호법을 위반하여 정보주체에게 손해가 발생 시 손해액의 3배까지 징벌적 손해배상을 청구할 수 있다.

② 개인정보보호법을 위반하고 정보주체에게 손해가 발생하지 않더라도 300만원 이하의 손해배상 청구를 할 수 있다.

③ 손해배상책임의 이행을 위한 최저가입금액 기준은 매출액 및 이용자 수에 따라 최저 7천만원에서 최고 20억원이다.

④ 정보통신서비스 제공자의 보험의무가입 대상자는 전년도 매출액이 5천만원 이상&전년도 말 기준 직전 3개월간 개인정보 이용자 수가 일일 평균 1천명 이상이어야 한다.

75 다음은 '중대재해'에 관한 설명이다. 빈칸에 들어갈 내용으로 알맞은 것은?

> • 중대산업재해란 산업재해 중 사망자 1인 이상 또는 동일한 사고로 6월 이상 치료가 필요한 부상자 ( )명 이상인 재해 등을 의미한다.
> • 중대시민재해란 특정 원료 또는 제조물, 공중이용시설 등 이용자 중 사망자 1인 이상 또는 동일한 사고로 2개월 이상 치료가 필요한 부상자 ( )명 이상인 재해 등을 의미한다

① 2명, 10명   ② 2명, 20명
③ 3명, 10명   ④ 3명, 20명

PART 01

PART 02

PART 03

PART 04

PART 05

PART 06

76 해상보험이나 운송보험의 경우에 평가가 용이한 시점의 가격을 표준으로 하여 이를 전 보험기간의 보험가액으로 하는 것을 무엇이라고 하는가?

① 보험가액 불변경주의　　　　　　　② 보험가입금액 불변경주의

③ 기평가보험 불변경주의　　　　　　④ 피보험이익 불변경주의

77 다음 중 런던 로이즈(Lloyd's of London)에 대한 설명으로 적절하지 않은 것은?

① 로이즈는 보험회사가 아니다.

② 로이즈 자체는 보험서비스를 제공하는 조합으로서 보험을 인수한다.

③ 개별보험업자들은 엄격한 재정상 요건을 갖추고, 상당한 언더라이팅 보증금을 납부해야 한다.

④ 개별보험업자들은 자기가 인수하는 보험에 대해 무한책임을 지지만, 그들이 합의한 각자의 인수 비율에 해당하는 손해액에 대해서만 무한책임을 진다.

78 다음은 해상보험증권의 해석의 원칙에 대한 설명이다. 일반해석의 원칙이 적용되는 경우가 아닌 것은?

① 성문법상 어떤 지침도 없는 경우

② 판례는 있으나 문언과 사정이 본질적으로 동일하지 않은 경우

③ 이전에 법원에서 해석된 일이 없거나 그에 관한 판례가 없는 경우

④ 법원의 판결대상인 문언에 대해 당사자 쌍방 간에 해석방법에 대해 명시적으로 규정한 경우

79 다음은 선주책임상호보험(P&I) 대한 내용이다. 보상하지 않는 손해에 해당하는 것은?

① 선원의 사망 및 질병손해

② 귀금속, 전자제품 등 소지품 상실보상

③ 상대 선박에서 유출된 유류오염손해

④ 선박에 적재된 화물의 멸실 등에 대한 배상책임손해

80 다음의 선박보험 중에서 P&I위험을 담보하는 보험끼리 묶은 것은?

> ㉠ 선체보험 ㉡ 선비 및 증액보험
> ㉢ 불가동손실보험 ㉣ 계선보험
> ㉤ 운임보험 ㉥ 건조보험
> ㉦ 전쟁 및 동맹파업보험

① ㉠, ㉤ ② ㉡, ㉣

③ ㉢, ㉦ ④ ㉣, ㉥

81 다음 중 신·구 해상보험증권 및 약관에 대한 설명으로 옳지 않은 것은?

① 구증권은 본문약관, 이탤릭서체약관, 난외약관으로 구성되어 있다.

② 구증권은 Lloyd's SG Policy를 기본으로 1779년 제정된 약관의 형태를 유지하고 있다.

③ 해상고유의 위험(perils of the sea)은 해상에서 발생하는 침몰, 좌초, 전쟁, 충돌 등의 위험을 의미한다.

④ 신증권 체제하에서는 적하보험 특별약관인 ICC만으로 적하보험의 보상범위를 규정하고 있는데 ICC의 조건에는 ICC(A), ICC(B), ICC(C) 3가지가 있다.

82 다음 중 ICC(1963) 제1조 운송약관에서 '보험기간의 종기(終期)'에 대한 내용으로 옳지 않은 것은?

① 최종 양륙항에서 외항선으로부터 화물이 양륙된 후 60일이 경과한 때를 보험기간의 종기로 볼 수 있다.

② 우리나라 해상보험실무에서는 수출화물에 대하여 60일이 아닌 30일로 수정해서 사용하고 있는데, 이를 '30일 운송약관'이라 한다.

③ 보험증권에 기재된 목적지가 아니라도 화물을 통상적 운송과정에 비상보관을 하거나 또는 화물을 할당 또는 분배하기 위해 임의의 창고나 보관장소에 화물이 인도될 때를 보험기간의 종기로 볼 수 있다.

④ 화물이 보험증권에 기재된 목적지에서의 수하인의 창고, 보관장소 또는 기타의 최종 창고, 보관장소에 인도될 때를 보험기간의 종기로 볼 수 있는데, 이때 '창고에 인도될 때'의 의미는 '반드시 창고에 반입될 때를 의미하는 것이 아니라 수하인이 자기의사에 따라 화물관리가 가능하도록 그의 지배하에 있도록 인도해 주는 때'를 말한다.

PART 01

PART 02

PART 03

PART 04

PART 05

PART 06

83 다음은 ICC(1963)에 대한 설명이다. 빈칸에 들어갈 내용으로 알맞은 것은?

> 제9조 : 수탁자약관(Bailee Clause)에 따르면, 피보험자는 헤이그/비스비츠규칙상 화주에게 요구되는 클레임통지기간은 화물인도부터 (   )일 이내이며, 제소기간은 화물인도부터 (   )년 이내를 준수하여 손해배상청구권이 확보되도록 해야 한다.

① 3일 이내 – 1년 이내

② 3일 이내 – 3년 이내

③ 5일 이내 – 1년 이내

④ 5일 이내 – 3년 이내

84 다음 중 협회적하약관의 신약관과 구약관의 차이점에 대한 설명으로 옳지 않은 것은?

① 공동해손약관에서는 구약관과 달리 요크앤트워프 규칙이 사라졌으나, 많은 국가들이 공동해손 시 동 규칙을 따르고 있어 구약관과 실질적인 차이는 없다.

② 불감항 및 부적합 면책약관에서는 불감항을 면책으로 하지만 피보험자가 모르고 있을 때는 면책에서 제외함으로써 구약관의 감항성승인담보와 실질적인 효과가 같다.

③ 항해변경약관은 보험의 목적, 적재선박, 항해에 대한 오기나 탈루가 있을 경우 MIA상 면책인 효과를 배제하고 추가보험료징수를 요건으로 담보지속이 가능함을 명시하였다는 점에서 구약관의 면책과 차이가 있다.

④ 피보험자의무약관은 구약관의 수탁자약관과는 달리 보험자의 손해방지비용에 대한 지급의무를 명시하였다.

85 ICC(B) 또는 ICC(A) 조건에 On-deck Clause가 첨부된다면, 밀폐형 컨테이너 화물이 아닌 경우 그 화물은 ICC(B) 또는 ICC(A) 조건에서 어떤 조건으로 변경되는가?

① ICC(B)+J.W.O.B

② ICC(C)+J.W.O.B

③ ICC(B)+W.O.B

④ ICC(C)+W.O.B

86 다음 중 적하보험을 부보할 경우 첨부하여 사용하는 특별약관들에 대한 설명으로 옳지 않은 것은?

① 통관거부위험담보약관(Rejection Clause)은 주로 기계류에 사용되는 특별약관이다.

② 원산지손해약관(Country Damage Clause)은 수입면화의 원산지손해를 담보하는 특별약관인데, 외항선에 적재될 때의 명백한 손해까지를 확장담보하는 것은 아니다.

③ 상표약관(Label Clause)을 첨부한 경우에 약관상의 담보위험으로 인해 운송 중 깡통이나 병의 상표만 손상을 입었고 내부의 상품의 질에는 이상이 없다면 신상표 및 상표재부착비용만을 담보한다.

④ 생동물약관(Livestock Clause)은 생동물의 사망을 담보하는 약관으로써, 검역소에서 30일을 한도로 담보되며 최종목적지의 수하주에게 인도될 때까지 그리고 도착 후 7일 동안의 사망위험까지 담보된다.

87 다음 중 구협회적하보험약관 ICC(1963)에서 적하보험에 가입되어 있다는 이유로 운송인 또는 기타의 수탁자에게 유리하게 이용되어서는 안 된다는 것을 규정한 약관은?

① 포기약관(Waiver Clause)

② 피보험자의무약관(Duty of Assured Clause)

③ 피보험이익약관(Insurable Interest Clause)

④ 보험이익불공여약관(Not to Inure Clause)

88 다음 중 ICC(A)에서는 보상하지만 ICC(A/R) 조건에서는 보상하지 않는 손해는?

① 해적위험

② 포장의 불완전으로 인해 발생한 손상

③ 보험목적물의 통상의 누손 또는 통상의 자연소모

④ 선박의 소유자, 관리자, 용선자의 금전상의 채무불이행

89 다음 중 ICC(FPA) 조건에서 담보되는 위험이 아닌 것은?

① 악천후, 투하나 강도로 인한 단독해손

② 선적, 환적, 양하 중의 추락으로 인한 포장당 전손

③ 피난항에서 적하의 하역작업에 정당하게 기인된 단독해손

④ 중간기항항이나 피난항에서 양하, 창고보관 및 계반을 위한 특별비용

PART
01

PART
02

PART
03

PART
04

PART
05

PART
06

90 다음 중 ICC(C) 조건에서 면책으로 하는 사항 중 인과관계를 묻지 않고 면책으로 인정하는 것은?

① 갑판 유실 ② 해수 유입
③ 지진 또는 화산의 분화 ④ 하역 중 매 포장당 전손

91 다음 중 선체보험의 TLO SC/SL(Total Loss Only including Salvage, Salvage Charges& Sue&Labor) 조건에서 보상하지 않는 것은?

① 전손 ② 구조료
③ 단독해손 ④ 손해방지비용

92 다음 중 ITC(Hulls, 1/10/83) 제6조 위험약관에서 피보험자가 상당한 주의의무를 이행하지 못한 결과로 발생한 선박 손상에 대해서도 보험자가 보상해야 하는 것은?

① 해상 고유의 위험 ② 보일러의 파열로 인한 결과 손
③ 하역작업 중의 사고 ④ 선장이나 선원의 악행

93 다음 중 ITC(Hulls, 1/10/83) 제10조 사고통보 및 입찰약관에 대한 설명으로 옳지 않은 것은?

① 보험자는 수리를 위해 항행해야 할 항구를 결정할 수 없다.
② 동조항의 조건을 이행하지 않을 경우에는 확정된 보상금액에서 15%의 금액을 공제한다.
③ 선박수리에 대해 보험자의 요구로 재입찰에 응함에 따라 상실한 시간을 보상하는 차원에서 입찰승인 후 지체없이 낙찰된 것을 조건으로 보험금액의 30%를 보상한다.
④ 보험자가 원하면 보험자를 대리하는 검정인을 선임할 수 있도록 이재조사 이전에 보험자에게 또는 선박이 외국에 있다면 가장 가까운 로이드대리점에 사고통보를 해야 한다.

94 다음 중 ITC-Hulls(1983) 제19조 추정전손약관에 대한 설명으로 옳지 않은 것은?

① MIA 제60조상에서 수리비용이 수리비용지출 후의 가액을 초과한 경우 추정전손이 있다고 규정하고 있지만 '가액'에 대한 명확한 내용이 없다.

② 수리 후의 가액을 협정보험가액으로 하여 추정전손여부를 명확히 하고 있으며, 부보선박 혹은 난파선의 손상가액 또는 해체가액을 고려해야 한다.

③ 선박의 회복 및 수선비용이 협정보험가액을 초과하지 않는 한, 동 약관상 보험자의 보상은 없다.

④ 회복 및 수선비용에는 수리비뿐만 아니라 예인비용, 선원급료와 부양비, 항비, 연료 등의 회항비용 등을 포함한다.

95 보험가액과 보험금액을 1억원으로 하여 선체 및 기관보험[ITC-Hulls-1/10/83]을 가입하면서 추가로 증액 및 초과 책임보험[ITC-Hulls, Disbursement&Increased Value(Total Loss Only Including Excess Liabilities)-1/10/83]을 가입할 경우 보험가액과 보험금액의 최고 한도액으로 올바른 것은?

① 10,000,000원
② 15,000,000원
③ 20,000,000원
④ 25,000,000원

96 ITC-Hulls(1983)에 첨부하는 특별약관인 '협회추가위험담보약관'에서 보상하는 손해가 아닌 것은?

① 파열된 기관의 수리 또는 교체비용

② 여하한 사고로 인한 선박의 멸실 또는 손상

③ 선박의 멸실 또는 손상을 야기시키지 않은 결함 부분의 대체비용

④ 여하한 관계인의 과오, 무능력 또는 판단착오에 의해 야기된 선박의 멸실 또는 손상

97 다음 중 선박보험계약의 요율산출을 위해 제출하는 서류가 아닌 것은?

① 선박의 건조계약서
② 선급증서
③ 운송구간
④ 국제톤수증

PART 01

PART 02

PART 03

PART 04

PART 05

PART 06

98 보험자는 피보험위험에 근인하여 발생하는(proximately caused by) 모든 손해에 대해 보상책임이 있다는 MIA 제55조 제1항에 대한 설명 중 옳지 않은 것은?

① 보험사고의 인과관계를 근인주의로 보고 있다.

② 근인에 부합하더라도 피보험자의 고의의 불법행위(중과실은 보상함)는 보상하지 않는다.

③ 동 조항에서의 근인이란 반드시 효력상으로 가장 가까운 원인을 말하는 것이 아니라 시간상으로 가장 가까운 원인을 말한다.

④ 현재 사용되고 있는 MAR Form에서는 'proximately caused by'가 아니라 'caused by'로 표현을 바꿈으로써 근인원칙을 대부분 포기하고 있다.

99 다음은 위부(abandonment)에 대한 설명이다. 가장 적절하지 않은 것은?

① 위부의 승낙은 보험자의 행위에 의해 명시적으로 의사표시를 해야 한다.

② 피보험자는 자기자신의 위험으로 위부하기 때문에 보험자에게는 위부를 반드시 승낙하거나 거절해야 할 의무는 없다.

③ 위부의 통지 후 보험자의 단순한 침묵은 승낙이 아니며, 보험자가 구조자로서 행동하거나 또는 구조자를 고용하는 것도 위부의 승낙이 아니다.

④ 피보험자가 추정전손으로 처리하기 위해서는 반드시 보험자에게 위부의 통지를 해야 하며, 위부의 통지를 하지 않으면 그 손해는 분손으로 처리된다.

100 보험목적의 안전이나 보존을 위해 피보험자에 의해 또는 피보험자를 대리하여 지출된 비용으로써 공동해손과 구조비용이 아닌 비용을 단독비용이라 하는데 이에 해당하지 않는 것은?

① 건조비용　　　　　　　　　　② 창고보관비용

③ 손해방지비용　　　　　　　　④ 재포장비

PART 06

실전모의고사 정답 및 해설

합격으로 가는 하이패스

토마토패스

제1회 실전모의고사 정답 및 해설

제2회 실전모의고사 정답 및 해설

제3회 실전모의고사 정답 및 해설

01	02	03	04	05	06	07	08	09	10
③	③	③	③	③	④	③	①	②	③
11	12	13	14	15	16	17	18	19	20
②	②	①	④	②	③	③	④	③	①
21	22	23	24	25	26	27	28	29	30
④	③	④	③	④	④	④	③	④	②
31	32	33	34	35	36	37	38	39	40
④	③	③	②	③	④	③	①	④	④
41	42	43	44	45	46	47	48	49	50
①	③	①	④	②	④	④	③	④	②
51	52	53	54	55	56	57	58	59	60
③	②	③	②	④	③	③	③	④	①
61	62	63	64	65	66	67	68	69	70
②	②	④	②	④	②	③	③	④	③
71	72	73	74	75	76	77	78	79	80
③	②	④	②	④	③	③	③	④	①
81	82	83	84	85	86	87	88	89	90
③	③	④	④	②	④	④	③	④	④
91	92	93	94	95	96	97	98	99	100
③	③	④	②	③	④	①	③	③	③

▶ PART 01 | 재산보험 [01~25]

01
정답 | ③

화재보험은 보험사고 발생의 때와 장소의 금액으로 평가하는 미평가보험이며, 예외적으로 기평가보험을 적용한다. 보험가액불변경 주의가 적용되는 것은 기평가보험으로써 해상보험, 적하보험, 운송보험 등에 적용된다.

02
정답 | ③

풍수재위험담보 특별약관은 태풍, 회오리바람, 폭풍, 폭풍우, 홍수, 해일, 범람, 이와 비슷한 <u>풍재 또는 수재</u>로 생긴 손해를 보상한다(눈, 우박, 얼음 등은 면책).

03
정답 | ③

①, ②, ④는 보상하는 손해에 해당한다.

지진위험보장 특별약관의 면책사유
- 도난 또는 분실손해
- 지진 또는 분화로 생긴 폭발 및 파열손해
- 지진 또는 분화로 생긴 해일, 홍수 그 밖의 수재손해

04
정답 | ③

특수건물의 소유자는 특약부화재보험에 부가하여 풍재, 수재 또는 건물의 무너짐 등으로 인한 손해를 담보하는 보험에 반드시 가입하여야 할 <u>의무는 없다</u>.

05
정답 | ③

상품포괄 특별약관은 동산종합보험의 특별약관으로 운송 중 1 사고당 보상한도액을 설정하는 특약이다.

06
정답 | ④

보험목적의 범위

당연가입물건		명기물건	제외물건
건물	가재도구		
• 부속물 : 칸막이, 대문, 담 등 • 부속설비 : 전기, 가스, 난방 등 • 부착물 : 간판, 선전탑 등 모두 <u>피보험자</u> 소유	피보험자 또는 같은 <u>세대원의</u> 소유물	• 통화유가증권, 인지 등 • 귀금속, 귀중품 (점당 300만원 이상) • 글, 그림, 골동 품 등 • 원고, 설계서, 도안 • 실외, 옥외 쌓 아둔 동산	동식물 교통승용구 토지 교량 등

07
정답 | ③

토양오염물질 제거에 합리적으로 지출한 비용 등은 타 보험에서 담보하므로 면책규정에 해당한다.

08   정답 | ①

- 건물의 경우 200만원×(800만원/1,000만원의 80%)
  =<u>200만원</u>
- 재고자산의 경우 300만원×(800만원/1,000만원)
  =<u>240만원</u>

09   정답 | ②

- 40만원×(40만원/100만원의 80%)+10만×(40만원/
  100만원의 80%)+2만원×(40만원/100만원의 80%)
  =<u>250,000원</u>
- 단, 잔존물제거비용은 5원이지만 손해액의 10%인 4만원
  까지 허용되므로 <u>4만원</u>을 적용한다.

10   정답 | ③

주택, 일반 및 공장 모두에 적용 가능한 것은 고층건물할증,
소화설비할인, 특수건물할인이고, 불연내장재할인은 <u>일반
물건</u>만 해당된다.

11   정답 | ②

타이어식 굴삭기는 9종건설기계에 해당하므로 자동차보험
에 가입할 수 있으나, '비타이어식 굴삭기'는 자배법상 자
동차에 속하지 않으므로 동산보험의 보험의 목적이 될 수
있다.

12   정답 | ②

비, 눈, 담수 등의 수해는 담보하지만 '태풍, 폭풍우, 홍수,
해일이나 범람'은 담보하지 않는다.

동산종합보험에서 보상하는 손해

> **알기**   화도폭파항건비연

- <u>화</u>재, 벼락
- <u>도</u>난
- <u>파</u>손, <u>폭</u>발, 파열
- <u>항</u>공기와의 추락, 접촉/차량과의 충돌, 접촉
- <u>건</u>물의 붕괴, 누손
- <u>비</u>, 눈, 담수 등의 수해(태풍, 홍수, 범람 ×)
- <u>연</u>기손해

13   정답 | ①

② 담보위험은 포괄위험 담보방식으로 화재, 도난, 파손, 폭
   발 등의 사고를 보상한다.
③ 전기적 사고 또는 기계적 사고는 보통약관상의 담보위험
   이 아니다.
④ 미평가보험을 적용하는 것이 원칙이며, 예외적으로 재조
   달가액을 기준으로 보상한다.

14   정답 | ④

MB Cover(기계위험담보)는 <u>일시적 철거 확장담보, 긴급추
가비용 담보, 건축가, 조사자, 자문 기술자 용역비용담보</u>의
3가지 확장담보조항을 가지고 있으며, PAR Cover(재산종합
위험담보)의 경우에도 동 확장담보조항들을 가지고 있다.

15   정답 | ②

'파괴행위 및 악의적 행위'는 보상한다. 이때 '파괴행위 및
악의적 행위'란 부보자산에 대한 고의적이고도 악의적인
물리적 손상 및 파손행위를 의미하며, 행위자는 제3자는 물
론 종업원을 포함한다(단, 정치적 목적을 대신하는 경우는
안 됨).

16   정답 | ③

추가재산 담보조항 : 보험기간 중 취득하거나 보험가입 전
누락된 추가재산은 재산취득일 또는 누락재산을 발견한 날
로부터 <u>2개월</u> 이내에 그 명세서를 제출할 경우 사고 발생
시 보험목적물에 포함된 것으로 본다.

17   정답 | ③

재산종합위험(PAR)사고 또는 기계위험(MB)사고로 인한 물
적피해로 인한 기업휴지에 따른 상실이익을 보상한다.

18   정답 | ④

피보험자의 제품을 사용하는 국내·외 수요자(중간수요자,
최종소비자 모두 포함)가 제품 품질상의 결함을 직접적인
원인으로 하여 인적 또는 물적피해를 담보한다. 즉, <u>생산물
손해 그 자체</u>는 담보하지 않는다.

19   정답 | ③

기계적 사고 <u>자체를 담보하는 것이 아니라</u>, 그로 인한 물적
손해를 담보한다.

20   정답 | ①

공사지연 손해는 물적 손해가 아니기 때문에 이로 인한 기
업휴지손해는 보상하지 않는다.

21   정답 | ④

물적손해가 발생하고 그 물적손해에 기인하여 판매활동이
나 생산활동 등의 기업활동이 <u>전면적 또는 부분적으로</u> 중
단되어야 한다.

PART
01

PART
02

PART
03

PART
04

PART
05

PART
06

22　정답 | ③

- 보험가액=표준매출액×이익률[(영업이익+부보경상비)/매출액]
- 보험가액=1,000억×(200억+100억)/600억=500억

23　정답 | ④

- A계약
  - 보유액(line)=US$ 20,000, 특약출재금액한도=20×20,000=US$ 400,000
  - 보유액(line)=US$ 20,000, 특약출재금액=US$ 180,000
- B계약
  - 보유액(line)=US$ 8,000, 특약출재금액한도=20×8,000=US$ 160,000
  - 보유액(line)=US$ 8,000, 특약출재금액=US$ 160,000 초과 US$ 32,000은 보험사가 지급한다.

24　정답 | ③

출재·수재에 비례성이 없는 비비례적 재보험(Non-proportional Reinsurance) 방식이다.

25　정답 | ④

임의재보험 거래에는 '(1) 비례적 재보험, (2) 비비례적 재보험, (3) 혼합방식' 모두 사용된다.

▶ PART 02　특종보험 [26~50]

26　정답 | ④

공사의 목적물과 공사의 가설물(거푸집, 비계)은 기본담보이며, 가설건물 등 건설용가설물은 선택담보에 해당한다.

선택담보(증권에 기재 필요)
- 건설용 가설물 및 공구
- 공사용 중장비
- 잔존물제거비용
- 주위재산
- 제3자 배상책임

27　정답 | ④

보험의 목적의 일부가 발주자에게 인도되는 경우에도 전부 또는 일부가 인도되거나 사용되기 전에는 보험회사의 책임이 종료되지 않는다.

28　정답 | ③

제작결함으로 인한 직접손해는 면책이지만, 간접손해는 보통약관으로 보상한다.

재물손해조항

보상하는 손해	보상하지 않는 손해
• 공사수행 중의 작업 잘못 • 피보험자의 종업원, 제3자의 취급 잘못 또는 악의적 행위 • 화재, 낙뢰, 폭발, 파열 • 누전, 합선 등 전기적 사고 • 도난 • 지면의 내려앉음, 사태, 암석붕괴 • 폭풍우, 태풍, 홍수, 범람 등 자연재해 • 차량항공기와의 충돌 또는 그로부터 낙하물 • 기타 면책에 속하지 않는 위험	• 벌과금, 공사지연손해, 성능부족 등 간접손해 • 설계결함(직접손해는 면책, 간접손해는 특별약관으로 담보 가능함) • 재질, 제작결함(직접손해는 면책, 간접손해는 보통약관으로 담보) • 마모, 침식, 산화 등 • 공사용 기계의 기계적, 전기적 사고 • 재고조사 시 발견된 손해

29　정답 | ③

잔존물제거비용은 사고 발생 시 잔존물을 제거하는데 소요되는 비용을 추정하여 별도의 보상한도액을 설정한 경우에 한하여 보상한다.

30　정답 | ②

①은 화재보험, ③은 기계보험의 지급보험금 계산방식이다.

31　정답 | ④

확장유지담보는 조립보험의 특별약관에 해당한다.

조립보험의 보통약관

기본담보	선택담보
• 공사 목적물 자체 손해 → 기계, 기계설비, 강구조물 등 • 공사 임시시설물 → 전기시설, 가설사무소 등	• 제3자 배상책임 • 주위재산 • 잔존물제거비용

32　정답 | ③

건설공사보험이나 조립보험은 공사물건이 완성되어 인도되기 전까지 재산손해에 대한 경제적 손실을 담보하는 것으로 목적물의 재산손실로 기인한 발주자의 생산 지연 및 경제적 손실을 담보하지 않았는데, 이러한 간접손실 또는 결과적 손실을 담보하기 위하여 예정이익상실(ALOP ; advanced loss of profit) 등의 약관이 개발되었다.

33　정답 | ③

사고에 따른 보험목적물의 잔존물제거비용은 별도로 가입해야만 보상이 가능하다.

34 정답 | ②

임시수리비는 본 수리의 일부에 해당하고, 총 수리비 이내인 경우 보상한다.

35 정답 | ②

기계보험은 공장 또는 사업장 등에서 시운전이 성공적으로 끝난 기계설비 및 장치가 예기치 못한 돌발적인 사고로 손상을 입은 경우, 이를 사고 직전의 가동가능상태로 복구하는 데 따른 수리 · 교체비용을 보상하는 보험상품이다.

36 정답 | ①

특별비용담보 특약은 보통약관의 담보를 확장하는 의미의 특약이며, 나머지는 보통약관에서 면책사항인 것을 담보하기 위한 특약이다.

37 정답 | ③

도난보험에서 필수적으로 첨부해야 하는 3가지 특약은 '동산담보특약/현금 및 유가증권 특약/수탁물 배상책임담보 특약'이다.

38 정답 | ①

불법 침입자의 도난으로 입은 직접손해에 한하여 보통약관으로 보상한다.

도난보험의 보상하지 않는 손해
- 보험계약자, 피보험자의 고의나 중과실
- 피보험자의 가족, 친족, 동거인, 당직자 등이 행하거나 가담 또는 묵인한 도난행위
- 화재, 폭발, 지진, 분화, 풍수해나 전쟁위험에 따른 도난행위
- 절도, 강도 행위로 발생한 화재 및 폭발손해
- 상점, 영업소, 창고, 작업장 내에서 일어난 좀도둑으로 인한 손해
- 재고조사 시 발견된 손해
- 망실, 분실손해, 사기 또는 횡령손해
- 도난사고 후 30일 경과 후에 발견된 손해
- 72시간 부재 중의 도난사고
- 보험의 목적이 보관장소를 벗어나 보관되는 동안에 생긴 도난손해
- 자동차, 오토바이, 동식물 도난손해

39 정답 | ④

도난보험의 현금 및 유가증권 운송위험담보 특별약관에 대한 설명이다.

40 정답 | ③

다수의 보험목적을 하나의 보험가입금액으로 가입하는 포괄 가입의 경우 하나의 보험목적에 대한 보험가입금액은 전체보험가입금액의 5%를 초과할 수 없다.

41 정답 | ①

계약자와 계약자의 직계존비속을 포함하여 이외로 확장 적용한다.

피보험자의 범위 확장 적용
- 보험계약자, 보험계약자의 직계존비속
- 피보험자의 집 또는 구내에 상주하고 있거나 피보험자에 의해 고용된 자
- 피보험자의 집에 있는 손님
- 피보험자의 구내에 있거나 승용차, 항공기, 선박에 타고 있는 동안의 피보험자의 고객
- 몸값을 협상하거나 전달할 목적만으로 일시적으로 고용된 사람

42 정답 | ③

보험기간은 통상 1년을 기준으로 하며, 재물손해 및 기업휴지손해는 손해사고기준을 적용하고 배상책임손해는 배상청구기준을 적용한다. 보고연장 기간은 보험종료일로부터 90일로 제한하고 있다.

43 정답 | ①

레저용품손해는 레저활동을 위한 다양한 고가의 장비가 훼손, 파손, 화재 및 도난으로 인한 손해를 담보한다(→ 열거주의 방식이며 보험가액이 있음).

44 정답 | ④

개인이나 기업이 예기치 못한 각종 분쟁이나 사고로 민사, 형사 또는 행정소송이 제기되는 경우 법률서비스를 제공받는 데 소요되는 비용을 담보해 주는 보험을 법률비용보험이라 한다.

법률비용보험의 주요 면책사항
- 민사소송법에서 정한 청구의 포기, 소의 취하 및 소의 각하
- 지적재산권에 관련된 소송
- 피보험자가 각종 단체의 대표자, 이사, 임원 등의 자격으로 행한 업무와 관련된 소송
- 소비자기본법 제70조(단체소송의 대상 등)에 따라 제기된 소송
- 자본시장법에서 정한 금융투자상품에 관련된 소송
- 노동쟁의 행위 및 시위행위와 관련된 소송
- 가입 여부와 관련 없이 의무보험에서 보상받을 수 있는 법률비용
- 피보험자와 피보험자 가족 간의 민사소송 등

PART 01

PART 02

PART 03

PART 04

PART 05

PART 06

45 정답 | ②

언더라이팅 시 고려사항

Open Panel 방식	피보험자가 변호사를 지정 → 도덕적 위험이 가장 큼
Closed Panel 방식	보험자가 사전 승인한 변호사 중 피보험자가 선택
절충식 방식	피보험자가 선임하고, 보험자에게 사후승인을 받음

46 정답 | ③

주요 담보조건

계약 클레임	지적재산권 관련 계약 파기로 인한 소송
방어 클레임	피보험자를 상대로 제3자가 제기한 소송방어
보호 클레임	피보험자의 지적재산권 관계자들이 제기한 소송방어
소송제기 클레임	피보험자가 제기한 소송. 다만 이 경우 손해배상금을 담보하지 않음

47 정답 | ④

피해환자에 대한 보상책임을 기본담보로 하고, 제3자에 대한 법률상 손해배상책임 담보를 선택담보로 한다.

48 정답 | ③

배상책임은 선택담보이며, 반려동물의 우연한 사고로 타인의 신체에 장해를 입히거나 타인소유의 반려동물에 손해를 입혀 법률상의 배상책임을 부담함으로써 입은 손해를 보상한다.

49 정답 | ③

담보약관

Cancellation of Event Indemnity Insurance		행사취소위험만을 담보
포괄 담보	국문약관	• 개최 중인 행사 위험담보 • 재물손해, 상해손해를 보통약관+제3자 배상 및 전시품손해를 특약으로 담보
	영문약관 (Event Package Insurance Policy)	• 개최 중인 행사+기획, 추진 중인 행사 위험담보 • 재물손해, 상해손해를 보통약관+제3자 배상 및 전시품손해를 특약+행사취소손해 담보

50 정답 | ②

보험계약자의 청약은 보험기간 개시일로부터 최소 30일 이전에 이루어져야 하도록 규정하고 있다.

▶ PART 03 　 배상책임보험 [51~75]

51 정답 | ③

담보기준

사고발생기준증권	화재보험, 상해보험, 자동차보험 등 대부분의 보험 종목
배상청구기준증권	의사배상책임보험, 회계사배상책임보험 등
사고발견기준증권	금융기관종합보험, 일부 범죄보험 등

52 정답 | ③

ERP의 중기자동연장담보(midi tail)는 소급담보일자와 만기일 사이에 발생한 사고를 만기일 이후 60일 이내에 통지한 경우, 그 사고에 대한 배상청구를 만기일 이후 5년 이내에 제기하면 된다.

53 정답 | ②

전문직배상책임보험은 일반적으로 배상청구기준이기 때문에 보상청구가 보험기간 안에 이루어져야 한다.

54 정답 | ②

배상청구기준 약관(Claims-made Basis Policy)은 소급담보일자(RD ; Retroactive Date)를 지정하여 소급담보일자 이후에 발생한 손해사고로 보험기간 중에 배상청구가 이루어진 사고를 담보하며, 보험기간 종료 후 배상청구를 제기할 수 있도록 보고기간연장(ERP ; Extended Reporting Period) 조항을 활용한다. Incurred But Not Reported Loss는 보험사고는 발생했으나 아직 보험사에 보고되지 않은 손실을 말한다.

55 정답 | ④

시설소유관리자특별약관에서는 피보험자가 소유, 사용 또는 관리하는 시설 및 시설의 용도에 따른 업무수행으로 생긴 우연한 사고로 인해 타인에 대한 신체 또는 재물손해에 대한 법률상 배상책임을 담보한다. 나머지는 보상하지 않는 손해에 해당한다.

56
정답 | ②

법률상의 손해배상금과 관련 비용손해를 보상하지만, 지연손해는 보상하지 않는 손해이다.

57
정답 | ③

보통약관에서 보상하지 않는 손해

알기 고전지핵/무계오근/자전의지/소전벌지

- 보험계약자 또는 피보험자의 고의
- 전쟁, 혁명, 내란, 사변, 테러, 폭동, 소요, 노동쟁의
- 지진, 분화, 홍수, 해일 등의 천재지변
- 원자핵 물질, 방사능 등 원자력 위험
- 무체물에 입힌 손해
- 계약상의 가중책임
- 오염사고
- 피보험자의 근로자가 근무 중 입은 신체장해
- 자동차, 항공기, 선박으로 생긴 손해배상책임
- 전문직업배상책임보험
- 의무배상책임보험
- 지하매설물
- 티끌, 먼지, 소음
- 전자파, 전자장(EMF)손해
- 벌과금 및 징벌적 손해에 대한 배상책임
- 지연손해

58
정답 | ①

담보 A, B는 손해사고(Occurrence)기준으로 담보한다.

59
정답 | ④

불법행위책임과 채무불이행책임의 소멸시효는 둘 다 10년인 것은 동일하지만, 불법행위책임의 경우 '그 사실을 안 날로부터 3년'의 요건이 있어 피해자 입장에서는 계약책임의 행사가 더 유리하다.

60
정답 | ①

- 순수하게 보관자배상책임만 담보하는 경우 → 창고업자, 임차자특약, 화재배상특약
- 제3자배상책임 및 보관자배상책임을 동시에 담보하는 경우 → 주차장특약, 차량정비업자특약, 항만하역업자(싸이로), 경비업자

61
정답 | ②

- 창고업자특별약관(1)은 4천만원×(4천만원/1억원의 80%)=2천만원
- 창고업자특별약관(2)는 한도 내 4천만원의 실손을 보상한다.

62
정답 | ②

피보험자가 소유, 사용, 관리하는 재물손해에 대한 배상책임은 보관자배상책임 특별약관에서 보상한다.

63
정답 | ②

도급업자 배상책임보험의 업무장소는 피보험자의 시설 밖을 의미하고, 시설소유관리자 배상책임보험의 업무장소는 피보험자의 시설 내를 의미한다.

64
정답 | ④

피보험자가 임가공을 목적으로 수탁받아 보험증권에 기재한 시설 내에서 보관 및 가공하는 물건에 대한 손해를 담보하며 화재, 절도 및 도난, 폭발, 파손 사고만을 보상한다. 부패와 변색을 포함하지 않는다.

65
정답 | ②

피보험자가 보험계약 청약서에 기재된 사업을 양도하였을 때 보험회사에 알리는 일은 생산물배상책임보험의 손해방지의무에 해당하지 않는다.

66
정답 | ②

제품의 결함으로 소비자가 다치거나 타인의 재물에 물리적 손상을 끼치거나 또한 추가적인 사고의 발생이 예견되어 시장에 판매된 결함제품을 찾아서 회수하는 데 소요되는 비용은 생산물 회수비용보험(리콜보험)이다.

67
정답 | ④

가해자가 사고를 방지할 수 있는 마지막 기회가 있었다면 가해자는 배상해야 하는 데 이를 Last Clear Chance라 한다.

68
정답 | ④

전문직업배상책임보험의 책임법리는 채무불이행책임+일반불법행위책임이며, 일반배상책임보험의 책임법리는 일반불법행위책임이다.

69
정답 | ①

의사배상책임보험은 비행배상책임보험으로 사람의 신체에 관한 전문직 위험을 담보하며, 나머지 공인회계사배상책임보험, 신탁자배상책임보험, 정보처리업자배상책임보험은 하자배상책임보험으로 신체 이외의 경제적 손해를 담보한다.

PART
01

PART
02

PART
03

PART
04

PART
05

PART
06

70 정답 l ③

의사 및 병원배상책임보험에서 보상하지 않는 손해
- 무면허 또는 무자격의 의료행위로 생긴 손해
- 의료결과를 보증함으로써 가중된 배상책임
- 피보험자의 친족에게 입힌 손해
- 피보험자의 지시에 따르지 않은 피보험자의 피용인이나 의료기사의 행위로 생긴 손해
- 미용 또는 이에 준하는 것을 목적으로 한 의료행위 후 그 결과로 생긴 손해
- 타인의 명예를 훼손하거나 비밀을 누설함으로써 생긴 손해
- 공인되지 아니한 특수 의료행위를 함으로써 생긴 손해
- 타인의 재물에 입힌 손해
- 원자핵물질의 방사선, 폭발, 방사능오염으로 생긴 손해
- 후천성 면역결핍증에 기인하여 발생하는 손해(추가특약으로 담보 가능함)
- 피보험자의 부정, 사기, 범죄행위 또는 음주 상태나 약물복용 상태에서 의료행위를 수행함으로써 생긴 손해

71 정답 l ③

임원배상책임보험은 임원의 부당행위로 제3자에게 배상책임을 부담함으로써 입은 손해를 보상하는 보험이다.

72 정답 l ②

임원배상책임보험의 영문약관

Coverage A	임원배상책임조항 → 임원패소 시 임원의 배상금 등을 담보	• 임원 개인을 대상으로 하는 보험 • 본문약관에서 담보
Coverage B	회사보상책임조항 → 임원패소 시 회사가 보상하는 부분 담보	
Coverage C	법인담보조항 → 유가증권소송에만 적용	법인을 대상으로 하는 보험

73 정답 l ④

결함 제품으로 인해 인적 피해를 입은 소비자에 대한 손해배상금은 생산물배상책임보험에서 보상한다.

리콜보험의 회수비용
- TV나 라디오 등의 광고매체를 통한 광고, 통신비용
- 추가 인건비 및 편의시설 제공비용
- 정규직원에게 제공한 시간 외 작업비용
- 회수를 위한 운송비
- 회수된 제품의 결함 여부 확인, 검사비용

74 정답 l ②

환경오염피해가 발생하면 고의 또는 과실을 따지지 않고 해당 시설의 사업자가 그 피해를 배상하도록 하는 <u>무과실책임주의</u>를 적용한다.

75 정답 l ③

피보험자가 소유, 사용, 관리하는 다중이용시설의 화재, 폭발로 인하여 타인의 신체손해나 재물손해가 발생한 경우이에 대한 법률상 손해배상금, 제반 비용을 보상한다. 화재배상책임보험은 '화재, 폭발'을 담보하고, 재난배상책임보험은 '화재, 폭발, 붕괴'를 담보한다.

▶ PART 04 | 해상보험 [76~100]

76 정답 l ④

해상보험은 개별요율 중 판단요율을 주로 사용한다. 판단요율은 전문적인 언더라이터가 요율을 결정하는 방식이며, 대수의 법칙을 적용하기 곤란하거나 보험인수 경험이 없는 물건 등에 사용된다.

77 정답 l ③

협정보험가액은 계약당사자만을 구속할 뿐 제3자에게는 구속력이 없다.

78 정답 l ③

ITC-Hulls(1983)에서는 충돌손해배상금의 <u>3/4</u>를 지급하는 반면, <u>계선보험과 건조보험</u>에서는 충돌배상책임이 발생할 경우 충돌배상손해배상금의 <u>4/4</u>를 지급한다.

79 정답 l ③

P&I보험은 화물, 선원, 충돌 등에 관련된 해상배상책임보험이며, 회수불능의 채권, 도산 및 대리인의 사기행위로 발생한 손해는 보상하지 않는다.

80 정답 l ①

'충돌, 추락, 지진, 풍수재, 도난 등 우연한 사고에 의한 손해'와 '항공기가 행방불명되어 비행개시일로부터 60일이 경과하여도 소식을 알 수 없을 때'에는 보상한다.

81 정답 l ③

구약관 ICC(A/R)의 면책사항은 '<u>MIA 제55조상의 법정면책위험과 SG Policy의 이탤릭체약관의 부담보약관</u>'으로 규정된다.

82 정답 | ③

WA 3%는 프랜차이즈 공제방식을 적용하므로 100억의 3%인 3억을 기준으로 판단하는데 7억은 3억보다 크기 때문에 7억을 모두 보험자가 부담한다.

83 정답 | ④

위험변동이 있을 경우 제1조 운송약관은 추가보험료의 징수 없이 또는 제2조 운송종료약관과 제4조 항해변경약관은 추가보험료의 징수를 요건으로 담보를 계속한다.

84 정답 | ④

신협회적하약관 MAR Form의 본문약관은 '준거법약관, 타 보험약관, 약인약관, 선언약관'으로 구성되며, 준거법약관과 약인약관은 구증권과 공통사항이며, 타 보험약관은 신증권에만 있다. 난외약관은 본문약관이 아닌 것을 의미한다.

85 정답 | ②

보험이익불공여약관은 당해 보험이 운송인 또는 수탁자에게 이익이나 혜택을 주어서는 안 된다는 것을 규정한 약관이다.

86 정답 | ④

파손을 담보받고자 하는 경우 피보험자는 보험자가 정한 일정율의 Excess 적용을 선택하여야 한다. 즉, 5% 초과 파손을 선택하였다면 적하의 7%가 파손(Breakage)된 경우 5% 초과분인 2%만 담보 받게 된다.

87 정답 | ④

생동물약관 : 생동물의 사망을 담보하며 검역소에서 30일을 한도로 담보되며, 최종목적지의 수하주에게 인도될 때까지 그리고 도착 후 7일 동안의 사망위험까지 담보된다.

88 정답 | ③

FPL은 분손부담보이지만 Stranding, Sinking, Burning, Collision, Explosion **알기 SSBCE** 으로 인한 분손은 보상한다. 단, heavy Weather의 경우 전손은 보상하지만 분손은 보상하지 않는다.

89 정답 | ④

제1조 항해약관 제3항에 따르면 해체대상 선박의 항해 중 손상은 해체선의 고철 가격으로 제한되지만 충돌배상, 공동해손, 구조 관련 클레임은 정상적인 가격으로 보상받는다.

90 정답 | ④

제5조 양도약관(Assignment)은 MIA에 따른 자유로운 양도를 제한하는 약관이다.

91 정답 | ④

차축의 파손 및 잠재하자로부터의 결과 손은 보상하지만, 차축의 파손 및 잠재하자가 있는 부분의 자체손 또는 교체비용은 보상하지 않는다. 단, 특약으로 보상이 가능하다.

92 정답 | ③

제8조 3/4 충돌손해배상책임은 쌍방과실의 경우 선주가 상대방에게 지급한 금액이 있다면 해당 금액을 상쇄시키지 않고 지급한다.

93 정답 | ③

선박의 시장가액이 협정보험가액을 초과하는 경우의 손해방지비용은 선박의 시장가액에 대한 보험가입금액의 비율에 따라 비례 보상한다.

94 정답 | ②

- ICC(A)는 신약관 제6조 전쟁면책 약관에서 '해적행위 제외'라는 문구를 포함하여 담보한다.
- ITC-Hulls(1983) 제6조 위험 약관에서는 해적을 상당한 주의의무 부담을 전제로 담보하며, 지상약관 제23조 전쟁면책약관에서 '해적행위 제외'로 담보하고 있다.

95 정답 | ④

EXW은 매도인이 공장인도 시 인도비용 부담, FOB은 매도인이 본선인도 시 인도비용 부담, CFR은 매도인이 인도비용과 운임을 부담한다.

96 정답 | ④

상업과실과 불감항은 부책, 항해과실은 면책이다.

97 정답 | ①

- 현실전손(Actual Total Loss) → 법률적인 전손, 물리적인 전손, 사실상의 전손
- 추정전손(Constructive Total Loss) → 법률적인 전손, 상업적인 전손, 관습상의 전손

98 정답 | ③

특별비용(particular charge) 또는 단독비용이라고 한다.

PART 01
PART 02
PART 03
PART 04
PART 05
PART 06

99 정답 | ③

공동해손분담금은 공동해손행위로 인해 재산이 구조된 당
사자들이 그들이 받은 혜택의 정도에 따라 공동해손손해를
분담하는 금액을 말한다. 단, 공동해손기금은 공동해손분담
금의 합계액을 의미한다.

100 정답 | ③

보험증권 원본, 선하증권 원본, 포장명세서, 상업송장, 귀책
사유자에 대한 사고통보서한 및 회신, 본선협정서, 입고협
정서 등이 필수제출서류에 해당한다. 단, 용선계약서는 요
청 가능 서류이다.

실전모의고사 정답 및 해설

PART 01

PART 02

PART 03

PART 04

PART 05

PART 06

01	02	03	04	05	06	07	08	09	10
②	②	④	③	③	③	③	①	③	④
11	12	13	14	15	16	17	18	19	20
②	③	③	④	④	①	①	②	③	②
21	22	23	24	25	26	27	28	29	30
①	④	③	①	①	③	①	②	②	③
31	32	33	34	35	36	37	38	39	40
③	③	④	②	④	④	①	③	③	④
41	42	43	44	45	46	47	48	49	50
②	②	③	①	③	④	①	②	②	①
51	52	53	54	55	56	57	58	59	60
①	①	①	②	②	①	④	③	④	④
61	62	63	64	65	66	67	68	69	70
④	④	③	④	①	③	②	④	②	②
71	72	73	74	75	76	77	78	79	80
④	④	④	④	③	④	④	③	④	④
81	82	83	84	85	86	87	88	89	90
③	③	②	④	①	②	③	②	①	③
91	92	93	94	95	96	97	98	99	100
④	②	③	①	④	③	①	②	①	①

▶ PART 01 　 재산보험 [01~25]

01 　　　　　　　　　　　　　　　　　정답 | ②

피보험자 소유의 옥외 또는 실외에 쌓아둔 동산은 보험증권에 기재하여야만 보험의 목적에 포함되는 명기물건에 해당한다.

보험목적의 범위

당연가입물건		명기물건	제외물건
건물	가재도구		
• 부속물 : 칸막이, 대문, 담 등 • 부속설비 : 전기, 가스, 난방 등 • 부착물 : 간판, 선전탑 등 모두 <u>피보험자 소유</u>	피보험자 또는 같은 세대원의 소유물	• 통화유가증권, 인지 등 • 귀금속, 귀중품 (점당 300만원 이상) • 글, 그림, 골동품 등 • 원고, 설계서, 도안 • 실외, 옥외에 쌓아둔 동산	동식물 교통승용구 토지 교량 등

02 　　　　　　　　　　　　　　　　　정답 | ②

피보험자 또는 그와 같은 세대에 속하는 사람의 소유물은 당연가입물건에 해당하고, 나머지는 명기물건에 해당한다.

03 　　　　　　　　　　　　　　　　　정답 | ④

화재가 발생했을 때 생긴 도난 또는 분실로 인한 손해는 보상하지 않지만 <u>직접손해, 소방손해, 피난손해</u>는 보상한다.

04 　　　　　　　　　　　　　　　　　정답 | ③

잔존물제거비용은 해체, 청소, 상차에 드는 비용은 보상하고 하차하는 데 소요되는 비용은 보상하지 않는다.

05 　　　　　　　　　　　　　　　　　정답 | ③

보상하는 비용손해로는 <u>잔존물 제거비용, 손해방지비용, 대위권 보전비용, 잔존물 보전비용, 기타협력비용</u>이 있다.

06
정답 | ③

① 지진위험담보 특별약관 : 지진 또는 분화로 생긴 화재 및 그 연소손해를 보상하며, 붕괴나 파묻힘 등의 손해도 보상한다.
② 전기위험담보 특별약관 : 전기기기 또는 장치에 발생한 자연열화의 손해 또는 안전장치의 기능상 손해는 보상하지 않는다.
④ 냉동(냉장)위험담보 특별약관 : 냉동(냉장)장치 또는 설비의 고장이 아닌 화재로 냉각설비가 파괴, 변조되어야 한다.

07
정답 | ③

국문화재보험은 물리적 폭발이 아닌 화학적 폭발의 경우 보상한다.

08
정답 | ①

- 확장(Ⅰ) 특별약관 : 폭발, 폭풍, 우박, 항공기, 차량, 연기에 의한 손해를 담보한다(→ 수재손해는 담보 안 함).
- 확장(Ⅱ) 특별약관 : 확장(Ⅰ) 특별약관에 '소요, 노동쟁의, 항공기 및 차량위험 특별약관'을 추가한다.

09
정답 | ③

강도, 절도로 생긴 도난, 훼손 또는 망가짐 손해 외에도 도난품을 도로 찾는 데 소요된 정당한 비용을 보상한다. 도난보험에서는 목적물을 돌려받을 수 있다.

10
정답 | ④

재조달가액 보장 특별약관은 시가기준의 보상은 실제 피해물을 복구하기 위하여 소요되는 재조달비용과 보험금과의 차액을 피보험자가 부담해야 하므로, 보험금을 재조달가액으로 보상할 목적의 특약으로써 건물, 시설, 기계장치, 집기비품, 공기구에 적용하며, 재고자산이나 명기물건은 제외한다.

11
정답 | ②

현행 특수건물 소유자의 손해배상책임은 대인배상은 피해자 1인당 사망 및 후유장해는 1억 5천만원, 부상은 3천만원, 대물배상은 1사고당 10억원을 한도액으로 한다.

12
정답 | ③

- 공장건물 및 재고자산이므로 80% 부보비율을 적용하지 않는다.
- 건물 손해액의 경우 20억원×(50억원/100억원)=10억원
- 재고자산 손해액의 경우 100억원×(200억원/200억원)=100억원

13
정답 | ③

보험의 목적

보험의 목적	제외물건
• 개인용 가재도구 • 사무실 집기비품 • 공장 내 재고자산 • 리스물건(임대회사의 리스기계 등) • 중장비 건설기계 • 전시품 및 전시상품 등 제외물건을 제외한 모든 유체동산	• 수용장소가 특정되어 있는 상품 • 차량, 선박, 항공기 • 공장 내에 장치된 기계(리스업자의 물건 제외) • 특정 구간 수송 중의 위험만을 대상으로 하는 동산 • 특정 장소 내의 가재포괄계약 • 동물, 식물 • 하나의 공장구 내에만 소재하는 동산 포괄계약

14
정답 | ④

건물의 붕괴, 누손/비, 눈, 담수 등의 수해(태풍, 홍수, 범람 ×)/연기손해는 '잡위험'에 해당한다.

15
정답 | ④

동산종합보험은 담보위험열거(Named Perils)에서 전위험담보(All Risks Cover) 방식으로 보험계약자의 수요가 바뀌어 감에 따라 모든 우연한 사고를 보상하는 포괄담보약관으로 규정되어 있다.

16
정답 | ①

거대규모로 일시에 보험시장에 접근함으로써 협상력에 우위를 확보하여 보험료를 인하할 수 있다.

17
정답 | ①

보험의 목적(범위)

당연가입물건	제외물건
• 피보험자 소유의 물건 → 부동산과 동산 • 피보험자가 책임을 부담하는 타인의 물건 → 부동산과 동산	• 동식물 • 교통승용구 • 토지 • 통화, 유가증권, 귀중품 • 조립공사, 철거공사, 시운전위험 • 지하물건 • 해상물건 • 운송물건 • 촉매 및 소모성 물건 ※ 통상적인 유지정비에 필요한 시운전기계장치는 가입이 가능

18

기계적 사고가 발생하는 원인에 대한 보험증권상의 규정

- 재질, 설계, 건설, 조립상의 결함
- 진동, 조절 불량, 부품의 느슨함, 윤활 기능 결함, 수충현상, 안전장치의 고장, 기계장치의 오작동
- 과 · 부전압, 전열체의 하자, 단락, 누전, 방전 등
- 종업원 또는 제3자의 능력 부족, 기술 부족, 부주의
- 추락, 충격, 충돌, 이물질의 유입 또는 방해

19

정답 | ③

중복보험이 될 경우, 본 보험은 후순위로 적용되어 타 보험의 초과액만을 담보한다.

20

정답 | ②

① 피보험자가 복구를 하지 않을 경우 시가로 보상한다.
③ 피보험자는 추가 재산이 발생한 경우 그 명세를 2개월 내에 보험사에 제출하여야 한다.
④ 동산의 가입금액은 동종 · 동질의 것으로 대체 시 비용으로 하되 제비용 및 세금은 포함한다.

21

정답 | ①

급작스럽고 예기치 못한 오염사고에 한하여 담보하며, 점진적이고 누적적으로 진행된 오염이나 오탁사고를 보상하지 않는다.

22

정답 | ④

보험회사가 손해를 보상한 경우에는 보험가입금액에서 보상액을 뺀 잔액을 손해가 생긴 후의 나머지 보험기간에 대한 잔존보험가입금액으로 하는 것이 아니라 자동복원된다.

23

정답 | ③

재보험자가 원보험자의 개별 청약에 대하여 인수 여부를 결정하는 것은 임의재보험이다.

24

정답 | ①

가장 기본적인 재보험거래방식으로 특약의 업무처리가 간단하고 소규모 보험계약에 주로 활용되며, 재보험사 입장에서는 원보험사의 역선택의 위험이 없다는 장점이 있다.

25

정답 | ①

- US$ 500,000을 초과한 추가 US$ 1,000,000까지 특약 한도가 설정되어 있으므로 각각 A : US$ 250,000, B : US$ 500,000, C : US$ 700,000이 특약지급대상금액이 된다.
- 초과손해액재보험특약(Excess of Loss Reinsurance Treaty)은 연간누적자기부담금을 초과하는 금액에 대하여 재보험금을 지급한다.
- 지급 받을 재보험금=(250,000+500,000+700,000)− 1,000,000=US$ 450,000

PART 02 | 특종보험 [26~50]

26

정답 | ③

공사 목적물 및 공사 가설물의 손해는 보상하는 손해이지만 나머지는 위약금 및 공사지연 손해, 재고조사 시 발견된 손해, 설계결함으로 인한 손해는 보상하지 않는 손해이다.

27

정답 | ①

공사용 가설물은 기본담보(자동가입)이며 공사용 중장비, 공사용 기계기구, 잔존물제거비용은 선택담보이다.

보통약관

기본담보(자동담보)	선택담보(증권에 기재 필요)
• 공사 목적물 → 건물, 구축물, 부대설비 • 공사용 가설물 → 비계, 거푸집	• 공사용 기계, 중장비 • 제3자 배상책임 • 잔존물제거비용 • 상실이익

28

정답 | ②

재물손해조항

보상하는 손해	보상하지 않는 손해
• 공사수행 중의 작업 잘못 • 피보험자의 종업원, 제3자의 취급 잘못 또는 악의적 행위 • 화재, 낙뢰, 폭발, 파열 • 누전, 합선 등 전기적 사고 • 도난 • 지면의 내려앉음, 사태, 암석 붕괴 • 폭풍우, 태풍, 홍수, 범람 등 자연재해 • 차량항공기와의 충돌 또는 그로 인한 낙하물 • 기타 면책에 속하지 않는 위험	• 벌과금, 공사지연손해, 성능 부족 등 간접손해 • 설계결함(직접손해는 면책, 간접손해는 특별약관으로 담보 가능함) • 재질, 제작결함(직접손해는 면책, 간접손해는 보통약관으로 담보) • 마모, 침식, 산화 등 • 공사용 기계의 기계적, 전기적 사고 • 재고조사 시 발견된 손해

PART 01

PART 02

PART 03

PART 04

PART 05

PART 06

29 정답 | ②

제작자결함담보 특별약관은 조립보험의 특별약관에 해당한다.

특별약관
- 설계결함담보
- 확장유지담보
- 특별비용담보
- 항공운임담보
- 교차배상책임특약
- 주위재산담보
- 진동, 지지대 철거 및 약화에 관한 특약

30 정답 | ③

토목공사금액이 전체의 1/2 이하인 경우 조립공사와 관련된 기초토목공사 및 건축공사는 조립보험의 담보대상이 된다.

31 정답 | ③

설계, 주조, 재질, 제작의 결함에 의한 사고로 보험목적물에 입힌 손해는 보통약관에서 담보하지 않는다. 단, 제작자결함담보 특별약관에서 설계, 주조, 재질, 제작의 결함에 의한 사고로 보험목적물에 입힌 손해를 보상한다(→ 결함을 제거하거나 교정하는 데 소요되는 비용은 보상하지 않음).

32 정답 | ③

보험기간의 종기는 '마지막 날 24:00 또는 조립 완료 시점(시운전이 끝난 시점)' 중 빠른 시점에서 보험기간이 종료된다.

33 정답 | ④

조립보험에서 보험의 종기는 일반적으로 시운전이 완료된 시점이지만 중고품인 경우는 시운전이 시작되는 때이며, 그리고 조립보험은 보통약관으로 시운전위험을 담보한다.

34 정답 | ②

제작자결함담보 특별약관은 설계, 주조, 재질, 제작의 결함에 의한 사고로 보험목적물에 입힌 손해를 보상한다(→ 결함을 제거하거나 교정하는 데 소요되는 비용은 보상하지 않음).

35 정답 | ④

예비부품은 별도 명기하여야 하고, 연료 윤활유는 특약으로 가입하여야 보험의 목적이 된다.

36 정답 | ③

기계보험의 보험의 목적에서 제외되는 것
- 소모성 부품류나 마모 또는 감가율이 높은 것
- 공구류나 형류
- 연료, 윤활유, 냉매 등 조작유

37 정답 | ①

잔존물제거비용은 분손일 경우는 보상하지 않는다(→ 분손의 경우신품조달가액으로 보상하기 때문에 잔존물제거비용이 발생하지 않음).

38 정답 | ③

- 기계보험은 보험가액이 아닌 신품조달가액을 사용한다.
- 손해액=(3,000만원−1,000만원)×(1억원/2억원)−400만원=600만원

39 정답 | ③

① 수탁물배상책임 특별약관으로 도난위험에 대한 담보가 가능하다.
② 동산담보특약은 모든 유체동산을 담보하지만 동물과 식물, 자동차, 귀금속이나 귀중품 등의 명기물건은 제외된다.
④ 현금 및 유가증권 특별약관이므로 모두 특약에서 보장한다.

40 정답 | ④

피보험자의 가족, 친족, 동거인, 당직자 등이 행하거나 가담 또는 묵인한 도난행위는 보상하지 않는다.

41 정답 | ②

화재, 폭발은 금융기관종합보험(BBB)에서 보상하지 않는다.

보상하는 손해(Insuring Clauses)

Fidelity(직원의 부정행위)	Securities(유가증권손해)
On Premises (사업장 내 사고)	Counterfeit Currency (위조화폐손해)
In Transit (운송 중 사고)	Office/Contents (건물 및 집기비품손해)
Forgery/Alteration (위조 및 변조손해)	Legal Fees (소송비용)

42
정답 | ②

몸값을 건네주러 가던 중 사고는 보상한다.

납치보험의 보상하지 않는 손해

- 무력 등의 위협으로 몸값을 본인이 직접 건네준 경우(→ 몸값을 건네주러 가던 중 사고는 보상)
- 협박이 처음 있었던 장소에서 몸값을 지불한 경우(→ 몸값을 건네주러 가던 중 사고는 보상)
- 피보험자의 사기적, 범법적 행위
- 24시간 미만의 감금, 피보험자의 범죄행위로 인한 감금, 이민 등 허가서류 미비로 인한 감금, 정부나 군의 업무수행에 따른 감금

43
정답 | ③

- 골프보험은 장기보험으로도 인가·판매되고 있다(나머지는 일반보험으로 판매).
- 구내에 있는 사고만을 담보하는 보험은 골프보험, 수렵보험, 테니스보험이다.
- 해외여행자보험은 보통약관상 상해위험만을 담보한다(→ 종합보험이 아님).

44
정답 | ①

언더라이팅 시 고려사항

Open Panel 방식	피보험자가 변호사를 지정 → 도덕적 위험이 가장 큼
Closed Panel 방식	보험자가 사전 승인한 변호사 중 피보험자가 선택
절충식 방식	피보험자가 선임하고, 보험자에게 사후승인을 받음

45
정답 | ③

다른 보험에서 보상하는 손해에 대해서는 면책이다.

46
정답 | ④

보험기간 중 경매 등 공개시장에서 가격평가를 받은 경우 해당 가액과 보험증권상 기재한 보상한도금액 중 낮은 가격으로 보상한다.

47
정답 | ①

설정한 보상한도액이 사고 시 피보험자의 실제 순손실보다 적을 경우, 보험회사는 일부 보험의 원칙을 적용하여 비례 보상하도록 한다.

48
정답 | ②

언더라이팅 시 강우량 및 강설량과 같은 기상결과를 기준으로 담보하는 경우, 과거 30년 또는 그 이상의 기상관측자료를 고려하여 보험조건을 정한다.

49
정답 | ②

송금 제한/몰수 또는 수용/계약위반/전쟁, 폭동위험은 보상한다.

주요 면책사항

- 현지 국가의 법률을 위반함으로써 발생하는 손해
- 피보험자 및 거래 상대방의 재정부실로 인한 손해
- 정부기관을 포함하여 계약상 정당한 권리자의 권리행사로 기인한 손해
- 피보험자가 프로젝트 계약상 의무를 이행하지 못하여 발생하는 손해
- 환율 변동이나 평가 절하로 인한 손해
- 현지 법률 및 세법에 따라 정상적으로 부과된 세금
- 방사능오염손해

50
정답 | ①

컨틴전시 보험의 언더라이팅이 어려운 이유

- 위험에 대한 기초통계의 부족으로 합리적인 요율산정이 불가능하다.
- 특정 위험의 경우에는 과거 경험통계가 전혀 없을 수도 있다.
- 평가하기 어려운 도덕적 위험이 숨겨있을 수 있다.
- 표준화된 위험이 아니기 때문에 위험의 역선택이 있을 수 있다.
- 담보하는 위험기간이 1년을 초과하는 경우가 많다.
- 손해사정에 장기간이 걸릴 수 있으며 손해사정인력이 부족하다.
- 보험의 한계(도박성 또는 보험기간의 무한)에 도전하는 경우가 발생한다.

PART 01

PART 02

PART 03

PART 04

PART 05

PART 06

51　정답 | ①

보관자배상책임보험은 보험의 목적이 존재하므로 피보험이익의 평가액인 보험가액이 존재하지만, 일반 배상책임보험의 피보험이익은 금액을 평가할 수 없어 피보험자의 적극적, 소극적 전재산 관계가 된다.

52　정답 | ①

사고 발생기준은 IBNR의 규모 측정이 어려워 요율을 보수적으로 산출할 뿐만 아니라 준비금 계상에 어려움이 있기 때문에 불합리한 보험요율 산정 및 적정선보다 과다한 책임준비금의 적립문제는 사고 발생기준의 단점에 해당한다.

53　정답 | ①

자동차손해배상책임보험은 사고발생기준(occurrence basis)을 사용한다.

담보기준

사고발생기준증권	화재보험, 상해보험, 자동차보험 등 대부분의 보험 종목
배상청구기준증권	의사배상책임보험, 회계사배상책임보험 등
사고발견기준증권	금융기관종합보험, 일부 범죄보험 등

54　정답 | ②

임의배상책임보험과 의무배상책임보험

임의배상책임보험	의무배상책임보험
• 시설소유관리자배상책임보험 • 생산물배상책임보험 • 임원배상책임보험 • 풍수재보험	• 가스배상책임보험 • 다중이용업소 화재배상책임보험 • 재난배상책임보험 • 수련시설배상책임보험 • 유도선사업자배상책임보험 • 개인정보보호배상책임보험 • 승강기사고배상책임보험

55　정답 | ②

시설소유관리의 주된 업무가 고객의 요구에 따른 기계 설치, 수리, 건축과 같이 시설 밖에서 수행하는 공사의 경우는 도급업자배상책임보험으로 담보한다.

56　정답 | ①

시설소유관리자 특별약관의 보상하지 않는 손해

• 피보험자가 소유, 점유, 임차, 사용하거나 보호, 관리, 통제하는 재물에 대한 손해(→ 보관자배상책임보험에서 담보)
• 시설의 수리, 개조, 신축 또는 철거작업으로 생긴 손해배상책임(→ 통상적인 유지보수로 생긴 손해에 대한 배상책임은 보상)
• 피보험자가 양도한 시설로 생긴 손해 또는 시설 자체의 손해에 대한 배상책임
• 피보험자의 점유를 벗어난 음식물이나 재물 자체의 손해에 대한 배상책임(→ 차량주유소에서 발생하는 혼유사고로 인해 발생한 손해에 대하여 예외적으로 보상)
• 작업의 종료 또는 폐기 후 작업의 결과로 부담하는 손해에 대한 배상책임 및 작업건물자체의 손해에 대한 배상책임(→ 생산물배상책임보험에서 담보)

57　정답 | ④

시설소유관리자 특별약관에 대한 설명이다. 시설소유관리자의 배상책임 담보위험은 "시설을 소유, 임차, 사용 또는 보호, 관리, 통제하는 시설에 기인된 사고뿐만 아니라 그러한 시설을 이용하여 수행하는 업무활동에 기인한 사고"를 포함한다.

58　정답 | ③

• 순수하게 보관자배상책임만 담보하는 경우 → 창고업자, 임차자특약, 화재배상특약
• 제3자배상책임 및 보관자배상책임을 동시에 담보하는 경우 → 주차장특약, 차량정비업자 특약, 항만하역업자(싸이로), 경비업자

59　정답 | ④

창고업자 특별약관(Ⅰ)에서 보상하는 손해

• 창고업자 특약 Ⅰ → 열거주의
　수탁화물이 화재(낙뢰 포함), 폭발, 파손, 강도 및 도난으로 생긴 손해로 열거하여 담보
• 창고업자 특약 Ⅱ → 포괄주의
　담보위험을 열거하지 않고 우연한 사고로 수탁화물에 입힌 손해를 담보

60　정답 | ④

• 순수하게 보관자배상책임만 담보하는 경우 → 창고업자, 임차자특약, 화재배상특약
• 제3자배상책임 및 보관자배상책임을 동시에 담보하는 경우 → 주차장특약, 차량정비업자 특약, 항만하역업자(싸이로), 경비업자

61

정답 | ④

도급업자배상책임보험에서 담보하는 위험은 피보험자가 보험증권에 기재된 작업의 수행 또는 작업수행을 위해 소유, 사용, 관리하는 시설로 생긴 우연한 손해를 말한다.

62

정답 | ④

피보험자의 수급인이 수행하는 작업으로 생긴 손해에 대한 배상책임은 면책사항이며, 이 특약을 첨부하여 담보할 수 있다.

63

정답 | ③

재물손해라 함은 물리적으로 망그러뜨려진 유체물의 직접 손해와 그 유체물의 사용 불능으로 생긴 간접손해 및 물리적으로 손괴되지 않은 유체물의 간접손해를 말한다.

64

정답 | ④

생산물이 본래의 용도로 사용된 후에 그 생산물의 결함으로 급격하고 우연하게 물리적으로 파손되어 다른 재물이 입은 사용손실에 대한 배상책임이 생산물배상책임보험에서 '보상하는 손해'이다.
①은 생산물보증책임보험, ②는 생산물하자배상책임보험, ③은 생산물회수비용보험에서 보상한다.

65

정답 | ①

② 기여과실은 피해자에게도 사고에 기여한 과실이 있는 경우 가해자는 배상책임이 없다고 주장하는 법리이다.
③ 비교과실은 모두 과실이 있는 경우 피해자의 과실비율을 고려하여 책임을 정하는 방법이다.
④ 최종적 명백한 기회는 가해자가 사고를 방지할 수 있는 마지막 기회가 있었다면 가해자가 배상해야 한다는 것을 말한다.

66

정답 | ②

시설소유관리자 배상책임 특약과 도급업자 배상책임 특약은 일반불법행위책임+특수불법행위책임이고, 보관자 배상책임 특약과 전문직업 배상책임 특약은 일반불법행위책임+채무불이행책임이다.

67

정답 | ③

의사 및 병원배상책임보험에서 보상하지 않는 손해
• 무면허 또는 무자격의 의료행위로 생긴 손해
• 의료결과를 보증함으로써 가중된 배상책임
• 피보험자의 친족에게 입힌 손해
• 피보험자의 지시에 따르지 않은 피보험자의 피용인이나 의료기사의 행위로 생긴 손해

• 미용 또는 이에 준하는 것을 목적으로 한 의료행위 후 그 결과로 생긴 손해
• 타인의 명예를 훼손하거나 비밀을 누설함으로써 생긴 손해
• 공인되지 아니한 특수 의료행위를 함으로써 생긴 손해
• 타인의 재물에 입힌 손해
• 원자핵물질의 방사선, 폭발, 방사능오염으로 생긴 손해
• 후천성 면역결핍증에 기인하여 발생하는 손해(추가특약으로 담보 가능함)
• 피보험자의 부정, 사기, 범죄행위 또는 음주 상태나 약물 복용 상태에서 의료행위를 수행함으로써 생긴 손해

68

정답 | ④

피보험자의 법적 전문업무 권한을 벗어난 행위에 기인한 사고가 발생한 경우는 면책조항에 해당한다.

69

정답 | ②

보험기간 중에 이미 퇴임한 임원 및 새로 선임한 임원도 포함하나 개시일 이전에 퇴임한 임원은 대상이 아니다.

70

정답 | ②

① 주주대표소송은 특별약관에서 담보한다.
③ 피보험자가 사적 이득을 취하거나 범죄행위로 인한 배상 청구는 보상하지 않는다.
④ 보험기간 중에 이미 퇴임한 임원 및 새로 선임한 임원도 포함하나 개시일 이전에 퇴임한 임원은 대상이 아니다.

71

정답 | ④

사기, 횡령, 배임 등의 형사범죄는 제외된다.

부당행위(Wrongful Act)
• 직무상 의무 불이행(Breach of Duty)
• 부정확한 진술(Misstatement)
• 선관주의의무 위반(Neglect)
• 허위진술(Misleading Statement)
• 부작위(Omission)

72

정답 | ④

리콜보험의 담보손해의 범위
회수비용/상실이익/상표신용회복 비용/대체비용/자문비용/협상금
암기 회상상대자협상

73

정답 | ③

피보험자의 중과실이 아니라 계약자, 피보험자 또는 이들의 법정대리인의 고의로 생긴 손해를 보상하지 않는다.

PART 01

PART 02

PART 03

PART 04

PART 05

PART 06

74 정답 | ④

개인정보보호 배상책임보험 약관의 담보기준은 보험기간 중에 최초로 제기된 손해배상 청구에 대하여 보상하는 배상청구기준 약관으로서, 소급담보일자를 반드시 두어야 한다.

75 정답 | ①

벌금 및 과태료는 특별약관에서도 보상하지 않는다.

기업 중대사고 배상책임보험 특별약관
- 징벌적 손해배상책임 특별약관
- 중대사고 형사방어비용 특별약관
- 기업 중대사고 위기관리실행비용 특별약관
- 민사상 배상책임 보장제외 특별약관
- 공중교통수단 보장확대 특별약관
- 오염손해 보장확대 특별약관

▶ PART 04   해상보험 [76~100]

76 정답 | ④

해상보험계약이란 보험자가 그 계약에 의하여 합의한 방법과 범위 내에서 해상손해, 즉 해상사업에 수반되는 손해에 대하여 피보험자에게 손해보상을 약속하는 계약이다(영국 해상보험법).

77 정답 | ③

해상보험은 'lost or not lost'의 요건이 적용된다. '멸실 여부를 불문하고' 조건으로 보험에 가입하는 경우는 계약체결시 이미 손해가 발생되었다 하더라도 피보험자가 손해발생 사실을 모르고 보험에 가입하는 경우는 보험증권상 보험자가 보상책임을 진다.

78 정답 | ④

묵시담보는 보험증권에 담보내용이 명시되지 않아도 피보험자가 반드시 충족시켜야 할 담보를 말하는데, MIA상 크게 감항담보와 적법담보로 구분한다.

79 정답 | ③

담보는 반드시 정확하게 충족되어야 하며, 정확히 충족되지 않을 경우 담보위반일로부터 보험자책임이 면제된다는 규정은 개정 전(MIA, 1906)의 내용이다.

80 정답 | ④

ITC-Hulls(1983)에서는 충돌손해배상금의 3/4을 지급하는 반면, 계선보험과 건조보험에서는 충돌배상책임이 발생할 경우 충돌배상손해배상금의 4/4를 지급한다.

81 정답 | ③

계선보험(Port Risk Insurance)은 일정한 항구에서 휴항을 하는 경우 즉 계선 중의 위험을 담보하는데, 선박의 충돌이나 선박에 의한 부두의 손상 등의 P&I 위험도 담보한다.

82 정답 | ③

해상 고유의 위험이란 '풍파의 이상적인 작용으로 파선, 침몰, 좌초, 교사, 충초, 충돌 및 선박과 적하의 행방불명 등'을 말한다.

83 정답 | ②

제4조 일반면책약관
- 피보험자의 고의적인 비행
- 피보험위험으로 인한 지연일지라도 지연을 근인으로 손해
- 보험목적물의 고유의 하자나 성질
- 보험목적물의 통상의 누손, 중량이나 용적상의 통상의 손해 또는 통상의 자연소모
- 보험목적물의 포장이나 준비의 불완전 또는 부적합(NEW)
- 선박의 소유자, 관리자, 용선자의 금전상의 채무불이행(NEW)
- 여하한 자의 불법행위에 의한 고의적 손상 또는 파괴(NEW)
- 일체의 핵 관련 무기의 사용(NEW)

84 정답 | ④

ICC(C)에서 담보하지 않는 위험 [알기] 지갑유포
- 지진, 화산의 폭발, 낙뢰
- 갑판 유실
- 본선, 부선, 선창, 운송용구, 콘테이너 등 보관장소에 해수, 호수 또는 하천수의 유입
- 본선이나 부선의 하역 중 낙하하거나 갑판에서 멸실된 매 포장당 전손

85 정답 | ①

- 원산지손해약관이라고 하며, 수입면화의 원산지손해를 담보한다.
- 선적을 위한 대기 중 원산지에서의 비나 지면의 습기에 의해 발생할 수 있는 비교적 경미한 손해를 원산지손해라 한다.
- 외항선 적재 전의 홍수, 해일, 호우로 인한 손해와 적재될 때의 명백한 손해에 대해서 면책이다.

86 정답 | ②

신협회적하보험약관 ICC(1982) 제15조 피보험자의무조항은 MIA 제78조의 피보험자의 손해방지의무, 구증권 본문상 손해방지약관, 구증권 제9조 수탁자약관의 문언을 수정·보완한 것이다.

87

신협회적하보험약관(ICC, 1982)의 제11조 피보험이익약관은 SG Policy 본문에서 명기하고 있던 "lost or not lost"의 효과 등을 유지하기 위하여 신협회적하보험 약관(ICC, 1982)에 이를 흡수하여 신설된 것이다.

88

정답 | ②

보험기간의 확장

구분	ICC(1982)	ICC(2009)
시기	화물이 운송개시를 위하여 보험증권에 기재된 장소의 창고를 떠날 때	운송이 창고(또는 보관창고) 내에서도 보험의 목적이 운송차량 또는 기타 운송용구에 적재를 위해 처음 이동될 때
종기	수하주 또는 최종창고나 보관장소에 인도된 때	최종창고 또는 창고 안에서 운송차량이나 기타 운송용구로부터 하역이 완료된 때

89

정답 | ①

- 적하약관에서는 ICC(A/R), ICC(A)는 포괄담보이고 나머지는 열거담보이다.
- 선박약관 ITC–Hulls(1983)는 열거담보이다.

90

정답 | ③

① FPL은 분손부담보이지만 Stranding, Sinking, Burning, Collision, Explosion **암기** SSBCE 으로 인한 분손은 보상한다. 단, heavy Weather의 경우 전손은 보상하지만 분손은 보상하지 않는다.
② 전손을 보상할 때 현실전손, 추정전손을 구분하지 않는다.
④ ITC 조건은 13개 항목에서 열거한 담보위험에서 발생한 손해일 경우 '전손/구조료/손해방지비용/공동해손/단독해손/충돌방지비용'을 모두 보상한다.

91

정답 | ④

항해 중 발생하는 부득이한 위험의 변경을 허용하는 경우

- 도선사 승선 여부와 관계없이 항행 가능
- 수선 전 또는 수선 후의 시운전도 가능
- 조난당한 선박 등의 임의구조, 인명구조를 위한 이로
- 관습상의 예인 또는 구조 필요상 최초의 가장 가까운 항구까지의 예인

92

정답 | ②

전손과 좌초 후 선저검사비용은 합리적으로 발생하였다면 손상 유무와 관계없이 공제를 적용하지 않고 보상한다.

93

정답 | ③

제13조 피보험자 의무약관(Duty of Assured)에 의하면 손해경감을 위해 합리적으로 발생한 비용은 보험자가 분담보상하고, '공동해손이나 구조비, 충돌손해배상을 방어 또는 청구하는 비용(3/4 충돌배상약관 적용)'은 보상해 주지 않는다.

94

정답 | ①

실손보상을 원칙으로 하는 해상보험에서는 신구교환차익을 공제하는 것이 관습이며, MIA 제69조에서도 선박수리부품의 교환으로 인한 신구교환차익을 공제하도록 규정하고 있으나, 본 약관에서는 신구교환차익의 공제 없이 보험금을 지급한다고 규정한다.

95

정답 | ④

제21조 선비담보약관도입의 취지에 대한 설명이며, 선비, 관리자의 수수료, 선체의 초과액에 대한 보험금은 동 보험증권에 기재된 가액의 25%를 초과할 수 없다.

96

정답 | ②

FAS, FOB, CFR은 매수인(수입상)이 부보하고 CIF, CIP, DPU는 매도인(수출상)이 부보한다.

97

정답 | ①

부선에는 선급약관이 적용되지 않는다.

98

정답 | ②

추정전손은 해상보험의 특유한 제도이다. 추정전손은 현실전손과 달리 보험금청구를 위하여 위부의 통지를 하여야 하는데 이것은 피보험자가 손해를 추정전손으로 처리하겠다는 의사표시의 방법이다.

99

정답 | ①

특별비용 또는 단독비용(particular charge)은 비용손해이자, 분손으로 분류된다.

100

정답 | ①

MIA 제78조 제4항의 규정에 따르면, '손해방지 또는 경감을 위해 합리적 조치를 취하는 것'은 어떠한 경우에도 피보험자 및 그 대리인의 의무이다.

PART
01

PART
02

PART
03

PART
04

PART
05

PART
06

제2회 실전모의고사 정답 및 해설 407

실전모의고사 정답 및 해설

01	02	03	04	05	06	07	08	09	10
④	②	①	③	③	②	③	①	②	②
11	12	13	14	15	16	17	18	19	20
②	②	④	③	②	④	④	①	①	④
21	22	23	24	25	26	27	28	29	30
①	②	③	②	①	①	②	④	④	①
31	32	33	34	35	36	37	38	39	40
①	①	②	②	④	②	②	①	②	②
41	42	43	44	45	46	47	48	49	50
③	③	④	④	③	④	①	④	③	②
51	52	53	54	55	56	57	58	59	60
④	①	③	④	②	③	③	③	③	③
61	62	63	64	65	66	67	68	69	70
③	④	③	③	①	④	①	④	④	②
71	72	73	74	75	76	77	78	79	80
③	①	③	④	③	①	②	④	②	④
81	82	83	84	85	86	87	88	89	90
③	②	①	③	④	①	④	①	①	④
91	92	93	94	95	96	97	98	99	100
③	①	①	④	④	③	③	③	①	③

PART 01   재산보험 [01~25]

01
정답 | ④

피보험자 소유의 간판, 네온사인, 안테나 등은 당연가입물건이고, 실외 및 옥외에 쌓아 둔 동산 및 글·그림, 골동품, 조각물 등은 명기물건으로 보험의 목적이 될 수 있다.

02
정답 | ②

기계의 폭발손해는 물리적 폭발이 아닌 화학적 폭발만을 보상한다.

03
정답 | ①

폭발로 생긴 다른 보험목적에 대한 화재는 보상한다.

화재보험 보통약관에서 보상하지 않는 손해
- 계약자, 피보험자 또는 이들의 법정대리인의 고의 또는 중대한 과실
- 화재발생 시의 도난 또는 분실손해
- 보험의 목적의 발효, 자연발열, 자연발화(→ 단, 다른 보험목적에 대한 화재는 보상)
- 화재로 생긴 것이든 아니든 파열 또는 폭발손해(→ 그 결과로 생긴 화재손해는 보상)
- 화재에 기인되지 않는 수도관, 수관 또는 수압기 등의 파열로 인한 손해
- 발전기, 여자기, 변압기 등의 전기적 사고로 인한 손해(→ 그 결과로 생긴 화재손해는 보상)
- 지진, 분화 또는 전쟁, 혁명, 내란, 노동쟁의 등의 손해
- 핵연료물질 관련 사고로 인한 손해
- 방사선, 방사능오염으로 인한 손해
- 국가 및 지자체의 명령에 의한 재산소각 및 이와 유사한 손해

04
정답 | ③

기타 협력비용은 일부보험 시 비례보상이 아닌 실손보상을 하며, 보험금과 이 비용의 합계액이 보험가입금액을 초과해도 보상한다.

05
정답 | ③

지진위험보장 특별약관의 면책 사유
- 도난 또는 분실손해
- 지진 또는 분화로 생긴 폭발 및 파열손해
- 지진 또는 분화로 생긴 해일, 홍수 그 밖의 수재손해

06
정답 | ②

기업휴지손해의 보험가액은 보험사고 발생 시 손해발생 직후 12개월의 매출계획에 따른 예상 매출액에 이익률을 곱하여 산출한 금액에 경상비(고정비)를 합한 금액을 말한다.

07 정답 | ③

① 보험의 목적이 화재로 입은 직접손해, 소방손해 및 피난손해를 보상하며, 피난손해는 다른 장소에서 발생하는 손해로써 보상의 대상이 된다.

② 사고현장에서의 잔존물 해체비용, 청소비용 및 차에 싣는 비용은 손해액의 10%를 한도로 지급하며, 약관에 따라 계산된 금액을 보험가입금액 한도 내에서 지급한다.

④ 보험회사의 요구에 따르기 위하여 지출한 비용은 보험가입금액을 초과해도 전액 지급한다.

08 정답 | ①

• 공장건물이므로 80% 부보비율을 적용하지 않는다.
• 손해액의 경우 5백만원×(8백만원/1천만원)=4백만원
• 풍수재위험담보 특별약관의 자기부담금은 50만원이다.
• 지급보험금=4백만원−50만원=350만원

09 정답 | ②

손해의 방지 또는 경감을 위하여 지출한 필요 또는 유익한 비용은 보험금과 이 비용의 합계액이 보험가입금액을 초과해도 보상한다.

10 정답 | ②

보험자가 보상한 금액이 피보험자가 입은 손해의 일부인 경우에도 보험자는 지급한 보험금의 범위 내에서 계약자 또는 피보험자가 제3자에 대하여 가지는 손해배상 청구권을 취득한다.

11 정답 | ②

• 건물의 경우 50백만원×(100백만원/250백만원의 80%)=25백만원
• 동산의 경우 50백만원×(100백만원/250백만원)=20백만원
• 손해방지비용의 경우 10백만원×(100만원/250만원의 80%)=5백만원

12 정답 | ②

• 손해액의 경우 20백만원×(100백만원/250백만원의 80%)=1,000만원
• 잔존물제거비용의 경우 3백만원×(100백만원/250백만원의 80%)=1백 5십만원
• 손해방지비용의 경우 2백만원×(100만원/250만원의 80%)=1백만원
• 총합계=1,000만원+1백 5십만원+1백만원=1천 2백 5십만원

13 정답 | ④

특수건물의 소유자가 화재로 타인(특수건물 소유주, 직계가족, 피고용인 제외)이 사망하거나 부상함으로 인하여 지는 배상책임손해(무과실책임)에 따라 피보험자가 부담할 손해를 보상한다.

14 정답 | ③

주택 건물 내 일시적으로 수용된 재고자산은 주택요율에 재고자산 할증요율을 부과한다.

15 정답 | ②

공지할인은 공장물건은 불가하고, 불연내장재할인은 일반물건만 가능하며, 방위산업체할인과 우량물건할인은 공장물건만 가능하다.

16 정답 | ④

보험목적의 수리, 청소 등의 작업 중에 작업상의 졸렬이나 기술의 졸렬로 생긴 손해는 보상하지 않는다.

동산종합보험에서 보상하는 손해 (암기) 화도폭파항건비연

• 화재, 벼락
• 도난
• 파손, 폭발, 파열
• 항공기와의 추락, 접촉/차량과의 충돌, 접촉
• 건물의 붕괴, 누손
• 비, 눈, 담수 등의 수해(태풍, 홍수, 범람 등의 풍수재는 보상 안 함)
• 연기손해

17 정답 | ④

보험목적의 수리, 청소 등 작업 중 과실 또는 기술의 졸렬로 생긴 손해 및 보험목적의 전기적 사고 또는 기계적 사고로 생긴 손해는 보상하지 않지만, 이것들로 인한 화재손해는 보상한다.

18 정답 | ①

원인의 직간접을 묻지 않고 태풍, 홍수, 해일, 범람, 폭풍우, 회오리바람 등 풍수재로 생긴 손해는 보상하지 않는 손해이다.

19 정답 | ①

피보험자 소유의 물건으로서 창고에 보관 중인 동산은 촉매 및 소모성 재료일지라도 당연가입물건이 된다.

PART 01
PART 02
PART 03
PART 04
PART 05
PART 06

20

정답 | ④

재산종합위험담보(Property All Risks)에서는 화재, 벼락 이외에 화학적 폭발의 경우에도 보상한다.

21

정답 | ①

가공, 생산 및 제조과정 중에 투입된 원자재는 피보험자 소유의 동산이 된다.

보험의 목적(범위)

당연가입물건	제외물건
• 피보험자 소유의 물건 → 부동산과 동산 • 피보험자가 책임을 부담하는 타인의 물건 → 부동산과 동산	• 동식물 • 교통승용구 • 토지 • 통화, 유가증권, 귀중품 • 조립공사, 철거공사, 시운전위험 • 지하물건 • 해상물건 • 운송물건 • 촉매 및 소모성 물건 ※ 통상적인 유지정비에 필요한 시 운전기계장치는 가입이 가능

22

정답 | ③

고객업체 확장담보조항(customer's extension clause)에 대한 설명이다.

23

정답 | ②

임의재보험은 원보험자의 역선택의 문제가 발생할 가능성이 높기 때문에 원보험자의 최대선의의 원칙이 중요하다.

24

정답 | ①

• 초과손해액 특약재보험은 위험당 또는 사고당 사고손해액을 기준으로 원수보험사와 재보험사 간의 책임을 분할하여 출재사의 보유손해액과 재보험자의 책임한도액을 약정하는 방식이다.
• 재보험자는 사고당 5억원을 초과하는 20억원의 90%(18억원)를 부담한다.
• 출재사(원수보험사)부담액=30억원-18억원(재보험자부담액)=12억원

25

정답 | ①

절차상의 차이에 따라 임의재보험과 특약재보험으로 분류하고, 보험료 배분과 책임분담 방법에 따라 비례적재보험과 비비례적재보험으로 구분한다.

PART 02 | 특종보험 [26~50]

26

정답 | ④

공사목적물에 대한 손해, 공사용 가설물에 대한 손해는 기본담보, 제3자 배상책임에 대한 손해는 선택담보이다. 단, 진동, 지지대의 철거 및 악화로 발생한 손해는 **특별약관**으로 보장한다.

사용약관(→ 국문약관은 독일식을 모델로 함)

구분	국문 및 독일식 약관	영국식 약관
진동, 지지대 약화 또는 철거로 인한 제3자 배상책임	특별약관으로 담보	보통약관으로 담보
설계결함으로 인한 사고손해	특별약관으로 주변손해 담보	보통약관으로 주변손해 담보

27

정답 | ④

자기부담금은 한 사고로 수 개의 보험목적이 각각 손해를 입은 경우 자기부담금 중 최고액을 차감한다.

28

정답 | ②

재물손해로 인한 사용불능 등의 간접손해에 대한 배상책임 손해는 면책이다.

배상책임조항의 보상하지 않는 손해

• 재물손해조항에서 담보하는 손해
• 진동, 지지대의 철거 또는 약화로 인한 손해(→ 특별약관으로 담보 가능함)
• 도급업자, 발주자 등과 그 가족에 입힌 상해나 질병
• 도급업자, 발주자 등이 소유, 보관, 관리하고 있는 재산의 손해
• 일반도로용 차량, 선박, 항공기의 사고
• 계약상 가중책임
• 재물손해로 인한 사용불능 등 간접손해

29

정답 | ④

담보조건이 동일하면 보험가입금액 비례분담방식을 사용하고, 담보조건이 다르면 지급보험금 비례분담방식(독립책임액방식)을 사용한다.

30

정답 | ②

조립작업의 결함으로 인한 손해는 보상하는 손해에 해당한다.

①, ③은 재물손해 담보조항에서 보상하지 않는 손해이며, ④는 배상책임 담보조항에서 보상하지 않는 손해이다.

31
정답 | ①

건설공사보험, 조립보험은 화학적 폭발을 담보한다(기계보험에서는 물리적 폭발을 담보).

32
정답 | ①

중고품의 경우 시운전 개념이 없으므로 시운전의 시작과 동시에 보험기간이 종료된다.

33
정답 | ②

손해액은 보험의 목적을 손해 발생 직전의 상태로 복구하는 데 소요되는 비용으로 하되, 재조달가격을 기초로 산정한다.

34
정답 | ②

각 보관단위당 20m 이상의 공지 거리나 방화벽으로 분리되어야 한다.

35
정답 | ④

국문 또는 독일식 건설공사보험에서는 특별약관을 첨부하여 담보하며, 이 경우 설계결함이 내재된 보험목적물의 직접적인 손해를 담보한다.

36
정답 | ②

기계 또는 물품의 결함 제거 및 교정에 소요되는 비용은 모두 직접손해로써 보상대상이 아니다.

37
정답 | ②

시운전이 끝난 기계이어야 한다.

보통약관상의 보험의 목적
- 기계이어야 한다. → 저장용 탱크(넓은 의미의 기계)같은 강구조물도 포함
- 가동 가능한 상태의 기계이어야 한다.
- 사업장 구내에 있는 기계이어야 한다.
- 시운전이 끝난 기계이어야 한다.
- 예비부품도 보험 목적이 가능하다.

38
정답 | ①

'폭풍우'는 보상하지만 '지진, 홍수 등 자연재해로 인한 손해'는 담보하지 않는다.

보상하는 손해
- 기계 자체의 결함으로 인한 손해
  - 설계, 주조, 재질, 제작상의 결함
- 운전 중 사고로 인한 손해
  - 보일러의 급수 부족
  - 물리적 폭발, 파열
  - 원심력에 의한 파손

- 근로자의 취급 부주의, 기술 부족
- 단락 등 전기적 현상, 폭풍우

39
정답 | ③

분손이라도 수리비가 시가보다 많은 경우 '추정전손'이라 하며 전부손해(시가)로 인정한다.

40
정답 | ②

수리에 필요한 기계부품을 신속히 조달하기 위한 항공운임을 위해 항공운임담보 특별약관에 가입해야 한다. 항공운임담보에서는 보상한도액을 설정하되 보험가입금액의 10%를 초과할 수 없고, 매 사고당 항공운임의 20%를 자기부담금으로 적용한다.

41
정답 | ③

항공운임담보 특별약관은 별도의 보상한도액을 설정하되, 보통약관상 보험가입금액의 10%를 초과할 수 없으며 매 사고당 자기부담금은 20%를 적용한다.

42
정답 | ③

자연재해 등의 사고에 대하여 72시간 동안에 발생한 여러 개의 손해를 1사고로 간주한다는 개념이다.

43
정답 | ④

부재담보 특별약관은 72시간 이상 비워둔 상태에서의 도난손해를 담보하는 특약이다.

44
정답 | ④

보관시설 파손담보 특별약관은 도난사고 시 보관시설이 파손된 경우 보험가입금액의 50% 한도 내에서 손해를 담보하는 특약이다.

45
정답 | ③

BBB는 다른 보험을 Primary Policy로 적용하고 이 보험을 Excess Policy로 적용한다고 규정하고 있다. 즉, 타 보험의 초과보험으로 적용한다.

46
정답 | ④

교통사고처리지원금 특별약관(자가용)은 자동차사고로 타인에게 상해를 입힌 경우 부담한 형사합의금을 교통사고처리지원금을 보상하며, 1인당 3천만원 한도로 한다.

PART 01
PART 02
PART 03
PART 04
PART 05
PART 06

47
정답 | ①

향후 1년간의 지적재산권의 변동 가능성은 '기본적으로 고려할 사항'에 해당하며 나머지는 언더라이팅 시 어려운 점에 대한 내용이다.

48
정답 | ④

동물도 재물의 일종으로 보험가액의 개념이 존재하므로 부보동물의 <u>시가(Actual Cash Value)</u>를 기준으로 보험가입금액을 정한다. 단, 부보 당시 시가를 정하기 곤란한 동물의 경우 협정가액(Agreed Value)으로 정할 수 있다.

49
정답 | ③

제3자에 대한 보안유지 사항은 <u>상금보상보험</u>의 경우 피보험자의 준수의무에 해당한다.

50
정답 | ②

날씨보험의 총 보험가입금액은 피보험자의 <u>최근 3개년 평균 매출액의 30%</u> 또는 최근 3년 평균지출비용의 100%를 초과할 수 없다.

▶ PART 03 | 배상책임보험 [51~75]

51
정답 | ④

① 배상책임보험의 경우 <u>보상한도액</u>으로 보상한다.
② 보험가입금액은 <u>비례보상</u>, 보상한도액은 <u>실손보상</u>의 법리를 따른다.
③ 보상한도액으로 보상할 경우, 사고가 자주 발생하면 이득금지원칙의 예외가 될 수 있다(→ 이런 문제를 보완하기 위해 총보상한도액을 설정함).

52
정답 | ①

임의배상책임보험과 의무배상책임보험

임의배상책임보험	의무배상책임보험
• 시설소유관리자배상책임보험 • 생산물배상책임보험 • 임원배상책임보험 • 풍수재보험	• 가스배상책임보험 • 다중이용업소 화재배상책임보험 • 재난배상책임보험 • 수련시설배상책임보험 • 유도선사업자배상책임보험 • 개인정보보호배상책임보험 • 승강기사고배상책임보험

53
정답 | ③

지급보험금이 결정되기 전이라도 피보험자의 청구가 있을 때에는 보험자가 추정한 보험금의 <u>50%</u> 상당액을 가지급보험금으로 지급한다.

54
정답 | ③

패키지보험/레저종합보험/건설공사보험/유아교육기관종합보험/해외여행보험/중장비안전보험은 <u>재산보험, 인보험, 배상책임보험</u>을 한 약관으로 종합해서 담보하는 종합보험이다.

55
정답 | ①

시설소유관리자 특별약관에 대한 설명이다. 시설소유관리자의 배상책임 담보위험은 "<u>시설을 소유, 임차, 사용 또는 보호, 관리, 통제하는 시설에 기인된 사고</u>뿐만 아니라 그러한 시설을 이용하여 수행하는 업무활동에 기인한 사고"를 포함한다.

56
정답 | ④

피보험자의 구내에서 발생한 고객에 대한 치료비를 피보험자의 법률상 배상책임 여부를 불문하고 치료비를 무조건 보상하는 추가담보특약이다.

57
정답 | ①

손해방지의무와 관련하여 발생한 비용은 자기부담금을 고려하지 않고 전액을 보상한다.

58
정답 | ②

출판물에 의한 중상 또는 비방은 광고침해에 해당한다.
Coverage B의 보상하는 손해 : Personal Injury and Advertising Injury

인격침해 (Personal Injury)	광고침해 (Advertising Injury)
• 불법체포, 불법감금, 불법구금 • 무고 • 불법주거침입 또는 불법퇴거 • 사람이나 제품의 중상 또는 비방 • 사생활침해	• 광고로 사람이나 제품의 중상 또는 비방 • 광고로 사생활침해 • 사업과 관련된 광고 도용 • 저작권, 타이틀 또는 표어의 침해

59
정답 | ①

불법행위책임과 계약책임의 소멸시효는 둘 다 10년인 것은 동일하나 불법행위책임의 경우 '그 사실을 안 날로부터 3년'의 요건이 있어, 피해자 입장에서는 계약책임의 행사가 더 유리하다. 결국, <u>가해자(피보험자)</u>에게 불리하다.

60
정답 | ②

창고업자특약(Ⅰ)은 80% 부보비율 적용하여 비례보상하며, 창고업자특약(Ⅱ)은 보상한도액 내에서 실손보상한다.

61
정답 | ③

모두 다 경비업자 특별약관(Ⅰ)의 면책사항이지만, ①, ②, ④는 경비업자 특별약관(Ⅱ)에서 보상하는 손해에 해당한다.

경비업자 특별약관에서 보상하지 않는 손해(공통면책사항 포함) (알기) 불경전
- 주택의 경비업무로 생긴 손해(단, 단독주택의 경비업무로 생긴 손해는 담보)
- 불특정 다수인의 출입 허용사업장에서의 근무시간 중 사고[단, 경비업자 특약(Ⅱ)에서 담보]
- 전기적 사고로 생긴 화재, 폭발손해[단, 경비업자 특약(Ⅱ)에서 담보]
- 경보, 기계설비의 고장으로 생긴 손해[단, 경비업자 특약(Ⅱ)에서 담보]
- 수송경비를 제외한 유가증권, 보석류, 골동품 등 고가품
- 총포류, 도검류, 경비견의 사용으로 생긴 손해
- 다수의 대중이 참가하는 행사장 경비

62
정답 | ③

보험료는 포괄계약의 경우 보험기간에 비례하지만, 개별계약의 경우 도급공사금액으로 결정된다.

63
정답 | ④

피보험자가 수행하는 공사가 전체공사의 일부일 경우 피보험자의 근로자는 제외하고 다른 공사의 근로자에 대한 신체장해 배상책임을 담보하는 특약은 '일부공사 추가특약'이다.

64
정답 | ③

우리나라의 제조물책임법은 제품을 제조하거나 가공한 자에게 그 제품의 결함으로 인해 발생한 타인의 생명·신체의 손상 또는 재산상의 손해에 대하여 엄격책임에 의한 무과실책임주의를 적용하고 있다.

65
정답 | ①

Pure Form은 전제조건 없이 과실비율대로 제조업자가 책임을 부담하는 특성이 있지만, 나머지는 제조업자에게 전액 손해배상책임을 묻기 위한 '전제조건'이 있다.

비교과실(→ 모두 과실이 있는 경우 피해자의 과실비율을 고려하여 책임을 정하는 방법)

Pure Form	가해자의 과실비율에 따라 배상금액을 결정하는 순수한 과실상계 방법
49% Form	피해자의 과실비율이 가해자의 과실보다 적으면 전액 배상받는 방법
50% Form	피해자의 과실비율이 가해자의 과실비율과 같거나 적으면 전액 배상받는 방법
S/G Form	• 피해자의 과실이 가해자의 과실보다 경미한 경우에만 전액 배상받는 방법 • Slight/Gross Form은 제조업자에게 가장 유리하다.

66
정답 | ④

하나의 사고로 수인에게 입힌 인명피해 또는 재물피해에 대해서는 피해자가 동일인이 아니므로, 각각의 청구 건으로 본다. 단, 한 사람의 신체장해에 대하여 연속적으로 제기된 모든 청구 건에 대해서는 최초로 제기된 손해배상청구 일자에 제기된 것으로 간주한다.

67
정답 | ①

- 조정신청 → 의료분쟁의 당사자는 의료사고의 원인 행위가 종료된 날로부터 10년, 그 손해 및 가해자를 안 날로부터 3년 이내에 조정중재원에 신청해야 한다.
- 조정효과 → 조정결정은 사건의 조정절차가 개시된 날로부터 90일 이내에 하여야 하지만, 필요할 경우 1회에 한하여 30일까지 연장할 수 있다. 조정이 성립되면 재판상 화해의 효력을 지닌다.

68
정답 | ④

모두 병원 및 의사배상책임보험에서 첨부하는 추가특약사항이다.

69
정답 | ④

사고에 따른 분쟁빈도
- 사고빈도 높은 진료행위 → 수술, 분만, 주사 진료 및 오진으로 분쟁
- 사고빈도 낮은 진료행위 → 검사, 응급처치, 투약

70
정답 | ②

보험기간 중에 이미 퇴임한 임원 및 새로 선임한 임원도 포함하나 개시일 이전에 퇴임한 임원은 대상이 아니다.

PART 01

PART 02

PART 03

PART 04

PART 05

PART 06

71
정답 | ③

경업유지의무가 아니라 경업금지의무이다.

임원의 의무

- 선량한 관리자의 주의의무(상법 제382조)
- 충실의무(상법 제382의3)
- 비밀유지의무(상법 제382의4)
- 경업금지의무(상법 제397조)
- 회사의 기회 및 자산 유용 금지의무(상법 제397의2)
- 이사 등과 회사 간의 내부 거래금지의무(상법 제398조)
- 보고의무(상법 제393조)

72
정답 | ①

클레임을 빈번하게 제기하는 순서는 '주주〉직원〉고객 또는 경쟁사'로 볼 수 있다.

클레임의 내용

- 주주 : 회사경영에 대한 불만
- 직원 : 불공정인사
- 고객 또는 거래처 : 불완전판매
- 경쟁사 : 불공정거래

73
정답 | ④

보상하는 손해는 일반배상책임보험과 마찬가지로 오염피해에 대하여 제3자가 청구한 법률상 손해배상금 및 소송방어비용이 있으며 추가로 오염제거비용(사업장 내 오염정화비용은 보상하지 않음)을 담보한다.

74
정답 | ③

손해배상책임의 이행을 위한 최저가입금액 기준은 매출액 및 이용자 수에 따라 최저 5천만원에서 최고 10억원이다.

손해배상책임의 이행을 위한 최저가입금액 기준

구분	매출액	이용자 수	최저가입금액
최저	5천만원 이상 ~50억원 이하	1천명 이상 ~10만명 미만	5천만원
최고	800억원 초과	100만명 이상	10억원

75
정답 | ①

- 중대산업재해란 산업재해 중 사망자 1인 이상 또는 동일한 사고로 6월 이상 치료가 필요한 부상자 2명 이상인 재해 등을 의미한다.
- 중대시민재해란 특정 원료 또는 제조물, 공중이용시설 등 이용자 중 사망자 1인 이상 또는 동일한 사고로 2개월 이상 치료가 필요한 부상자 10명 이상인 재해 등을 의미한다.

76
정답 | ①

보험자가 보상해야 할 손해액은 원칙적으로 손해가 발생한 때와 장소의 보험가액으로 결정된다. 그러나, 해상보험이나 운송보험은 손해발생의 때와 장소에 있어서의 보험가액을 결정하기 어려울뿐만 아니라 손해발생의 때와 장소도 불분명할 수가 있어서 평가가 용이한 시점의 보험가액을 고정적인 보험가액으로 하는 것을 보험가액 불변경주의라 한다.

77
정답 | ②

로이즈 자체는 보험을 인수하지 않으며, 보험인수는 개인보험업자들이 하는 것이다.

78
정답 | ④

보험증권의 해석에서 문제가 된 문언에 대하여 이전에 법원에서 해석된 일이 없거나 그에 관한 판례가 없는 경우/판례는 있으나 문언과 사정이 본질적으로 동일하지 않는 경우/MIA 제1부칙의 해석규칙과 같은 성문법상 어떤 지침도 없는 경우에는 판사는 모든 계약에 적용되는 해석의 일반 원칙에 따라야 한다. 만약, 법원의 판결대상인 문언에 대해 당사자 쌍방 간에 해석방법에 대해 명시적으로 규정한 경우는 명시적 규정을 따르면 되는 것이다.

79
정답 | ②

보험가입 선박이 해난사고에 의하여 선원의 소지품에 손해가 발생한 경우 이를 보상한다. 단, 현금, 귀금속, 전자제품 등은 제외한다.

80
정답 | ④

'계선보험과 건조보험'에서는 P&I위험(→ 선박의 접촉이나 충돌로 인한, 부두의 손상이나 멸실에 대한 배상책임위험)도 담보하고 있다.

81
정답 | ③

해상 고유의 위험(perils of the sea)은 해상에서 발생하는 침몰, 좌초, 충돌 등의 위험을 의미한다. 즉, 전쟁은 해상 고유의 위험이 아니다.

82 　　　　　　　　　　　　　　　정답 | ②

우리나라 해상보험실무에서는 수입화물에 대하여 60일이 아닌 30일로 수정해서 사용하고 있는데, 이를 '30일 운송약관'이라 한다. 현재 국내에서 사용하고 있는 적하보험약관 ICC(A/R) Transit Clause에 따르면, 보험기간의 종료는 수입의 경우 최종 하역항에서 화물의 하역 후 <u>30일</u>이며, 수출의 경우에는 하역 후 <u>60일</u>이다.

83 　　　　　　　　　　　　　　　정답 | ①

피보험자는 헤이그/비스비츠규칙상 화주에게 요구되는 클레임 통지 기간(화물 인도부터 3일 이내) 및 제소 기간(<u>화물 인도부터 1년 이내</u>)을 준수하여 손해배상청구권이 확보되도록 해야 한다.

84 　　　　　　　　　　　　　　　정답 | ③

구약관에 대한 설명이며, 신약관에서는 보험의 목적, 적재 선박, 항해'에 관한 내용이 삭제되어 있다.

85 　　　　　　　　　　　　　　　정답 | ④

'ICC(C)+W.O.B'로 변경된다. 만약 ICC(A/R)이나 ICC(WA)로 가입하였다면 'ICC(FPA)+J.W.O.B' 조건으로 변경된다.

86 　　　　　　　　　　　　　　　정답 | ①

통관거부위험담보약관(Rejection Clause)은 주로 식품류에 사용되는 특별약관이다.

87 　　　　　　　　　　　　　　　정답 | ④

보험이익불공여약관(Not to Inure Clause)은 선하증권 등에서 운송인과 화주가 '<u>보험이익약관(즉, 운송인은 화주가 적하보험으로 보상받는 손해에 대해서 책임지지 않는 규정)</u>'을 체결할 경우 보험자의 구상권 행사가 불가하므로 이를 배제하기 위한 약관이다. 즉, 보험계약의 내용을 운송인이 유리하게 원용하는 것을 허용하지 않겠다는 취지의 약관이다.

88 　　　　　　　　　　　　　　　정답 | ①

구약관과 신약관 중에서 유일하게 ICC(A)만이 해적위험을 담보한다.

ICC(1982)의 면책약관

- 피보험자의 고의적인 비행
- 피보험위험으로 인한 지연일지라도 지연을 근인으로 손해
- 보험목적물의 고유의 하자나 성질
- 보험목적물의 통상의 누손, 중량이나 용적상의 통상의 손해 또는 통상의 자연소모
- <u>보험목적물의 포장이나 준비의 불완전 또는 부적합(NEW)</u>

- <u>선박의 소유자, 관리자, 용선자의 금전상의 채무불이행(NEW)</u>
- <u>여하한 자의 불법행위에 의한 고의적 손상 또는 파괴(NEW)</u>
- 일체의 핵 관련 무기의 사용(NEW)

89 　　　　　　　　　　　　　　　정답 | ①

악천후, 투하나 강도로 인한 단독해손은 ICC(WA)에서 보상한다.

ICC(FPA) → 현실전손, 추정전손, 공동해손, 비용손해를 보상하고 '예외적'으로 다음을 보상

- 침몰(Sinking), 좌초(Stranding), 화재(Burning) 및 폭발(Explosion)로 발생된 단독해손
- 선박, 부선 또는 운송용구의 충돌과 접촉(얼음 포함, 물 제외)으로 인해 발생된 단독해손
- 선적, 환적, 양하 중의 추락으로 인한 포장당 전손
  암기 SSBCE+포피중
- 피난항에서 적하의 하역작업에 정당하게 기인된 단독해손
- 중간기항항이나 피난항에서 양하, 창고보관 및 계반을 위한 특별비용

※ ICC(WA) → ICC(FPA)+악천후, 투하나 강도로 인한 단독해손 **암기** 약투강

90 　　　　　　　　　　　　　　　정답 | ④

ICC(1982)의 위험약관 **암기** 지갑유포

인과관계	부담위험	C 약관	B 약관	A 약관
상당인과관계	1. 화재 또는 폭발	○	○	면책 이외의 모든 위험 담보
	2. 본선이나 부선의 좌초, 좌주, 침몰 또는 전복	○	○	
	3. 육상운송용구의 전복 또는 탈선	○	○	
	4. 본선, 부선 또는 운송용구의 외부 물체와의 충돌이나 접촉	○	○	
	5. 피난항에서의 적하의 양하	○	○	
	6. 지진, 화산의 폭발, 낙뢰	×	○	
단순인과관계	7. 공동해손희생	○	○	
	8. 투하	○	○	
	9. 갑판유실	×	○	
	10. 본선, 부선, 선창, 운송용구, 콘테이너 등 보관장소에 해수, 호수 또는 하천수의 유입	×	○	
관계없음	11. 본선이나 부선의 하역 중 낙하하거나 갑판에서 멸실된 매 포장당 전손	×	○	

91

정답 | ③

단독해손은 보상하지 않는다.

조건별보상한도 비교표

구분	전손	손해방지 비용	구조료	공동 해손	단독 해손	충돌배상 책임
ITC	○	○	○	○	○	○
FPL unless etc.	○	○	○	○	△	○
TLO SC & SL	○	○	○	×	×	×

※ △ : 좌초, 침몰, 화재, 폭발, 충동, 접촉으로 인한 단독해손만 보상

92

정답 | ①

해상 고유의 위험은 상당한 주의의무가 요구되지 않는 위험이다.

상당한 주의의무

상당한 주의의무가 요구되지 않는 위험	상당한 주의의무가 요구되는 위험
해상 고유의 위험, 화재 · 폭발, 폭력을 수반한 침입 강도, 투하, 해적행위, 핵 장치나 원자로의 고장 또는 사고, 외부 물체와의 접촉, 지진, 화산의 분화, 낙뢰	하역 및 이동 중의 사고, 보일러의 파열, 차축의 파손 또는 선체의 잠재적 하자에 의한 결과적 손실, 선원, 도선사, 수리업자 또는 용선자의 과실, 선장 또는 선원 악행

93

정답 | ①

보험자는 수리항구 결정권, 수리장소 및 수리회사에 대한 거부권이 있다.

94

정답 | ②

제19조 추정전손약관은 MIA 제60조의 보완규정으로써, 수리 후의 가액을 협정보험가액으로 명시하여 분쟁소지를 제거하였으며, 선박이 추정전손인지 여부를 판단함에 있어 부보선박이나 난파선의 손상가액 또는 해체가액은 포함하지 않는다.

95

정답 | ④

[ITC-Hulls-1/10/83]의 제21조 선비담보약관상 선비담보의 보험가입금액은 선체보험금의 25%를 초과할 수 없다.

96

정답 | ③

선박의 멸실 또는 손상을 야기시키지 않은 결함 부분의 수리비용이나 대체비용은 보상하지 않는다. 즉, 제6조의 위험약관의 열거주의와는 달리 선박의 멸실 또는 손상을 야기한 여하한 결함 부분의 수리비용이나 대체비용을 보상한다는 포괄주의를 적용하고 있다.

97

정답 | ③

운송구간, 적재선박, 환적 여부 등은 적하보험계약의 요율산출 산정요소에 해당한다.

98

정답 | ③

동 조항에서의 근인이란 반드시 시간상으로 가장 가까운 원인을 말하는 것이 아니라 효력상으로 가장 가까운 원인을 말한다.

99

정답 | ①

MIA 제62조 제5항에 따르면 위부의 승낙은 보험자의 행위에 의해 명시적 또는 묵시적으로 할 수 있다.

100

정답 | ③

건조비용, 창고보관비용, 재포장비 등이 단독비용에 해당한다.

MEMO

01 증권경제전문 토마토TV가 만든 교육브랜드

토마토패스는 24시간 증권경제 방송 토마토TV · 인터넷 종합언론사 뉴스토마토 등을 계열사로
보유한 토마토그룹에서 출발한 금융전문 교육브랜드 입니다.
경제 · 금융 · 증권 분야에서 쌓은 경험과 전략을 바탕으로 최고의 금융교육 서비스를 제공하고 있으며
현재 무역 · 회계 · 부동산 자격증 분야로 영역을 확장하여 괄목할만한 성과를 내고 있습니다.

뉴스토마토	TomatotV	토마토증권통	e*Tomato
www.newstomato.com	tv.etomato.com	stocktong.io	www.etomato.com
싱싱한 정보, 건강한 뉴스	24시간 증권경제 전문방송	가장 쉽고 빠른 증권투자!	맛있는 증권정보

02 차별화된 고품질 방송강의

토마토 TV의 방송제작 장비 및 인력을 활용하여 다른 업체와는 차별화된 고품질 방송강의를 선보입니다.
터치스크린을 이용한 전자칠판, 핵심내용을 알기 쉽게 정리한 강의 PPT,
선명한 강의 화질 등 으로 수험생들의 학습능력 향상과 수강 편의를 제공해 드립니다.

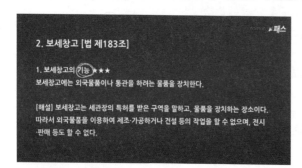

03 최신 출제경향을 반영한 효율적 학습구성

토마토패스에서는 해당 자격증의 특징에 맞는 커리큘럼을 구성합니다.
기본서의 자세한 해설을 통해 꼼꼼한 이해를 돕는 정규이론반(기본서 해설강의) · 핵심이론을 배우고
실전문제에 바로 적용해보는 이론 + 문제풀이 종합형 핵심종합반 · 실전감각을 익히는
출제 예상 문제풀이반 · 시험 직전 휘발성 강한 핵심 항목만 훑어주는 마무리특강까지!
여러분의 합격을 위해 최대한의 효율을 추구하겠습니다.

정규이론반   핵심종합반   문제풀이반   마무리특강

04 가장 빠른 1:1 수강생 학습 지원

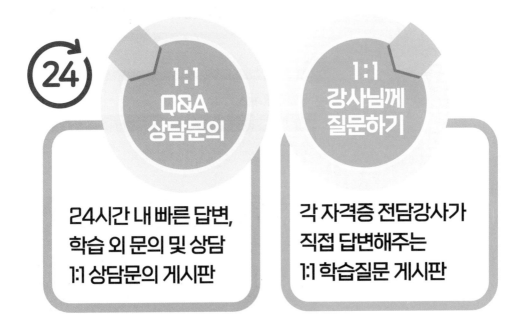

토마토패스에서는 가장 빠른 학습지원 및 피드백을 위해 다음과 같이 1:1 게시판을 운영하고 있습니다.
· Q&A 상담문의 (1:1) ㅣ 학습 외 문의 및 상담 게시판, 24시간 이내 조치 후 답변을 원칙으로 함 (영업일 기준)
· 강사님께 질문하기(1:1) ㅣ 학습 질문이 생기면 즉시 활용 가능, 각 자격증 전담강사가 직접 답변하는 시스템
이 외 자격증 별 강사님과 함께하는 오픈카톡 스터디, 네이버 카페 운영 등 수강생 편리에 최적화된
수강 환경 제공을 위해 최선을 다하고 있습니다.

05 100% 리얼 후기로 인증하는 수강생 만족도

● ● ● ● ● **96.4** ● ● ● ● ●

2020 하반기 수강후기 별점 기준 (100으로 환산)

토마토패스는 결제한 과목에 대해서만 수강후기를 작성할 수 있으며,
합격후기의 경우 합격증 첨부 방식을 통해 100% 실제 구매자 및 합격자의 후기를 받고 있습니다.
합격선배들의 생생한 수강후기와 만족도를 토마토패스 홈페이지 수강후기 게시판에서 만나보세요!
또한 푸짐한 상품이 준비된 합격후기 작성 이벤트가 상시로 진행되고 있으니,
지금 이 교재로 공부하고 계신 예비합격자분들의 합격 스토리도 들려주시기 바랍니다.

강의 수강 방법
PC

01 토마토패스 홈페이지 접속

www.tomatopass.com

02 회원가입 후 자격증 선택

· 회원가입시 본인명의 휴대폰 번호와 비밀번호 등록
· 자격증은 홈페이지 중앙 카테고리 별로 분류되어 있음

03 원하는 과정 선택 후 '자세히 보기' 클릭

04 상세안내 확인 후 '수강신청' 클릭하여 결제

· 결제방식 [무통장입금(가상계좌) / 실시간 계좌이체 / 카드 결제] 선택 가능

05 결제 후 '나의 강의실' 입장

06 '학습하기' 클릭

07 강좌 '재생' 클릭

· IMG Tech 사의 Zone player 설치 필수
· 재생 버튼 클릭시 설치 창 자동 팝업

강의 수강 방법
모바일

탭 · 아이패드 · 아이폰 · 안드로이드 가능

01 토마토패스 모바일 페이지 접속

WEB · 안드로이드 인터넷, ios safari에서
www.tomatopass.com 으로 접속하거나

Samsung Internet (삼성 인터넷)

Safari (사파리)

APP · 구글 플레이 스토어 혹은 App store에서
합격통 혹은 토마토패스 검색 후 설치

Google Play Store

앱스토어   **tomato 패스** 합격통

02 존플레이어 설치 (버전 1.0)

· 구글 플레이 스토어 혹은 App store에서 '존플레이어' 검색 후 버전 1.0 으로 설치
(***2.0 다운로드시 호환 불가)

03 토마토패스로 접속 후 로그인

04 좌측 아이콘 클릭 후 '나의 강의실' 클릭

05 강좌 '재생' 버튼 클릭

· **기능소개**
과정공지사항 : 해당 과정 공지사항 확인
강사님께 질문하기 : 1:1 학습질문 게시판
Q&A 상담문의 : 1:1 학습외 질문 게시판
재생 : 스트리밍, 데이터 소요량 높음, 수강 최적화
다운로드 : 기기 내 저장, 강좌 수강 시 데이터 소요량 적음
PDF : 강의 PPT 다운로드 가능

토마토패스

금융투자자격증 은행/보험자격증 FPSB/국제자격증 회계/세무지

나의 강의실

과정공지사항	강사님께 질문하기
학습자료실	Q&A 상담문의

과정명	증권투자권유대행인 핵심종합반		
수강기간	2021-08-23 ~ 2022-08-23		
최초 수강일	2021-08-23	최근 수강일	2021-09-09
진도율	77.0%		

강의명	재생	다운로드	진도율	PDF
1강 금융투자상품01	▶	↓	0%	⬇
2강 금융투자상품02	▶	↓	100%	⬇
3강 금융투자상품03	▶	↓	100%	⬇
4강 유가증권시장,코스닥시장01	▶	↓	94%	⬇
5강 유가증권시장,코스닥시장02	▶	↓	71%	⬇
6강 유가증권시장,코스닥시장03	▶	↓	0%	⬇
7강 채권시장01	▶	↓	96%	⬇
8강 채권시장02	▶	↓	0%	⬇
9강 기타 증권시장	▶	↓	93%	⬇

토마토패스
보험심사역 FINAL 핵심정리+실전모의고사 [기업전문부문]

초 판 발 행	2017년 06월 15일	
개정7판2쇄	2025년 02월 10일	

편 저 자	신현철
발 행 인	정용수
발 행 처	(주)예문아카이브
주 소	서울시 마포구 동교로 18길 10 2층
T E L	02) 2038-7597
F A X	031) 955-0660

등 록 번 호	제2016-000240호
정 가	31,000원

• 이 책의 어느 부분도 저작권자나 발행인의 승인 없이 무단 복제하여 이용할 수 없습니다.
• 파본 및 낙장은 구입하신 서점에서 교환하여 드립니다.

홈페이지 http://www.yeamoonedu.com

I S B N   979-11-6386-268-0   [13320]